칸트의 윤리학

맹주만

어문학사

프롤로그

이성적 존재자의 도덕주의를 넘어서 : 이성적 인간과 공감의 윤리학

윤리학은 인간학이면서 정치학이다. 윤리학은 삶의 의미와 지혜를, 정치학은 정의와 행복을 추구하는 인간적 삶을 위한 총체적 기술을 탐구한다. 윤리학과 정치학은 인간학의 일부이다. 인간학은 모든 학문적 탐구의 시작이자 마지막이다. 인간학의 주제와 대상으로서 나는 욕망 자체다. 나의 자연 본성에는 세 개의 욕망이 있다.

욕망 하나. 쾌락으로서의 욕망. 쾌락적 욕망은 나의 자연 본능이다. 나는 쾌락을 원한다. 욕망 충족의 쾌락주의, 그것은 인간으로서 나의 자연 본성이다. 그것은 쾌락을 욕망하는 본능의 일이다. 그러나 내가 욕망을 충족하려고 하는 순간, 나는 벽에 갇힌 두 개의 갈등을 만난다. 채워지지 않는 욕망들의 충돌과 능력의 한계가 그것이다. 욕망 충족의 쾌락주의는 결코 충족되지 않는 허무주의로 귀결된다. 인간은 근본적으로 관계적 존재다. 나의 타자에는 충족되지 않은 욕망들인 나 자신, 대면 가능한 타인, 익명의 타인들, 가족, 다양한 이익 집단들과 공동체, 제도 등 세계에 존재하는 모든 것들이 속한다. 욕망은 이들과 긴밀히 결합되어 있다는 점에 기본적으로 관계적이며 지향적이다. 이들 관계 속에서 쾌락과 충족을 원하는 나의 욕망 그리고 다른 모든 사람의 욕망은 필연적으로 좌절한다. 지혜롭게 나 혼자만의 길을 갈 수만 있다면, 나의 욕망은 안식을 얻을 수 있다. 그러나 나의 욕망의 본질은 전적으로 나만의 것이 아니라 근본적으로 관계적이며 지향적인 것이어서 욕망 충족의 개인주의는 불가능한 목표다. 언제나 충족되지 않으며, 끊임없는 결핍과 갈등상태에 놓여 있는 욕망의 충돌을 조정하고 해결하려고 노력하는 것이 윤리학이다.

　욕망 둘. 합리성으로서의 욕망. 타산적 욕망은 합리적 이성의 본능이다. 갈등을 해결하며 목적을 달성하려고 하는 욕망 충족의 이성주의, 그것은 인간으로서 나의 자연 본성이다. 그것은 또한 사유하는 이성의 욕망이다. 사유한다는 것은 관찰하며, 숙고한다는 것이다. 자신의 거울에 비춰 곰곰이 되새겨보는 사유하는 이성의 합리성은 욕망하는 이성의 눈이다. 나의 욕망을 충족시킬 수 있는 최선의 합리적 선택을 궁리하는 이성이 하는 일, 그것은 실천적 목적을 위한 수단을 강구하는 타산적 윤리학이 추구하는 목표다. 이성적 사유는 보편적 사유다. 같은 것은 같게 대우해야만 하는 사유다. 평등이든 차별이든 정당하려면 그것은 합당한 근거와 이유에 의해 뒷받침되어야 한다. 그러나 그것은 결국 욕망 충족의 도구주의에 머문다. 이것만으로는 결코 윤리적 문제를 해결하지 못한다. 이들은 이렇게 얘기한다. '너의 욕망과 이익을 위해서는 이것을 해야한다', '너의 가족과 이웃, 그리고 사회와 국가를 생각해보라' '너의 행복과 평화를 위해서 타협해야 한다.' '법과 제도를 지키지 않으면 처벌 받는다. 너의 약속과 책무를 다하라' 등등 이것이 이성의 정당한 요구라고. 그러나 이 모든 요구들은 일시적인 미봉책이나 강요된 수사학에 불과하다. 합리적 선택으로 포장해도 그 선택의 정당성은 언제나 제한적이며 일시적이다. 그 무엇도 누구도 그렇게 해야만 하는 필연성을 보여주지 못한다. 왜냐하면 이 모든 것을 떠받치고 있는 전제가 임의적이며, 결국은 폭력적일 수밖에 없다. 왜 내가 그러한 요구와 명령에 복종해야 하는지에 대해서 단순한 형식적인 보편 논리로 강제해서는 나의 최종적인 승인과 동의를 얻을 수 없기 때문이다.

그렇다면 도대체 인간의 윤리는 어떤 것이어야 하는가? 정의의 실현은 가능한가? 정의로운 인간적 삶과 도덕적 구속력을 갖는 윤리는 어떻게 가능한가? 정의를 외칠수록 더욱 요원해 보이는 이 놀라운 현상을 어떻게 설명할 것인가? 욕망 충족의 이성주의는 선택과 합의, 그리고 더 나아가 법제화된 규칙이나 제도에 의지한다. 그러나 이런 주장은 단 한 마디 반문으로 소멸된다. '나는 왜 그렇게 해야만 하는가? 이성주의가 추구하는 욕망 충족의 지리학은 길을 안내하고 필요하면 말뚝을 박고 퇴로를 차단할 수는 있지만, 그것은 거기까지다. 약속과 의무를 다하지 않을 수 없는 필연성과 당위성을 말할 수 없는 한, 욕망 충족의 이성주의 또는 이성주의 윤리는 언제나 욕망 충족의 쾌락주의로 환원되고 만다.

욕망 셋. 도덕성으로서의 욕망. 도덕적 욕망은 이성의 도덕적 본능이다. 이성이 사유한 것, 그 정당성과 당위성을 받아들이지 않을 수 없는 욕망 실천의 도덕성, 그 또한 인간으로서 나의 자연 본성이다. 도덕적이고자 하는, 도덕적일 수밖에 없는 이성이다. 그것은 보편적이고자 하는 도덕적 이성의 욕망이며, 거부할 수 없는 인간의 운명이다. 보편성에 구속된 이성, 보편적으로 사유한 것을 스스로 선택하고 실천하고자 하는 의지, 보편적인 자기구속력을 갖는 법칙에 따르려는 의지이다. 이성주의 윤리가 쾌락주의 앞에 무기력해지지 않을 수 있는 것은 오직 이와 같은 마음과 심정이 보편적 법칙에 따라서 자신의 의지를 구속할 수 있을 때뿐이다. 그것은 도덕적 구속력의 원천이다. 이러한 도덕적 의지와 힘에 의해서만 우리는 쾌락주의를 벗어나고 이성주의의 참된 요구를 정당한 것으로 승인하고 실천할 수 있다. 이것이 칸트 윤리학의 정신이다.

칸트의 윤리학은 질주하는 욕망과 제어하는 욕망, 쾌락주의의 본능적 욕망과 이성적 욕망, 이 두 욕망의 벽을 도덕적 이성의 욕망으로 뛰어넘는다. 그것은 제 스스로 당위성과 필연성을 승인하는 합리적 이성이 스스로 도덕적 구속력을 갖는 의지 즉 도덕적 의지임을 자각하는 도덕적 이성의 욕망이다. 칸트는 그것을 오로지 이성적 존재자로서의 인간에게서 발견한다. 이성적 존재자를 규정하는 도덕적 의지의 자기 구속력, 그것이 칸트의 이성적 존재자의 도덕주의이자 윤리학이다.

보편성과 객관성, 공평성과 상호성이라는 칸트의 도덕적 관점을 특징짓는 이성주의 윤리는 개인 윤리에도 이성적 존재자의 윤리 즉 보편적 이성의 윤리를 적용한다. 결코 충족될 수 없는 욕망에 사로잡힌 쾌락주의자와 물질주의자의 윤리는 감각적 인간을 위한 욕망 충족의 윤리이기에 결코 도덕성의 근본 척도인 보편성의 요구를 감당할 수 없다. 도덕적 이성은 보편타당한 즉 누구나 승인할 수 있는 가치를 담고 있는 도덕성의 구현을 요구한다. 그것이야말로 인간 존엄성의 징표이며, 따라서 도덕성은 이러한 조건을 충족시키는 존재에게만 부여될 수 있다. 계몽된 인간이 살아가야 할 근대인의 사회 윤리에 초석을 놓고자 한 칸트의 눈에 감성적 쾌락주의와 타산적 이성주의는 결코 갈등 해결의 윤리가 될 수 없다. 나만을 위한 것이 아닌 누구나 동의할 수 있는 보편법칙이 이성적 존재자의 의지를 규정할 경우에만 도덕적 가치를 지닌다는 것이 칸트의 도덕성이다. 단순한 합리적 선택으로서 도구적 이성주의를 뛰어넘는 도덕적 이성의 욕망, 보편적 욕망의 법칙으로서 도덕주의, 그것이 칸트 윤리학의 근본정신이다. 그러나 도덕적 이성을 지배하는 원리는 그 형식에 있어서 무차별적인 보편적 사고 가능성에 제약되어 있다는 점에서 칸트의 도덕주의는 동시에 형식적 이성주의다.

칸트는 우리에게 이성적 존재자로서 인간은 누구나 평등한 존엄한 가치를 갖는다는 것을 일깨워준다. 어떤 사람의 색깔, 지위, 성별에 관계없이 누구나 평등한 가치를 지닌 존엄성을 갖는다는 칸트의 생각은 오늘날 그 누구도 부인할 수 없는 공적이며, 사회의 모든 분야의 실천에 반영되고 있다. 그리고 이 같은 윤리적 통찰은 보편적인 도덕법칙을 통해서 표현된다. 그러나 이러한 가치를 반영하고 있는 칸트의 윤리학은 보편타당한 형식적 원리에 매어 있는 내면의 윤리학이요, 의식의 윤리학이며, 자각의 윤리학이다. 거기에는 이성적 존재자로서 형식적으로 규정된 인간만이 존재한다. 그 자체로 목적적 가치를 갖는 이성적 인간은 추상적이며 형식적인 보편적 규정으로는 파악될 수 없다.

도덕적 욕망의 인간은 칸트처럼 이성적으로 정의된 존재자 즉 이성적 존재자가 아니다. 인간은 결코 홀로 이성적 존재자로 존재할 수 없다. 나와 너의 존재에서 하나의 가치로 육박해오는 인간의 존엄성은 그 자체가 하나의 사실이다. 그것은 느껴지는 것, 거부할 수 없는 것, 공감하는 것으로서 습격해오는 것이다. 그러므로 형식적 도덕법칙에 구속되는 이성적 존재자가 아니라 공감하는 이성적 인간이야말로 인간의 참 모습이다. 칸트의 이성적 존재자의 형식주의는 인간의 존엄성에 대한 공허한 규정에 머물고 만다. 존엄성의 자각은 느끼고 이해하는 공감적 이성의 일이기 때문이다. 이처럼 도덕적 이성의 본능은 공감하는 이성의 지배를 받는다. 인간의 존엄성 역시 상호 공감하는 이성에 의해서 보편적으로 승인되는 것이며, 오직 그럴 경우에만 인간적 가치를 지닐 수 있다. 이성적 존재자만의 형식적인 기계적 이성주의는 비인간적 도덕주의로 귀결될 것이며, 무차별적인 맹목적 감정주의는 무도덕적 인간주의를 낳을 것이기 때문이다.

인간은 이성적 존재자이기만 한 것이 아니다. 오히려 인간은 구체적 현실 속에서 실존하는 유정적인 개체적 존재자이며, 그런 한에서 이성적 인간이다. 이성은 인간의 본질적 규정이지만 그 홀로는 인간적인 존재가 될 수 없다. 인간 그 자체가 윤리적 존재이며 윤리적 대상이 될 수 있는 것은 인간이 근본적으로 공감하는 이성적 존재이기 때문이다. 따라서 이성적 공감의 대상이 되는 존재가 곧 도덕적 고려의 대상이다. 이에 준해서 각자의 처지에 따라서 공감적 차이를 갖는 대상은 동시에 그에 합당한 도덕적 대우를 받아야 한다. 이러한 차이는 그 대상이 갖는 고유한 차이 즉 개체성의 구체적 차이에서 생긴다. 모든 존재에 대한 도덕적 고려는 그러한 구체적 차이에 기초해서 이루어져 하며, 그 고유한 차이에 합당한 대우가 도덕적 행위와 평가의 척도가 되어야 한다. 그러므로 실현 가능한 가치로서 인간의 존엄성 역시 구체적 인간 그 자체를 위한 것이어야 한다. 보편적인 법칙적 타당성은 구체적 차이를 갖는 인간 하나하나, 인간 존재 하나하나의 특수성에 제한되어야 한다.

칸트주의 혹은 칸트의 이성적 존재자의 도덕주의 윤리학을 넘어서는 칸트적인 이성적 인간의 인간주의 윤리학은 이성적 존재자의 행위 일반에 적용되는 무차별적 타당성이 아니라 이성적 인간의 특수성에 제한된 범주적 타당성을 요구한다. 칸트의 과도한 형식주의는 대상의 차이, 보다 정확히 말해서 개별 인간들 각자가 관계 맺고 있는 윤리적 사태들의 질적 차이를 무시한다. 그러므로 그것은 윤리적 행위를 결정하는 사태들의 차이를 고려하지 않는 형식적 동일성의 윤리학이다. 또 모든 인간을 하나의 단일한 동등한 행위 주체로 생각하지만 그것은 형식적 동일성에 지나지 않는다. 따라서 도덕적 판단 대상들의 구체적 차이들을 고려하지 못하는 배제의 윤리학이다. 칸트의 윤리학이 탁월한 통찰력에도 불구하고 형식적 보편주의로서 비판받는 근본적인 이유와 한계도 여기에 있다.

욕망과 이성적 공감. 윤리적 사태들의 다양성과 차이는 곧 주체들의 다양성과 차이에 다름 아니다. 그것은 단 하나의 이성, 하나의 보편성으로 묶일 수 없다. 그런 점에서 칸트의 윤리학은 의식 주체의 보편성 위에 세워진 근대 의식철학의 또 하나의 부작용을 포함한다. 이를 극복하는 것은 결코 외면하거나 거부할 수 없는 칸트의 윤리적 관점을 보다 온전히 하는 작업이 되어야 한다. 그것은 모든 인간을 하나의 단일한 행위 주체로 동일시하는 이성적 존재자 중심의 형식적 보편성의 윤리가 아니라 그 각자가 각기 다른 방식으로 존재의 세계와 관계 맺으며 각기 다른 위상과 처지에 놓여 있으면서도 이성적 공감의 감정을 상호 공유하고 있는 존재를 위한 윤리학, 구체적 보편성을 추구하는 이성적 공감의 윤리학, 공감적 이성의 윤리학이어야 한다.

이성적 존재자로서가 아니라 이성적 인간으로서 '존엄한 인간'을 대상으로 해야 하며, 인간과 분리된 인간성의 윤리가 아니라 인간성과 결합된 인간의 존엄성을 위한 윤리, 그것은 이성적 공감의 공동체를 이루는 경계가 되어야 하며, 도덕적 고려의 가능한 범주가 되어야 한다. 가능한 이성적 공감의 존재 영역이 곧 고려 가능한 도덕적 존재들의 한계 영역이 되어야 한다. 이러한 윤리학은 칸트의 도덕적 관점은 고수하되 그와는 차별되는 칸트적 윤리학으로서 이성적 공감의 윤리학이 될 것이다. 이성적 공감의 공동체에 속하는 모든 구성원에게까지 선의지와 의무의식이 확대되어야 하며, 동시에 구체적 보편성을 도덕성의 객관적 척도로 삼아야 하기 때문이다.

******

이 책은 아직 하고픈 얘기를 다 담지 못했다. 그 대부분은 필자의 사유의 미숙함에서 비롯한다. 다만 현재로서는 필자가 오래전에 발표한 글들 그리고 그 안에 감춰져 있거나 배경이 되고 있는 미숙한 사고의 편린과 여백을 채워 한 편의 유기적인 글이 되도록 꾸민 미력한 결과물이다. 때문에 이 책의 주제 및 연구 내용과 관련 있는 최근의 국내의 많은 연구문헌들을 충분히 검토하지도 담아내지도 못했다. 아마 이후 빛을 보게 될 지도 모르는 저술들에서는 이런 점들이 개선되기를 다짐한다.

이 책이 출간될 수 있도록 도와주신 어문학사의 윤석전 사장님께 감사드린다. 어려운 사정에도 불구하고 흔쾌한 승낙이 없었더라면 이 책은 아직도 여기저기 방황하고 있을지도 모른다. 그리고 이 책이 제 모습을 갖추도록 편집과 기획에 심혈을 기울여주신 박은지 선생님, 또 책에 멋진 옷을 입혀주신 표지디자이너 원채현 선생님을 비롯해 모든 어문학사 여러분들께도 감사드린다.

2019년 5월

맹 주 만

차례

◆ 제1장 ◇

Ethics of Kant

칸트의 윤리학 개관

ETHICS
OF
KANT

1. 윤리학과 윤리적 문제들

1) 윤리적 문제들과 도덕성의 탐구

토머스 제퍼슨(Thomas Jefferson, 1743~1826)이 초안을 작성하고 56인이 서명 공표한 1776년 미국독립선언문에는 다음과 같은 유명한 문구가 등장한다.

> 우리는 다음의 진리들을 자명한 것으로 여긴다. 즉 모든 사람은 평등하 게 창조되었으며, 모든 사람은 조물주로부터 일정한 양도 불가능한 권리 들을 부여받았고, 이러한 권리들 중에는 생명, 자유 및 행복추구가 있으 며 … 이 권리를 확보하기 위해서 인류는 정부를 조직하였으며, 이 정부 의 정당한 권력은 인민의 동의로부터 나오며 … 언제든 어느 정부든 이러 한 목적들을 파괴하게 되면, 그 정부를 교체하거나 폐지하는 것은 인민의 권리이다.

이 선언문은 오늘날의 인권 사상의 기초가 되는 인권 수호에 대한 굳건한 결의를 담고 있다. 그로부터 오늘에 이르기까지 주류적인 정치와 문화는 이 선언문이 내세우는 가치들을 구현하는데 온 힘을 다하고 있다. 그러나 우리는 지금도 여전히 묻고 있으며, 또 물을 수 있다. 과연 인간은 평등한 존재인지 혹은 평등한 존재로서 대우 받고 있는지, 심지어는 평등이란 무엇이며, 그것은 실현할 수 있는 가치인지, 또 평등의 이념과 균형을 이루어야 할 권리란 무엇인지, 또 우리에게 부여된 권리의 원천은 어디에 있는지, 평등한 권리는 정말로 모든 사람에게 균등하게 부여되어 있는 것인지, 평등과 자유는 양립 가능한 가치인지 등등. 뿐만 아니라 자유라는 말의 정확한 의미와 한계는 무엇인가? 심지어는 무엇이 행복이며 어떻게 추구되어야 하는가? 정당한 정치권력이란 무엇이며, 나는 왜 내가 동의한 적이 없는 정부의 권력에 복종해야 하는가? 등과 같은 질문도 가능하다. 이런 의문들을 탐구하고 그 실체를 규명하며, 이와 관련한 문제들을 해결하려고 하는 학문이 윤리학이다.

한마디로 정의하면, 윤리학은 도덕성에 대한 철학적 탐구다. 도덕성의 탐구가 윤리학적 연구를 특징짓는 핵심적 요소인 이유는 대부분의 윤리적 견해들은 도덕성 및 그와 밀접한 관련이 있는 개념들을 어떻게 이해하고 있느냐에 따라서 그 윤리적 주장들 및 그것이 적용되는 대상과 범위가 달라지기 때문이다. 예를 들면, 사람마다 좋음과 옳음에 대한 이해는 똑같지 않기 때문에 각각의 쓰임에 따라 서로 다른 주장을 하게 될 공산이 크다. 또한 나는 어떤 사람이 되어야 하며, 어떻게 살아야 하는가? 나는 왜 도덕적으로 행위해야 하는가? 어떤 사람이 좋은 사람인가? 덕이란 무엇이며 또 덕 있는 사람이 훌륭한 사람이며 행복한 사람인가? 정의로운 국가란 무엇인가? 기본적인 자유와 평등의 근거는 무엇이며, 자연법과 자연권의 기원과 도덕적 정당성은 무엇인가? 사적 소유의 본질과 근원은 무엇이며, 무엇이 부의 정당한 분배인가? 도덕적 권리와 정치적 권리, 그리고 정치권력의 기원과 본질은 무엇인가? 등의 질문에서부터 시민불복종과 저항권,

표현의 자유, 자살, 낙태, 동물보호, 육식과 채식, 사생활권, 동성애, 사형제도, 안락사 등과 같은 구체적인 문제들에 이르기까지 이에 대한 답변에는 각각 도덕성에 대한 일정한 이해가 반영되어 있다. 이러한 이유 때문에 대부분의 윤리적 주장들에서 등장하게 마련인 좋음과 나쁨, 옳음과 그름, 덕과 악덕, 이성과 정념, 자유와 의지, 권리와 의무, 책임과 처벌, 정의와 좋은 삶 등에 대한 철학적 성찰은 도덕성 탐구의 근본 주제들이라 할 수 있다.

2) 윤리학과 인간학

인간은 존재의 의미를 알려고 하는 존재다. 마찬가지로 인간적 삶의 의미를 추구한다는 점에서 윤리학은 동시에 인간학이다. 이러한 관점에서 보면 윤리가 무엇인지를 묻는 것은 인간이 무엇인지를 묻는 것이다. 인간이 무엇인지, 어떤 존재인지를 말할 수 없다면, 인간에게 윤리란 무엇이며, 어떻게 사는 것이 옳은 지 등에 대한 답변은 언제나 미완성과 미해결의 과제로 남을 것이다. 이렇게 도덕성의 탐구와 함께 물어지는 인생의 의미와 목적에 초점을 맞추게 되면, 윤리학은 일찍이 소크라테스가 던졌던 '어떤 삶이 가치 있는가?' 혹은 '추구할 만한 가치가 있는 삶이란 어떤 것인가?'와 같은 질문에 대한 포괄적이면서도 체계적 이해에 도달하려는 시도라 할 수 있다. 이렇듯 소크라테스의 철학적 여정이 '진정한 행복을 얻기 위해서는 어떻게 해야 하는가?'에 대한 하나의 해답을 찾으려는 시도였다면, 이러한 탐구 속에서도 끊임없이 함께 물어지고 있었던 것 역시 '나는 어떻게 살아야 하는가?' 하는 것이었다. 이런 질문에 대해서 칸트는 간단명료하게 정언명법에 따르는 것이 도덕적으로 옳은 행위라는 답변을 내놓았다. 다시 말해 정언명법에 일치하는 행위가 바로 인간이 마땅히 해야 하는 도덕적 행위이다. 그런데 칸트의 이런 답변 속에는 정언명법과 일치하는 옳은 행위로서의 도덕적 행위란 이성적 존재자의 본성이 요구하는 이성법칙에 따라서 하는 행위라는 칸트 윤리학의 근본원칙이 반영되어 있다. 이성의 요구 혹은 이성법칙에 따른다는 것은 곧 인간이 이성적 존재자로서 불편부당하며 보편타당한 행위를 하는 것을 도덕적 의무로 인식하는 것을 뜻한다. 칸트는 이 이성법칙을 도덕법칙이라 불렀다. 덧붙여, 행복한 삶이란 정언명법에 어긋나지 않으면서 자유롭게 자신의 만족을 추구하며 사는 삶이라고 주장했다.

우리가 도덕이나 윤리라고 부르는 것 혹은 도덕 현상의 본질이 무엇인지, 그리고 도덕성이 무엇인지에 대해서 탐구하는 근본 이유는 윤리(ethics; 倫理)라는 말이 함의하고 있듯이 많은 사람들과 더불어 살면서 우리는 늘 어떤 도덕적 선택에 직면하게 되기 때문이다. 해야 할 것과 해서는 안 되는 것, 옳은 것과 그른 것, 좋은 것과 나쁜 것, 유덕한 행위와 부덕한 행위, 가치 있는 행위와 가치 없는 행위, 인간적인 행위와 비인간적인 행위 등등. 이렇게 항상 윤리적 상황과 문제들에 처할 수밖에 없는 것이 인간적 삶의 조건이다. 역사적으로 소크라테스를 비롯해 많은 철학자들의 윤리적 통찰들이 제시되었지만 칸트의 윤리학은 이 같은 문제들에 대해서 근본적인 처방을 설득력 있게 그리고 체계적으로 보여준 몇 안 되는 윤리이론들 중의 하나이다. 물론 칸트의 윤리학 역시 멀리는 근대의 시작부터, 그리고 가까이에는 그가 살아가던 유럽의 18세기의 시대상황에서 비롯되는 제약과 한계를 안고 있기 때문에, 그가 제시한 처방들의 옳고 그름은 차치하더라도 그것이 오늘날에도 여전히 모든 면에서 유효하다고 보기는 어렵다. 그럼에도 우리가 지금도 칸트의 윤리학에 크게 주목하는 것은 거기에는 오늘의 우리가 결코 외면할 수 없는 통찰이 담겨 있으며, 또한 여전한 가치와 의의를 지니고 있기 때문이다.

2. 칸트 윤리학의 얼개와 특징

오늘날에도 윤리와 정치, 그리고 종교 등 실천철학적 문제들과 관련한 논쟁이나 전문적인 학술적 논의들에서 의례히 발견하게 되는 이름들 중의 하나가 칸트다. 그리고 칸트의 윤리학은 예나 지금이나 학문적 탐구에 있어서 최고의 자리를 차지하고 있다. 이는 만일 누군가 사회적 및 윤리적 현안들에 대해서 해결책을 찾고 한다면, 그 사람은 칸트의 윤리학에서 도움을 받거나, 아니면 그와의 대결을 피해갈 수 없다는 것을 의미한다. 철학 일반을 비롯한 보다 광범위한 문제 영역에서도 마찬가지지만 이는 그만큼 칸트의 윤리학이 인간이 처한 삶의 문제들에 대해서 거부할 수 없는 깊은 통찰과 지혜를 담고 있기 때문일 것이다.

그렇다면 칸트 윤리학의 정신과 그것이 갖는 부인하기 어려운 진정한 매력은 무엇인가? 그것은 바로 '도덕적 인간의 발견' 혹은 '도덕성의 발견'이다. 고대의 그리스와 로마 문화를 이상으로 삼는 학문 또는 예술의 부흥으로서 14세기 후반부터 이탈리아에서 시작된 르네상스가 근대적 의미의 인간 해방과 인간성의 재발견, 그리고 합리적 사고와 그 사회적 실천을 가능하게 한 원천이라면, 칸트의 그것은 진정한 의미에서 전인적 가치로서 인간성에 대한 근본적인 천착을 이룩한 혁명적인 전환이었다고 할 수 있다. 칸트의 철학은 온통 이러한 가치 발견과 그것을 옹호하려는 부단한 노력으로 점철되어 있다. 이를 구현하고 있는 것이 그의 윤리학이다. 그리고 이를 가장 압축적으로 담고 있는 것이 어떤 행위를 자신의 이익과 유불리(有不利)를 떠나서 하는 것이 무조건적으로 옳기 때문에 그것을 하려는 의지를 뜻하는 '선의지'(der guter Wille) 개념이다. 그것은 인간의 도덕성을 가리키는 이름이자, 그 자체로 옳은 것을 행하려는 이성적 존재자의 의지로서 이성 즉 실천이성의 별칭이다.

칸트 윤리학의 두 축은 실천이성과 그 실천적 목적으로서의 최고선이다. 그리고 세 가지 핵심개념은 선의지, 의무의식, 정언명법(도덕법칙)이다. 선의지는 그의 윤리학의 정수로서 의무 혹은 의무의식의 존재근거이며, 의무의식은 선의지의 인식근거이다. 또한 선의지는 옳음과 좋음을 규정하는 척도이자 모든 인간적 가치의 원천이다. 이 선의지로부터 일체의 도덕적 행위의 기준으로서 보편타당한 의무법칙 즉 인간적 도덕법칙으로서의 정언명법이 제시된다. 이렇게 칸트의 인간 중심의 윤리체계의 근간이 되는 선의지는 기본적으로 이성적 존재자로서의 이성적 인간의 의지다.

칸트는 이성적 존재자와 이성적 인간을 구별하는데, 이는 그의 윤리학을 이해하는데 매우 중요한 의미를 갖는다. 그에게 인간은 이성적 존재자이면서 동시에 감성적 존재자이다. 따라서 하나의 존재자로서 인간은 이성적이기만 한 존재는 아니다. 순전히 이성적 존재자이기만 하다는 것, 다시 말해 감성적 요소를 전혀 갖지 않는 존재는, 칸트의 말대로, 육체가 없는 천사나 영혼과 다를 바 없다. 이성적 차원과 감성적 차원, 두 차원을 갖고 있는 하나의 통일체가 칸트가 말하는 인간 존재다. 그런데 인간이 추구하고 준수해야 할 도덕성은 이성적 차원에서 성립한다. 이렇게 한편으로는 인간을 이성과 감성의 통일체로 보면서, 다른 한편으로는 선의지처럼 인간이 갖는 이성적 소질과 능력, 즉 실천이성에서 도덕성을 발견해내는 관점은 이미 인간성의 여러 특성들을 상하 내지는 종속 관계로 파악한다는 것을 보여준다. 이 때문에 칸트에게 도덕은 인간적 관점에서는 그 자체로 도덕적 구속력 또는 자기 구속력을 갖는 의무로 나타난다. 이렇게 인간의 도덕적 본성을 이성만이 아니라 감정 혹은 욕망과 같은 다른 요소들에서 파악하려는 사람들에게 칸트의 윤리학은 도덕적 행위에서 감정이나 욕망의 역할과 의의를 간과하고 있다거나 또 이성과 감정의 관계를 제대로 규명하지 못했다는 부정적 평가를 받기도 한다.

그렇다면 칸트에게 윤리적 문제란 무엇이며, 이에 대해서 그는 구체적으로 어떤 해답과 처방을 제시하고 있는가? 우리는 그 단적인 경우를 칸트 자신이 들고 있는 사례들에 대한 그 자신의 도덕적 평가를 통해서 그 일단을 엿볼 수 있다. 칸트는 『도덕형이상학 정초』에서 다음과 같은 네 가지 사례를 들고 있다.

상점 주인이 어리숙한 손님에게 바가지를 씌우지 않는 것은 의무에는 부합한다. 그리고 거래가 많은 곳에서는 영리한 상인도 이런 짓을 하지 않고 모든 사람에게 일정하게 정해진 가격을 받음으로써 어린이도 다른 사람들과 마찬가지로 제값에 물건을 구입하게 한다. 그러므로 사람들은 정직하게 대우받은 것이다. 그러나 그것만으로는 상인이 의무와 정직의 원칙에서 그렇게 처신한다고 믿기에는 충분하다고 할 수 없다. 자신의 이익에서 그렇게 한 것일 수도 있기 때문이다.(4:397/VII:23)

자기의 생명을 보존함은 의무이며, 게다가 누구나 그에 대한 직접적인 경향성을 갖고 있다. 그러나 그렇다고 해서 대부분의 인간들이 이에 대해서 자주 갖게 되는 불안한 근심들은 어떤 내적 가치도 갖지 못하며, 그들의 준칙에는 어떤 도덕적 내용도 없다. 그들이 자신의 생명을 의무에는 부합하게 보전하지만, 그러나 의무로부터 하는 것은 아니다. 이에 반해서 불운과 절망적인 회한이 삶에 대한 흥미를 완전히 빼앗아 갔는데도 이 불행한 사람은 마음을 굳게 먹고서 자신의 운명에 겁먹고 굴복하기 보다는 오히려 격분하여 죽음을 원하면서도 자신의 생명을 보존한다면, 그것도 자신의 생명을 사랑해서 혹은 경향성이나 공포에서가 아니라 의무이기 때문에 보존한다면 그의 준칙은 내용을 갖는다.(4:397-8/VII:23)

할 수 있는 한 선행을 하는 것은 의무다. 동정심을 지닌 사람들도 많아서 그들은 어떤 다른 허영심이나 자기 이익과 같은 동인 없이도 자기 주위에 기쁨이 만연하는데서 내적인 만족을 발견하고, 그것이 자신의 덕택인

한에서, 타인의 만족에 즐거워할 수 있다. 그러나 나는 이 경우 그와 같은 행동은 의무에는 부합하고 매우 사랑받기까지 한다고 해도 참된 도덕적 가치를 갖고 있지 못하며, 오히려 그것은 다른 경향성들, 예를 들면 명예에 대한 경향성과 같은 것이라고 주장한다. 명예에 대한 경향성은 다행히도 공익과 의무에는 부합하기에 명예로운 것에 해당한다고 해도 그것은 칭찬과 격려를 받을 것이지만 존중받을 것은 아니다. 왜냐하면 그 같은 준칙은 도덕적 내용, 즉 경향성이 아니라 의무에서 하는 행위를 결하고 있기 때문이다.(4:398/VII:24)

자기 자신의 행복을 확보하는 것은 의무이다(적어도 간접적으로는). 충족되지 않은 욕구들에 휩싸여 많은 걱정에 시달리면서 자신의 처지에 대해 만족하지 못한다면 그것은 쉽사리 의무를 배반할 큰 유혹이 될 수 있기 때문이다.(4:399/VII:25)

나는 앞으로 이 네 가지 사례를 순서대로 각각 '정직의 의무', '생명보존의 의무' '선행의 의무' '자기행복의 의무'로 부를 것이다. 특히 이 중에서 생명보존의 의무는 그것의 또 다른 표현이라 할 수 있는 '자살금지의 의무'라고 부르기도 할 것이다. 이들 의무의 도덕성은 그것들이 도덕법칙들에 합치하는지에 따라서 평가된다. 칸트는 이 도덕법칙을 인간적 관점에서 정언명법이라고 부른다. 따라서 저 의무들은 동시에 정언명법이 적용되는 구체적 사례로서 정언명령들이다. 칸트는 이들 예시를 통해서 도덕적 행위의 조건과 자격에 대한 자신의 생각을 분명하게 드러내고 있다. 칸트는 여기서 '의무로부터의(aus Pflicht)' 행위와 '의무에는 부합하는(pflichtmäßig)' 행위를 구분하고 있는데,[1] 전자의 경우만이 도덕적

---

1) 이 글에서는 aus Pflicht를 원칙적으로 '의무로부터의(의)'로 번역하고, 문맥상 필요한 경우에는 '의무에서 (하는)', '의무이기 때문에 (하는)' 등으로도 표현한다. 그리고 pflichtmäßig는 역시 '의무에는 부합하는'으로 번역하고, 필요한 경우에는 '의무에는 맞는' 혹은 '합의무적

행위이며, 후자는 그것만으로는 도덕적 행위가 아니다. 전자는 내면적 동기나 의도마저도 의무와 준칙에 일치하는 행위의 도덕성(Moralität; morality)을, 후자는 외적으로는 도덕법칙에 따라서 하는 행위와 동일하게 의무에서 하는 행위와 같아 보이지만 실제로 내적으로는 자기이익과 같은 다른 동기에서 이루어지는 행위로서 적법성(Legalität; legality)만을 갖는다. 이러한 행위의 도덕성과 적법성의 구분에는 이미 칸트가 도덕을 어떻게 생각하는지, 다시 말해서 도덕성의 존재 근거와 이유에 대한 그의 고유한 사고가 나타나 있다. 한마디로 의무의 근거는 동기의 도덕성을 평가하는 이성적 준칙 혹은 법칙에 있다. 이것이야말로 칸트의 윤리적 사고를 근본적으로 특징짓는 요소다.

칸트에게는 어떤 행위가 도덕적 행위가 되려면 두 가지 조건을 충족시켜야 하는데, 하나는 도덕성의 필요조건으로서 이성적 존재자로서 인간의 의지가 지닌 도덕적 소질의 발동, 즉 어떤 것이 단적으로 옳은 것이기 때문에 하려는 의지 작용이다. 칸트는 그러한 의지를 선의지라 부른다. 이 점에서 칸트에게 도덕이란 원칙적으로 그러한 의지를 지닌 존재에 고유한 현상이며, 그런 의지가 없는 존재에게는 도덕이라는 것이 존재하지도 존재할 필요도 없다. 다른 하나는 도덕성의 충분조건으로서 선의지에 따른 '행위 이유의 보편화 가능성'이다. 비록 어떤 행위가 선의지에 따른 것이라 하더라도 인간은 그것이 무조건적으로 옳은 행위인지 언제나 확실하게 알지는 못한다. 그러한 의지조차 인간의 의지이기에 다른 유혹에 현혹된 착각이나 자기기만, 혹은 불확실성을 안고 있기 때문에 자신이 '옳다'고 생각하는 것이 정말 '옳은 것'인지 숙고해 보아야 한다. 이는 칸트의 윤리적 관점과 사고가 갖는 고유성과 독창성을 보여준다. 이를 칸트의 용어로 직접 표현해 보면, '자신이 하려고 하는 행위의 원칙 즉 주관적 원칙으로서 준칙이 언제나 모든 사람에게도 타당한 객관적 원칙 즉 법칙이 될 수 있는지 따져보

─────────

(인)'으로도 표현한다.

는 것'이다. 그리고 이런 준칙 혹은 법칙에 따라서 행위 해야 하는 것이 칸트가 말하는 도덕적 의무다. 이 의무의 법칙이 또한 도덕법칙이다. 이 도덕법칙은 도덕적 행위를 근본적으로 가능하게 하는 자유의지를 제약하는 "모든 경험적 조건들"을 격리시켰을 때 발견할 수 있는 이성법칙이다. 그러므로 이 도덕법칙은 신체적 욕망과 본능적 욕구를 지닌 유한한 이성적 존재자 즉 인간과 같은 존재에게는 언제나 '~ 하라', '~ 해야한다'와 같은 도덕적 명령 즉 정언적 명령의 형태로 나타난다. 이들 모든 정언명령들이 갖추어야 할 형식적 조건을 일반화해 놓은 것이 칸트가 말하는 정언명법이다. 칸트는 이 정언명법을 여러 가지 방식으로 정식화해서 제시한다.

　내면적인 행위 이유가 아니라 실행된 행위의 관점에서 보면 겉으로 드러난 행위는 모두 도덕성에 부합하든 적법성에 부합하든 하나의 동일한 행위라 할 수 있다. 그럼에도 칸트는 행위의 도덕적 평가의 척도를 선의지의 도덕성에 두듯이 행위의 도덕적 가치를 겉으로는 확인이 불가능한 동기와 의도의 관점에서 평가한다. 또한 이에서 멈추지 않고 그 동기와 의도마저도 그것이 도덕적 행위이려면 누구나 승인할 수 있는 보편성 요구를 충족시켜야 한다는 매우 강한 주장을 펼친다. 칸트는 이러한 조건을 충족시켜야 하는 것이 이성적 존재자로서 인간의 이성적 행위이며, 그것이 곧 칸트가 말하는 도덕적 행위에 다름 아니다. 칸트에게 이성적으로 행동한다는 것은 도덕적으로 행동한다는 것이며, 그 역도 마찬가지다.

　그러면 칸트의 이런 생각은 옳은가? 앞서 제시한 칸트의 '정직의 의무', '생명보존의 의무', '선행의 의무', '자기행복의 의무'에 대해서 반대 입장을 취할 수 있다. 도덕을 자기이익이나 사회적 이익의 합리적 선택의 문제로 보거나, 아니면 서로 다툼을 벌이고 있는 사람들의 의견 조정이나 타협의 문제로 보거나, 심지어는 다수의 선택의 문제로 보는 사람들에게 정직의 의무나 선행의 의무 같은 것은 무의미한 수사에 불과할 수 있다. 그들에게 모든 사람이 반드시 지켜야 하는 의무란 아예 처음부터 존재하지도 않는 문제이며, 그것은 사회적 내지는 역사적 맥락이나 특정한 종교적 입장 속에서만 정당화될 수 있는 도덕적 편견에서 비롯한 것으로 보일 수 있다. 실제로 그와 같은 입장을 견지하는 윤리적 견해들이 존재한다. 더욱이 칸트가 고수하듯이 도덕을 인간의 본성에 주어진 본래적 문제가 아니라 자연적 존재인 인간의 생존을 위해 요구되는 수단적인 것에 불과한 것일 수도 있다.

하지만 칸트는 도덕적 문제에 대해서 누구와도 비견할 수 없는 고유한 견해를 수립했다. 칸트는 도덕의 문제를 도덕적 자각의 원천으로서 도덕적 이성을 소유한 인간의 도덕적 관점에서 바라본다. 그리고 이러한 도덕적 관점의 정당성을 증명하기 위해서 그의 철학적 연구의 절정기에 두 편의 저술을 완성했다. 그 첫 번째 저작이 1785년에 출간된 『도덕형이상학 정초』이며, 두 번째 것은 칸트 철학의 3대 비판서 중 하나로 꼽히는 『실천이성비판』이다. 1788년에 출간된 이 『실천이성비판』은 『도덕형이상학 정초』와 더불어 윤리학 내지는 도덕철학이 그 목적에 있어서 칸트 철학의 핵심이자 요체라는 것을 보여준다. 칸트 철학의 근간이자 백미가 『순수이성비판』이며, 그 정점이자 절정이 『판단력비판』이라면, 저 두 윤리학 저서는 칸트 철학이라는 하나의 웅장한 건축물을 살아 있는 생물체로 만들어 주는 영혼과도 같다.

행위의 도덕성을 좌우하는 보편성이라는 형식적 관점에서 볼 때 『실천이성비판』은 『도덕형이상학 정초』를 통해서 입증한 바 있는 정언명법이 도덕법칙으로서 존재한다는 사실을 토대로 해서 "실천이성의 가능성, 범위, 한계를 인간의 특수한 본성과 무관하게 완벽하게 제시하는 것"(5:8/VII:113)을 목표로 하고 있다. 이는 한 마디로 도덕법칙을 의지 자신의 실천법칙으로 삼고 있는 실천이성의 올바른 사용이 무엇인지를 보여주는 것이며, 따라서 무엇보다도 실천이성의 잘못된 사용을 경계 내지는 비판하는 작업을 포함한다. 이 때문에 『실천이성비판』은 한편으로는 정언명법의 존재 근거로 제시되었던 도덕적 의지의 원리 즉 도덕성의 원리를 순수실천이성의 원칙들이라는 이름 아래서 논구함으로써 『도덕형이상학 정초』의 작업성과를 한층 정교하게 발전시키고, 다른 한편으로는 실천이성을 그 자신이기도 한 의지와 그 인과성의 관계를 탐구하는 윤리학으로서 자유의 형이상학이라는 이름 아래서 고찰한다. 그것은 세부적으로 실천이성의 대상들, 실천이성의 동기들, 실천이성의 변증적 사용의 비판, 그리고 신·자유·영혼불멸성과 같은 이념에 대한 도덕적 이성의 올바른 사용 등의 주제들을 다루고 있다. 이런 점들을 미루어볼 때, 칸트 스스로 밝히고 있듯이(VII:107-19), 『실천이성비판』의 원래 기획은 『도덕형이상학 정초』를 그 일부분으로 포함하고 있었으나, 특별히 정언명법이 도덕법칙으로서 존재한다는 것을 증명하기 위해서는 하나의 별도의 독립된 저작이 필요하게 되었다고 할 수 있다.

실제 내용면에서 칸트는 『도덕형이상학 정초』에서는 『실천이성비판』에서 본격적으로 하게 될 도덕법칙의 증명에 앞서서 평범한 인간을 윤리적 주체로 내세워서 자신의 윤리학을 특징짓는 실천법칙이자 의무법칙으로서 정언명법이 행위의 도덕성을 판정하는 보편타당한 도덕 원칙이라는 것을 증명하려고 시도한다. 이는 곧 순수실천이성이 있음을 증명하는 일과 같다. 다시 말해 이성의 능력에는 인식의 한계가 있음을 논증하고 있는 순수이론이성의 비판으로서 『순수이성비판』과 달리 칸트 스스로 '순수실천이성의 비판' 대신에 '도덕형이상학 정초'라는 명칭을 사용하고 있는데서 알 수 있듯이 순수실천이성은 비판의 대상이 아니라 그것이 존재한다는 것을 드러내어 밝히려고 한 저술이다. 반면에 『실천이성비판』은 사실 『도덕형이상학 정초』가 그 존재를 밝히고자 한 순수실천이성, 즉 도덕적 이성의 잘못된 이해와 사용을 비판하려고 쓴 저서다. 이렇게 두 저서는 하나로 합쳐서 칸트의 윤리학의 토대와 원리 그리고 인간적 행위의 목적을 근거 지으려 한 저서로 읽혀야 한다.

칸트가 말하는 순수실천이성은 이성 자신의 도덕성을 규정하는 원천이면서 동시에 그에 따라 행위 하는 근원적 능력을 가리키는 이름이다. 그것은 욕구에 지배되는 경험적 의지 혹은 선택적 의지와 대비되는 순수한 도덕적 의지, 도덕적 이성, 단적으로 선의지의 존재를 이른다. 그리고 이 선의지는 이성적 존재자가 자신의 도덕적 원칙에 따라서 행위 하려고 하는 소질과 능력을 지닌 의지다. 인간이 본래적으로 도덕적 존재인 이유가 여기에 있다. 칸트는 인간이 이 선의지에서 행위 할 때 따라야 하는 객관적 원칙을 이성의 사실로서 도덕법칙이라 부른다. 또한 이를 그것의 인간학적 표현인 선의지의 명법이요 의무의 법칙으로서 정언명법이라 부른다.

하지만 앞서 지적했듯이 여기에는 비록 그것이 이성법칙이라고 하더라도 '우리가 반드시 그에 따라야 하는 이유는 무엇인가?' 하는 문제가 남아 있다. 이에 대해서 칸트는 이성적 존재자인 인간에게는 그러한 법칙에 따르고자 하는 마음, 즉 '법칙에 대한 존경심'이 있다고 답한다. 칸트는 이것을 인간이 지닌 도덕적 감정이라고 부른다. 그러므로 '법칙에 대한 존경'의 마음으로서 도덕적 감정의 대상은 도덕법칙이다. 이것은 이성적 존재자로서의 인간에게 일어나는 일종의 자기 승인, 자기 존중의 태도다. 이러한 이유에서 우리는 왜 우리가 그 같은 감정을 갖는지 혹은 갖고자 하는지에 대해서 더 이상 물을 수 없다. 칸트적 관점에서 그것은 인간인 우리에게 그러한 이성의 자기 요구에 기꺼이 따르고자 하는 감정이 있다는 것을 승인하는 길밖에 없다. 그것은 하나의 발견일 뿐이다. 그에 합당한 답이 있다면, 그것은 인간은 보편성의 사유라는 피할 수 없는 본성을 지닌 이성적 존재자라는 것밖에는 없다. 칸트가 인간을 도덕적 존재로 규정하는 근거도 바로 여기에 있다. 칸트는 인간이 존엄한 존재인 이유, 인간의 존엄성도 바로 이에서 찾고자 했다. 반면에 이것은 칸트의 윤리학 전체를 제약하는 한계 또한 보여준다. 칸트의 윤리학에는 도덕법칙과 도덕적 감정 사이에는 뛰어 넘을 수 없는 근본적인 간극이 놓여 있다. 이것은 칸트 윤리학의 약점이다. 보편적 법칙에 따라 행위 하려는 이성적 존재자의 의지만으로 타자를 도덕적 고려의 대상으로 존중하는 마음은 결코 설명되지 않는다. 결국 자신과 타자 어느 쪽이든 도덕적 행위를 하려는 마음 혹은 동기를 설명할 수 없다. 기꺼해야 그것은 법칙의 보편성만을 승인하는 것에 그친다. 도덕적 내용을 지닌 가치들과 같이 나의 마음을 움직이는 도덕적 동기가 함께 승인되어야만 그것은 구체적인 실천력을 가질 수 있다. 내가 보기에 이성적 공감을 수반하는 가치들이어야 보편적으로 승인 가능한 도덕적 가치들이라 할 수 있다. 이런 이유에서 나는 행위의 도덕성은 이성과 감정이 공속하는 이성적 공감에 의해서 존재하게 된다고 생각한다. 법칙에 대한 존경심만으로는 우리는 어떠한 도덕적 행위도 할 수 없다. 그것만으로는 나와 너, 그리고 도덕적 행위를 연결시켜 주지 못하기 때문이다. 행위의 실질적인 도덕적 구속력은 나와 타자 및 세계를 연결시키주는 공감적 감정 없이는 작동되지 않는다. 이 감정을 통해서 비로소 도덕적 행위자와 윤리적 세계가 출현하게 된다. 진정한 도덕적 행위자는 이성적 공감의 보편적 원칙에 따라서 행위하는 자이며, 그것이 곧 도덕성의 객관적 척도가 된다.

3. 자율 도덕과 의무 윤리

칸트의 철학을 소개할 때면 의례히 자주 인용되는 구절이 있다.

내가 두 가지 사물을 거듭 또 오랫동안 생각하면 할수록 그것은 더욱 새롭고 더욱 드높아지는 감탄과 경이로서 나의 마음을 가득히 채워 놓는다. 이 두 가지 사물이란 내 위의 별이 빛나는 하늘과 내 마음 속의 도덕 법칙이다. (VII:300/3:161)

이는 칸트의 대표작들로 꼽히는 3대 비판서 중 제2비판서『실천이성비판』의 최종 결론부의 첫 구절이다. 저 구절은 칸트의 묘비에도 적혀 있는데, 그만큼 실제로 이는 철학자 칸트의 철학 정신을 아주 잘 압축해 놓고 있다. 칸트가 평생 추구했던 진리 탐구의 길에 놓인 두 가지 탐구 대상과 과제 역시도 여기에 등장하고 있기 때문이다. '내 위의 별이 빛나는 하늘'과 '내 마음 속의 도덕법칙'이 그것이다. 칸트의 철학 용어로 말하면, 전자는『순수이성비판』이 다루고 있는 자연 형이상학의 탐구 대상이며, 후자는『실천이성비판』이 문제 삼는 도덕형이상학의 탐구 대상이다. 일반적인 용법에 따르면, 이 양자는 각각 자연철학과 도덕철학 혹은 자연학과 윤리학의 탐구 영역에 해당한다. 그렇다면 이 중에서도 자신의 마음을 그토록 감탄과 경이로 가득 채웠던 탐구 대상 중의 하나인 윤리학은 칸트에게 어떤 학문이었던 것일까!

『실천이성비판』과 대비되는 제1비판서『순수이성비판』은 인간 이성이 도달하려는 지식의 대상을 크게 세계, 영혼, 신 세 가지로 나눈다. 그리고 이 저서는 이들 존재에 대한 인식을 수행하는 인간 이성의 능력에는 한계가 있다는 것을 공식화한다. 이러한 한계 설정으로 인해서 지금까지 참이라고 받아들여졌던 많은 것들이 독단적 주장에 불과하다는 것이 밝혀진다. 궁극적으로는 이러한 문제들을 해결할 수 있는 방도를 제시하려는 것이『순수이성비판』의 중심 과제였다. 이를 해결하기 위해서 칸트는 현상과 물 자체 및 자연의 세계와 자유의 세계를 구분하였다.

『순수이성비판』의 주제와 목적을 고려할 때, 한편으로 이 저서는 인간은 감각과 감각기관을 통해서 이 세계의 존재를 경험하고 정보를 입수할 수밖에 없으며, 이러한 조건은 인간이 세계에 대해서 알 수 있는 지식에는 한계가 있다는 것, 따라서 이 세계에 대한 지식은 감각 제약적인 특수한 인식 구조를 지닌 인간적 사유의 구성물이라는 것을 증명하는 것이다. 즉, 현재 우리가 알고 있는 자연법 칙은 있는 그대로 존재하는 세계가 아닌 감각 일반에 제약된 경험 가능한 세계에 대한 법칙이다. 칸트는 그것을 감성계 또는 현상계라고 부른다. 이에 의하면, 현재 우리의 눈앞에 펼쳐져 있는 세계, 자연 혹은 우주는 현상의 세계에 다름 아니다. 『순수이성비판』은 일차적으로 이러한 칸트 자신의 주장이 타당하다는 것을 증명하려는 시도로 이루어져 있다. 그리고 다른 한편으로 『순수이성비판』은 이렇게 세계 인식의 올바른 방도를 제시하면서 궁극적으로는 자연 필연성에 지배되는 자연의 세계와 양립 가능한 인간적 자유의 세계 즉 도덕적 실천의 세계가 존재한다는 것을 증명하려는 의도를 갖고 있다. 칸트는 감각에 제약되어 있지 않은 세계, 즉 인간의 감각적 조건으로부터 독립해 있는 본연의 세계를 물 자체 또는 예지계라 불렀다. 그것은 현상으로서의 자연의 세계에 대비되는 자유의 세계이다. 이 자유의 세계, 예지계의 세계, 물 자체의 세계의 법칙이 도덕법칙이다. 칸트는 이것을 『실천이성비판』에서 증명한다. 따라서 시적인 느낌을 불러일으키는 '별이 빛나는 하늘과 내 마음 속의 도덕법칙' 이라는 표현에서 우리는 칸트 자신이 기획한 진리 탐구라는 긴 여정의 끝에 서 있는 사람의 소회를 느낄 수 있다. 이에 비추어 보면, 칸트의 윤리학은 아주 간결하게 그리고 한 마디로 저 구절 중에서 등장하는 도덕법칙에 대한 탐구와 증명을 목표로 하는 학문이라 할 수 있다. 또한 칸트의 철학에서 '별이 빛나는 하늘' 이 현상계로서 자연의 세계를 상징하듯이 '도덕법칙' 은 예지계로서 자유의 세계를 가리키고 있다. 자연의 세계를 지배하는 것이 자연법칙이라면, 자유의 세계를 지배하는 것이 도덕법칙 즉 도덕적 자유의 법칙이다. 그런 점에서 도덕형이상학으로서 칸트의 윤리학은 동시에 그의 철학을 떠받치고 있는 중심축인 자연과 자유 두 근본 개념 중에 자유와 도덕적 실천의 세계를 다루는 자유의 형이상학이라 할 수 있다. 이러한 칸트 윤리학의 주제와 근본 성격을 『실천이성비판』의 다음과 같은 진술을 통해서 확인해볼 수 있다.

> 자유는 도덕법칙의 존재근거이며, 도덕법칙은 자유의 인식근거이다.(5:5/VII:108)

이 진술에는 두 가지 근본 주장이 담겨 있다. 하나는 인간의 의지는 자유이며, 이는 도덕법칙의 존재 조건, 곧 도덕적 행위의 근원적 가능성의 조건이라는 주장이다. 다른 하나는 이성의 법칙으로서 도덕법칙이 존재하며, 이로부터 인간의 의지가 자유라는 것을 알 수 있다는 주장이다. 이는 인간의 자유가 법칙수립적 의지로서 도덕적 자유의 법칙 즉 도덕법칙의 원천이며, 동시에 도덕법칙의 제약을 받는 자기구속적 의지로서 의무의 원천이라는 것을 의미한다. 칸트는 이러한 인간 의지의 자유를 자율(Autonomie)이라 부른다. 이렇게 자율의 법칙만을 행위의 도덕적 동기로 삼을 것을 요구하기에 칸트 윤리학을 자율 도덕의 윤리라 부른다. 그리고 이 도덕법칙을 그것이 달성하고자 하는 목적이나 결과와는 무관하게 독립적인 구속력을 갖는 의무의 근거로 이해한다는 점에서 의무 윤리 내지는 의무론적 윤리라고 부른다. 그러므로 칸트에게 자율 도덕의 윤리와 의무 윤리는 그 근원에 있어서는 동일한 의미를 갖는다.

한편으로 윤리학은 삶의 방식에 대한 도덕적 연구라 할 수 있다. 인간적 삶의 방식을 연구하는 또 다른 분야의 학문이라 할 수 있는 사회학이나 심리학, 인류학과 같이 사실 관계를 탐구하는 사회과학의 영역으로 분류될 수 있는 학문들과 달리 윤리학은 당위와 가치에 대한 연구라는 점에서 도덕성에 대한 철학적 탐구 혹은 옳고 그름에 대한 연구라고 정의되기도 한다. 이렇게 삶의 도덕적 방식 내지는 도덕적 기준과 행위의 규칙들의 체계를 대표하는 이론으로 목적론적 윤리설과 의무론적 윤리설을 꼽을 수 있다. 이 두 윤리 체계는 상호 경쟁 관계에 있는데, 전자를 대표하는 것이 공리주의라면, 후자를 대표하는 것이 칸트의 윤리학이다. 윤리학적 논의에서 아무런 단서 없이 의무 윤리 혹은 의무론적 윤리에 대해서 거론할 때 대부분 그것은 칸트의 윤리학을 가리킨다. 이런 일이 통용될 수 있는 것은 대부분의 의무 윤리가 칸트의 윤리학에 근거를 두고 있기 때문이다. 실제로 접할 수 있는 거의 대부분의 의무론적 윤리설은 칸트 이론의 주석이거나 응용 수준에 머물고 있다. 이와 같이 칸트의 견해가 갖는 고유성과 독창성 그리고 영향력을 반영하듯 의무 윤리를 중심으로 하는 칸트의 윤리적 견해를 지칭할 때 단순히 그냥 칸트주의라 언급하기도 한다. 여기에는 단순히 그의 윤리학 또는 도덕철학이 토대로 삼고 있는 그의 철학 전체와의 관련성 또한 고려되고 있지만, 이 역시 그만큼 칸트의 윤리적 견해를 그만의 고유한 방식으로 이해하는 일이 자연스럽다는 것을 의미한다. 이 같은 평가는 앞으로도 여전히 유효할 것이다.

4. 원칙 중심의 윤리

전통적으로 행위의 도덕성을 규정하고 평가하는 학문으로서 윤리학은 크게 '원칙 중심의 윤리'와 '덕 중심의 윤리'로 구분할 수 있다. 원칙 중심의 윤리에 속하는 대표적인 이론으로는 근대 이후 오늘에 이르기까지 지배적인 주류 윤리학으로 자리 잡고 있는 칸트의 윤리학과 공리주의 윤리학을 들 수 있다. 그리고 덕 중심의 윤리의 대표적인 경우로는 고대의 그리스 윤리학, 특히 아리스토텔레스 윤리학과 이것의 현대적 부활이라 할 수 있는 덕 윤리학을 꼽을 수 있다.

원칙 중심의 윤리 중에서 의무 윤리로 특칭 되는 칸트의 윤리학은 근대의 경험론 및 합리론과의 비판적 대결을 통해 객관적과 보편성 및 필연성을 특징으로 하는 도덕성의 기초와 원리를 확립하고자 노력하였다. 이 같은 노력 속에는 칸트 자신의 시대에까지 이어져 온 서구의 철학적 전통들 속에 녹아 있던 플라톤과 아리스토텔레스, 스토아주의와 기독교 윤리 등 다양한 윤리적 유산들에 대한 비판과 수용이 망라 되어 있다. 이런 과정을 통해 비판과 종합의 철학자로서 칸트는 윤리학의 역사에서 새로운 장을 열어 놓았으며, 동시에 칸트 이후의 윤리학은 어떤 경우든 칸트와의 대결을 피할 수 없게 되었다. 이와 같은 일이 불가피하게 된 것은 칸트 이후의 모든 철학적 논의와 활동들이 결코 칸트의 그것으로부터 자유로울 수 없게 되었기 때문이다. 칸트가 이와 같은 위상과 영향력을 갖게 된 것은 단순히 진리의 발견과 정당화를 선험철학적 토대와 원칙에 근거해서 수행했다는 방법론적 의의를 넘어서 이로부터 도달한 윤리적 진리가 그 이상으로 훨씬 더 중요한 가치를 지니고 있기 때문이다.

칸트에 의하면, 인간은 그 타고난 소질과 성향에 있어서 원칙에 따라서 행위하는 존재다. 즉, 인간이 이성적 존재라는 것은 인간은 원칙에 따라 행위하는 존재라는 것을 의미한다. 그리고 이 원칙 혹은 원리가 갖는 가중 중요한 특징은 보편성이다. 즉, 보편적 원칙에 따라서 행위하는 인간적 본성을 칸트는 이성적 존재자의 가장 중요한 특성으로 이해한다. 이렇게 보편적 원칙에 따라서 행위하고자 하는 인간의 이성적 본성에서 인간 존엄성의 단적인 증거를 발견한다. 인간이 그 무엇에도 비할 데 없는 존엄한 존재인 것은 인간이 보편적 원칙이라는 이성의 요구를 행위의 도덕적 준칙으로 삼을 수 있는 존재이기 때문이다. 칸트는 이러한 인간 존엄성을 구체적으로 도덕성, 자율성, 그리고 인격성을 지닌 특성에서 발견한다. 그러나 내가 보기에 원칙에 따라서 행위 하는 이성적 인간은 반쪽의 인간이다. 인간의 존엄성은 결코 보편성과 원칙에 대한 승인으로는 인식될 수 없기 때문이다. 윤리적 대상과 관련해서 형식적인 보편성에 대한 요구와 함께 감정적 교감이 수반되지 않는 한, 인간의 존엄성은 우리의 감정에 현전하지 않는다. 그것은 단지 이성의 기계적인 사용에 불과한 것인데, 마치 감정을 지닌 인간인 체하며 흉내 내고 위장하는 것에 불과하다. 칸트 역시 이러한 감정과 감수성이 윤리적 존재로서의 인간, 그리고 인간의 윤리적 행위에서 차지하는 중요성을 실감하고 있지만, 이 둘을 연결하고 매개하는 데는 실패한 것으로 보인다. 이러한 칸트의 도덕철학이 갖는 근본 의의를 상술하면 다음과 같이 정리할 수 있다.

1. 칸트의 윤리학은 인간 존중의 도덕이론이다. 인간의 존엄성을 드높이는 데서 인간의 도덕적 가치와 존재 가치를 발견한다. 그런 점에서 역사적으로 칸트는 인간의 존엄성을 가장 명석 판명한 언어로 증명한 최초의 철학자다. 그에 따르면, 어떤 다른 가치로도 환원될 수 없는 인격의 소유자로서 인간은 존엄한 존재이며, 누구나 그 자체로 존중받아야 한다. 모든 이성적 인간은 평등하며, 인간을 단지 수단이 아니라 목적으로 대우해야 한다는 칸트의 인간 존엄성 선언은 의무윤리의 철학적 토대로서 인간의 자율성, 도덕성, 주체성, 인격성을 표현한 것이다.

2. 칸트에게 도덕법칙은 감성적 제약이 없는 모든 이성적 존재자에게 타당한 행위의 객관적 원리이며, 정언명법은 이성적 존재이면서 동시에 감성적 존재이기도 한 인간과 같은 유한한 이성적 존재자에게는 의무와 명령의 형태로 나타나는 도덕법칙이다. 따라서 정언명법과 그 특수한 규정으로서 정언명령들은 동시에 인간의 행위에 적용되는 보편타당한 도덕법칙이다.

3. 칸트는 인간의 일상적인 의무의식에서 정언명령들로 나타나는 도덕법칙에 따라 행위하려는 의지가 있음을 발견하고, 그것을 선의지라 부른다. 이 선의지야말로 인간 본성의 도덕성을 증명하는 등불과 같은 것이다. 이 선의지를 구체화하여 행위의 도덕성을 평가하는 척도로 삼은 것이 정언명법이다. 따라서 어떤 행위가 정언명법에 합치하면 그것은 도덕적 행위이며, 그렇지 않으면 비도덕적 행위가 된다.

4. 칸트가 선의지로부터 시작해서 인간의 도덕성을 증명해 낸 것은 서양 윤리학의 역사에서 인간이 본성적으로 도덕적 존재임을 증명한 가장 혁신적이며 독창적인 발견이다. 인간이 선의지의 소유자로서 존엄성을 갖는다는 것은 인간은 일체의 감성적 제약으로부터 독립해 있는 자유의지를 소유한 존재이며, 또한 이 의지로부터 자신의 도덕적 행위를 규정하는 도덕법칙을 수립하는 존재라는 것을 보여준다. 칸트는 이것을 의지의 자율로서 자율성의 원칙이라 부른다.

5. 칸트는 윤리학의 역사에서 하나의 체계적 이론으로서 옳음의 윤리학을 정식화한다. 그에게 윤리학이란 근본적으로 옳고 그름을 탐구하는 학문이다. 칸트의 윤리적 견해를 의무론이라고 부르는 이유이다. 본래적으로 그리고 객관적으로 옳고 그름은 존재하며, 또한 옳음과 그름은 좋음과 나쁨에 우선하는 도덕적 가치를 갖는데, 이렇게 좋음에 독립적이면서 또한 좋음을 규정하는 지위를 갖는 옳음을 우선시 하는 윤리이론을 목적론과 대비되는 의무론이라 부른다. 칸트 자신은 윤리학 혹은 도덕철학으로서 의무론의 철학 체계를 도덕형이상학이라 부른다.

6. 선의지는 어떤 행위가 옳기 때문에 그것을 하려는 의지로서 도덕성 판단의 필요충분조건이다. 선의지만이 옳음의 척도 즉 도덕성의 척도가 될 수 있다. 그러나 이것은 행위의 동기를 규정하는 것이기에 객관적 확인이 어렵다. 이러한 행위의 도덕성을 객관적으로 검증하기 위해 도입한 절차가 정언명법이다. 선의지와 정언명법은 별개의 것이 아니다. 어떤 행위를 그것이 옳기 때문에 하려는 선의지와 보편적 원칙에 따라서 하려는 의지는 동일한 의지이기 때문이다. 즉, 선의지에는 이미 행위의 도덕성을 낳는 필요충분조건이 내재되어 있다. 그러므로 칸트적 도덕성의 조건을 충족시킬 수 있는 것은 선의지뿐이다. 선의지만이 유일한 도덕적 선이다. 행복과 같은 목적으로서의 본래적 좋음, 그리고 이런 행복을 달성하는 수단이 되는 도덕적 또는 수단적 좋음 등 다른 일체의 좋음은 그 자체만으로는 도덕적 선이 아니라 도덕적 평가의 대상들이다.

7. 인간은 원칙에 따라서 행위 하고자 하는 이성적 존재자이다. 칸트는 이러한 인간적 능력을 실천이성이라 부른다. 인간은 이러한 능력을 통해서 객관적으로 보편타당한 도덕법칙을 인식할 수 있다. 의무의식, 선의지, 그리고 정언명법과 도덕법칙은 모두 행위의 도덕적 구속력을 규정하는 실천이성의 자기표현이다. 또한 자발적이면서 자율적인 실천이성은 도덕적 의지 및 도덕적 이성으로서 행위의 보편타당성을 요구하는 도덕적 관점의 원천이며, 인간이 지닌 도덕적 자각의 원천이다. 단적으로 칸트의 실천이성은 도덕성의 자기확증적 또는 자기발원적 능력이다.

8. 칸트는 행복을 추구하는 인간의 욕망은 자연스러운 것이지만 행복은 전혀 도덕적 개념이 아니며, 따라서 도덕성의 척도가 될 수 없다고 보았다. 행복과 같은 자연적 욕망을 충족하려는 이성의 욕구가 존재하지만 이는 결코 완전히 총

족될 수 없는 것이다. 심지어 인간은 무엇이 행복인지에 대한 누구나 동의할 수 있는 하나의 보편타당한 개념을 가질 수 없다. 그럼에도 인간은 도덕성과 행복이 동시에 충족되기를 원한다. 칸트가 최고선이라고 부른 도덕성과 행복의 통일은 실천이성의 부단한 실천적 목적이다. 칸트는 최고선의 실현을 추구하는 사회, 도덕적 의무를 위배하지 않는 행복이 이루어지는 사회적 삶과 성공의 척도로서 윤리적 공동체라는 이상사회를 제시한다. 이 윤리적 공동체는 현실 인간의 정치적 성숙을 통해서만 실현 가능하다. 칸트는 정치적 성숙을 이루어낼 정의로운 정치공동체로서 공화주의적 정치체제를 제시한다.

이 밖에도 칸트는 한편으로는 근·현대 윤리학이 당면하게 될 철학적 문제들에 대한 해결책과 대안들을 제시했다. 그 결과 오늘날 윤리학적 탐구와 논의들은 어떻게든 칸트 윤리학을 수용하거나 그와의 대결을 피할 수 없다. 그러나 다른 한편으로는 칸트의 윤리학적 주장과 견해에 대한 많은 비판들이 제기되었으며, 그 중에서 몇몇 비판들은 칸트 윤리학의 존립 자체를 위협하는 것이기도 했다. 오늘날의 칸트가 대결하지 않으면 안 되는 대표적인 문제들로는 다음과 같은 것을 들 수 있다.

1. 행위자의 동기에서 행위의 도덕성을 찾는 칸트의 동기주의 내지는 심정주의 윤리이론은 행위의 동기와 결과의 불일치를 해결할 수 없을 뿐만 아니라 궁극적으로는 행위 판단의 객관적 타당성을 확인할 수 없는 행위자의 의도에 기초하고 있는 주관주의 윤리설로 귀결된다. 그러므로 칸트의 윤리이론은 그것이 목표로 하고 있는 행위의 도덕성이 갖는 보편성, 객관성, 필연성을 증명하는데 실패한 이론이다.

2. 칸트는 도덕을 옳음의 문제로 보았는데, 과연 옳음은 좋음에 우선하는가, 또는 고유한 의미에서 좋음과 상관없이 독립적으로 정의될 수 있는가? 목적론적 윤리설이 옳음을 좋음을 통해서 정의하는데 반해서, 칸트의 의무론적 윤리설은 행복이나 사랑, 아름다움이나 음악과 같이 그 자체로 좋은 것으로서 본래적 좋음이나 악기나 연필처럼 다른 것을 위해서 좋은 것으로서 도구적 좋음을 도덕적 좋음과 구별한다. 칸트의 도덕적 관점에서 전자의 경우들은 그 자체로는 전혀 도덕적인 것이 아니다. 칸트는 제3의 좋음의 개념이라 할 수 있는 도덕적 좋음으로서 선의지만이 무제한적 내지는 무조건적 좋음일 수 있다고 함으로써 좋음의 의미를 왜곡시키고 있다. 왜냐하면 칸트의 도덕적 좋음으로 선의지는 결코 좋음으로 표현될 수 없는 것이기 때문이다. 옳음을 통해서 규정되는 좋음은 그 자체로 좋음이 아니며, 기껏해야 조건적으로만 좋음인데, 이마저도 본래적 의미의 좋음을 제대로 표현하지 못한다. 오히려 도덕적 옳음은 좋음을 통해서 혹은 더 큰 좋음을 통해서 정의되어야 한다.

3. 도덕법칙 혹은 정언명법은 구체적인 행위 및 개별 상황의 특수성을 고려하지 않는 형식적 보편성만을 요구한다. 그런데 모든 상황에 예외 없이 적용되어야 하는 도덕법칙은 실제로는 현실적 문제들에 대한 도덕적 처방을 제공해주지 못하며, 결국 아무런 도덕적 의의를 갖지 못한다. 따라서 의무 윤리나 자율 도덕으로서 칸트의 윤리학은 보편적 도덕원칙에 따른 행위에만 절대적인 도덕적 가치를 인정하는 맹목적인 형식주의이며, 법칙에 일치하는 의무의 무조건적 준수만을 강조하는 경직된 엄숙주의에 불과하다.

4. 칸트는 정언명법을 정당화하는데 머물고 있을 뿐 도덕법칙의 존재를 증명하지 못했다. 자유와 도덕법칙의 상호성 논제라 불리기도 하는 간접적인 증명

은 먼저 도덕법칙이 이성의 사실임을 전제 혹은 승인할 때에만 가능하다. 자유
는 필연적으로 도덕법칙의 도덕적 구속력을 증거하는 근거가 되지 못한다. 도덕
적 행위의 가능성이 필연적으로 도덕법칙의 존재를 승인하는 것은 아니기 때문
이다.

5. 칸트의 이성주의 윤리학은 감정이 지닌 도덕성이나 도덕적 분별력을 인
정하지 않거나 소홀히 여김으로써 도덕판단에서 감정이 갖는 지위와 역할을 제
대로 평가하지 못했다. 감정은 하나의 인지적 태도의 표현으로서 지성적 요소를
포함하고 있으며, 따라서 어떤 감정판단은 도덕판단의 지위를 갖는다. 칸트는
이와 같은 감정의 인식론적 지위를 전혀 고려하지 못하고 있다. 그렇게 함으로
써 감정이 갖는 고유한 역할을 도덕적 고려에서 제외시킴으로써 인간적 가치를
갖는 덕목들의 중요성을 제대로 평가하지 못하는 이성 중심의 법칙주의 도덕에
머물고 있다.

6. 행위의 도덕성을 평가하는 기준으로서 칸트의 정언명법들은 보편타당한
도덕 규칙들을 정초하지만, 그 자체가 절대적 원칙들이므로 원칙들 간의 충돌이
발생할 때 이를 조정할 수 있는 방도를 제시하기 어려우며, 따라서 윤리적 문제
들을 해결할 수 없는 한계를 안고 있다.

7. 칸트의 도덕적 주체는 현실에 뿌리를 두고 있는 구체적 행위자가 아니라
보편적 이념의 옷을 입고 있는 추상적 행위자다. 때문에 사회 현실과 밀착되어
있는 윤리적 문제들을 구체적 상황에 맞게 해결할 수 있는 윤리적 안내자가 될
수 없다. 그것은 기껏해야 무엇을 하지 말라거나 해서는 안 된다는 부정적 지침
으로서만 의미를 갖는다. 반면에 윤리적 갈등과 고민은 적극적인 실천적 지침을

기다리고 있는 문제들이다.

8. 칸트의 윤리학은 도덕성의 정초라는 학문적 이념에 매몰되어 개인의 행복이나 타인의 고통 혹은 사회의 요구와 같은 실질적 문제들과 거리를 둘 수밖에 없는 이념 윤리다. 그러나 윤리는 근본적으로 타자와 타자 사이의 충돌을 해결하려는 욕구에서 출발한다. 그러므로 칸트의 윤리학은 이 같은 문제 해결을 애초부터 불가능하게 만드는 토대 위에서 출발하고 있기 때문에 비현실적인 부적합한 윤리 이론이다.

9. 예지계와 현상계, 도덕성과 행복, 이성과 경향성과 같은 두 요소들을 대립적 관계로 설정하고 있는 칸트의 윤리이론은 결코 이 요소들 사이의 조화를 보이는데 실패했다. 칸트는 이 간극을 매우기 위해서 신 존재와 영혼불멸 같은 형이상학적 개념을 끌어들임으로써 최종적으로 자신의 윤리이론의 실패를 스스로 증명하고 있다.

10. 이성적 존재자 중심의 칸트의 이성주의 윤리는 윤리적 문제들에 대한 실질적인 해결책을 제시하는데 근본적인 한계가 있다. 이성은 도덕적 평가의 대상을 하나의 전체로 이해하기 보다는 특정 부분들을 각기 분리해서 이해하는 경향이 있다.

이와 같은 문제점들은 오늘날 윤리학적 탐구를 수행하려는 사람이라면 피할 수 없는 윤리적 문제들이 되었다. 이처럼 크고 작은 문제들뿐만 아니라 칸트 윤리학이 갖고 있는 근본적이면서도 총체적인 한계에 주목하는 비판들도 제기되어 왔는데, 가장 고전적인 도전으로서 모든 윤리적 문제들에서 막대한 영향력을 행사해온 공리주의, 합리적 선택이론으로 무장한 계약론적 윤리설, 인간의 실존과 한계상황에 주목한 실존주의 윤리, 인간 이외의 다른 생명 존재들에 대한 도덕적 고려를 앞세우는 환경윤리, 그리고 공리주의를 포함하여 칸트의 윤리학 모두에 대한 전면적인 도전과 비판을 앞세워 적지 않은 성과를 거두고 있는 덕 윤리학 등을 들 수 있다.

주지하듯이 칸트의 윤리학은 현대의 덕 윤리학뿐만 아니라 그 역시 원칙 중심의 윤리학으로 평가되는 공리주의로부터도 많은 비판을 받아 왔다. 특히 덕 윤리학은 칸트의 의무론적 윤리학이 실천적 문제들을 해결할 수 있는 윤리적 지침을 제공하는데 실패한 이론이라는 혹독한 평가를 내린다. 이처럼 다양한 진영에서의 도전으로 인해 흔들릴 것 같지 않던 칸트 윤리학의 위상과 지위도 예전과 같을 수 없게 되었다. 그러나 이에 대응하는 칸트주의 진영의 노력도 계속되고 있는데, 어떤 경우든 칸트의 윤리학이 의무 중심과 원칙 중심의 이론이라는 점은 변함이 없을 것이다.

칸트의 윤리이론에 대한 고전적 비판 중에 주목할 만한 대표적인 경우를 밀의 공리주의에서 찾아볼 수 있다. 자유주의 철학의 신봉자로서 벤담과 함께 근대의 고전적 공리주의를 대표하는 존 스튜어트 밀은 쾌락은 최대화하고 고통은 최소화하려는 심리적 본성을 지닌 인간 행위의 경향성에 기초를 둔 유용성(utility)의 원리를 "최대 다수의 최대 행복" 혹은 "최대 행복의 원리"로 정립한 벤담의 정신을 이어받았다.[2] 그는 칸트의 윤리학이 실패한 이론이라는 것을 주장하면서 "유용성의 원리"를 행위의 도덕성을 판단하는 객관적 원칙으로 정교화 하였다. 그의 공리주의는 돼지의 철학이라 비난받던 벤담의 공리주의에 쏟아지는 비판을 수용 내지는 극복하는 한편 밀 자신의 고유한 철학 사상을 반영한

---

2) 벤담은 말년에 "공리성의 원리"로 번역되기도 하는 "유용성의 원리"를 그것이 쾌락과 고통의 관념을 제대로 반영하지 못하며, 더욱이 이 개념이 함의하는 최대수의 '공리성'(公利性)의 의미를 담아내지 못한다는 생각에서 "최대 행복의 원리"라는 표현을 사용한다.

것이었다. 벤담의 양적 공리주의 혹은 행위 공리주의와 대비해서 질적 공리주의 혹은 규칙 공리주의로도 불리는 밀의 공리주의는 고급 쾌락과 저급 쾌락의 구분에 기초하고 있다.

밀 역시 칸트와 마찬가지로 옳고 그름을 판정할 수 있는 도덕의 제1원리의 탐구를 가장 중요한 과제로 생각한다. 밀은 칸트가 옳고 그름의 객관적 기준으로 제시한 정언명법은 도덕의 제1원리로서의 자격이 있다는 것을 증명하지 못했으며, 또 그러한 지위를 갖지도 못한다고 평가한다. 다시 말해서 옳고 그름을 가르는 도덕성의 근본원리이자 보편적 도덕원리를 정언명법에서 발견하고 있지만, 이로부터 도덕성의 의무를 연역하려는 시도는 실패했다고 단언했다.[3] 밀은 특히 칸트의 의무 윤리에 대해서 '이성의 도덕적 능력에 근거를 둔 도덕원리는 선험적으로 자명한 것'이라고 주장하는 선험적(a priori) 도덕주의에 토대를 두고 있는 이론으로서 평가한다. 그런데 이러한 칸트의 선험론이 실패한 이유를 밀은 정언명법으로부터는 누구나 보편적으로 승인할 수 있는 타당한 결과가 도출될 수 없기 때문이라고 주장한다. 예를 들어, 칸트의 정언명법이 요구하듯이 누구나 거짓약속을 해서는 안 된다는 것을 보편타당한 도덕 원칙으로 삼는다면, 이는 실제로 물리적으로나 논리적으로 불가능한 것이기 때문이라는 것이다.

밀의 칸트 비판의 정당성 여부를 떠나서 이와 같은 밀의 태도는 유용성 내지는 공리성과 행위의 결과를 중시하는 그의 사고를 잘 보여준다. 실제로 밀은 세부적인 행위 원리들의 공통의 근거가 되는 도덕원리의 확립을 자신하는 대표적 학설인 근대의 경험론적 전통에 속하는 귀납론적 윤리학과 합리론적 전통과 결합해 있는 직각론적 윤리학 모두를 모두 실패한 견해들이라 비판한다. 밀에 의하면, 전자의 귀납론적 견해는 도덕성 즉 옳고 그름의 구별을 단순히 관찰과 실험의 문제로 간주한다. 그리고 직각론적 윤리학을 비판하면서 이런 유형을 대표

---

3) J. S. Mill, *Utilitarianism*, 6.

하는 인물로서 칸트를 가장 유명한 최고의 탁월한 사상가로 칭송하며, 그의 윤리학은 역사에 길이 남을 기념비적인 것임에 불구하고 선험적으로 자명하다고 믿는 도덕원리에 의존하는 잘못된 길을 가고 있다고 지적한다.

그런데 밀이 귀납론자들이나 직각론자들의 시도를 실패한 것으로 평가하고 있는 이유들 중의 하나는, 도덕적 의무들의 공통 근거로서의 지위를 갖는 도덕원리가 여러 개일 경우 그들 사이에 우선순위를 확정지을 수 있어야 하며, 또한 최고의 우위를 갖는 근본원리로부터 여러 원리들이 도출되고, 또 하위의 다양한 원리들 사이에 갈등이 빚어질 때 이 갈등을 해결할 수 있는 원칙 역시 상위의 근본원리로부터 당연히 도출될 수 있어야 하는데, 그들의 주장은 이 점에 있어서 성공을 거두지 못하는 심각한 결함을 갖고 있다고 보기 때문이다. 이와 같은 밀의 판단은 "옳고 그름의 검사는 이미 확인된 것의 귀결이 아니라 무엇이 옳고 그른지를 확인하는 수단이 되어야 한다."[4]는 생각에 기초하고 있다. 즉, 저들의 증명은 단순히 어떤 결론을 추인하는 증명에 지나지 않는다는 것이다. 가령, 칸트는 정언명법을 통해 거짓 약속이 보편법칙 혹은 보편화될 수 없는 법칙이므로 거짓 약속을 하는 행위는 도덕적으로 그르다는 것을 보여주고자 했지만 이것은 거짓 약속은 나쁜 행위라는 통상의 일반적 견해를 확인해 주는데 불과하며, 그것이 어떻게 필연적으로 객관적인 도덕적 의무가 될 수 있는지를 증명하는 일에는 실패했다는 것이다. 그것이 성공하려면 도덕법칙이 자명한 것으로 증명되어야 하는데, 칸트는 그것을 보여주지 못했다는 것이다. 이렇게 자신의 시대의 지배적인 윤리이론이었던 칸트적 직각론도 그리고 심지어는 관찰과 경험에 의존하는 귀납론도 모두가 의무의 근거를 설명하는데 실패했다고 주장하면서 밀은 이를 대체할 수 있는 옳고 그름의 척도로서 유용성 내지는 공리성에 기초하는 공리주의를 옹호한다. 그런데 역설적이게도 20세기 후반에 이르러 벤담과 밀

---

4) 같은 글, 4.

을 포함하여 공리주의자들의 견해 역시 칸트의 의무론과 함께 동일한 이유에서 덕 윤리학으로부터 비판을 받으며, 실패한 시도들이라는 비난을 받는다.

덕 윤리학에 따르면, 행위의 옳고 그름을 좋고 나쁨의 개념에 기초하여 평가하는 공리주의, 그리고 좋고 나쁨과는 독립적으로 옳고 그름 자체를 규정하고 이를 도덕성의 객관적 척도로 삼는 의무론은 모두 도덕판단의 객관성과 보편성을 증명하는데 실패한 이론들이다. 그들이 실패할 수밖에 없는 이유는 윤리적 대립과 갈등의 해결이야말로 윤리학의 과제이자 본연의 임무인 바, 도덕성의 객관적 근거지음이라는 목표는 애초부터 성공 불가능한 기획이라는 데 있다. 도덕판단은 행위자로부터 독립된 객관적인 기준이 아니라 인간의 관심과 욕구에 의존한다. 한 행위의 옳고 그름은 특정한 상황에서 덕 있는 행위자가 한 행위에 의해서 규정된다. 즉, 덕 있는 사람이 한 행위가 옳은 행위가 된다. 이러한 접근은 자연스럽게 이러한 행위와 관계하는 덕과 성품적 특성이 무엇인지에 대한 탐구와 해명을 필요로 하게 된다.

고대 그리스의 덕 윤리학을 부활시킨 주인공들 중 대표적 인물은 앤스콤이다.[5] 그녀는 근대 윤리학을 대표하는 공리주의든 칸트주의이든 그들 모두 보편화 가능한 원칙의 윤리학을 추구한다는 점에서 다 같이 근본적인 한계와 결함을 지닌 도덕철학이라고 비판했는데, 이는 덕 윤리학과 칸트주의 및 공리주의 진영 사이에 치열한 공방을 초래한 도화선이 되었다. 일반적으로 덕 윤리학은 다음과 같은 특징을 갖는데, 1) '이성과 원칙' 보다는 '덕과 감정'을 중시하며, 2) '행위' 중심이라기보다는 '행위자' 중심의 윤리를 옹호하고, 3) 행위(doing) 보다는 존재(being)에 대한 관심을 강조한다. 그리고 4) '나는 어떤 종류의 행위를 해야 하는가?' 보다는 '나는 어떤 종류의 사람이 되어야 하는가?' 라는 목표를 추구하며, 5) 의무 중심의 개념(옳음, 의무, 책임) 보다는 아레테(arete) 중심의 개념(좋음, 탁월

---

5) G. E. M. Anscombe, *Modern Moral Philosophy*, 27-8.

성, 덕)을 기초적인 윤리적 개념으로 간주한다. 끝으로 6) 윤리학이 특별한 행위 지침을 제공할 수 있는 규칙이나 원칙을 성문화하거나 할 수 있다는 생각에 얽매이지 않는다는 것 등이 그것이다.[6] 윤리학적 탐구에 있어서 덕 윤리학의 이 같은 문제의식에 의하면, 공리주의뿐만 아니라 칸트의 윤리학 역시 '이성과 원칙'을 중시하는 윤리학으로서 도덕원리의 보편성과 객관성을 증명하고 옹호하는 것을 가장 중요한 윤리적 과제로 간주해온 것이다. 그러나 덕 윤리학이 주장하듯이, 이 같은 과제와 목표는 실패할 수밖에 없으며, 더욱이 실천적인 윤리적 문제들과 갈등을 해결하는데 무력한 이론이라는 비판을 받고 있다. 그리고 그 중심에 칸트의 윤리학 혹은 칸트주의 철학이 있다.

5. 이성적 존재자와 도덕주의 윤리학

칸트의 윤리학은 이성적 존재자 중심의 도덕주의 철학이다. 메타윤리적 관점에서 칸트의 윤리이론은 도덕적 실재론에, 그리고 방법론적으로는 도덕적 구성주의에 해당한다. 그것은 기본적으로 정반대의 대척점에 서 있는 정의주의(emotivism)와 같은 극단적 비인지주의와 달리 윤리적 주장은 참 혹은 거짓에 관한 주장이며, 그것을 가를 수 있는 객관적 척도가 존재한다는 입장이다. 그러나 실제 세계에 객관적인 도덕적 질서가 존재한다고 주장하는 합리적 직관주의와 같은 전통적인 실재론자는 아니다. 또한 주체로부터 독립해 있는 초경험적인 객관적 가치 기준이 존재한다는 형이상학적 실재론자도 아니다. 오히려 이성의 사실로서 부인할 수 없는 도덕성을 주체성과 자율성을 지닌 이성적 존재자의 본성으로 본다는 점에서 도덕적 사실과 속성들은 경험적 지각이 가능한 인간적 욕망

---

6) R. Hursthouse, *On Virtue Ethics*, 25.; 맹주만, 「칸트와 '행복한 자선가'」, 112-4.

을 통해서가 아니라 이성적 존재자의 개념을 통해서 선험적으로 증명된다. 칸트는 도덕법칙, 옳음과 좋음, 최고선, 선의지 등 도덕적 사실과 속성의 도덕성을 이성적 본성이라는 선험적 차원에서 정의하며, 또 정당화한다. 자율로서의 도덕적 자유, 인간의 존엄성, 목적 자체로서의 인간성 및 인격성 등이 이성적 존재자의 개념으로부터 연역된다. 그러면 이 같은 발견적 정당화의 가능 근거로서 이성적 존재자란 무엇이며, 이성적 존재자의 도덕적 본성은 무엇인가?

이성적 존재자란 개념적으로 파악되고 이해되어야 한다. 칸트는 선의지에 기초하여 도덕적 사실과 진리의 존재 및 그 객관적 타당성을 근거 짓는데, 이 의지에서 이성적 특성만을 추상할 때 이성적 존재자의 개념이 도출된다. 칸트는 이러한 이성적 존재자의 본성을 도덕성, 보편성, 자율성, 인격성 등의 개념으로 표현한다. 이렇게 이성적 본성에 대한 특수한 이해를 전제하고 있기에 기본적으로 칸트의 윤리학은 도덕적 경험과 발견의 형이상학이다.

이성적 본성을 토대로 한 칸트의 인간 이해는 그의 철학 전반에 그대로 반영되고 있다. 도덕성을 자신의 고유한 본질로 하고 있는 실천이성은 또한 그 자신의 관심과 요구에 의해서 도덕적 목적과 실천적 목표를 갖는다. 최고선이 바로 그것이다. 때문에 칸트의 윤리학에 대한 온전한 이해는『도덕형이상학 정초』,『실천이성비판』,『도덕형이상학』등에만 의존해서는 안 되며,『판단력비판』을 또 하나의 축으로 하여 전개되는 역사 및 종교 철학적 저술, 특히 정치철학적 저서들도 포함해야 한다.[7] 그리고 도덕과 정치 그리고 종교와 역사를 통해서 구현되는 실천이성의 세계는 도덕적 관점에 입각해서 전개된다.

칸트의 실천이성은 그 구조적 특성과 관련하여 크게 두 가지 의미와 차원을 갖는다. 하나는 이성의 이념과 목적이며, 다른 하나는 자연과 역사의 이념과 목적이다. 나는 이와 관련한 논의를 전개하기 위해서 실천이성의 횡적 구조와 종

---

7) A. Reath, "Two Conceptions of the Highest Good in Kant", 237, 각주 2 참조.

적 구조라는 도식을 도입한다. 전자는 이성 자신의 고유한 내적 구조와 본성으로부터 필연성을 갖는 차원이라면, 후자는 이성을 포함하여 자연과 역사의 합목적성으로부터 필연성을 갖는 차원이다. 그리고 칸트의 실천철학은 계속되는 긴장 관계를 이루면서도 실천이성의 이 두 차원을 하나의 동일한 궤도에서 합일시키려는 의도를 갖고 있다. 이때 그것은 한편으로는 이성 자신의 역사이면서 또 한편으로는 자연 자체의 역사이기도 하다. 이를 달리 각각 자유의 역사와 자연의 역사라 부를 수 있다. 이 둘은 인간 이성의 운명을 특징짓는 존재의 두 축이다. 칸트는 이 두 개의 수레바퀴가 짝을 이루어 가면서 인간의 역사는 조금씩 진보한다는 생각을 피력하기도 한다. 그것은 곧 칸트의 실천철학이 규제적 이념의 관점에서 하나의 목적론적 진보사관이라는 틀을 갖추어 가고 있음을 시사한다. 그러나 칸트는 결코 이를 확정적으로 주장하지는 않는다. 다만 조심스럽게 전망할 뿐이다. 이러한 작업들이 조심스러운 이유는 이성 비판의 철학이라는 근본 태도가 견지되고 있기 때문이다.

자유와 자연, 이성과 역사, 그리고 도덕과 정치의 관계처럼 칸트의 철학 안에는 서로 일치하기 어려운 내적 긴장이 숨 쉬고 있다. 실천이성이 실현하고자 하는 최고의 도덕적 선은 그 자체가 도덕성의 최고 형태이면서 동시에 이성 자신의 궁극 목적이다. 여기에는 구조적으로 최고선의 실현을 목적으로 하는 이성, 동시에 도덕법칙에 구속되어 있는 이성, 이 때문에 심각한 모순을 잉태하고 있는 인간, 나아가 이를 넘어서 자신과의 일치를 향해 끊임없이 자신을 확장하면서 실현하고자 하는 이성의 본질적인 관심과 요구가 생동하고 있다. 이 과정에서 서로 합일하기 어려운 내적 긴장과 모순이 발생한다. 실천이성이 작동하는 자유와 도덕법칙, 도덕법칙과 최고선, 도덕과 종교, 도덕과 정치, 이성과 역사 등이 모두 그러하다.

칸트에게 도덕적 행위 혹은 행위의 도덕성은 보편타당한 이성 원칙, 즉 도덕성의 최고 원리로서 도덕법칙(정언명법)에 따르는 것이다. 이는 칸트가 스스로 설정한 철학의 근본 물음들 중 하나인 '우리는 무엇을 해야만 하는가?'에 대한 대답이라 할 수 있다. 칸트에게 도덕은 인간이 당연히 하지 않으면 안 되는 그런 행위와 관계하는 문제다. 칸트는 이 인간의 도덕성을 선의지의 성격을 특징짓는 주체성과 자율성으로부터 이끌어냄으로써 서양 윤리학사에서 유래를 찾아볼 수 없는 독특한 관점을 보여준다. 그리고 이 자율적 주체성에는 인간에 대한 칸트만의 고유한 이해가 반영되어 있다. 무엇보다도 칸트에게 이성적 본성의 소유자 내지는 이성적 존재자로서의 인간은 가치발견적, 가치부여적, 가치정립적 존재자이며, 동시에 보편적 원칙에 따라 행위하고자 하는 존재자라는 것을 의미한다. 인간의 존엄성, 목적 자체로서의 인간성과 인격성, 보편타당한 행위를 의욕하는 이성적 존재자, 원리를 발견하고 이에 따르고자 하는 의지로서 실천이성 등 이 모든 특성들이 이성적 존재자로서 인간의 자기이해의 산물들이다.

6. 이성적 인간과 인간주의 윤리학

한 행위가 누구나 부인할 수 없는 도덕적 구속력을 지니려면 그것은 보편성, 공평성, 형평성, 공정성, 상호성에 대한 요구를 충족시켜야 한다. 칸트적 의미에서 실천이성의 요구가 바로 그것이다. 그것은 이성적 존재자로서 인간은 누구나 평등한 존엄한 가치를 가지며, 그것은 어떤 사람의 색깔, 지위, 성별에 관계없이 모두에게 보편적으로 타당해야 한다는 인간의 존엄성에 대한 사상으로 정립된다. 이렇게 칸트는 인간이면 누구나 평등한 절대적 가치를 갖는 존엄한 존재라는 사상의 역사적 원천이다.

칸트에 의하면, 이성적 본성의 소유자로서 절대적 지위를 갖는 인간의 의지는 도덕적 의지다. 이 의지는 스스로 도덕적 행위를 욕구한다. 그러므로 칸트에게 도덕적 행위는 그 자체로 자기 구속력을 갖는 행위이다. 이성적 존재자로서 인간은 또한 이러한 도덕적 구속력이 보편적 구속력을 갖기를 욕구한다. 이러한 실천이성의 보편적 자기 구속력에 대한 요구는 칸트의 도덕적 관점을 특징짓는다. 칸트는 이것을 도덕적 행위의 원리로서 이성적 존재자의 도덕법칙 또는 정언명법으로 정식화한다.

칸트의 정언명법은 이성적 존재자의 본성, 이성적 본성에 근거하여 정식화 및 형식화한 도덕성의 최고 원리이다. 이성적 존재자의 도덕법칙을 인간적 관점에서 표현하고 있는 정언명법들은 하나의 동일한 법칙을 표현하고 있는 정식들로서 그 각각의 명법들은 다양한 정언명령들의 원형이자 표준적 모델로서의 역할을 한다. 이러한 정언명법을 대표하는 세 가지가 바로 보편법칙의 정식,[8] 인간성의 정식,[9] 자율성의 정식[10]등이다. 인간적 욕망의 도덕주의를 구현하고 있는 이 도덕성의 정식들은 한결같이 이성적 존재자과 감성적 존재자, 즉 이성과 경향성 혹은 도덕적 이성과 실존적 욕망의 이분법에 기초하고 있다. 도덕적 이성 내지는 이성적 도덕의 형식화로서 정언명법에 내재되어 있는 이 같은 대립적 구조는 현실 속에서 살고 있는 구체적 인간이 당면한 윤리적 문제들에 대한 완전한 해결책을 제시하는 데에는 한계가 있다. 때문에 이성적 존재자(rational beings)의 본성에 내재되어 있는 도덕성의 소질을 일반화한 칸트의 도덕주의는 하나의

---

8) 보편법칙의 정식은 칸트가 '유일한 정언명법'이라고 부르는 것으로서 칸트의 윤리이론을 대표하는 도덕성의 원리다. 이성적 존재자를 대상으로 하는 도덕법칙이라는 특성 때문에 칸트 윤리학이 많은 비판을 받게 되는 문제들이 주로 이에서 비롯된다.

9) 목적 자체로서의 인간성의 정식 혹은 그냥 목적 자체의 정식이라 부를 수 있는 것으로서 이성적 존재자 혹은 이성적 본성에 대한 칸트의 이해가 가장 집약적으로 표명되고 있는 정식이다. 그러나 이 또한 구체적 이해가 갖는 추상적 성격 즉 현실적 적용 가능성의 제약과 한계를 안고 있다.

10) 목적의 왕국의 정식이라고 부르기도 하는데, 이 정식은 칸트 스스로 세 번째 정언명법이라 부르면서도 목적의 왕국의 정식과의 관계가 모호한 측면이 있어서 해석상의 어려움이 있다.

실존적 개체로서 존재하는 인간적 존재자(human beings)의 인간성을 오히려 소홀히 하거나 무시하는 결과를 낳을 수 있다. 그 실례로 정언명법과 그 실천적 적용 가능성을 살펴보자. 칸트의 정언명법의 세 정식은 각각 다음과 같다.

> 보편법칙의 정식 : 너의 준칙이 보편법칙이 되기를 네가 동시에 의욕할 수 있는 그러한 준칙에 따라서만 행위하라. (4:421/VII:51)

> 인간성의 정식 : 너는 인간성을 너의 인격에서나 다른 모든 사람의 인격에서나 결코 수단으로만 대우하지 말고 언제나 동시에 목적으로 대우하도록 행위하라. (4:429/VII:61)

> 자율성의 정식 : 모든 이성적 존재자는 언제나 그의 준칙을 통하여 보편적인 목적의 왕국에서 한 사람의 입법하는 성원인 것처럼 행위해야 한다. (4:438/VII:72)

칸트의 이 정식들은 행위의 도덕성을 평가하는 객관적 척도이다. 일종의 도덕성 테스트 절차로서 각자의 행위의 준칙이 이 테스트를 통과할 수 있어야 그것은 도덕적 행위로서 승인된다. 그렇다면 앞서 제시한 바 있는 칸트의 '정직의 의무', '생명보존의 의무' 혹은 '자살 금지의 의무', '선행의 의무' '자기행복의 의무' 등의 구체적 사례들이 동기의 도덕성, 즉 그것이 의무에서 하는 행위가 될 수 있는지 여부를 정언명법의 정식들에 적용해서 알아보자.

먼저 정직의 의무 혹은 거짓말이나 거짓 약속을 하지 않아야 할 의무의 경우 칸트에 의하면 만일 특히 정직의 의무와 관련해서 거짓 약속이 보편화된다면 이 세계에서 더 이상 약속이 존재하지 않게 될 것이기 때문에 그것은 보편법칙의 정식에 위배되며, 또 거짓말을 하는 것은 타인을 목적이 아닌 수단으로 대우하는 것이 되므로 인간성의 정식에도 위배된다. 자살 역시 자신의 생명을 수단으로 삼는 행위이기 때문에 목적 그 자체로서의 인간성 혹은 인격성에 반하는 행위이다. 또한 그것은 생명을 이어가야 하는 자연의 법칙에 위배된다. 더욱이 더 이상 생명이 존재하지 않는 세계의 존재를 상정해보는 것은 보편법칙의 정식을 통과할 수 없다. 불행에 놓인 사람에게 가능한 선행을 베푸는 행위도 목적의 왕국의 성원으로서 인간이 행해야 할 당연한 의무다. 인간은 누구나 타인의 도움 없이 살아갈 수 없으며, 상호 원조는 인간적 삶의 조건으로부터 당연히 인간에게 부과되는 의무에 해당한다. 따라서 이러한 선행을 부정하는 것은 보편법칙의 정식을 통과하지 못한다. 게다가 타인을 목적 자체로 간주하며 이러한 존재를 도움으로써 그들 스스로 또한 목적적 존재로 살아갈 능력을 보존케 하는 것은 자기행복의 의무와 마찬가지로 타인이 불행으로 인해 자신의 소질을 계발하는 것을 포기하지 않게 할 타인부조의 의무에 부합한다. 이처럼 한 행위가 의무에 부합하거나 어긋나는 행위인지를 판정하는 기준은 모두 보편법칙의 정식, 인간성의 정식, 목적의 왕국의 정식 또는 자율성의 정식 등이다.

그런데 위와 같은 사례들의 경우 모두 반드시 칸트의 주장과 같은 결론이 나오지 않을 수 있다. 가령 자살의 경우를 생각해 보자. 칸트의 자살에 관한 논증은 다음과 같이 재구성해 볼 수 있다.[11]

1) 인간성의 정식 혹은 목적 자체의 정식 : 너는 인간성을 너의 인격에서나 다른 모든 사람의 인격에서나 결코 수단으로만 대우하지 말고 언제나 동시에 목적으로 대우하도록 행위하라.

2) 자살은 인간성을 목적 자체로 대하는 것이 아니며, 그 자신의 인격을 존중하는 것이 아니다. 이는 인간의 존엄성을 해치는 행위 즉 목적 자

---

11) 이와 관련해서는 맹주만, 「칸트와 미학적 자살」, 118-25 참조.

체로서의 인격성의 정식에 위배된다.

　3) 그러므로 자살을 해서는 안 된다.

　우리는 이러한 칸트의 자살 반대 논증에서 정말로 모든 자살이 금지되어야 하는지 재차 물을 수 있다. 가령 극심한 고통을 겪고 있는 말기 암 환자나 더 이상 회복 불가능한 연명치료 환자들의 생존은 오히려 그것이 인간의 존엄성에 반하는 삶일 수도 있다. 존엄사로 안락사를 선택하는 것도 인간의 존엄성에 반하는 것으로 보기 어렵다. 그러므로 우리가 인간성의 정식을 받아들인다고 해도 그것이 필연적으로 자살 반대의 결론만을 허용한다고 말할 수 없다. 만일 이 정식이 유효하려면 우리는 이 인간성 정식이 의미하는 바를 달리 해석할 수 있어야 한다. 달리 말해 칸트의 인간의 존엄성에 대한 사고는 이성적 존재자의 관점에 이루어지고 있는데, 인간의 존엄성이 무엇인지에 대해서 칸트의 입장과 달리 우리는 좀 더 현실적인 인간적 수준의 존엄성을 생각할 수 있다. 그리고 만일 그것이 각기 일반화될 수 있는 유사 사례들에 적용할 수 있다면, 그것은 동시에 보편법칙의 정식과도 양립가능 할 수 있을 것이다.

　또한 거짓말의 경우에도 그것이 정당화될 수 있는 사례를 생각해 볼 수 있다. 이를테면 칸트는 거짓 약속이나 거짓말 금지의 의무를 통해서 타인의 인간성을 목적 그 자체로 즉 인간을 목적으로 대하며, 동시에 이러한 이성적 목적의 공동체, 목적적 존재자들의 공동체, 다시 말해서 이성적 존재자들의 공동체 유지가 도덕적 삶의 이상적 조건이라는 것을 분명히 하고 있다. 그런데 거짓말이라는 것은 바로 타인을 자기 목적을 위한 수단으로 이용하는 행위이기 때문에 이런 목적적 관계가 성립되지 못한다. 하지만 거짓말을 통해 무고한 사람의 생명을 구할 수 있는 경우에는 어떠한가? 이 경우 비록 보편법칙의 정식에 반하는 행위가 되겠지만 그것을 비도덕적 행위라고 할 수 있는가? 또한 이것이 인간성을 목적으로 대하는 행위에 부합하지 않는가? 그러므로 이 경우의 거짓말은 비록 보편법칙의 정식에는 반하지만, 인간성의 정식에는 반하지 않는 행위라 할 수 있다. 실제로 우리는 이 같은 선택을 모순 없이 행할 수 있지 않은가? 이러한 인간적 조건 하에서는 그것이 인간의 존엄성을 위해하지 않거나 혹은 인간성을 존중하는 선택으로 간주되어야 하며, 따라서 이 때에는 보편법칙의 정식과 인간성의 정식에 모두 부합하는 결론을 이끌어낼 수 있을 것이다.

그렇다면 칸트의 도덕성의 정식은 이와 같은 변용의 여지를 허용할 수 없는 것인가? 그 가능성은 칸트의 정언명법의 정식, 혹은 칸트의 도덕철학이 서 있는 근본 전제의 해석 여하에 달려 있다. 나는 그것이 대부분 칸트의 이성적 존재자 혹은 이성적 본성의 개념에 놓여 있다고 생각한다. 칸트에게 이성적 존재자는 무엇보다도 인간 공동체의 일원이면서도 인간 일반과 차별적인 지위를 갖는 존재다. 칸트에 의하면, 도덕적 구속력의 근거는 "인간의 본성이나 인간이 살고 있는 세상의 형편 안에서가 아니라, 오로지 순수이성의 개념 안에서 선험적으로 찾아져야 한다."(4:389) 심지어는 도덕철학의 정초를 위해서는 "인간에 관한 지식(인간학)에서는 그 어떤 것도 빌려와서는 안된다"(4:389)고 말하기도 한다. 이렇게 도덕법칙 혹은 정언명법의 존재와 도덕적 구속력의 원천이 되는 이성적 존재자 혹은 그 존재를 규정하고 있는 이성은 무엇인가?

실천적 관점에서 칸트에게 이성은 실천이성 및 도덕적 의지와 동의어이다. 이렇게 그 자체로 이미 도덕적 행위를 실천할 수 있는 존재임을 나타내는 도덕적 의지라는 말과 함께 이러한 능력을 가진 이성적 존재자는 오로지 자신의 이성 능력을 통해서만 자신의 의지를 제약하는 객관적 동기를 갖는 존재다. 그것은 모든 경험적 심리적 욕구나 경향성으로부터 독립해 있는 의지이며, 자기충족적인 객관적 목적, 목적 그 자체를 규정하는 의지, 가치부여적 존재로서 이성적 본성의 소유자이다. 또 어떤 자연 욕구에도 근거하지 않으면서 이성적 원칙에 따르고자 하는 합리적 행위자이다. 이러한 의지적 특성, 즉 선의지로서 어떤 행위를 그것이 오직 옳기 때문에 하려는 의지는 그 근거를 다른 어떤 것에도 의존하지 않는 도덕적 의지 자신의 자기근거적, 자기활동적, 자기규정적, 자기발원적, 자기준거적 특성에 다름 아니다. 또한 이러한 의지는 제 스스로 도덕적 행위의 필연성의 지배를 받기를 의욕하는 특성을 갖기 때문에 이에 일치하는 행위를 할 수 있는 자유, 즉 도덕적 자유가 가능하다는 것을 함축한다. 칸트에 의하면, 도덕적 행위의 필연성을 낳도록 사용되는 자유의 행사만이 도덕적이다. 자기원인성으로서의 자유는 필연적으로 도덕적이어야 한다는 이성적 존재자의 이 같은 특성이 칸트가 인간에게 다른 존재자와 구별되는 특별한 지위를 부여하는 근거이다. 다시 말해서 인간은 그 자체로 목적적 존재이면서 존엄한 존재라는 이성적 존재자의 존재 규정은 이러한 의지적 특성을 지닌 존재에 대한 별칭이라 할 수 있다. 그렇다면 이성적 존재자에 대한 이와 같은 규정 혹은 자기이해는 어떻게 주어질 수 있는가? 우리는 과연 처음부터 아무런 조건 없이 이 같은 이해에 도달할 수 있는가?

내가 보기에 이성적 존재자의 도덕적 의지는 무엇이 주어졌을 때 작용하는 능력이지 제 홀로는 아무것도 미리 결정할 수 있는 능력이 아니다. 칸트적 관점에서 우리가 도덕적 의지를 가질 수 있는 것은 그 같은 의지를 사용하고자 의욕할 때 생기는 것이며, 그 때의 의지 혹은 의욕은 그 대상과 분리될 수 없다. 이 의지는 '무엇에 대한' 의지로서 근본적으로 대상 상관적 의지이며, 이 대상이 주어짐과 함께 비로소 작용하는 의지이다. 그러므로 이 의지와 대상을 매개해 주는 것 또한 존재해야 한다. 나는 그것을 대상지행적 감정이라고 파악한다. 대상에서 느껴지는 감정적 질료가 곧 의지를 추동하는 원인 존재다. 의지의 특성에 대한 칸트적 규정들은 단지 그 의지를 그것이 의욕하는 대상으로부터 추후적으로 혹은 반성적으로 분리시켜 놓았을 때 부여할 수 있는 것에 지나지 않는다. 그런데 이 같은 의지를 의욕의 대상으로부터 분리시킨 후 다시 이를 객관화 내지는 절대화하여 재차 행위 규정의 보편타당한 척도로 삼는 것은 행위 대상이 갖는 고유성과 특수성을 무시하는 결과를 낳을 수밖에 없다.

목적 자체로서의 인간성, 보편적 이성, 인간의 존엄성이라는 지위는 순수한 이성적 존재자가 아니라 이성, 의지, 감정이 하나로 통일되어 있는 인간에게 부여되어야 한다. 칸트가 말하는 이성적 존재자의 개념에 도달할 수 있는 것도 오직 이와 같은 조건 아래서 가능하다. 개념으로서의 이성적 존재자는 도덕적 행위 능력을 갖는 존재의 이상적 조건일 뿐이다. 왜냐하면 이러한 도덕적 관점은 칸트적 의미에서 행위의 도덕성을 판별하는 보편적 관점을 필요로 하기 때문이다. 그리고 이 보편적 관점은 그것의 적용 대상과 분리되어서는 안 되기 때문에 우리는 대상(상황)에 맞는 다양한 즉 구체적인 보편적 관점들을 허용해야 한다. 가령 어떤 행위를 선택하고자 할 때 진실과 거짓말 중에서 어느 하나를 결정하는 것은 그 같은 행위를 의욕하는 의지가 칸트가 말하는 의지적 특성을 갖는다는 것을 인정하더라도 그 적용은 그 대상과의 관련해서 이루어져야 하며, 또한 그런 유사한 상황에 한정해서 언제나 보편적 관점을 지녀야 하는 것이지, 어떤 상황이나 어떤 경우든 무차별적으로 단 하나의 보편적 관점을 가져야 하는 것이 아니며, 또 가질 수도 없다. 칸트가 말하는 이성적 존재자가 갖는 단 하나의 보편적인 도덕적 관점은 단지 인간이 처해 있는 문제상황의 유사성과 그에 따른 도덕적 선택이라는 언어적 내지는 형식적 동일성에 불과하다. 인간은 홀로 이성적 존재자가 아니라 곁에 이웃해 있는 인간 존재들로서 서로 느껴지고 의욕하며 갈등하는 이성적 존재자들이다. 그러므로 그것은 신체를 지닌 이성적 존재자, 즉 이성적 인간이다.

우리는 칸트의 도덕적 관점을 승인해야 한다. 우리의 도덕적 요구에는 공평성 내지는 불편부당성, 공정성이나 정의라는 이성의 요구가 담겨 있으며, 우리가 도덕을 이렇게 이해하는 한, 그것은 보편적 관점을 승인해야 한다는 것을 의미하기 때문이다. 다만 문제는 칸트는 보편적 관점의 가능 근거로서 이성적 존재자를 그 판단 대상인 이성적 인간과의 관계에서 '개념적으로' 분리시켜 규정하고 있을 뿐만 아니라 역으로 다시 이 이성적 존재자의 관점에서 이성적 인간의 도덕성을 판정하는 방식을 보여주고 있다. 그러나 이는 그러한 관점 내지는 의욕 자체를 가능하게 한 지반을 도외시하는 전도된 방식이다. 말하자면, 개별 인간으로서 이성적 인간이라는 말이 갖고 있는 결코 분리할 수 없는 통일적 구체성을 무시하고 있다. 다시 말하면 '정직의 의무', '생명보존의 의무' 혹은 '자살 금지의 의무', '선행의 의무' '자기행복의 의무' 등의 예에서 실천이성이 도덕적 구속력을 갖는 의무를 부과할 수 있는 것은 이 각각의 의무를 수행해야 하는 행위자의 문제상황과 분리시켜 생각할 수가 없다. 모두가 하나의 개별적인 이성적 존재자인 이상 각자에게 주어진 이성적 인간으로서의 조건이 다르기 때문이다. 말하자면, 이성적 존재자로서의 인간 존엄성이 아니라 이성적 인간으로서의 인간 존엄성이 살아 있는 구체적 인간의 존엄성이 되어야 한다. 목적 자체로서 인간의 존엄성 혹은 보편화가능성의 조건들을 이렇게 일방으로 무차별적으로 이성적 존재자에게만 적용하고자 할 때, 거짓말이나 자살의 경우와 같은 특정한 윤리적 상황에서 도출될 수 있는 서로 상반되는 결론을 해결할 수 없는 근본적인 문제에 직면하게 된다. 그러므로 칸트의 윤리학은 그 목적이 인간을 위한 윤리학이면서도 결국에는 인간이 제외되는 결과에 직면하게 된다.

　이성적 인간이 가진 실천이성의 능력은 칸트가 규정한 이성적 존재자의 개념을 허용한다. 그것은 칸트의 탁월한 윤리적 통찰이라 할 수 있다. 그러나 이성적 존재자의 도덕적 관점에 철저히 묶여 있는 칸트의 도덕주의 윤리학은 그것이 근거로 삼았던 인간적 조건 및 관계를 떠나는 순간 자신이 출발했던 토대를 배제하는 결과를 낳는다. 이성적 존재자 중심의 칸트의 실천적 관점은 오히려 개별 인간이 자신이 처한 도덕적 문제상황에서 선택적으로 수행해야 할 행위의 가능 조건을 규정하고 있는 이상적 척도로 보아야 한다. 그러므로 인간은 제 홀로 존엄한 순 이성적 존재자가 아니라 존엄한 존재일 수 있는 소질과 능력을 지닌 이성적 인간이며, 따라서 칸트의 윤리학(Kant's ethics)은 구체적 인간과의 관계에서 표현되어야 하는 인간주의 윤리학, 즉 칸트적 윤리학(Kantian ethics)으로 재해석되어야 한다.

내가 말하는 칸트적 윤리학은 칸트 윤리학의 변형으로서 나는 그것을 원칙적으로 칸트의 것이라고 생각한다. 칸트적 윤리학으로의 해석 및 변형 가능의 단초는 이미 칸트 자신이 제시해 놓았다고 믿는다. 그것은 인간 존엄성, 즉 인간의 인격성 및 인간성, 목적 그 자체로서의 인간에 대한 칸트의 이해 속에 충분히 반영되어 있다. 이는 정언명법의 내용을 구체화하는 것과 관계있다. 실제로 칸트는 『도덕형이상학』의 '덕이론'에서 인간성을 순 이성적 존재자의 도덕적 관점만이 아니라 그것이 이성적 인간과 맺고 있는 관계도 표현해내고 있다. 칸트의 이런 기조는 실제로 『도덕형이상학 정초』, 『실천이성비판』 등에서도 유지되고 있다. 그럼에도 그것이 제대로 구체화되지 못하고 있는 책임은 칸트에게 있다. 칸트는 다음과 같이 말하고 있다.

'함께 기뻐함과 함께 슬퍼함'(도덕적 공감)은 타인의 즐거움과 고통의 상태에 대한 쾌 또는 불쾌의 감성적 감정(공감, 동정적 감각)이며, 자연은 이를 위한 감수성(Empfänglichkeit)을 이미 인간 안에 심어 놓았다. 그러나 이 감수성을 활동적이고 이성적인 호의를 촉진하는 수단으로 사용하는 것은 여전히 비록 조건적이긴 하지만 인간성이라는 이름 아래서의 특별한 의무이다. 왜냐하면 여기서 인간은 단순히 이성적 존재자가 아니라 이성을 품수받은 동물로 여겨지기 때문이다. 그런데 이 의무는 자신의 감정에 관해서 서로에게 전달하는 능력과 의지(실천적 인간성) 안에 놓일 수 있을 뿐만 아니라, 자연 자신이 주는 것인 즐거움이나 고통의 공통 감정에 대한 감수성(감성적 인간성) 안에 놓일 수도 있다. 전자는 자유로우며, 그래서 동정적(느낌의 자유로운 공유)이라 불리고, 실천이성에 기초한 것이다. 그리고 후자는 부자유스러우며(느낌의 부자유스러운 노예적 공유), 전해지는 것이며, 교감고통이라 할 수 있다. 왜냐하면 이것은 서로 곁에서 살고 있는 사람 사이에 자연스럽게 퍼지는 것이기 때문이다. 인간은 전자에 대해서만 책임이 있다.(6:456-7/Ⅷ:593-4)

여기서 칸트는 도덕적 공감과 같은 감정이 존재하며, 따라서 이성적 공감과 같이 실천이성에 기초한 능력을 인정하며, 또한 이 같은 감정의 결여나 미사용에 대해서 인간적 책임을 부여하기까지 하고 있다. 그러면서도 여전히 칸트는 도덕적 동기의 측면에서는 그와 같은 감정 자체에 대해서는 도덕성을 인정하지는 않는다. 칸트에게는 그것은 언제나 자연적 동기 혹은 감정적 동기일 뿐이다. 그러면 그것은 왜 도덕적 동기가 될 수 없었던 것일까? 나는 그것이 바로 도덕성에 대한 독특한 칸트의 이해를 반영한다고 믿는다. 어떤 행위가 도덕적이려면 그것은 보편성과 객관성 및 필연성의 조건을 충족시켜야 한다. 실천적으로 그것은 정의와 평등과 같은 가치들에 부여하는 우리의 도덕적 관점을 반영한다. 반면에 칸트에 의하면, 감정적 동기는 그 자체만으로는 도덕성의 특성들을 우연적인 것으로 만들어버리며, 그것은 언제든 개인의 주관적 및 임의적 선택에 영향을 받을 수 있는 감정이다. 즉, 언제나 공평성, 형평성, 불편부당성, 공정성, 평등과 같은 가치들과 배치될 수 있다. 그러므로 이런 감정이 있더라도 그리고 그런 감정을 갖는 것을 특별한 조건적 의무로 승인하더라도 그 자체만으로는 도덕성을 낳지 못한다. 그것이 칸트의 도덕성 개념이다. 그러나 나는 애초에 칸트가 굳이 이 두 가지를 분리시키지 않았어도 되었다고 생각한다. 그럼에도 칸트가 이둘을 분리시킬 수밖에 없었던 것은 감성적인 것과 이성적인 것이 하나로 결합해 있는 이성적 인간의 도덕적 목적과 내용을 규정해주는 이성적 공감의 가능성에 충분히 주목하지 못했기 때문이다. 왜 이성적 공감이 도덕적 행위의 동기가 될 수 없는 것인가? 나는 이성과 의지 그리고 감정이 분리되지 않고 하나로 존재하며 작용하는 도덕성의 원천이 있다고 생각한다. 그것을 선의지의 감정이라고 부를 수도 있다. 즉 그것은 의지이면서 감정인 것이다. 선의지가 보편화 가능한 이성적 판단의 평가를 받아야 하듯이 이 역시 그 사용에 있어서 정언명법의 요구처럼 도덕성 테스트를 받아야 한다는 것에서 이 같은 나의 생각은 여전히 칸트적이다.

타인에 대한 도덕적 고려의 가능성은 단순히 그/그녀가 이성적 존재자라는 것만으로 성립할 수 없다. 인간적 존재, 즉 감정적 유대감을 갖고 있는 이성적 인간이야말로 우리가 도덕적으로 행위해야 할 이유 혹은 내용을 제공한다. 도덕판단의 객관성과 보편성 즉 정언명법의 도덕성 테스트의 대상은 이 같은 이성적 공감을 도덕적 동기와 내용으로 포함하는 것이어야 한다. 그것은 곧 인간답게 사는 것이 무엇이며, 우리가 목숨을 바쳐 수호해야 할 인간적 가치가 무엇인지에 대한 이해와 공감을 필요로 한다. 그리고 그와 같은 공감은 다시 이성적 정당화가 요구된다. 이렇게 칸트의 정언명법의 주체에는 형식만이 아니라 내용적 규정도 포함되어야 한다. 칸트의 윤리학은 이 점을 보완 및 보충해야만 보다 더 구체적인 실천력을 가질 수 있는 윤리이론이 될 수 있다. 나는 칸트의 정언명법에서 목적 자체의 정식 및 인간성의 정식에는 그것이 포함되어 있다고 믿는다. 이 정식을 정언명법의 형식을 규정하는 보편법칙의 정식과 대비해서 정언명법의 내용을 규정하는 정식이라 부르는 것도 이 같은 나의 생각을 간접적으로 뒷받침해준다. 그런데 문제는 칸트는 그 내용을 매우 협소하게 만들고 있는데, 그 근본이유는 그가 이것을 이성적 존재자의 관점에서만 정당화하려고 하는데 있다.

실제로 칸트는 저 인용문에서 왜 우리는 도덕적으로 행위해야 하며, 또 나 자신을 포함한 타자에 대한 도덕적 고려, 즉 도덕적 행위의 목적, 따라서 내용이 도덕적 행위의 동기가 될 수 있는 가능성을 보여주고 있다. 기본적으로 인격성을 포함해서 이성적 존재자 및 도덕적 존재자와 호환 가능한 의미를 갖는 인간성의 지위가 감성적 존재자이기도 한 현실적 인간과 관계한다는 것을 담고 있기 때문이다. 이는 칸트가 그 스스로 좀 더 명료하게 구체화하지 못했던 부분인데, 바로 감수성과 관련해서 느끼고 있는 도덕적 공감, 즉 이성적 공감이다. "타인의 즐거움과 고통의 상태에 대한 쾌 또는 불쾌의 감성적 감정(공감, 동정적 감각)"으로서 "함께 기뻐함과 함께 슬퍼함(도덕적 공감)"은 모든 이성적 존재자가 인간으로서 그리고 인간에 대해서 지녀할 도덕적 태도의 토대가 된다. 우리는 왜 어려움에 처한 사람을 구해주어야 하는가? 이 물음에 유의미하게 답하려면 선행적으로 나와 너가 같은 인간 존재라는 공동의 의식 및 유대가 전제되어야 한다. 그렇지 않으면 단지 그것은 정언적 명령이기 때문이라고 하는 대답은 공허하다. 이성적 존재자로서의 인간이 존엄성의 대상인 것은 그/그녀가 인간이기 때문인 것이지, 단지 그리고 전적으로 그/그녀가 이성적 존재자이기 때문이 아니다. 인간과 인간성, 인격과 인격성이 분리될 수 없듯이 바로 그 인간이 이성적 존재자이기 때문에 인간은 존엄한 존재인 것이다. 그러므로 우리가 정언명법에 따라서 행동해야 하는 것은 인간을 그 내용으로 포함해야 한다. 즉, 정언명법이 표현하는 도덕성의 형식이 이성적 존재자라면, 그 내용은 인간이다. 그리고 그것을 확인해주는 것이 바로 저 타인의 즐거움과 고통에 대해서 함께 기뻐하고 슬퍼할 수 있는 존재로서의 인간이다. 칸트는 그 실질적 연관성을 거부하지만 이는 우리가 정언명법에 근거해서 도덕적으로 행위해야 할 실질적인 동기를 제공해준다.

이성적 공감처럼 도덕적 동기와 내용을 동시에 가질 수 있음에도 불구하고 칸트는 시종 그러한 감정이 도덕성 및 도덕적 동기와 아무런 관계가 없다고 생각한다. 그렇게 생각하는 이유는 도덕적 동기와 행위의 평가에 있어서 사람마다 차이가 있으며, 시비를 가릴 수 없는 인간의 자연적 감정이 개입하는 것을 거부하기 때문이다. 도덕성의 순수성을 강조하는 칸트에게 도덕성이란 언제나 "실천이성에 근거해야 하는 것", 즉 감정의 개입을 배제해야 하는 것에 다름 아니다. 이 때문에 칸트의 도덕철학이 그토록 강조하는 것, 즉 도덕성이란 실천이성 즉 인간의 순수한 이성 혹은 의지에서 발견되는 것으로서 근본적으로 이성적 존재자의 행위 영역에 속한다. 인간의 존엄성을 존중하고 그에 맞는 대우의 당위성도 인간이 이성적 존재자이기 때문이다. 그러한 이성적 존재자의 행위의 법칙이 칸트가 말하는 도덕법칙이며 정언명법이다. 칸트에게 그러한 존엄성의 구현은 정언명령의 법칙에 따라서 행동하는 것이며, 또 그러한 법칙에 따라서 행위하고자 하는 것만을 도덕적 동기로 삼는 것이다. 그러므로 이러한 도덕법칙과 도덕적 동기 사이에 감정과 같은 어떤 실질적 내용도 개입해서는 안 된다. 이 이성적 존재자의 관점, 즉 인간성의 존중은 다름 아닌 정언명법의 정식들이 지닌 성격, 즉 보편성, 인격성, 인간성, 자율성과 같은 성격을 충족시키는 것이다. 이것이 칸트의 도덕성을 규정하는 특징들이다.

칸트의 관점에서는 인간 존엄성의 구현에 부합하는 도덕적 행위에 어떤 감정적 계기도 포함해서는 안 되며, 따라서 의무를 감정 아래 두는 것이 아니라 감정을 의무 아래 두어야 한다. 그런데 칸트의 언급, 즉 "이 감수성을 활동적이고 이성적인 호의를 촉진하는 수단으로 사용하는 것은 여전히 비록 조건적이긴 하지만 인간성이라는 이름 아래서의 특별한 의무이며", "이 의무는 자신의 감정에 관해서 서로에게 전달하는 능력과 의지(실천적 인간성) 안에 놓일 수 있다."는 표현은, 비록 칸트가 이성과 인간적 감정, 이 둘을 철저히 분리시키려 애쓰고 있지만, 역으로 그것이 인간의 행위를 규정하는 두 원천이라는 것을 보여준다. 내가 보기에 도덕성 이전에 이 둘은 상호 분리되어 존재하는 것이 아니라 하나의 인간을 동시에 규정하는 존재 특성이다.

나는 이성적 공감이야말로 보편타당한 도덕적 고려와 행위의 출발점이 되어야 한다고 생각한다. 이를 통해서만 이성적 존재자와 감성적 존재자가 분리되지 않는 현실적 인간으로서 우리가 왜 완전한 것이든 불완전한 것이든 타인에 대한 도덕적 의무를 가져야 하는지를 비로소 알게 해준다. 내가 보기에 도덕적 실천을 낳을 수 있는 도덕적 동기력을 부여하는 내용, 즉 이성과 감정이 매개된 이성적 공감과 같은 감정이 정언명법의 도덕성 테스트 조건에 추가되어야 한다. 칸트는 이성적 공감과 같은 감정을 단순히 능동적이고 이성적 호의의 촉진을 위한 '수단', '조건적인 것'으로만 이해함으로써 그것이 지니고 있는 인간에 대한 이해, 즉 인간 존엄성에 대해서 상호 공유하고 있는 도덕적 의식과 가치내용 및 감정적 유대의 가능성을 놓치고 있다. 나의 주장에 따르면, 정언명법은 이성적 공감과 같이 인간 상호 간의 도덕적 고려의 원천과 결부되어 있는 인간 존엄성, 목적 자체로서의 인간 등에 대한 근본적 이해 가능성을 도덕적 내용으로 하는 특수한 규정을 포함해야 한다. 그래야만 법칙의 형식과 내용의 분리로 인해 특수한 다양한 상황에 맞는 도덕규칙들을 도출하기 어려운 칸트 윤리의 약점을 해결할 수 있다. 또한 이것만으로는 도덕적 관점이 요구하는 도덕성, 즉 보편성, 형평성, 공정성, 평등, 존엄성, 정의 등의 조건들을 충족하는 것이 아니기 때문에 다시 이 동기는 정언명법의 보편성 테스트를 통과해야만 최종적으로 행위의 도덕성을 갖는다고 할 수 있다. 이때 칸트의 정언명법 역시 무차별적인 형식적 보편성이 아니라 실질적 내용과 대상의 개별성을 고려한 제한적인 범주적 보편성을 행위의 도덕성을 평가하는 척도로 삼도록 변형되어야 한다. 가령, 내가 실질적인 도덕적 내용을 갖는 이성적 감정 혹은 공감 감정으로 생각하는 인간 존엄성, 사랑, 우정, 용기, 정의 등은 그 자체로 실질적인 도덕적 가치를 가지며, 행위의 도덕적 동기가 될 수 있다. 동시에 그 도덕성은 실질적 내용과 대상의 개별성을 고려한 제한적인 범주적 보편성으로서 정언명법의 도덕성 테스트를 통과할 수 있어야 한다. 이 두 가지 조건이 '칸트의 윤리학'에 수용되어야 하며, 이는 내가 의도하는 '칸트적 윤리학'의 모습을 할 것이다. 가령, 인간 존엄성은 그것이 그에 준하는 행위를 낳으려면 내용과 대상을 갖는 이성적 감정으로 파악되어야 하며, 그것은 한 인간의 삶의 가치를 위해서 실행되어야 하며, 따라서 모든 사람에게 무조건적으로 혹은 맹목적으로 실천되어야 하는 것은 아니다. 이에 따르면, 존엄사와 같은 인간 존엄성을 위한 자살과 자기 책임을 면하기 위한 자살은 구별되어야 할 것이며, 또 구별될 수 있다. 이는 존엄성에 대한 인간 이해에 수반하는 실질적 도덕 내용을 갖는 이성적 감정이며, 또 그 감정이 무차별적으로 실행되어야 하는 것이 아니라 그 혹은 그녀의 처지와 상황에 따라 달리 평가되어야 한다는 것을 함의한다. 행위의 도덕성은 이와 같은 방식으로 평가되어야 한다. 나는 이것이 변형된 '칸트적 윤리학'의 모습이 될 것이라고 생각한다.

◆ 제2장 ◇

Ethics of Kant

자유의 형이상학과
의무론적 윤리학

ETHICS
OF
KANT

1. 윤리학, 도덕형이상학, 실천철학

칸트의 윤리적 견해는 의무론적 윤리, 보통은 그냥 의무 윤리로 불린다. 칸트는 『도덕형이상학 정초』(1785)와 『실천이성비판』(1788)에서 의지의 자율과 의무의 법칙을 중심으로 하는 의무론적 윤리의 철학적 기초를 확립한 후에 이를 바탕으로 『도덕형이상학』(1797)에서는 실천적 지침을 포함하는 의무론으로서 법이론과 덕이론을 포함하는 실천철학, 즉 넓은 의미에서의 윤리학의 대강을 제시한다. 이렇게 해서 탄생한 칸트의 윤리학은 과거의 그것과는 근본적으로 다른 것이다. 한마디로 그것은 인간적 자유 일반의 형이상학적 원리를 발견하고 정당화하는 자유의 형이상학이었다. 특히 자유의 실천을 도덕성 원리의 지배 아래 두려고 했다는 점에서 그것은 도덕형이상학이다.

칸트는 도덕을 외부로부터 주어진 그 어떤 초월적 존재나 권위도 배제하면서 오로지 인간 존재 그 자체로부터 설명하려고 했다. 이와 같은 시도는 과거의 서양철학의 역사에서는 실로 찾아보기 어려운 새로운 것이었다. 비록 그 이전에 홉스나 스피노자와 같은 철학자의 윤리학에서도 그와 같은 흔적을 찾아볼 수 있지만, 칸트의 그것은 인간의 도덕성 그 자체로부터 도덕과 윤리를 발견하고 이에 근거하여 윤리학의 체계를 세우려 했다는 점에서 근본적으로 차이가 있다. 이러한 칸트의 윤리학을 특징짓는 핵심 원리는 인간의 도덕적 본성과 능력의 원천으로서 '이성적 존재자의 선의지'라는 말에서 찾을 수 있다. 이 개념 하나에 칸트 윤리학의 거의 대부분의 것이 담겨 있다.

칸트의 윤리학이 그 이전의 서양적 전통과 전혀 다른 토대와 원리 위에 세워질 수 있었던 것은 그가 전통철학과 대결하며 세상에 새롭게 내놓은 '비판철학'이라는 무기가 있었기 때문이다. 이 비판철학은 칸트가 젊은 대학생으로 철학 공부를 하던 시절부터 자신에게 주어진 시간의 대부분을 쏟아 부을 만큼 공을 들였던 『순수이성비판』(1781)이라는 저술을 통해서 세상에 등장했다. 이 저서가 보여주는 이성비판의 철학 혹은 비판철학이 비판의 대상으로 삼았던 인간 '이성'에 대한 새로운 통찰은 그의 윤리학을 전과는 전혀 다른 것으로 만들어주었다. 이 저서를 통해서 칸트는 자연법칙 혹은 자연 인과성의 지배를 받지 않는 도덕적 행위의 근원적 가능성으로서 의지의 자유와 그러한 의지의 법칙으로서 도덕법칙을 확립할 수 있는 출발점을 마련했다. 때문에 우리는 칸트의 윤리학을 그의 비판철학과 떼놓고 이해하기 어렵다. 칸트가 비판철학을 내세운 본래의 목적 또한 이론적 지식의 한계를 설정함으로써 실천적 지식, 즉 의무의 법칙으로서 도덕법칙의 존재를 증명하기 위한 올바른 방도를 마련하려는 데 있었다.

칸트는 전통적 의미에서 윤리학에 속했던 문제들을 보다 엄격하게 규정하는 경향이 있다. 칸트는 철학을 단적으로 이성인식의 체계로 이해한다. 정식으로 윤리학(ethica)이라는 명칭을 만들어 사용했던 아리스토텔레스는 윤리학을 한편으로는 인간적 좋음과 성품적 덕에 관한 연구로 정의했으며, 다른 한편으로는 개별적 인간의 선과 공동체적 삶의 기획을 포함하는 더 넓은 범주의 정치학의 한 부분으로 이해한다.[1] 따라서 아리스토텔레스의 윤리학은 윤리적인 것의 확대로서 정치적인 것과 불가분의 관계를 갖는 학문이라 할 수 있다. 그런 점에서 그의 윤리학적 탐구는 이미 그 자체로 인간의 실천적 행위 일반과 관계하는 학문 즉 실천철학의 그것으로 볼 수 있다. 하지만 칸트는 행위의 도덕성을 판단하는 근본 원리를 발견하고 정당화 하는 것을 학문으로서의 윤리학의 가장 중요한 과제라고 생각한다. 이러한 기존의 윤리학적 탐구와 차별을 두기 위해서 칸트는 도덕형이상학(Metaphysik der Sitten)이라는 새로운 용어를 만들어 사용했다. 이렇게 해서 도덕형이상학은 칸트에 고유한 것으로서 전통적 의미에서 윤리학이나 도덕철학 혹은 도덕학과 같은 명칭과 혼용 가능하면서도 동시에 내적 자유와 외적 자유 등 인간의 보편적 자유 행위의 근원적 가능성을 정초하는 부분을 포함하는 학문이 되었다.

이러한 칸트의 시도는 시대의 철학적 과제로서 진리 인식의 새로운 방도를 제시하는 일을 자신의 철학적 사명으로 삼았던 문제의식을 반영한다. 이렇게 윤리학의 새로운 차원을 열어 놓은 도덕형이상학의 필요성은 그의 비판철학의 과제를 압축적으로 담아내고 있는 새로운 명칭인 '선험론적 철학' 또는 '선험철학'을 통해서 정당화된다.[2] 칸트는 이 도덕형이상학이라는 용어를 때로는 '순수한

---

1) Aristoteles, *Nicomachean Ethics* (1996), Ch. I, X.
2) 이 책에서는 '선험론적'을 transzendental의 번역어로 사용한다. 또한 "선험철학"이라는 표현처럼 "선험론적"을 간결하게 "선험"이라는 말로 줄여서도 쓸 것이다. 따라서 선험철학(Transzendentalphilosophie)은 "선험론적 철학"을 의미한다. 그리고 '선험론적'(혹은 '선험')이라는 표현을 '선험적'(a priori)이라는 표현과 구분해서 사용한다. 따라서 '선험성'은 'apriority'에 해당한다.
이 "선험적"(a priori)은 "선험론적"과 함께 칸트 철학의 특징과 성격을 단적으로 나타내주는 가장 중요한 용어다. 『순수이성비판』에서 "선험적"은 "모든 경험으로부터 독립해서", "모든 감각 인상으로부터 독립해서" "모든 현실적 지각에 앞서서" 등의 의미를 갖는다. 특히 이 용어는 데카르트의 본유관념처럼 발생적 및 시간적 앞섬이 아니라 논리적 및 기능적 앞섬의 의미를 갖는다. 이 점이 바로 칸트와 합리론자들을 구별할 수 있는 가장 중요한 특징이다.
반면에 "선험론적"은 대상을 다루는 것이 아니라 우리의 개념들이 대상 일반에 대해서 선

도덕철학'이라는 의미로도 사용하는데, 도덕형이상학적 연구 안에 순수한(rein) 이성적 도덕의 원리를 발견하고 정당화하는 일을 가장 중요한 과제로 설정하고 있기 때문이다. 그런 점에서 비록 칸트 자신이 사용하고 있는 명칭은 아니지만, 도덕형이상학은 이러한 과제로서 순수 윤리학을 포함한다. 이 학문은 일체의 경험적 요소와 독립해 있는 선험적인 도덕성의 기초와 본성을 규명하고 정당화하는 일, 한 마디로 '도덕원리의 철학적 정초 작업'을 목표로 한다. 이 같은 임무를 위해서 저술된 저서가 바로 칸트의 3대 비판서인 순수이성비판, 실천이성비판, 판단력비판과 함께 오늘날 서양철학 특히 윤리학의 불후의 고전이라 할 수 있는 『도덕형이상학 정초』이다. 이렇게 도덕형이상학의 학문적 근거를 정초하는 작업으로서 순수 윤리학은 자유의 법칙으로서 도덕의 선험적 원리의 발견과 정당화를 최우선의 과제로 설정하고 있다. 도덕형이상학을 전통적인 학문의 분류와 비교해 보면, 이 같은 칸트의 목적이 분명하게 드러난다. 우선 칸트는 고대 그리스 철학에 뿌리를 둔 전통적인 방식에 따라서 철학의 분야를 물리학(자연학), 윤리학, 논리학 세 가지 학문으로 구분하면서, 이러한 학문 분류는 여기에 다만 학문 분류의 원칙만 덧붙이면 더할 나위 없이 완벽한 구분이라고까지 말한다. 그러면서도 칸트가 유일하게 개선의 여지가 있다고 지적하는데서 그 자신이 하려고 하는 작업의 실체를 엿볼 수 있다.(VII:Vorrede) 이에 따르면, 칸트는 철학을 이성인식의 체계로 정의한다. 그리고 이 이성인식이 경험적 근거에서 성립하는 것을 경험철학, 오로지 선험적 원칙만을 탐구하고 제시하는 학문을 순수철학이라

험적으로(a priori) 관계하는 모든 인식을 이른다. 그것은 곧 대상 인식 즉 경험을 가능하게 하는 선험적인 보편적 조건들의 원리에 대한 해명 내지는 정초를 의미한다. 이런 인식의 개념 체계를 칸트는 "선험철학"이라 명명한다. 때문에 이 선험철학은 대상 인식의 가능 조건들에 대한 정당화로서 방법론적 의미를 가지면서 또한 궁극적으로 칸트의 철학이 이루어내려는 목적을 담고 있는 철학적 기획을 대변하며, 무엇보다도 'a priori'라는 명칭과 불가분의 관계를 갖는다. 그런 점에서 '선험론적'과 '선험적'은 긴밀한 내재적 관계를 이루고 있는 한 쌍의 용어들이기에 같은 어의를 갖는 단어들로 번역하는 것이 바람직하다고 생각된다.

부른다. 그런데 여기서 칸트는 고대 그리스 철학을 비롯해 전통적인 철학은 이성인식이 갖는 이 두 가지 차원을 엄격하게 구분하지 못했음을 지적한다.

칸트에 의하면, 논리학은 형식적 이성 인식으로서 대상들의 구별과 상관없이 오로지 지성과 이성 자신의 형식과 사고 일반의 보편적 규칙들만을 탐구 대상으로 하는 학문이다. 반면에 질료적 이성 인식으로서 특정한 대상들과 그 대상들이 속하는 법칙들과 관계하는 학문에 해당하는 것이 자연학(물리학)과 윤리학인데, 전자는 자연법칙에 관한 학문이며, 후자는 자유 법칙에 관한 학문이다. 그런데 칸트에 의하면, 전통 철학은 이 두 질료적 학문에서 지성의 특수한 대상들과 관계하는 선험적 원칙들에 대한 탐구가 전혀 제대로 사유되지 못했다. 이에 칸트는 이처럼 지성의 특정한 대상들과 관계하는 순수철학의 신험적 원칙에 대한 탐구를 가장 중요한 철학적 과제로 설정하며, 이에 대한 탐구를 포함해야 하는 하나의 새로운 학문을 필요로 하게 되는데, 그것을 칸트는 오랫동안 "만학의 여왕으로 불리어지던 형이상학"(AVII)에서 찾는다. 왜냐하면 경험적 근거들과 관계하는 경험 철학과 달리 지성의 일정한 대상과 관계하는 순수철학이 형이상학이기 때문이다. 이렇게 해서 이제 자연학과 윤리학에 있어서 이 같은 원칙을 탐구하게 될 자연형이상학과 도덕형이상학이 탄생하게 된다. 이렇게 이해할 때, 자연철학을 포함하는 자연학이 자연형이상학을 필요로 해야 하는 것과 똑같이 도덕철학으로서의 윤리학과 관계하는 도덕형이상학이 요구된다. 이렇게 해서 자유의 형이상학은 도덕형이상학이 되었다.

하나의 학문과 그것이 관장하는 영역과 관련해서 전통 윤리학에 대한 칸트의 도전 및 도덕형이상학이라는 새로운 학문 명칭의 의미를 이렇게 이해함으로써 우리는 칸트의 도덕형이상학이 그 근본 성격에 있어서 순수철학으로서 순수 윤리학의 지위를 가지면서도 동시에 탐구 대상과 관련해서는 경험적인 실천철학적 문제영역과도 관계한다는 것을 알 수 있다. 실제로 칸트는『도덕형이상학 정초』를 통해서 순수윤리학을 기획하면서 이를 '도덕형이상학'이라는 전체 기획의 일부로 이해하고 있으며, 나아가『도덕형이상학』이라는 별도의 독립된 저서에서는 앞선『도덕형이상학 정초』에서 했던 시도와 함께『실천이성비판』에 이어서 '도덕형이상학'이 이어져야 할 것을 명시하고 있다.(6:205) 최종적으로 이같은 기획과 의도 아래 출간된『도덕형이상학』은 도덕의 순수한 부분과 경험적 부분을 함께 다루는 종합적인 규범윤리학적 내지는 실천철학적 문제영역 일반과 관계하는 행위 원리들을 탐구하는 학문이 되었다. 이런 점들을 고려하면, 오늘날 우리가 이해하고 있는 칸트의 윤리학은 각기 비중을 달리하는 의미를 담고 있는 의무론, 도덕학, 도덕철학, 순수도덕철학, 순수윤리학, 도덕형이상학, 도덕적 세계지혜 등과 같은 학문적 성격을 모두 포괄하고 있지만, 아마 가장 간단히 규정한다면, 행위의 도덕성을 규정하는 도덕법칙들을 욕구능력 혹은 의지능력과의 관계에서 다루는 실천철학이라 할 수 있을 것이다.

2. 이론이성과 실천이성

1) 자유의지 - 순수의지와 선택의지

철학은 전통적으로 이론과 실천을 포함해서 세계지혜를 추구하는 학문으로 이해되었다. 이러한 철학의 전통은 그것이 도달할 수 있는 가장 행복한 삶을 최고선이라는 이름으로 불렀으며, 그 구체적인 모습을 덕과 행복의 일치로 이해했다. 그리고 그들은 이를 철학이 도달할 수 있는 최고의 목표로 삼았다. 칸트도 이러한 고대의 전통을 따라서 실천철학을 그냥 '지혜의 학문'(Weisheitslehre)'이라 부르기도 하지만 일반적으로는 아리스토텔레스의 전통을 따라서 철학을 이론철학과 실천철학으로 구분한다.

자연의 형이상학과 자유의 형이상학 또는 도덕형이상학의 구분을 통해 알수 있듯이 이론철학에서와 마찬가지로 칸트는 넓은 의미에서 윤리학을 포함하는 실천철학적 탐구를 경험적인 것과 이성적인 것의 구별, 즉 경험적인 '실천적 인간학'과 이성적인 '순수 도덕학'을 구별하는데서 시작한다.(VII:12, 38) 이로부터 시작해서 한편으로는 라이프니츠-볼프의 합리론적 전통의 영향을 받으면서, 또 다른 한편으로는 전통과의 뚜렷한 단절을 시도하고 있는 칸트에게 실천철학은 나는 무엇을 해야 하고, 무엇을 해서는 안 되는지 하는 도덕적 문제를 비롯해서 우리는 어떤 삶을 살아야 하며, 어떤 공동체를 만들어야 하는지 등과 같은 정치적 문제들의 영역이다. 칸트는 이를 해결할 수 있는 이성적 원리들을 실천이성 즉 자유와 의지의 원리 아래서 발견하고 정당화한다.[3]

칸트에게 의지는 행위의 능력으로서 실천이성을 의미한다. 따라서 그것은 자유의지의 능력이다. 그런데 엄밀히 말해서 칸트는 (자유)의지라는 말을 '의지'(Wille)와 '선택의지'(Willkür), 혹은 '자유의지'와 '자유로운 선택의지'로 구분해서 표현하기도 한다. 전자는 도덕적 의지, 순수의지라는 말로도 표현되는데, 이는 도덕법칙의 지배를 받는 의지, 혹은 도덕법칙에 의해 규정된 의지, 도덕법칙에 따라야 하는 의지 등과 같이 자기구속력을 갖는 도덕적 행위 또는 도덕적 필연성과 같은 의미를 갖는다. 한마디로 도덕법칙은 객관적인 의지의 법칙이며, 이 의지가 『도덕형이상학 정초』와 『실천이성비판』 등에서 칸트가 주제로 삼고 있는 의지이다. 이들 저서의 주요 목적이 바로 그런 도덕적 의지, 즉 도덕법칙의 지배를 받는 의지가 있다는 것을 증명하려는데 있었기 때문이다.

칸트가 말하는 인간의 의지는 도덕적 관점에서 보면 의지의 특성상 도덕법칙의 지배를 받는, 더 정확히는 지배받아야만 하는 의지다. 그리고 인간적 의지

---

3) F. Delekat, *Immanuel Kant : Historisch-Kritische Interpretation der Hauptschriften*, 255-7 참조.

와 달리 이런 도덕법칙을 그 자신의 존재규정으로 삼고 있는 이성적 존재자의 의지는 엄밀히 말해서 선택의 대상이 아니다. 그것은 의지 자신의 필연적 법칙이다. 우리 인간에게는 그런 의지가 있다는 것, 이를 드러내고자 할 때 칸트가 사용하는 용어가 '순수실천이성' 혹은 '순수한 의지' 혹은 '도덕적 의지'이다. 이러한 의지의 법칙이 칸트가 말하는 도덕법칙에 다름 아니다. 이는 곧 실천이성(의지) 안에 순수실천이성(순수의지)이 내재해 있다는 말과 같은 뜻이다.

반대로 '선택의지'는 말 그대로 선택할 수 있는 자유가 있는 의지이다. 이 선택의지는 순수 이성적 존재자의 '의지'와 달리 인간적 의지라 할 수 있는데, 칸트에 고유한 의미에서 선택의지가 순수의지 혹은 도덕법칙에 따르는 선택을 할 때에만 그 행위는 도덕적 행위가 된다. 그런 점에서 도덕법칙이 의지의 법칙이라면 그것이 법칙이 될 것을 의욕하는 의지의 준칙은 선택의지의 법칙이라 할 수 있다. 그러나 행위의 관점에서 보면, 어떤 경우든 행위의 도덕성은 선택의지의 산물일 수밖에 없다. 이런 이유에 나는 특별한 경우가 아니면 의지와 선택의지를 구분 없이 그냥 '의지' 혹은 '자유의지'라는 말 하나로 표현한다. 칸트 역시 '의지'의 문제를 다룰 때도 선택의지를 전제하고 있다고 보아야 하기 때문이다. 그 같은 것을 보여주는 가장 간단한 예가 정언명법의 정식들이다. 도덕법칙 혹은 정언명법의 형식적 규정들이 바로 그런 의지의 존재를 증명해주는 것인데, 이 같은 정식들은 언제나 준칙, 즉 선택의지의 관점에서 표현되고 있다. 이는 단적으로 '보편법칙의 정식'을 보면 쉽게 알 수 있다: 너의 준칙이 보편법칙이 되기를 네가 동시에 의욕할 수 있는 그러한 준칙에 따라서만 행위하라.(4:421/ VII:51) 여기에는 의지와 선택의지의 관계, 즉 선택의지가 구속력을 갖는 자신의 보편적 의지의 요구를 따르는 행위를 선택하는 것이 도덕적 행위라는 것으로 표현되고 있다. 다른 정언명법들도 모두 그러하다.

의지와 선택의지를 구분해서 보듯이 아리스토텔레스 및 라이프니츠-볼프

등 당대의 철학의 지배적 경향과 상당히 다른 칸트의 실천철학의 근본 출발점은 자유 개념에 대한 새로운 이해에 있다. 앞에서 해명했듯이 우선 칸트에게 "실천적"이란 "자유로운 선택의지와 관계하는 모든 것"(B830/A802), "자유와 관계하는 일체의 것"(XII:712)을 이르는데, 이러한 지위를 갖는 자유를 "법칙들 아래에서 고찰하는 것"(X:10)만이 진정한 도덕적-실천적 명제들이다. 그리고 이러한 명제들로 이루어진 것만이 도덕철학으로서의 실천철학이다. 그 밖의 기술적-실천적 명제들로 이루어진 것은 실천철학이 아니라 이론철학에 속한다.(X:79) 말하자면 칸트적 의미에서 실천철학에 속하는 것과 속하지 않는 것을 구분하는 기준은 "의지의 인과성에 대하여 규칙을 부여하는 개념이 자연 개념인가 또는 자유 개념인가"(X:79)에 있다.[4] 결국 실천철학에 속하는 모든 실천적 행위의 근본 원칙이자 기준으로서의 역할을 하는 것은 "자유에 법칙을 부여하는 실천명제"(X:11) 또는 "자유를 법칙들 아래에서만 고찰하는 실천명제"(X:10)로서의 도덕원칙 또는 도덕원리들이다. 이렇게 자유에 기초한 도덕원리에 상관하는 영역이 실천철학의 영역을 구성한다. 그러므로 칸트의 윤리학 혹은 도덕형이상학은 근본적으로 자유의 형이상학이다. 그 밖의 실천적 명제들은 모두가 사물들의 자연본성에 속하는 것에 관한 이론을 우리가 어떻게 하여 일정한 원리에 따라 그러한 사물을 산출할 수 있는가 하는 데에 적용한 것에 불과한 것들로서 자연의 형이상학에 속한다. 오직 자유의 형이상학에서 성립하는 도덕적인 것만이 "실천철학의 기초"(X:11)가 될 수 있으며 또 실천철학을 구성한다. 후자의 실천적 명제는 다만 자연[이론]철학의 실천 부문을 형성할 뿐이다.

칸트는 이 같은 차이를 무시하고 혼용하여 양자를 통틀어 실천철학이라는

---

4) 이러한 이론철학과 실천철학의 구분은 동시에 "인식능력의 영역"에 의해서 이루어진 것이기도 하다. 칸트에 따르면, 선험적으로 입법하는 "우리들의 모든 인식능력은 자연 개념의 영역과 자유 개념의 영역이라는 두 영역을 가진다. … 자연 개념에 의한 입법은 지성에 의해서 수행되며, 그것은 이론적이다. 자유 개념에 의한 입법은 이성에 의해서 수행되며, 그것은 단지 실천적이다."(X:82)

이름으로 부르던 당시의 태도를 "통속적 실천철학" (VII:37)이라 비판하기도 한다. 당시에 널리 통용되던 실천철학이란 말이 지니고 있는 이 같은 오해 때문에 칸트는 실천철학 또는 도덕철학이란 말보다는 새로이 도덕형이상학(Metaphysik der Sitten)이란 말을 사용하게된 것도 이러한 사정과 무관하지 않다.[5] 칸트가 『도덕형이상학 정초』의 서언과 『판단력비판』의 두 개의 서론에서 제시하는 구분법에 따르면 실천철학 일반은 그 기초와 원리로서 (좁은 의미에서의) '도덕철학' (도덕형이상학, 순수 실천철학)과 이 기초와 원리의 적용까지 포함하는 (넓은 의미에서의) '실천철학'을 포함한다.[6] 결국 칸트적 의미에서 "자연철학" 으로서의 이론철학과 대비되는 실천철학은, 좁은 의미에서는 자유 개념에 의한 이성의 실천적 입법의 성격을 갖는 "도덕철학" 이며, 넓은 의미에서는 이에 기초하여 적용되는 실천적 부문들이 포함된다.(X:78) 따라서 이로부터 가장 대표적인 실천적 부문에 속하는 실천철학의 영역이 정치철학, 종교철학, 역사철학 등, 인간의 도덕적-실천적 행위의 상관 영역이 모두 이에 해당된다.

이러한 칸트의 도덕철학과 실천철학의 관계에 대한 이해는 당대에 유행하던 볼프의 실천철학에 대한 비판을 통해서도 분명하게 드러난다. 칸트에 의하면, 볼프가 의도한 보편적 실천철학의 원리들은 그 형식에 있어서만 보편적일 뿐, 경험적으로 일반화한 것에 지나지 않는다. 다시 말해서 "경험적 비교를 통해서 일반화한 것으로서 경험적 동인 없이 완전히 선험적 원리로부터 규정되는,

---

5) 물론 거기에는 그들 철학과 무관하지 않은 이론상의 난점 즉 윤리적 상대주의와 방법적인 오류 즉 후험적인 것(a posteriori)과 선험적 것(a priori)의 혼합을 극복하려는 의지가 담겨있기도 하다. 나아가 "모든 경험적인 것에서 분리된 순 이성적 인식" (VII:37)에 의해서만 그리고 이러한 선험적 인식 원리로부터 도덕 체계를 수립하려는 목표도 들어 있다. 그리고 무엇보다도 중요한 사변형이상학의 불가능성, 또는 전통 형이상학의 파괴를 거쳐, 진정한 학으로서 가능한 형이상학이야말로 도덕형이상학임을 실증하고자 한 칸트의 의지가 담겨 있다.

6) 따라서 앞으로도 별다른 언급이 없는 한, 이 책에서 사용하는 실천철학의 개념은 넓은 의미의 실천철학을 가리킨다. 이처럼 도덕원리를 인간과 사회와 관련한 사회·정치적 맥락에서 적용하고 있는 대표적인 저서가 『도덕형이상학』, 그 중에서도 특히 「법론」이다.

그리고 우리가 순수의지라고 부를 수 있는 어떤 특수한 종류의 의지"에 대해서는 고찰하지 않는다. 그런 까닭에 "그 자체로 완전히 선험적으로 이성에 의해서만 표상되는 본래적인 도덕적 동인과 지성이 다만 경험과 비교하여 일반 개념으로 끌어올린 경험적 동인을 구별하지 않는다."고 비판한다.(VII:15) 따라서 이를 그 기원에서부터 구별하는 자신의 도덕철학과 분명하게 구분 짓고 있다. 결국 칸트의 볼프 비판은 그가 "하나의 보편적인 도덕철학 자체에 대한 개념을 제시하지 못하고 있으며, 또 도덕성의 최상 원리를 적합하게 규정짓지 못하고 있다."[7]는 것으로 모아진다.

칸트는 스스로 자신의 도덕철학(도덕형이상학)을 심리학에서나 연구되는 인간의 의욕 일반의 행위나 조건이 아닌 "가능한 순수의지의 이념과 원리를 탐구하는 것"(VII:15)으로 규정한다.[8] 칸트에 의하면, "실천적인 순수이성은 반드시 모든 학문들의 기초에 놓여야 할 최초의 자료로서 원칙들에서 출발해야 하는 것이지, 원칙들이 학문으로부터 발생할 수는 없다."(VII:215) 이 경우에 이성 자신의 실천적 원리란 곧 도덕적 원리를 의미하며, 따라서 윤리학(도덕철학)을 포함한 모든 실천철학들은 실천이성의 순수한 도덕원리들로부터 출발해서 각각의 고유한 문제들을 학문적으로 다루어 나아가야 한다. 칸트는 이러한 목표를 수행하기 위해서 실천철학은 순수 실천철학을, 즉 의욕 일반에 상관한 행위와 조건의 제 규정에 앞서 모든 경험적 조건들과 무관한 선험적 도덕원리의 탐구를 기초로 하여 수립되어야 할 것임을 선언한다. 더욱이 이론철학과 달리 실천철학은 이성이 자신의 고유한 실천적 관심을 실현하기 위해서 선험적 도덕원리 말고도 이를 실현해야 할 실천적 방도도 제시해야 하는 철학적 목표를 갖고 있다. 칸트

---

7) C. Schröer, *Naturbegriff und Moralbegründung : Die Grundlegung der Ethik bei Kristian Wolff und deren Kritik durch Immanuel Kant*, 179.

8) 따라서 당연히 "도덕형이상학은 행위(Tun und Lassen)를 선험적으로 규정하고 필연적이게 하는 원리를 포함한다."(B869/A841)

는 자신의 연구가 바로 이 일을 수행함을 누누이 강조한다. 그러나 실천철학이 세워질 확고부동한 도덕적 기초를 확립하기까지에는 상당한 기간이 소요되었다. 그 최초의 결과로서 등장한 것이 바로 칸트 실천철학의 성격을 결정지어준 비판철학과 선험철학이다.

2) 비판철학과 선험철학

칸트에 따르면, "비판적으로 추구되고 방법론적으로 이끌어낸 학문"(VII:302)만이 파사현정(破邪顯正)과 타산지석(他山之石)의 실천철학에 도달할 수 있는 확실하고도 엄밀한 길을 제시할 수 있다. 따라서 학문으로서 철학을 "개념에 의한 이성인식의 체계"(B741/VI:446/X:9)로 이해하는 칸트는 예비적으로 순수이성의 비판, 즉 이성인식의 가능성에 관해서 비판적으로 연구하는 일, 그리고 이에 기초하여 그러한 체계의 이념을 입안하고 음미하는 일을 자신의 방법론적 과제로 설정한다. 이를 통해서만 진정으로 철학은 자신이 궁극 목표로 삼고 있는 "인간 이성의 본질적 목적들에 대한 모든 인식들에 관한 학"(B867/A839) 또는 "인간 이성의 최종 목적에 관한 학"(VI:446)에 도달할 수 있다고 생각한다.

칸트적 의미에서 이성 개념은 이성 자신을 스스로 비판하는 능력으로서의 이성, 그리고 스스로 자신의 고유한 목적을 갖는 이성이라는 두 차원을 갖는다. 그 이전의 철학적 전통과 구별되는 칸트 철학의 근본 특징은 바로 이성의 이 두 가지 차원에 각각 고유한 지위를 부여하고 동시에 분명한 자리매김을 했다는 점에 있다. 그것은 이론이성과 실천이성, 이론철학과 실천철학 각각의 고유한 의미 및 양자의 구분과 관계를 규정짓는 방법에 대한 성찰에 기초해 있다. 칸트는 본래 "순수 이성은 하나의 완전한 통일체이다."(AXIII)라고 함으로써, 이성의 선험적 원리 일반에 관한 학으로서 철학의 체계가 지녀야 할 통일성을 예시하고 있다. 즉, 개념에 의한 이성인식의 체계로서 철학은 곧 하나의 완전한 통일체로서의 체계이지 않으면 안 된다는 것이다. 칸트는 이 체계 개념을 『순수이성비판』의 「순수이성의 건축술」(B860/A832)에서 보여주듯이 생명력을 갖고 있어서 자신을 스스로 형성하고 전개하는 유기체의 모습에 비유하여 설명하기도 한다. 이러한 체계 개념은 자기 자신을 변증법적으로 전개하는 목적론적 체계로서 헤겔의 절대이성의 개념을 예시하고 있다.[9] 더구나 이러한 이성은, 칸트에 의하면, 자신의 고유한 관심과 목적을 갖고 있다. 이처럼 이성은 목적을 가지며, 이 목적을 이성은 자신의 원리에 따라 스스로 정립하며, 따라서 자기 자신을 목적으로 삼는다는 것, 나아가 이성은 최고의 도덕적 선의 실현이라는 자신의 고유한 관심을 갖는다는 것 등은 칸트 철학의 근간을 이루고 있는 대전제들이다. 칸트주의자로 불리는 롤스에 따르면, "칸트는 이론이성이든 실천이성이든 이성은 자기 발원적이며 자기 입증적이라는 생각의 역사적 원천이다."[10] 칸트 철학의 운명은 이미 이성을 이해하는 이러한 칸트 자신의 시각에 각인되어 있다.

칸트는 이성의 궁극적인 관심을 도덕적-실천적 관심으로 이해한다. 물론 이성의 관심에는 사변적-이론적 관심도 있다. 칸트에 있어서 관심이란 그 자체가 이성적 존재자의 고유한 존재 특성이다.[11] 이러한 "이성의 사변적 사용의

---

9) A. Model, *Metaphysik und reflektierende Urteilskraft bei Kant* 78 참조.

10) J. Rawls, *Political Liberalism*, 100. 이러한 이성 개념은 서양 철학의 이성중심적 역사를 고려할 때 칸트 철학이 갖는 가장 획기적인 코페르니쿠스적 전환(Kopernikanische Wende)이라 할 수 있다. 인식론과 윤리학에서 이루어진 코페르니쿠스적 전환은 모두 칸트의 이성 개념이 갖는 독창성에 입각해서만 올바로 평가될 수 있다. 또 다른 의미에서 정당하든 아니든 칸트 이후의 독일 관념론은 단적으로 이러한 칸트의 이성 개념의 수용과 비판 및 변형의 역사라 할 수 있다.

11) 칸트는 "관심(Interesse)은 이성을 가지지 않은 존재자에게는 전혀 부여되지 않으며,"(VII:200) 그리고 "심성의 모든 능력에는 각각 하나의 관심, 즉 그 아래서만 그 능력의 실행이 촉진되는 조건을 포함하는 원리를 부여할 수 있다. 이성은 원리의 능력으로서 모든 심성 능력의 관심을 규정하고, 그러나 이성 자신의 관심은 자기 자신이 규정한

관심은 최고의 선험적 원리들에까지 도달하여 객관을 인식하는데 있으며, 실천적 사용의 관심은 최종적인 완전한 목적과 관련하여 의지를 규정하는데 있다." (VII:249-50) 또 칸트는 (순수한) 이성을 이론이성이든 실천이성이든 "원리들의 능력" (VII:249) 또는 "선험적 원리들에 의한 인식의 능력" (X:73)으로 파악한다. 이 원리들은 인간의 모든 마음 작용이 기울이는 관심을 규정하고, 더 나아가 그 자신의 관심마저 규정하는 이성에만 고유한 것이다.

그러면 이성의 관심과 목적의 구체적인 정체는 무엇인가? 그것은 이성 자신이 도덕적 - 실천적이고자 하는 관심이요, 최종적으로는 최고선에 도달하려는 목적을 갖는다. 그리고 전통적으로 인간 이성의 최종 목적과 궁극 목적은 바로 실천적 의미에서 최고선의 추구였다.[12] 이에 대한 철학적 탐구는 고래로부터 세계지혜로서의 철학 또는 실천철학이란 분야에서 이루어져 오고 있다. 칸트에게

다." (VII:249)고 말함으로써, 관심은 이성 자신에 고유한 것이며 또 이성 자신이 관심에 의해 규정되기도 한다는 것을 분명히 해두고 있다. 관심 개념이 칸트의 철학에서 차지하는 중요한 비중과 역할에 상당히 주목하고 있는 연구서로서는 Y. Yovel, *Kant and the Philosophy of History*, 특히 16-20 참조. 여기서 요벨은 많은 칸트 연구가 이성의 '관심 지향적' (interested) 성격을 무시하는 경향이 있음을 지적하고 있다. 그 단적인 예가 Kant-Lexikon을 편찬한 아이슬러(R. Eisler)도 이 점을 간과하여 '이성의 관심'이라는 결정적으로 중요한 개념을 거의 콩 구워 먹듯 아주 간략하게 언급하고만 있다는 것이다. 그리고 이와 좋은 대조를 이루는 경우가 바로 마르틴(G. Martin)에 의해 컴퓨터로 처리되기 시작한 Kant-Index에는 칸트 저작에서의 '관심'이라는 용어의 등장 횟수가 무려 700회 이상에 달하고 있으며, 그 중 많은 것이 이성과 관계가 있다는 점을 잘 보여준다.

12) 칸트는 철학에 대한 정의를 각각 "학교 개념" (Schulbegriff)과 "세계 개념" (Weltbegriff)에 따라 달리 규정하고 있다. 위에서 언급한 "개념에 의한 이성인식의 체계"로서의 철학은 학교 개념에, "인간 이성의 최종 목적에 관한 학"은 세계 개념에 해당한다. 전자가 보다 엄밀한 학적 규정을 추종하고 있다면, 후자는 일반 대중의 통속적인 철학 이해를 반영하고 있다고 볼 수 있다. 칸트의 용어 사용에 입각하면, 보다 중요한 것은 전자는 진리에 도달하기 위한 학문의 방법론을 중시한다는 의미가 강조되고 있으며, 후자는 실천적 지혜로서의 진리 자체에 대한 추구가 강조되고 있다 하겠다. 그러나 칸트는 이 양자의 태도를 함께 수용하여 철학의 궁극 목적은 당연히 최고선(실천적 지혜로서의 진리)이라는 실천적 이상의 추구이며, 이는 엄밀한 절차와 방법에 입각한 학적 규정에 의해서만 해명 가능하다는 입장을 취하는 것으로 생각된다. 그러므로 양자는 목적과 수단(방법)의 관계로서 궁극적으로는 상보적이다. 칸트의 실천철학과 비판철학의 관계가 그것을 분명하게 보여준다 할 수 있다.

있어서 이러한 이성의 관심과 목적은 그 자체가 최고선에 도달하려는 이성 자신의 욕망이며, 또 이에 이끌려 이를 실현하려는 운동 목표를 갖는다. 따라서 이성의 이 같은 관심은 본래적으로 "인간이 가질 수 있는 가장 내면적인 것" (20: 260)으로서 이성 자신의 본성일 뿐이다. 칸트는 이성의 이러한 관심과 목적을 이성 자신의 통일성과 체계를 충족·완결시켜야 할 실천적 과제로 이해한다. 그러나 칸트는 이성의 최고 원리와 최후 목적이라는 이성 자신의 자기규정에 대한 비판적 방법에 기초한 엄밀한 철학적 해명만이 이러한 이성의 욕망을 실현하는 올바른 길을 제시할 수 있다고 생각한다. 전통적으로 이성의 이러한 욕망과 이를 근거 짓는 철학적 작업은, 칸트가 보기에, 잘못된 길을 걸어가고 있었는데, 그 원인은 엄밀한 비판적 방법이 결여되어 있었기 때문이다. 이제 그 일을 필연적으로 요구하고 또 감당할 담당관이 바로 이성 자신이 스스로에게 행하는 이성 비판의 방법이다. 그리고 이를 통해서 칸트가 최종적으로 발견해낸 것이 바로 이성이 자신의 의지를 규정하고 그에 따른 도덕적 요구를 당위적인 명령으로서 인식하는 실천이성이다.

칸트의 이성 비판의 철학은 맨 먼저 인간 마음의 특수한 능력들에 대한 검사를 통해서 그 원천·내용·한계들을 엄밀히 규정한다. 칸트에 의하면, "학문으로서의 체계적인 이론철학과 실천철학에 대한 안전한 기초는 인간 심성의 두 능력, 즉 인식능력과 욕망능력의 선험적 원리들을 찾아내어, 그 사용의 조건, 범위 및 한계를 규정함으로써 마련된다." (VII:116) 그러나 이러한 이성의 본성에 대한 칸트적 사고는 두 가지 면에서 그의 철학의 중요한 성격을 특징짓는다. 하나는 이성에 대한 전통적인 견해와의 차이로서 선험철학을 필요로 한다. 이 철학은 그 이전의 철학적 사유 방식에 일대 전환을 가져오는데, 일반적으로 '코페르니쿠스적 전환'이라 불리는 바로 그것이다. 또 다른 하나는 칸트적 이성이 갖는 구조적 특징 및 그것이 초래하는 모순과 관계한다. 칸트는 선험철학의 이념에 따라 전체로서의 이성의 각 부분에 대한 분석적·비판적 연구를 수행한 후 다시 이를 원래가 하나의 통일체인 이성 자신의 구조로 재구성하는 종합 과정을 성공적으로 제시해 주어야 한다는 과제를 스스로 부과하고 있다.

칸트는 『순수이성비판』을 다음과 같은 유명한 구절로 시작한다: "인간의 이성은 자신의 인식의 성격상 회피할 수 없는 물음에 시달리는 특수한 운명을 지니고 있다. 이 물음을 회피할 수 없는 까닭은, 이 물음이 이성 자신의 본성에 의해서 이성에 부과된 것이면서도, 이성은 이 물음에 답을 할 수가 없는데, 그것은 인간 이성의 모든 능력을 초월해 있기 때문이다." (AVII) 이처럼 이성적 인간의 특수한 운명과 이로부터 생겨나는 절박한 물음들과 문제들의 진상을 규명하고 인간이 걸어갈 수 있는 "확실한 길"을 모색하기 위해서 칸트가 스스로 마련해 놓은 법정이 곧 순수이성비판이다. 이 이성비판은 이성 능력 일반의 비판, 더 정확하게는 "이성 능력 일반의 원천 및 범위와 한계의 규정" (AXII)이다. 이를 통해 칸트는 이성의 자기 오해에서 기인하는 현혹을 제거하는 임무를 이성비판에 부과하고 자신이 이를 정확하게 진단하고 치료하는 일을 성공리에 완수하였다고 자평하고 있다.

그런데 이러한 이성비판의 임무는 궁극적으로는 이성비판 자체가 아니라 이를 통해 달성하고자 한 칸트의 목표, 바로 저 인용 구절에 드러나 있는 인간 이성의 모든 능력을 초월해 있는 그 목표, 즉 이성이 본성적으로 추구해 마지않는 무제약자에 도달할 수 있는 확실한 길의 추구에 있다. 다시 말해서 칸트의 이성비판은 그 본성상 경험의 한계를 넘어서까지 초감성적인 무제약자를 추구하려고 하는 인간 이성의 자연적 소질에 대한 비판이면서 동시에 무제약자에 이르는 가능한 방도를 모색하는 과정에서 필연적으로 요구되는 작업이다. 그리고 그 결과 이론이성을 통해서는 경험의 한계를 넘어서 초험적인 것, 물자체, 무제약자에는 도달할 수 없다는 것, 전통적 형이상학을 지탱해 준 이성 능력은 그 점에 있어서 오히려 그릇된 인식의 근원지라는 것을 밝혀냄과 함께 그럼에도 인간 이성이 결코 포기할 수 없는 대표적인 무제약자들, 이른바 영혼, 세계, 신 존재의 인식에 이를 수 있는 가능한 길을 제시하게 된다. 칸트는 그 길을 이성비판의 결과로서 실천이성에서 발견한다.

전통 형이상학과 마찬가지로 칸트에게도 이들 무제약자 중에서 최고의 무제약자인 절대자 내지는 신은 이성인식의 최종 결정판이다. 칸트가 말하는 추리하는 능력으로서의 이론이성이 추구하는 무제약자들, 즉 선험적 이념들은 영혼, 세계, 신이다. 영혼은 정언적 이성 추리와의 관계에서 성립하는 절대적 주관이며, 세계는 가언적 이성 추리와의 관계에서 성립하는 경험 세계의 조건들의 절대적 총체성이며, 신은 선언적 이성 추리와의 관계에서 성립하는 모든 대상 일반의 조건들의 절대적이며 완전한 체계이다. 칸트에 의하면, 이 이념들은 이론이성과 함께 필연적으로 주어진다. 그리고 이 선험적 이념들을 낳는 이 이성은 추리를 통해서 통일성을 수립하는 능력이다. 따라서 각각의 이성 이념들은 이성 추리의 세 가지 형식에 따라 각각의 무제약자에 도달하지만, 이 중에서 신은 모든 사물의 가능 근거로 사고되는 무제약자로서 모든 존재하는 것들의 총괄 개념이다. 그런데 칸트에 의하면, 이를 그릇되게 인식 가능한 대상으로 사고함으로써 이른바 순수 이성의 오류추리가 발생한다. 선험적 가상은 바로 이 오류추리에서 기인한다. 결국 선험적 가상은 이성 추리에 기초한 사고의 주관적 조건들이 객관 자체의 인식으로 간주됨으로써 발생한다.

3) 이성과 신앙

칸트의 이성비판은 인간 이성, 특히 이론이성은 이들 무제약자들에 대한 인식에는 결코 도달할 수 없다는 것을 폭로한다. 그럼에도 칸트는 무제약자에 도달하려는 인간 이성의 자연적 요구를 포기하지 않으려 한다. 오히려 이들을 구제할 수 있는 새로운 길을 찾아 나선다. 결국 칸트가 이성비판을 통해서 겨냥하고 있는 목표도 여기에서 찾을 수 있다. 무제약자 혹은 신 존재에 이를 수 있는 가능한 방도의 모색이 그것이다. 이 같은 칸트의 의도를 단적으로 엿볼 수 있는 것이 바로 "나는 신앙에 설자리를 마련해주기 위해서 지식을 제한하지 않을 수 없었다." (BXXX)는 그 유명한 칸트의 선언이다. 『순수이성비판』 이후에 발표될 저술들이 떠맡아야 할 이 주장의 정당성을 충분히 입증하기도 전에 내뱉은 이 고백만큼 칸트의 이성비판의 의도와 목표를 압축적으로 드러내 주는 것은 없다. 하지만 칸트는 무제약자를 추구하는 인간 이성의 자연적 본성, 이른바 자연소질로서의 형이상학의 불가능성으로부터 가능한 형이상학의 모색으로 나아가는데, 그것은 인간 이성이 수긍할 수 있고 또 마땅히 그래야만 하는 이성적 신앙에 도달할 수 있는 확실한 길이어야 하며, 이를 위해서는 "제한된 지식"과 "이성 신앙" 사이를 다리 놓아줄 그런 형이상학이 필요하다. 그것이 바로 자유의 형이상학, 즉 도덕형이상학의 가능성이다. 따라서 이론이성으로는 다가설 수 없는 한계에도 불구하고 이성의 요구에 부응하면서 지식과 신앙을 자유와 도덕으로 매개하고 연결시켜 주는 일이야말로 칸트의 이성비판적 기획이 성취해내지 않으면 안 되는 핵심 과제로 등장하게 되는데, 칸트는 비록 단편적이긴 하지만 그 방도를 역시 『순수이성비판』에서 마련해 놓고 있다. 이런 점들에 비추어본다면, 칸트의 "순수한 이성비판"은 그 진정한 의도와 목표에 있어서 "존재-신학적 이성비판"이라 불러도 무방할 수 있다.

칸트의 이성비판이 도달한 도덕적 이성 신학은 무한성을 추구하는 유한한 인간 존재가 독단과 회의, 광신과 맹목, 타율과 억압적 지배에 빠지지 않으면서 이로부터 벗어나 현실에서 이룩할 수 있는 가장 인간적이면서 이상적인 좌표이다. 이 좌표에 올바로 위치할 수 있는 입구이자 출구가 바로 이성비판이다. 순수

이성비판이 일차적으로 전통 형이상학의 불가능성을 보이려고 했다면, 그 과녁은 전통적인 형이상학적 사유의 최후 근거가 되는 존재-신학에서의 무제약자 즉 신 존재를 향해 있다는 것은 자연스럽다. 결국 현실의 밑바닥에서부터 최고의 존재에 이르기까지 상호 긴밀히 결합되어 있는 존재와 인식의 관계에 대한 비판철학적 규명 역시 최종적으로 신 존재에 이르는 여정으로 이어지고 있다. 그러나 비판철학의 성과에 기초해서 칸트는 그 방도를 전통 형이상학의 존재-신학, 특히 기독교 신학이 답습하고 있는 신으로부터 도덕이 아니라 도덕으로부터 신에 이르러야 한다는 것을 도덕형이상학이 성취한 코페르니쿠스적 혁명을 통해서 제시해 주고 있다.

이와 같은 칸트의 목표는 3대 비판서 중에서 앞서 언급한 두 비판서는 물론이고 『판단력비판』만을 살펴볼 때도 입증된다. 통상적으로 말해서 반성적 판단력을 다루고 있는 이 저서는 미감적 판단력과 목적론적 판단력을 고찰하면서 자연의 합목적성을 중심으로 미와 숭고, 유기체의 문제를 다루고 있다. 그런데 이 저서 역시 세부 논증들을 건너 뛰어 살펴보면 그 근간에는 자연과 자유의 통일이라는 비판적 선험철학의 대단원이 도덕과 신 존재 문제로 귀착되고 있음을 알게 된다. 더욱이 칸트의 비판적 선험철학 체계를 떠받치고 있는 세 기둥이라 할 이성, 도덕, 신앙의 문제가 하나로 응집되어 있는 저서인 『이성의 한계 안에서의 종교』(1793)에서는 이 보다 6년 전에 나타난 『순수이성비판』의 재판(1787) 서문에 명시한 "신앙을 위한 지식의 제한" 이라는 비판적 사업의 목표와 관련하여 우리의 이론적 지식과 실천적 도덕이 허용할 수 있는 신과의 올바른 관계를 구체적으로 문제 삼고 있다.

칸트에 따르면, 이성적 도덕 신학은 세계와 자연에 대한 우리의 표상을 전체적으로 종결짓고, 자연 신학과 선험적 신학에 이르기까지 자연의 합목적적인 통일성과 모든 목적들의 체계적 통일이라는 방향을 제시한다. 그러나 무엇보다 중요한 것은 이 도덕 신학은 어떤 이론적 인식도 아니며, 주관적 확실성을 가지나 어떠한 객관적 지식도 포함할 수 없는 실천적 이성 신앙이다. 이 이성 신앙의 근거는 도덕법칙의 확실성이지 신 존재에 대한 이론적 인식이 아니다.(B842-7)

『순수이성비판』에서부터 겨냥하고 있는 칸트의 소위 지식과 신앙 사이의 줄타기 여정은 도덕성에 대한 확고한 근거짓기를 통해서 대단원의 막을 내리게 된다. 이성비판은 무제약자들에 대한 새로운 의미부여가 실천이성을 통해서 마련된 도덕성의 기초 위에서 가능하게 되자 칸트는 이를 통해 신앙의 문제를 적극적으로 해결해 나가는 여정을 밟는다. 거부할 수 없는 도덕적 이성의 사실과 명령에 칸트는 다음과 같이 단호한 어조로 고백한다: "나는 필연적으로 신의 현존과 내세의 삶을 믿게 된다. 그리고 그 무엇도 이 신앙을 흔들리게 할 수 없다는 것을 나는 확신한다. 왜냐하면 만일 이 신앙이 흔들린다면 나 자신이 혐오스럽게 느끼지 않고서는 그에 반대할 수 없는 나의 도덕적 원칙들 자체가 무너지기 때문이다."(B856/A828) 우리가 칸트의 이 절실한 고백을 다른 저서도 아닌『순수이성비판』에서 발견한다는 것은 주목할 만한 일이다. 이 구절이 함의하고 있듯이 놀라운 것은 지식의 제한을 통해서 위험에 빠진 도덕을 구해낸 칸트가 다시 도덕과 신앙을 위해서 신의 존재를, 그것도 강렬한 소망을 담아 확신하고 있다는 사실이다. 이처럼 칸트는 이성과 신앙, 도덕과 종교의 중심에 위치하고 있는 신 존재 문제를『순수이성비판』과『실천이성비판』에서는 그 이론적 및 실천적 근거들을 점검한 다음,『이성의 한계 안에서의 종교』에서 본격적으로 다루게 된다. 이런 점에서 칸트의 전 철학 체계를 고려해 볼 때, 신 존재와 관련한 종교 철학의 주제는 동시에 칸트의 전 철학의 주제라고까지 말할 수 있다.[13]

그렇다면 신이라는 절대자가 칸트의 철학에서 갖는 함의는 무엇인가?『순수이성비판』과『논리학』에서 밝히고 있듯이 칸트의 철학적 탐구의 최종적이면서

---

13) G. Picht, *Kants Religionsphilosophie*, 1-2.

궁극적인 탐구 대상은 인간이다.[14] 그리고 이 인간이 추구하려고 하는 최고의 무제약자, 이론이성이 결코 답할 수 없는 무제약자가 신이다. 그리고 이 신에 도달할 수 있는 방도가 이른바 실천이성에 기대여 도달할 수 있는 도덕적 신앙이다. 이 도덕적 신앙의 요체가 바로 경이와 외경을 불러일으키는 도덕법칙이다. 이런 사태와 상호연관성 아래서 칸트를 지배하고 있는 사고는 도덕 자체는 결코 신과 종교를 필요로 하지 않지만 인간은 그렇지 못하다는 사실이다. 나는 이 평범해 보이기까지 하는 사실이 칸트 철학의 요체라고 생각한다. 인간과 도덕 그리고 신 사이에 놓여 있는 내밀한 관계와 함께 또한 그들 사이에 가로놓여 있는 심연이야말로 칸트를 오래도록 사로잡았던 고민거리였다고 생각된다. 이 고민을 칸트는 비판철학을 통해서 해소할 수 있었으며, 그 성과는 그의 철학적 여정, 특히 그의 말년의 정치적-역사적 주제들에 대한 철학적 사유 속에 녹아들어 있다.

4) 칸트와 레비나스

칸트에게 도덕법칙은 비유적 의미에서 신의 의지의 표현이요 "우리 안에 있는 신(Gott in uns)"[15]이다. 종교철학적 관점에서 말하자면, 그것은 땅으로 내려온 신이요, 우리 가슴에 새겨진 신의 흔적이다. 그것은 신의 부름이며, 그 또 다른 이름을 칸트는 선의지(ein guter Wille)라 불렀다. 칸트는 이렇게 쓰고 있다. "우

---

14) 칸트는 『순수이성비판』(B833/A805)에서는 "1.나는 무엇을 알 수 있는가? 2.나는 무엇을 해야만 하는가? 3.나는 무엇을 희망해도 좋은가?"라는 철학의 근본 주제를 제시하고 있으며, 『논리학』(Ⅵ:448)에서는 이 세 가지 과제에다 "인간이란 무엇인가?"라는 네 번째 과제를 덧붙여 제시하고 있는데, 앞의 세 가지 물음들에 형이상학(또는 인식론), 윤리학, 종교철학을 대응시키고 있으며, 네 번째 물음에 대한 답을 다름 아닌 인간학이 담당하는 것으로 말하고 있다. 그러나 선행하는 세 가지 물음 각각이 넓은 의미에서 인간의 특수한 능력 및 기능과 관계한다는 점을 고려할 때, 그것은 곧 인간학을 구성하는 요소들이기도 하다. 따라서 그런 점에서 선행하는 세 가지 물음들은 이 마지막 네 번째 물음을 전제하며 또 최종적으로 이에 귀착한다고 할 수 있다.

15) W. Schultz, *Kant als Philosoph des Protestantismus*, 50.

리에게 있어서 중요한 것은 신이 그 자신에게서 (그의 본성에서) 무엇인가를 아는 데 있는 것이 아니라, 신이 도덕적 존재로서의 우리에게서 무엇인가를 아는 것이다." (VIII:806) 신과 도덕법칙, 신의 부름과 선의지의 비유에 따르면, 이성의 사실로서 주어진 도덕법칙의 존재가 무엇이며, 그것이 어떻게 우리에게 알려지는지가 과제인 것이다. 오직 이 경우에만 신이라는 존재 또한 비로소 그 의의를 갖는다. 이론적 인식 주체로서의 인간에게 신의 존재는 이해 불가능한 비밀이며, 오로지 그것은 도덕적으로만 접근할 수 있으며, 종국에는 실천이성의 요청의 대상이다. 요청이라는 것은 결국 신이 존재하지 않는다면 모든 도덕적인 것 또한 무의미하고 무가치한 것이 되고 말기 때문에 신은 존재하지 않을 수 없다는 실존적 고백에 다름 아니다. 이 도덕법칙은 인간적 삶의 목표에 방향을 제시해 주고 그 실현을 위해 부단히 노력해야 할 책무의 원천이며, 따라서 우리의 실천적 행위 일반의 원리와 목적을 규정하는 토대이며 근거다.

그러나 칸트의 이성비판은 실상 무제약자인 신과 인간 사이에 무한한 거리가 존재한다는 것의 선언에 다름 아니다. 따라서 칸트의 이성종교는 철두철미 "이성의 한계 안에서" 모색되고 있다. 그리고 이 한계 밖에는 인간과 (기독교적) 신 사이에 파악 불가능하고 이해 불가능한 많은 역설과 신비 그리고 비밀스러움이 존재할 수밖에 없다. 그렇다고 칸트는 이같은 계시신앙의 근본 요소들을 무조건적으로 배척하기만 하지는 않는다. 다만 인간이 신과 만나는 계시신앙적 현상들을 철저히 이성적-실천적으로 이해하기를 원한다. 이를 통해 칸트가 제거하려고 하는 것은 다름 아닌 맹신과 광신이다. 이와 함께 이성적 독단처럼 종교적 독단이 초래할 수 있는 비극적 사태들이다. 그리고 이런 증상들은 칸트가 바라마지않는 인간의 도덕화에 최대 장애가 되는 것들이다.

이 같은 인간과 신 그리고 도덕법칙의 상호관계가 칸트의 철학에서 차지하는 위치와 비중과 관련하여 또 한 사람의 포스트모던 철학자 레비나스가 시도한 칸트의 "순수실천이성의 우위"에 대한 독해는 주목할 만한데, 이를 통해 레비나스는 자신이 가장 칸트다운 칸트주의자임을 알게 된다.[16] 실제로 칸트와 레비나스 두 사람 모두 이론에 대한 도덕성의 우위, 경향성과 구별되는 도덕적 요구나 인격의 존엄성, 보상을 필요로 하지 않는 도덕적 수행, 종교를 본질적으로 도덕적인 것으로 보는 점 등에 있어서 유사하다.[17] 특히 저 논문에서 칸트 철학의 근본 특징을 극히 간결하면서도 정확하게 짚어내면서 윤리적 문제들에 제대로 대처할 수 없는 현대 사조들의 한계에 빗대어 "구조주의는 이론이성을 우위에 둔다"[18]는 말로 칸트의 순수한 실천이성의 우위가 갖는 함의를 마무리하고 있다. 또한 레비나스는 하이데거의 존재 철학을 "나는 남을 죽이며 존재하고 있지 않은가?"[19]라는 말로 단번에 역전시켜 버리면서 신적인 성스러움의 하강이자 신을 비추는 성스러운 장소로서의 타자를 도덕적 책임의 근원과 근거로 인식한다는 점에서 그와 칸트 사이에 가로 놓여 있는 근본적 차이에도 불구하고 신 존재와 도덕의 관계에 대한 칸트의 그것과 상통한다. 하지만 무엇보다도 인식불가능한 대상으로서 신에 대한 인간 이성의 한계를 실천이성의 요청과 도덕적 신앙으로 매개하려는 칸트와 달리 레비나스에게 신과 인간의 만남이 이루어지는 타자의 얼굴은 신의 음성이자 도덕적 명령을 들을 수 있는 성스러운 공간이다. 레비나스에게 신적 계시의 자리인 타자로서의 인간의 얼굴을 통해 신은 이미 현재 여기에 현존한다.

존재론에 대한 윤리학의 우위를 주장하는 레비나스에게 전통 존재론은 윤리적 주체로서의 타자를 전혀 인식할 수 없는, 아예 스스로 차단시켜 버리는 철학, 그러면서도 타자를 자아로 환원시켜버리는 폭력의 철학이다. 반면에 레비

---

16) E. Levinas, "The primacy of pure practical reason", 446-7.
17) 같은 글, 445 참조.
18) 같은 글, 451.
19) E. Levinas, 『윤리와 무한』, 157.

나스는 칸트적인 윤리적 명령을 결코 도달할 수 없는 절대 타자(즉 신)로 극대화시켜 버리고 있다. 그 결과 존재론에 대한 윤리학의 우위와 관련하여 칸트에게는 있지만 레비나스에게는 없는 결정적인 요소는 이론이성의 비판이 겨냥하고 있는 실천이성에 대한 견제와 제한이다. 칸트는 이성비판을 통해서 비록 그것이 불철저성을 안고 있음에도 실천이성의 우위를 최소한도로 그러면서도 분명하게 확정 짓고자 했다. 그러나 레비나스에게는 그것이 없다. 칸트의 눈으로 보면 레비나스의 절대 타자는 그가 "동지들의 집단성에다 그에 앞서는 자아와 너의 집단성을 대립시키고자"[20] 할 때에도 이성비판의 그물에 걸리지 않는 타자이면서 동시에 그물을 찢어버리는 가능성을 안고 있는 타자다. 타자에 대한 책임을 명령하는 절대 타자의 음성이 누구의 것인지 불가해할 때, 이는 언제든 레비나스가 경계하는 전체성의 마력으로 흡수되고 말 수 있는 위험한 거래다. 이처럼 철학적 전통과 유대교적 전통이라는 서로 다른 지반 위에 서 있는 양자의 차이만큼이나 포스트모던 칸트주의자로서의 레비나스는 실천이성의 우위와 관련하여 칸트가 서 있던 거점을 저 한편의 극단으로 몰고 간 독단주의자로 보인다. 또 들뢰즈가 옳게 지적했듯이 칸트에게는 "인식, 도덕, 반성, 신앙 등은 이성의 자연적 관심들에 상응한다고 간주되는 까닭에 그 자체로는 절대 의문시 되지 않는다. 의문시되는 것은 단지 인식능력들의 사용일 뿐이고, 이 사용은 이러저러한 이성의 관심에 따라 그 정당성 여부가 결정된다."[21] 때문에 "칸트 이후의 철학자들이 비난하는 것처럼, 칸트가 발생의 관점에 도달하지 못한 채 단지 조건화나 정당화의 관점에 머물고 만다."[22] 그런데 이 발생의 관점에 보자면 칸트와 레비나스 모두 주체와 타자의 윤리적 관계에 대해서 분명한 약점을 갖고 있다. 칸트에게는 타자에 대한 주체의 윤리적 책임, 레비나스에게는 주체가 타자에 대해

---

20) E. Levinas, 『존재에서 존재자로』, 160.
21) G. Deleuze, 『차이와 반복』, 306.
22) 같은 글, 373.

서 갖는 윤리적 책임의 매개 근거가 존재하지 않는다. 어떻게 우리는 칸트적 인간에게서 존엄한 인간으로서의 타자를 윤리적 책임의 대상으로 '대우'할 수 있는지, 반면에 레비나스적 인간에게서는 우리가 왜 타자에 대해서 무한 책임을 져야 하는지에 대해서 타당한 이유를 발견하기 어렵다. 그럼에도 사정은 레비나스에게 더 유리해 보인다.

먼저 칸트의 경우를 살펴보자. 칸트의 철학에서 가장 온전한 형태로 살아남은 유일한 것은 철저한 이성비판에서 면죄된 스스로 도덕적이고자 하는 실천적이성(의지)뿐이다. 아이러니하게도 이는 가장 불철저하게 다루어진 이성비판의대상이면서도 동시에 우리가 이성의 무제약자들인 신, 영혼, 세계에 대해서 의미 있게 말할 수 있는 유일한 길이다. 그리고 이와 함께 도덕에서 신에 이르는 과정 속에 비판적-도덕적으로 조망된 정치와 역사, 혹은 정치적 이성과 역사적 이성의 현실 세계가 펼쳐진다. 그런 점에서 포스트모던적 철학자들의 칸트 비판과 수용 그리고 도전은 한편으로는 칸트가 완수하지 못한 불완전하고 불철저한 이성비판적 기획과의 다툼이며, 다른 한편으로는 비판철학의 목적에 대한 빗나간 오독과 오해의 산물이다. 비록 이를 허용한 장본인은 이성비판에 철저하지 못했거나 많은 변용의 여지를 남긴 칸트 자신이지만, 그것은 또한 이성의 한계를 모르는 모든 철학적 해석이 경계해야할 영원한 시금석이다. 그런데 이처럼 이성능력의 한계를 넘어서는 월권을 자행하는 모든 철학적 시도에 대한 칸트의 경고는 칸트 자신에게도 적용된다.

칸트가 비판철학을 통해 우리에게 보여주는 최대의 성과는 바로 이성의 고유한 관심은 사변적인 것이 아니라 실천적인 것이며, 따라서 실천적이고자 하는 도덕적 이성이야말로 우리의 모든 실천적 행위들의 원리이자 가치 척도가 되어야 한다는 것에 있다. 또한 이러한 통찰에 입각하여 칸트는 종래의 도덕적 견해들, 특히 의지의 규정근거와 도덕적 동기를 도덕법칙에 두지 않는 일체의 행복주의와 완전히 결별하고, 이러한 성과에 의지해서 문화를 포함한 정치, 종교, 역사 등 자신의 실천철학적 주제들에 광범위하게 적용해 나갈 수 있게 된다.[23] 그러나 결정적인 문제는 탁월한 통찰에도 불구하고 실천이성의 소유자로서 칸트가 그려 놓은 이성적 존재자의 모습은 현실적 인간과의 관계에서 고립적인 위치에 놓여 있다는 비판에서 자유롭지 못하다는 데 있다. 과연 어떻게 이성의 관심 혹은 실천이성은 타자를 자신의 도덕적 관심의 대상으로 삼을 수 있는 것인지 말할 수 없다. 도덕법칙에 따라서 타자를 도덕적으로 대우하고 나아가 인간 일반을 존엄한 존재로 대우해야 한다는 요구를 하나의 정당한 도덕적 명령으로 승인해야 하는 당위성과 필연성을 칸트는 이성 자체의 본성으로부터 전제할 뿐이지 증명하지는 않고 있다. 만일 그것이 그저 이성적 존재자의 개념으로부터 분석적으로 연역되는 것이라면, 그것은 실천적 필연성을 지니지 못한다. 따라서 이로부터는 내가 타자를 도덕적으로 대우해야 할 정당한 이유를 말할 수 없으며, 그것은 나 자신에 대해서도 마찬가지이다. 나와 타자를 도덕적으로 매개해 줄 수 있는 실질적이며 실제적인 연결고리가 존재하지 않는다는 점에서 타자에 대한 관계가 일방적이며 무엇보다도 형식적이다. 그런 점에 칸트의 윤리학에는 나와 타자는 일방적인 비대칭성의 관계에 놓여 있다.

반대로 칸트와 비교할 때 레비나스에게도 나와 타자 사이에는 해소할 수 없는 일방적인 비대칭성이 발견된다. 타자에 대한 무한 책임, 동일자의 침해와 폭력으로부터 타자를 보호해야 할 윤리적 책임과 의무를 말하지만, 그 역시 그러한 행위의 필연성을 타자에게서 발견해야 하는 것인 이상, 내가 타자에 대해서 윤리적 책임을 자각해야 하는 그 근거와 이유는 전적으로 나의 이해를 뛰어 넘

---

23) 칸트의 철학적 기획을 도덕철학적 원리에 입각하여 이를 실천철학적 주제들에 적용시켜 나가는 통일적 관점에서 해석하고 있는 시도에 대해서는 이와 관련한 가장 대표적인 고전이라 할 수 있는 다음의 글을 참조. H. Cohen, *Kants Begründung der Ethik, nebst ihren Anwendungen auf Recht, Religion und Geschichte*, Berlin: Bruno Cassirer 1910.

는다. 레비나스의 타자 윤리학은 정의보다는 사랑에 무게중심이 놓여 있으며, 이러한 비대칭적인 일방적 관계는 원천적으로 윤리적 정당성이나 보편성에 대한 요구에 응답할 수 없다.

나는 도덕적 구속력을 갖는 윤리적 책임의 당위성과 필연성이 성립하려면 그것은 나와 타자 사이의 일방적이며 비대칭적인 관계도 아니며, 또한 칸트식의 자기근거적인 형식적 보편성도 레비나스식의 무근거적인 보편성도 아닌 상호적인 구체적인 보편성에 근거를 두어야 한다고 주장한다. 윤리적 대상은 그와 같은 상호 교감이 가능한 존재들 간에 성립하는 것이며, 또한 그러한 행위 주체에 대해서 공감할 수 있어야 한다. 이러한 공감에 기초해서 그들 간에 발생하는 윤리적 문제들의 해결은 그 문제의 고유성과 특수성에 기반한 구체적 보편성에 의거해서 이루어져야 한다고 주장한다. 같은 것은 같게, 다른 것은 다르게 대우해야 하는 것이어야 한다. 나는 이러한 윤리적 존재의 대상과 범위를 결정하는 기준이 되는 구체적 보편성의 공감을 이성적 공감, 즉 이성과 감정, 나와 타자가 하나의 동일한 토대와 근거에서 매개되어 있는 이성적 공감과 같은 이성적 감정으로 파악하며, 윤리적 탐구는 이로부터 출발해야 한다고 믿는다. 그런 점에서 타자에 대한 이해는 나 자신에 대한 이해, 혹은 느끼는 이성의 공감작용을 전제하며, 그것이 곧 윤리적으로 고려해야 할 존재들의 도덕성을 규정해 줄 수 있을 것이다.

3. 의무론적 윤리학

비판철학이 목표로 하고 있는 이성능력의 한계와 그 정당한 사용에 대한 비판적 성찰을 통해 전통적 사변형이상학을 해체하고 최종적으로 도달한 칸트의 철학은 오늘날 윤리학이라는 일반적 명칭으로 불리는 도덕형이상학, 혹은 자유의 형이상학이다. 그리고 이 형이상학을 통해 칸트가 내놓은 그의 윤리적 학설이 다름 아닌 의무론적 윤리학이다. 이 윤리이론은 이성주의 윤리학으로서 누구나 승인할 수 있으며, 따라서 모든 사람의 행위에 대해서 보편타당한 구속력을 갖는 도덕법칙을 도덕적 의무의 근거로 삼는다. 그리고 이 의무의 근거를 묻고 정당화하는 작업은 학문으로서의 윤리학을 정초하려 한 칸트에게는 최대의 과제였다. 칸트는 이를 실천이성비판을 통해 보여주려 했는데, 이는 순수이성비판을 통해 "표상과 대상의 관계의 근거"(10:130)를 논구함으로써 인식의 가능 근거를 증명하려 한 과제와 같다. 도덕적 구속력을 갖는 의무의 근거이자 자유의 인식 근거로서 도덕법칙이 존재한다는 사실의 증명, 그것이 도덕법칙의 존재 근거로서 자유가 존재한다는 사실과 함께 칸트의 의무론적 윤리학을 특징짓는다.

1) 의무의 근거와 원리

칸트는 『도덕형이상학 정초』와 『실천이성비판』을 통해 도덕법칙 혹은 정언명법으로 정식화되는 도덕성의 근거와 원리를 확립한다. 예를 들면, 앞서 언급한 바 있는 '자살 금지'의 원칙이 도덕적 의무인 이유를 그것이 보편적 이성의 실천법칙 즉 의무의 법칙인 도덕법칙으로서 타당하기 때문이라고 말한다. 말하자면, 어떤 이유에 근거해서 한 개인이 지키려고 하는 자살 금지의 준칙이 의무의 법칙인 것은 그것이 누구나가 마땅히 따라야 하는 보편타당한 법칙이 될 수 있기 때문이라는 것이다. 이렇게 각 개인이 그 원칙에 따라서 하고자 하는 행위의 주관적 원리로서 준칙이 누구나 승인할 수 있는 객관적 원리로서 법칙이 될 수 있을 때, 바로 그것이 어떤 한 행위를 의무로 만드는 정당한 이유, 즉 행위의 도덕성을 규정한다. 칸트에 의하면, "자살은 자기 자신에 대한 의무를 최고로 위

배하는 행위이다." [24] 그는 다음과 같이 쓰고 있다:

"자기의 생명을 보존함은 의무이며, 게다가 누구나 그에 대한 직접적인 경향성을 갖고 있다. 그러나 그렇다고 해서 대부분의 인간들이 이에 대해서 자주 갖게 되는 불안한 근심들은 어떤 내적 가치도 갖지 못하며, 그들의 준칙에는 어떤 도덕적 내용도 없다. 그들이 자신의 생명을 의무에 맞게는 보전하지만, 그러나 의무에서 하는 것은 아니다. 이에 반해서 불운과 절망적인 회한이 삶에 대한 흥미를 완전히 빼앗아 갔는데도 이 불행한 사람은 마음을 굳게 먹고서 자신의 운명에 겁먹고 굴복하기보다는 오히려 격분하여 죽음을 원하면서도 자신의 생명을 보존한다면, 그것도 자신의 생명을 사랑해서 혹은 경향성이나 공포에서가 아니라 의무에서 보존한다면 그의 준칙은 내용을 갖는다." (VII:23)

여기서 칸트는 다음과 같은 주장을 하고 있다: 1) 생명을 보존하는 것은 의무다. 2) 인간은 자연적 경향성으로서 생명보존의 본능을 갖고 있다. 3) 본능에서 생명을 보존하는 것은 도덕적 행위가 아니다. 4) 의무에서 하는 행위만이 도덕적이다. 칸트는 이렇게 인간은 비록 생명을 보존하고자 하는 자연적 경향성 (본능)을 갖고 있지만, 단지 이 때문에 생명을 보존하려는 것은 도덕적 행위가 아니며 오직 의무에서 하는 행위만이 도덕적이라고 주장하고 있다. 그렇다면 의무에서 생명을 보존하려는 것만이 왜 도덕적인가? 이때의 의무란 무엇이며, 생명보존이 왜 의무이어야 하는가? 칸트는 생명의 보존이 이성적 존재자인 인간에 부여된 일종의 사명이며, 또한 동시에 이성적 법칙이기 때문이라고 주장한다. 이성적 법칙은 경험적 사실이나 감정적 동기에서 성립하는 것이 아니라 그러한 사실이나 동기가 만인에게 보편타당한 것일 때 성립하는 실천법칙이다. 한마디

---

24) I. Kant, *Eine Vorlesung über Ethik*, 132.

로 이성적 동기 혹은 준칙의 보편화 가능성이다. 그런데 경험적 사실이나 감정적 동기는 그것을 행위의 이유로 삼는 사람마다 다를 수 있으며, 따라서 모든 경우에 대해서 보편화할 수 없다. 이것이 칸트가 도덕을 이해하는 관점이다.

칸트는 생명을 인간의 자연적 경향성에서 비롯되는 감성적 만족의 총체로서 행복이나 불행의 관점에서 보존 혹은 포기하려는 태도를 거부하고 있다. 다시 말해 생명을 어떤 목적의 수단으로 보는 것에 반대한다. 그래서 자신의 고통을 해결하기 위한 방편으로 자살을 한다거나 생명에 대한 지나친 애착 때문에 차마 죽지 못하는 경우 모두 도덕적 행위로 보지 않는다. 그렇다면 칸트는 왜 인간에게는 살고 싶어 하는 본능, 즉 생존 본능이 있는데도, 이것을 단순히 자연적 경향성으로 간주하며, 불행에 직면해서도 이러한 본능에 따라서 살고자 하는 것은 도덕적 정당성을 갖지 못한다고 생각하는가? 그냥 본능에 충실하라고 해도 되는 것 아닌가? 이는 전적으로 칸트가 인간을 어떻게 보는가에 달려 있다.

칸트는 인간과 비인간을 이성의 소유 유무에 의해 구분한다. 그리고 그 이성의 소유 즉 이성성(Vernunftigkeit)을 사유 존재와 도덕 존재의 특성으로 파악한다. 칸트의 도덕적 관점에서 이 이성적 존재자가 곧 도덕적 존재이다. 이성적 존재자이면서 도덕적 존재인 인간, 이 도덕적 이성에서 인격적 존재자로서의 인간, 목적 자체로서의 인간, 목적의 왕국의 성원으로서의 인간, 도덕적 자율 존재로서의 인간 등 그의 다양한 인간 본질의 규정들이 따라 나온다. 따라서 이러한 의미의 이성적 존재자라 함은 인간이 지닌 또 다른 특성인 동물성이나 식물성을 배제한 인간 규정이다. 동물성이나 식물성은 비인간 존재들이 인간과 공유하고 있는 속성에 해당한다. 칸트가 자살을 의무에 반하는 해서는 안 되는 비도덕적 행위로 보는 것도 인간을 이성적 존재와 감성적 존재로 구별하고, 나아가 인간이 인간인 까닭을 이성적 내지는 도덕적 특성에 두고 있는데서 찾을 수 있다. 이 이성적 존재자인 인간이 마땅히 행하거나 지켜야 하는 것이 칸트가 말하는 의무다.

그렇다면 인간의 존엄성 또는 인격성에 바탕을 두고 있는 의무의 정체는 무엇이기에 자살은 결코 해서는 안 되는 행위라는 것인가! 칸트의 의무에 대한 개념 규정은 아주 독특하면서도 엄격하다. 특히 우리가 주목해야 할 것은 칸트가 의무를 '선의지' 및 '법칙에 대한 존경심'과 관련짓는 방식이다. 그에 따르면, 의무는 법칙에 대한 존경심에서 하는 행위의 필연성이다.[25] 즉, 어떤 행위가 도덕적 '의무'인 것은 그것이 의지를 규정하는 근거로서 도덕법칙 및 이 '법칙에 대한 존경심'으로부터 당연히 무조건적으로 행해야 하는 '행위의 필연성'을 갖추고 있기 때문이다.

> 행위의 모든 도덕성은 행위가 산출하게 될 것에 대한 애정과 애착이 아니라 의무에서 그리고 법칙에 대한 존경심에서 나오는 행위의 필연성에서 정해진다. 인간과 모든 창조된 이성적 존재자에 대해서 도덕적 필연성은 도덕적 강제 즉 구속성(Verbindlichkeit)으로, 그리고 이 구속성에서 기인하는 모든 행위는 의무로 나타나게 된다. (VII:203)

이 같은 의무 규정에서 가장 중요한 조건은 법칙과 존경심 즉 도덕적 감정이다. 그러면 칸트가 말하는 법칙은 무엇을 의미하는가? 이를 그저 법칙이 의미하는 '예외 없는 규칙'이나 '필연적 구속성'으로만 파악하면, 그것이 비록 자율적 자기 강제임에도 불구하고 칸트의 진의를 놓치게 된다. 마치 매킨타이어처럼 단순히 "선의지의 유일한 동기는 의무를 행하기 위해서 의무를 행하는 것이다. 그것이 하려고 의도하는 것은 무엇이든, 그것이 의무이기 때문에 의도한다."[26]는 식의 답변은 의무를 그저 그것이 옳기 때문에 해야 하는 행위 정도로 만

---

25) 같은 글, 26.
26) A. MacIntyre, *A Short History of Ethics*, 192.

들어버린다. 칸트가 말하는 법칙은 보편법칙을 가리키는데, 문제는 왜 우리가 그에 대한 존경심에 기대어 어떤 행위를 해야만 하는가에 있다. 칸트에게 "의무에서"(aus Pflicht) 하는 행위는 "순수한 도덕적 동기에서" 하는 행위이며, 동시에 "그 행위를 규정하는 준칙(Maxime)"에서, 그리고 그 준칙은 나 자신의 주관적 만족에만 타당한 것이 아니라 만인에게 타당한 보편법칙이 될 수 있는 원칙이다.(VII:26-8) 이런 준칙만이 행위의 객관적 원칙으로서 모든 사람에게 타당하면 법칙의 지위를 갖게 된다.

그런데 행위의 동기의 측면에서는 제 아무리 그것이 법칙의 조건을 갖추고 있다 하더라고 그것을 의욕하지 않으면 그만이다. 이렇게 누구나 승인하지 않을 수 없는 법칙에 따라서 행위하려고 의욕하는 마음씨가 선의다. 이 의지로 인해서 인간은 자신이 법칙에 따라서 행위할 수 있는 이성적 존재자라는 사실에 대해서 자부심을 갖게 되는데, 그것이 바로 법칙에 대한 존경심이다. 칸트에게 실천적 관점에서 이성적 존재자로서의 인간은 선의지를 소유한 존재다. 또 그것은 법칙과 원칙에 따라서 행위하려고 하는 의지의 소유자를 의미한다. 그리고 '법칙에 대한 존경심'이라는 표현도 법칙에 따르고자 하는 선의지가 지닌 필연적 감정을 나타낸다. 그리고 이러한 선의지의 법칙이 도덕법칙이며, 그것의 인간적 표현이 정언명법이다.

칸트가 특별히 강조하고 있는 '유일한 정언명법'은 다음과 같다: "너의 준칙이 보편법칙이 되기를 네가 동시에 의욕할 수 있는 그러한 준칙에 따라서만 행위하라."(VII:51) 이것을 생명보존 혹은 자살 금지의 원칙에 적용하면 다음과 같이 정리할 수 있다. 만일 누군가가 삶의 고통 때문에 자살을 하려고 할 때, 이를 모든 다른 사람에게 동시에 보편타당하게 적용하면, 모든 사람이 자살할 수 있다는 결론에 이르게 되며, 그 결과 이 세계에는 생명이 존재하지 않는 세계가 된다. 이는 곧 생명보존이라는 자연법칙에 위배되는 행위가 되기 때문에, 그 같은 선택은 결코 허용될 수 없다. 따라서 자살은 이성적 존재로서 인간이 결코 해서는 안 되는 행위라는 것이다. 단순히 살고자 하는 혹은 고통에서 벗어나고 하는 자연적 경향성에서가 아니라 이성적 존재자의 도덕법칙이 요구하는 것이기 때문에 의무로서 생명을 보존해야 한다는 것이다. 만일 살고자 하는 욕구로서 본능이라는 자연적 경향성에서 하는 생명보존이 허용된다면, 반대로 죽고 싶어 하는 욕구로서 본능에 따르는 것도 자연적 경향성으로 허용되어야 한다는 추론이 가능하다. 그러므로 자살 허용과 자살금지는 의지를 규정하는 도덕법칙에 근거해서 정당화되어야 한다. 이에 따르면 자살금지만이 도덕적으로 정당화될 수 있다.

칸트는 인간이 자살을 혐오하는 자연 경향성을 갖고 있다는 것도 인정한다. 그럼에도 그것은 결코 의무가 될 수 없다. 칸트는 다음과 같이 적고 있다: "우리는 자기 자신에 대한 의무의 근거를 신의 금지에서 구해서는 안 된다. 왜냐하면 자살은 신이 그것을 금지했기 때문이 아니라 혐오스럽기 때문에 신이 금지한 것으로 보아야 한다. 만일 전자의 경우, 자살이 금지되지 않는다면 자살은 혐오스러운 것이 아닐 것이며, 더욱이 자살이 그 자체로는 혐오스럽지 않은 것이라면 신이 왜 자살을 금지했는지를 나는 알지 못하게 될 터이다." [27] 이렇듯 인간에게는 고유한 본성으로서 자살에 대한 혐오감이 있으나, 이 혐오감에 기초해서 자살을 반대하는 것은 도덕적 정당성을 갖지 못한다. 그 혐오감은 다른 상황에서는 다른 행위를 긍정하는 반응을 할 수도 있기 때문이다. 자살이 비도덕적 행위인 것은 오로지 그것이 도덕성의 명법에 반하는 것이기 때문이다. 칸트에 의하면, 자살은 인간이 자기 자신을 "썩은 동물의 시체" (Aas)로 만드는 것이다. [28]

칸트가 이렇게 자살이 보편화될 수 없으며, 자기 자신에 대한 의무에 반하는 비도덕적 행위라고 주장할 수 있는 근본 이유는, 앞서 언급했듯이, 그가 인간을

---

27) I. Kant, *Eine Vorlesung über Ethik*, 133.
28) 같은 글, 같은 곳.

두 세계의 존재, 즉 감성적 존재자와 이성적 존재자로 보고 있기 때문이다. 칸트에게 감성적 존재자로서의 인간적 특성은 그 자체만으로는 도덕적 가치를 갖지 못한다. 칸트의 어법에 따르면, 감성적 존재자로서 인간적 경향성에서 하는 어떤 행위도 타당한 보편법칙이 될 수 없다. 감성적 경향성은 사람마다 차이가 있기 때문에 보편화가 불가능하다. 따라서 어떤 행위가 도덕적 가치를 가지려면, 그것은 그 동기에 있어서 원칙적으로 보편화 가능한 행위이어야 한다. 만일 누군가가 무고한 사람에게 폭력을 행사한다면, 그 행위가 그른 것은 단순히 감성적 행위로서 물리력을 행사한 것 때문이 아니라 보편화될 수 없는 행위이기 때문에 그것은 폭력이 되며, 따라서 도덕적으로 허용될 수 없는 행위가 된다. 자살을 포함한 모든 인간적 행위에 대한 칸트의 도덕적 평가는 이 같은 논리에 기초하고 있다. 그러나 보편화 될 수 있는 행위라고 해서 모든 것이 도덕적 행위를 낳는 것은 아니며, 반드시 그것을 해야 한다고 느끼는 구속력을 갖는 의무의식이 동반되어야하기 때문에 여기에는 더 중요한 원칙이 전제되어 있다고 보아야 하는데, 그것이 바로 선의지를 소유한 인격적 존재로서의 인간이다.

칸트에 따르면 행위의 준칙의 보편성을 의욕할 수 있는 것은 이성적 존재자에게서만 가능한 일이며, 그러한 존재만이 인격을 가지며, 존엄한 존재다. 그러한 존재는 그 자체로 도덕적 가치를 갖는다. 그러한 존재는 언제나 수단으로 전락할 수 있는 상대적 목적이 아니라 그 자체로는 어떤 것의 수단도 될 수 없는 혹은 되어서는 안 되는 목적 그 자체인 존재다. 다른 무엇을 위한 수단으로 의도되는 그 어떤 것도 보편법칙이 되지 못한다. 칸트는 이것을 다음과 같이 '인간성의 정식' '인격성의 정식' '목적 그 자체의 정식' '인간 존엄성의 정식' 등으로 부를 수 있는 정언명법으로 정식화한다: "너는 인간성을 너의 인격에서나 다른 모든 사람의 인격에서나 결코 한낱 수단으로 사용하지 말고 언제나 동시에 목적으로 사용하도록 행위하라." (VII:56) 이에 근거하면 인간의 인격적 존엄성, 즉 인격적 가치를 수단으로 삼는 행위는 비도덕적 행위이며, 자살이 바로 그에 해당한다. 칸트는 정언명법의 형식에 따라서 자살하려는 사람이 다음과 같이 자문할 경우 자살이 도덕적으로 허용될 수 있는 행위인지, 즉 자신의 의무에 반하는 행위인지가 아닌지에 대해서 다음과 같이 말하고 있다.

> 그는 자신의 행위의 준칙이 보편적 자연법칙이 될 수 있는지 물어 본다. 그런데 그의 준칙은 다음과 같다: "나는 내가 생명을 연장해도 그것이 나에게 안락함을 약속해 주기 보다는 오히려 불행으로 위협한다면 나의 생명을 단축하는 것을 자기애의 원칙으로 삼는다." (VII:52)

자연적 경향성 혹은 본능에서 성립하는 이 자기애의 원칙은 보편법칙이 될 수 없다. 그것은 그 반대로 허용하기 때문이다. 이렇게 칸트는 의무의 법칙으로서 정언명법들을 정식화하는데, 우리는 이 정언명법들에 다양한 명칭들을 붙여서 정언명령들의 실례들을 일반화해놓고 있다. 대표적인 정언명법들로 들 수 있는 것이 앞서 언급한 바 있는 보편법칙의 정식, 인간성의 정식, 자율성의 정식 등이다.

2) 의무의 구분과 그 기준

『도덕형이상학 정초』와 『실천이성비판』을 통해 도덕성의 근거를 확립하는 작업을 마친 후에 칸트는 이에 기초하여 『도덕형이상학』에서는 일상적인 도덕적 문제들에 적용할 수 있는 준칙들로서 실천적인 도덕적 의무들을 구분하고 그 구체적 덕목들을 제시한다. "법칙은 모든 경우에 나 자신의 실천이성으로부터 생기는 것"(6:418/VIII:550)이듯이 이 의무의 구분은 기본적으로 정언명법에 담겨 있는 도덕적 관점과 정신의 원리에 입각하고 있다. 칸트는 의무들 기본적으로 의무의 수혜자에 따라서 구분하는 방식으로 채택하고 있는데, 세부적으로는 이는 다시 의무가 요구하는 내용과 관련한 구분을 포함하고 있다. 여기서 의무 이행의 행위자가 아니라 피행위자, 즉 의무의 수혜자란 곧 누구를 위해서 의무를 이행해야 하느냐에 달려 있으며, 의무의 내용은 의무 이행의 조건 및 그 대상과 관계한다. 다시 말해서 의무의 대상이 나 자신인지 타인인지에 따라서 자기 자신에 대한 의무와 타인에 대한 의무로, 그리고 의무의 예외를 허용하느냐 하지 않느냐에 따라서 완전한 의무와 불완전한 의무로 구분된다.

이러한 의무의 수혜자에 따른 구분은 칸트가 『도덕형이상학 정초』와 『실천이성비판』, 그리고 『도덕형이상학』에서 기본적으로 채택하고 있는 방식인데, 특히 이것이 『도덕형이상학』에서는 덕의무들의 상세한 구분과 규정 및 구체적 덕목들의 제시라는 목표 아래 기획되고 있다. 그리고 『도덕형이상학 정초』에서 칸트가 "통상적인 구분"(4:422)이라고 부르는 방식에 따르면, 의무에는 자기 자신에 대한 의무와 타인에 대한 의무, 완전한 의무와 불완전한 의무가 있다. 이에 『도덕형이상학』의 설명방식을 보태면 의무의 수혜자와 그 대상 및 조건에 따라 자기 자신에 대한 완전한 의무, 자기 자신에 대한 불완전한 의무, 타인에 대한 완전한 의무, 타인에 대한 불완전한 의무 등 네 가지로 구분된다.

① 자기 자신에 대한 의무와 타인에 대한 의무

의무를 구분하는 가장 간단한 방식으로 '나'를 기준으로 그것이 자신에게 적용되는 것이냐 타인에게 적용되느냐에 따라 나뉜다. 먼저 자기 자신에 대한 의무는 인간이 그 자신을 순 도덕적 존재로 보는 경우에는 그 성격상 의무 지우는 도덕적 주체와 객체가 동일하므로 객관적 구분만이 존재하며, 따라서 소극적인 형식적 의무와 적극적인 실질적 의무로 구분된다.(6:419/VIII:551) 전자는 자기의 (자연)본성의 목적과 관련해서 그에 반하는 행동을 금지하는 의무로서 단지 도덕적인 자기보존에 대한 의무이며, 후자는 선택의지의 어떤 대상을 목적으로 삼아서 그 자신을 완성해야 하는 의무이다. 이들 의무 수행 행위는 모두 인내나 절제 혹은 허락된 힘들의 이용처럼 그 의무를 준수할 수 있는 덕을 요구하며, 이러한 덕을 갖추어야 하는 것도 당연히 의무일 수밖에 없으며, 칸트는 이를 덕의무라고 부른다. 따라서 의무 이행을 가능하게 하는 덕은 덕의무로서의 덕에 속한다. 이를테면 전자의 사례로는 인간의 도덕적 건강에 속하는 것으로 자기의 자연본성을 그 완전성에서 보존하기 위한 인내나 절제가 요구되며, 후자의 경우에는 칸트가 사용하기를 꺼려하는 표현인 도덕적 행복에 속하는 것으로서 모든 목적들을 위한 충분한 능력을 소유하도록 자신을 능동적으로 개발하는 노력이 요구되는 행위들이 해당된다. 칸트는 전자의 원칙으로 '자연본성에 맞게 살라' 즉 '너의 자연본성의 완전성에서 너를 보존하라'는 격언을, 후자의 원칙으로는 '자연이 너를 지어낸 것보다 너를 더 완전하게 만들라'는 명제를 제시한다.(6:419/VIII:552)

반면에 만일 의무의 주체인 인간이 자신을 동물적 존재이면서 동시에 도덕적 존재로 보는 경우에는 주관적 구분도 성립한다.(6:420) 이 경우에는 인간의 동물성, 즉 자신의 본전이나 종의 보전, 쾌적한 삶을 향유하기 위한 자기 능력의 보존을 의도하는 충동들이 자살이나 성적 경향성의 부자연스러운 사용 혹은 힘의 사용을 약화시키는 음식물의 무절제한 섭취와 같은 패악들에 맞서 싸워야 할 의무들이 성립한다.

타인에 대한 의무는 내가 수행하거나 준수하는 행위가 동시에 타인을 구속하는가 구속하지 않는가의 구분이다. 전자는 타인과의 관계에서 하는 공적인 의무, 후자는 마땅히 갚아야 하는 의무에 해당한다. 대표적인 것이 사랑과 존경은 타인에 대한 의무를 실행할 때 갖게 되는 대표적인 감정들이다.

② 완전한 의무와 불완전한 의무

수혜자에 따른 구분은 의무를 이행하는 모든 행위자의 행위 목적과도 관계가 있는데, 이 중에서 의무의 수혜자를 위해서 행위해야 하는 것이 특정한 개개인 모두에게 적용되는 것이 완전한 의무다. 이 완전한 의무는 개개인을 대상으로 이행해야 하는 의무이기 때문에 만일 어떤 사람이 그렇게 행위하지 않는다면, 그것은 그 자신 혹은 타인이 될 수도 있는 의무의 수혜자에게 잘못 행동하는 것이며, 따라서 그 의무의 수혜자는 잘못 대우받은 것이 된다. 그러므로 예외가 허용되는 않는 의무이다.

반면에 불완전한 의무는 의무의 수혜자가 특정 개개인이 아니라 특정되지 않은 모든 사람에게 적용되는 의무이다. 따라서 누군가가 그러한 의무에 준하는 행위를 하지 않다고 해도 직접적으로 특정한 누군가를 부당하게 대우했다거나 누군가가 부당하게 대우받았다고 말할 수가 없다. 다만 누군가가 그러한 의무를 행했다면 그때 그 행위는 칭찬받을 만한 것이 된다. 그러므로 조건적으로 예외가 허용되는 의무이다.

또한 특정되지 않는 모든 사람에게 적용되기에 의무의 불이행이 반드시 도덕적 비난을 결과하지 않을 수 있는 불완전한 의무와 달리 완전한 의무의 이행은 마땅히 해야 할 행위이기 때문에 그 같은 의무를 수행했다고 해서 그 자체가 칭찬의 대상이 되지 못한다. 실제로는 통상적으로 마땅히 해야 할 것을 했을 때에도 우리는 그 같은 행위를 한 사람을 칭찬하는 경우도 흔한데, 이는 그만큼 평소에 완전한 의무를 이행하는 일도 흔치 않기 때문일 수 있다. 예를 들어 존경의 의무는 완전한 의무로서 각각의 개개인에 대한 의무이지만, 사랑의 의무나 자선의 의무는 불완전한 의무로서 그 대상은 특정한 개개인이 아니라 모든 사람이다. 따라서 누구를 사랑하고 누구를 도울지는 행위자의 선택에 달려 있는 것이어서 누군가가 특정한 개인에 대해서 왜 나를 사랑하거나 돕지 않느냐고 비난할 수는 없다.

③ 의무가 요구하는 내용과 관련한 구분

이 구분은 그 내용에 따라서 이루어지는 구분으로서 모든 의무를 넓은 의무와 좁은 의무로 나눈다. 넓은 의무는 어떤 행위를 해야 하는 것이 특정한 상황에 의존적이어서 무조건적으로 반드시 특정 행위를 하라고 미리 결정할 수가 없는 경우에 해당한다. 예를 들어 가난한 사람을 도울 의무는 무엇보다도 내가 누군가를 도울 수 있는 처지인지에 의존적이며, 또 누가 가난한지도 결정의 여지가 있다. 반면에 좁은 의무는 반듯이 실행하거나 또는 하지 말아야 할 특정한 외적 행위가 지정되어 있는 의무다. 약속을 지킬 의무와 거짓말을 하지 않을 의무 등이 이에 속한다.

3) 의무의 종류와 그 사례들

앞에서 제시한 의무의 구분법에 따라서 다양한 의무들이 존재하는데, 칸트가 들고 있는 의무들의 구체적 사례들은 그의 의무론적 윤리 혹은 덕의무의 윤리를 이해하는데 유용하다.

① 자기 자신에 대한 완전한 의무

이 의무는 동물적 존재로서의 자기 자신에 대한 완전한 의무와 도덕적 존재자로서의 자기 자신에 완전한 의무로 구분된다. 전자에는 자살, 욕정, 부절제 등을 피해야 하는 의무가, 후자에는 자신에게 하는 거짓말, 탐욕, 비굴 등을 피해야 하는 의무 등이 속한다.

전자의 경우 『도덕형이상학 정초』에서 칸트가 직접 들고 있는 예를 들면, 자기의 생명을 보존함은 자기 자신에 대한 의무이다. 그런데 생명에 대한 자연적인 경향성에서 생명을 보호하는 행동이라면, 그것은 의무에 부합하기는 하나 의무로부터 나온 것이 아니므로 내면적 가치를 갖지 않는다. 다시 말해서 생명에 대한 사랑에서나 경향성 또는 공포에서가 아니라 의무에서 생명을 보존하는 것은 자기 자신에 대한 완전한 의무이며, 이것이 행위의 준칙이라면 그것은 도덕적 가치를 갖는다.(VII:23) 또 거짓말의 경우 이는 『도덕형이상학』에서는 "(자신의 인격에서의 인간성이) 도덕적 존재자로서 간주되는 인간의 자기 자신에 대한 의무의 최대의 훼손으로서 진실성을 위반하는 것"(6:429/VIII:562)이다. 사람은 누구나 진실이 무엇인지는 확신하지 못해도 자신이 거짓말을 하고 있다는 것은 알기 때문이다. 이것의 일반화가 곧 거짓말 금지의 원칙이다. 이처럼 의무는 우선적으로 준칙으로 표현되며, 그 준칙의 도덕성은 다시 그것이 도덕법칙 혹은 정언명법에 적합한지 여부에 의해서 최종 판정된다. 그러므로 모든 의무의 경우에도 마찬가지인데, 모든 행위의 도덕성은 의무의 원칙에 준해서 평가된다. 그리고 모든 의무는 이 같은 의무의 원칙 즉 정언명법의 절차에 따라서 구분된다.

그런데 칸트는 이렇게 동물적 존재 및 도덕적 존재에 의한 두 가지 완전한 의무의 구분 이외에 "자기 자신에 대한 생득적인 심판관"(6:437)으로서 양심을 자기 자신에 대한 완전한 의무와 관계해서 다루고 있다. 칸트에 의하면, 양심은 내적 심판관 즉 자기 자신에 의해서 관찰되고, 위협이 되고, 경외시 되고 있는 능력인데, 한 마디로 인간의 근원적인 지성적 그리고 도덕적 소질이다.(6:438) 이 점에서 칸트에게 양심은 특수한 지위를 갖는다고 할 수 있다. 그것은 의무 이전에 의무를 이행할 수 있는 내적 조건이라 할 수 있다. 즉, "내면의 법정" "내부 재판관"이며, 그 자체로 "인격"이다.(6:439) 더욱이 생득적 재판관이나 본능적 소질로 나타내면서도 이를 감정이라고 표현하지는 않고 있기에 더욱 독특한 지위를 갖고 있다. 다만 그것이 '소질'이므로 양심은 도덕적 존재자 즉 이성적 존재자가 갖고 있는 "자기의 이성에 의해서 강요받고 있는" 능력, 즉 "내면의 법정에 대한 의식"이다.(6:438) 인간에게 자기 자신에 대한 의무를 자각하고 일깨워주며 또한 의무의 위반을 경고하는 이성 그 자신의 소리라 할 수 있다. 거짓말을 하는 것은 곧 이러한 도덕적 양심에 반하는 행위가 되며, 양심을 지닌 사람은 어떤 것이 진실인지는 확신할 수 없어도 거짓말인지는 알 수 있다.

② 자기 자신에 대한 불완전한 의무

이에는 자신의 자연적 완전성의 발전과 증진에 대한 의무, 자신의 도덕적 완전성을 고양해야 하는 의무 등이 속한다. 이처럼 자신의 완전성을 목적으로 하는 것은 '동시에 의무인 목적' 즉 덕의무로서 예를 들면, 자신의 재능을 적극적으로 개발 또는 발휘하지 않고 그냥 편안한 상태로 방치하는 것은 보편적 자연법칙으로서 자신의 모든 능력을 발휘해야 하는 이성적 존재자의 본성에 반한다. 그리고 이것이 모든 사람에 예외 없이 적용되는 완전한 의무와 달리 불완전한 의무인 것은 그러한 도덕적 완전성을 위한 능력의 계발이 모든 사람에게 일률적으로 동일하게 적용될 수는 없기 때문이다.

또한 자기의 행복을 자기 자신이 확보하는 것은 의무이다. 그 이유는 많은 심려에 의해 압박되고 충족되지 않는 욕구들에 쌓인 자기의 처지에 대한 불만은 자칫 잘못하면 의무를 배반할 큰 유혹으로 될 수도 있기 때문이다.(VII:25) 그러나 누가 어느 정도의 노력을 해야 하는 것을 모든 개개인에게 일률적으로 적용할 수 없기 때문에 불완전한 의무다.

③ 타인에 대한 완전한 의무

타인에 대한 완전한 의무에는 타인에 대한 존경의 의무로서 오만, 험담, 비굴하지 말아야 하는 의무 등이 속한다. 가령 소매상이 상품매매에 어수룩한 고

객에게 비싸게 팔지 않는 것은 타인에 대한 완전한 의무에 해당한다. 그것은 기본적으로 정직의 의무다. 그런데 만일 그 상인이 의무에서 또는 정직의 원칙에서 그렇게 하는 것이 아니라 이익을 얻고자 하는 마음에서 한 것이라면 이는 의무의 수혜자인 타인을 존경이 아니라 수단으로 대하는 것으로서 타인에 대한 완전한 의무에 반하는 행위가 된다.(VII:24) 정직의 의무가 타인에 대한 완전한 의무를 이행하는 행위이듯이, 타인을 대상으로 하는 거짓 약속도 타인에 대한 완전한 의무를 위반하는 행위다.

또한 자신의 행복을 확보하는 것이 자기 자신에 대한 불완전한 의무였다면, 타인의 행복을 목적으로 하는 것은 '동시에 의무인 목적'인 덕의무로서 타인에 대한 완전한 의무에 속한다. 반면에 타인의 완전함을 나의 목적으로 삼고 그것을 촉진시키려 하는 것이 모순이듯이 타인의 완전성을 나의 목적으로 삼고 그것을 촉진시켜 하는 것도 모순이다. 인격적 존재요 자기 목적적 존재인 타인의 완전성을 다른 사람이 강제할 수는 없기 때문이다.

④ 타인에 대한 불완전한 의무

인간 상호 간에 성립하는 타인에 대한 불완전한 의무로서 타인에 대한 사랑의 의무와 같은 소극적인 의무를 포함해서 감사, 겸손, 친절만이 아니라 자선(타인을 도와 그들의 가능한 목적을 달성하게 하려는 성향), 동정(타인의 운명에 공감하는 성향) 등이 이에 속한다. 그런데 친절의 경우, 만일이 본래적으로 동정적인데서 자기의 기쁨을 확대하는 것에 만족을 발견하고 기뻐서 하는 행위라면, 이는 의무에 적합하고 사랑할 만한 것이기는 하나 참된 도덕적 가치를 갖지는 못한다.(VII:24) 또한 자신의 형편이 좋으면서도 남을 도와주지 않지만, 또 남에게서 아무것도 빼앗지 않는 사람이라 하더라도 그것은 의무에 반하는 행위다. 왜냐하면 남을 외면하는 것은 대개의 경우 사랑과 동정심을 필요로 하는 의지에 반하는 것이기 때문이다. 그렇지만 이러한 도움을 베푸는 것이 모든 사람이 조건 없이 무조건적으로 행할 수 있는 것은 아니며, 또 어느 정도의 도움을 주어야 하는 것을 특정할 수 없기 때문에 불완전한 의무에 해당한다.

4) 덕과 덕의무

칸트의 도덕이론에 가해지는 많은 비판들은 대부분 "칸트의 의무 윤리에는 사랑의 윤리가 들어설 자리가 없다"거나[29] "칸트는 도덕원리에 대해서 받아들이기 어려운 '엄격주의적' 해석을 신봉했다."[30]는 사실과 무관하지 않다. 그러나 이러한 엄격주의의 일등공신은 그의 이성적 존재자 중심의 도덕법칙(정언명법)에 대한 사고이다. 이것이 그의 견해를 의무론적 윤리설의 전형이자 강력한 옹호자로 부각시켰으며, 이러한 의무 중심의 윤리에 대해서 비판적인 견해를 갖고 있는 자들로부터 비난의 표적이 되고 있다. 이러한 단적인 태도는 최근 덕 윤리학의 부활을 주도하고 있는 매킨타이어가 덕의 윤리가 아니라 의무의 윤리에만 치우친 칸트의 윤리학에 대해서 "칸트의 도덕적 저술에서 우리는 도덕이란 규칙에 복종하는 것 이상의 그 무엇이라는 생각이, 완전히는 아니지만, 거의 시야에서 사라져 버리는 지점에 이르렀다."[31]라고 평가하는 데에서도 엿볼 수 있다. 이러한 비판은 부분적으로는 칸트의 실천철학이 갖는 전체적인 특징을 간과하는 데에서 비롯된 것으로 보인다. 비록 칸트의 윤리설이 그 원칙에 있어서 의무 일변도의 성격을 갖고 있는 것은 사실이지만, 그것은 그 이외의 다른 측면들을, 특히 덕 윤리의 측면을 무시하는 차원에서 이루어지고 있는 것이 아니다. 다만

---

29) F. Delekat, *Immanuel Kant : Historisch-Kritische Interpretation der Hauptschriften*, 299-301 참조.

30) A. Reath, "Two Conceptions of the Highest Good in Kant", 235.

31) A. MacIntyre, *After Virtue: A study in Moral Theory*, 219.

그렇게 보이는 것은 도덕원리를 근거짓고 정당화하는 작업이야말로 도덕철학의 가장 중요한 과제라고 생각하는 관점 때문에 『도덕형이상학 정초』나 『실천이성비판』 등에서는 그 이외의 측면들이 주제화될 필요가 없었기 때문일 뿐이다. 그러나 『도덕형이상학』, 특히 그 중에서 「덕이론」이나 『인간학』 내지는 『교육학』 등의 저술에서 칸트는 '덕의무'를 중시하고 있기 때문이다. 덕 윤리학이나 행위자 중심의 윤리는 도덕 규칙이 요구하는 보편적 관점을 제시할 수 없다. 도덕적 평가의 대상이 되는 행위자의 덕 혹은 품성은 행위자의 자연적 성향에 매우 의존적이기 때문에 근본적으로 도덕 시비를 가리기 어렵기 때문이다. 그러므로 그것이 칸트의 의무 윤리를 대체하는 데에는 한계가 있다.

『도덕형이상학』의 「덕이론」의 주제는 도덕성에 기초한 덕의무의 근거와 원리 및 그 구체적 사례들의 제시를 통해 도덕적 실천의 규범 체계를 확립하는 것이다. 칸트는 단적으로 "법칙 자신은 도덕적으로 선한 의지에 있어서만 동기가 되어야 한다." (VII:200-1)고 말한다. 바꾸어 말해서 이러한 동기에 따른 행위가 '실제로' 가능하기 위해서는 그러한 의지 즉 실천력을 갖는 선의지가 존재해야만 한다. 이런 선의지는 의무 중심의 윤리설이 기본 입장으로 취하는 행위나 규칙 중심의 사고가 아니라 덕 중심의 윤리설이 강조하는 행위자의 성품이나 성격 (Charakter)을 강조하는 개념이다. 이러한 선의지를 바탕으로 한 의무에 따르는 행위만이, 칸트에 의하면, 도덕적 선을 실천할 수 있다. 그러므로 칸트의 선의지와 같은 덕은 행위 실천의 주체를 강조하는 덕 윤리학의 주장과 양립 가능하며, 또한 그 이상으로 도덕적 평가의 객관성도 가능하게 한다는 점에서 더 우월한 도덕적 관점을 보여준다.

칸트는 한편으로 "도덕적 선이어야 하는 것은 도덕법칙에 적합하다는 것으로는 충분하지 않으며, 도덕법칙을 위하여 행해지지 않으면 안 되며," (VII:14) 그리고 다른 한편으로 "완전히 선한 의지란 (선의) 객관적 법칙의 지배를 받는 것이긴 하지만 합법칙적(gesetzmäßig) 행위에로 강제되는 것으로 생각될 수는 없다. 왜냐하면 완전히 선한 의지는 자신의 주관적 성질에 따라서 스스로 선의 표상을 통해서만 규정될 수 있기 때문이다."(VII:42)라고 말한다. 여기서 '(선의) 객관적 법칙', '선의 표상'이란 곧 이성적 존재자의 의지적 특성의 일반화로서 도덕법칙을 가리키는데, 이 도덕법칙이나 정언명법은 이미 그 자체에 선의지를 조건으로 하거나 이를 전제하고 있다. 다시 말해 자기 구속력을 갖는 도덕법칙에 따르고자 스스로 의욕하는 의지적 특성이 바로 의지가 갖는 선/좋음(goodness)을 규정한다. 그것은 의지 자체의 내재적 속성으로서 자연적 및 외부적 대상이 갖는 좋음과 구별된다. 이러한 의지적 특성으로 말미암아 그것은 실제로 행위로 옮겨질 수 있는 실천적 힘, 혹은 그에 준하는 힘을 지녀야 한다. 이에 칸트는 "인간의 도덕성의 최고의 단계는 덕 이외의 다른 것일 수 없다."(VIII:513)라고 말한다. 즉, 행위의 도덕성을 좌우하는 선의지는 인간적 관점에서 볼 경우에 의무에 따라야 할 행위자의 도덕적 능력의 원천이며, 그러한 능력으로부터 배양된 덕을 고양함으로써만 도덕적 행위를 가져올 수 있다는 것이 칸트의 윤리적 견해다. 따라서 칸트에 있어서 덕은 개념적으로 도덕법칙에 종속하는 것이긴 하지만, 따라서 당연히 덕 중심의 윤리설은 아니지만, 선의지의 도덕성을 행위자의 도덕적 성격과 나란히 강조함으로써 도덕적 실천의 원천으로서 덕을 윤리이론의 중심에 두고 있다.

이러한 성격 때문에 칸트의 도덕법칙 내지는 정언명법의 형식성에만 주목하여 전통적인 견해에 따라 단순히 칸트를 엄격한 의무론자로만 보는 해석과 평가는 칸트의 도덕적 관점이 지닌 부인할 수 없는 통찰을 놓치게 된다. 오히려 칸트의 문제는 이성적 존재자의 의지적 특성을 보편법칙의 형식성과 동일시한 데서 발생한다. 그러나 그것이 갖는 긍정적 의의를 고려하면, 칸트의 선의지는 그 자체가 인간의 본질 규정이자 도덕적 인간에게 과해져 있는 하나의 선험적 목적이다. 이 목적은 이성 또는 의지가 자신의 본질로부터 스스로를 규정하고 또 실현하고자 하는 이성의 자기 목적이다. 이것이 곧 최고선이다. 칸트는 이처럼 "목적이 동시에 의무"인 것을 "덕의무"(Tugendpflicht)"라고 부른다.(VIII:512) 이는 곧 우리가 도덕적 행위를 할 수 있는 힘을 배양해야 하는 불완전한 의무에 속한다. 어떤 행위가 도덕적임에도 불구하고 우리가 이를 수행할 굳센 도덕적 의지를 갖추지 못하고 있다면 그러한 행위를 하지 못할 것이며, 이는 곧 의무를 위반한 것이 될 것이기 때문이다. 나아가 이런 관점에서 보면, 실행해야 할 행위의 목적과 의무는 덕이론을 구성하는 두 부문이 되며, 동시에 "윤리학은 순수한 실천이성의 목적들의 체계로 정의할 수 있다."(VIII:510) 결국 칸트에 있어서 "정언명법을 정당화하는 것은 도덕적 덕[최고선]이 최상의 무조건적 선이라는 주장을 정당화하는 것"[32]을 의미하는 것과 같다고 할 수 있다. 이러한 의미는 앞서 정언명법의 정식들을 검토할 때, 도덕법칙의 형식과 내용 및 그 통일성이 의미하는 바가 의무이자 동시에 목적인 하나의 동일한 도덕성의 원리를 구성하는 것이라는 점을 통해서 이미 예시되어 있다고 할 수 있다. 따라서 칸트가 말하는 도덕성은 구체적 행위가 이러한 목적 실현에 합치하는가를 평가하는 척도마저도 스스로 부여하는 원리이자 동시에 그것의 실현이 의무이기도 한 내재적 목적까지도 함축한다는 점에서 칸트의 의무론은 목적론적 의무론의 성격도 갖는다고 할 수 있다.[33] 하지만 이때의 목적론은 제한된 영역 안에서 가능한 것이며, 따라서 칸트의 정언명법은 그 내용의 측면에서 목적성에 대한 이해의 가능성을 허용하는 방향에서 재해석 내지는 변경되어야 할 것이다.

가령, 칸트는 우리의 행위를 도덕적이게 해주며 그 준칙에 도덕적 가치

---

32) N. Potter, "Kant on Ends that are at the Same Time Duties", 100-14, 특히 109-10 참조.
33) 칸트의 윤리학이 근본적인 의미에 있어서 목적론적임을 옹호하는 주장에 대해서는 K. Ward, "Kant's Teleological Ethics", 243-58 참조. 특히, 이 논문에서 워드는 인간의 완전성을 도덕적 관점과는 무관하게 정의할 수 있다고 주장하는 라이프니츠-볼프의 합리주의와 대결하기 시작하는 칸트의 전비판기의 저술에서부터 체계적으로 추적하고 있다.

를 부여해 주는 것은 오직 우리가 도덕법칙을 직접적으로 의식하고 또 이를 조건 없이 의무로서 객관적으로 준수하는 경우뿐이라고 말한다. 그렇지 않으면 "행위의 합법성(Legalität der Handlung)은 생기지만 심정의 도덕성(Moralität der Gesinnung)은 생기지 않는다."(VII:287)는 것이다. 그러나 칸트에 의하면, 행복에 대한 애착에서 오는 합법성에의 욕구를 물리치고 도덕법칙에 대한 존경심에 의해 다른 유익에 앞서 법칙을 먼저 취하여 심정의 도덕성을 낳을 수 있는 위력과 군센 동기를 지니게 해주는 것은 이미 인간성이 그러한 바탕을 갖추고 있기 때문에 가능한 것이며, 만일 그러한 바탕을 지니고 있지 못하다면 아무리 강권과 의식화라는 수단을 동원한다 하더라도 심정의 도덕성은 낳을 수 없으며 결국에는 자신의 이익을 도모하는 쪽으로 귀착하고 만다.(VII:287-8) 그리고 이러한 심정으로부터 유래하는 도덕적 의무를 실현하는 것 자체가 이미 도덕적 존재의 목적으로 과해져 있다. 그런데 칸트는 어떻게 이러한 심정의 도덕성을 낳을 수 있는지에 대해서는 밝히지 못하고 있다. 법칙에 대한 존경심이 심정의 도덕성을 먼저 낳는 것이 아니라면 그것은 먼저 주어져야 한다. 즉, 존경심을 낳는 가능 근거가 존재해야 하는데, 칸트의 윤리이론에서는 그것을 찾을 수 없다. 나는 앞서 그것을 이성적 공감으로 표현한 바 있다.

행위자의 성품에서 도덕적 행위의 모든 것을 정당화하려는 덕 윤리학이 그 속에 다양한 이론들이 있다는 것을 고려하며, 칸트의 윤리적 견해는 의무 윤리와 덕 윤리의 양면성을 모두 갖추고 있다고 할 수 있다. 이러한 논리는 도덕적 실재론 중에서도 칸트의 그것을 다른 것들과 구별해 주는 독특한 것이다. 즉, 객관적으로는 도덕원리라는 것이 보편적 실재성을 가지며, 이로부터 도덕적 인식의 가능성과 객관적 타당성이 성립하는데, 동시에 선의지를 소유한 주체의 도덕성 자체가 바로 그러한 원리의 소재지이며, 이는 동시에 도덕적 행위 능력으로서 덕성의 함양 없이는 도덕적 실천력을 기대할 수 없기 때문이다. 칸트에 의하면, "도덕적 자기 인식이란 마음의 헤아릴 수 없는 심연에로 파고들 것을 요구하는 것으로서 모든 인간적 지혜의 시원이다." (VIII:576) 그리고 무엇보다도 칸트는 그 가능성이 이미 인간 내부의 선의지라는 근원적 소질에 의해서 주어져 있다고 생각하며, 그 실천력을 위해 소질로서 주어져 있는 덕의지의 배양이 필요하다고 강조한다.

칸트가 도덕형이상학이라는 말을 통해서 종래의 전통적인 사변형이상학의 불가능성을 논증하고 진정한 학문으로서의 형이상학을 정초하고자 했을 때, 한편으로 그것은 곧 인간의 도덕성, 주체성, 자율성, 자발성 즉 도덕과 자유의 세계가 인간을 지배하는 하나의 강력한 근본 원리이며, 다른 한편으로 그러한 원리를 인간 스스로가 자기 안에 근원적으로 소유하고 있다는 사실을 선언한 것이었다. 그리고 그 같은 행위의 도덕성은 선의지가 가져야 할 덕성의 배양에 의존한다. 칸트에 의하면, 행위의 도덕성 여부는 단적으로 "무엇 때문에 했는가?" (VII:288) 하는 이성적 동인에 의해 좌우된다. 그러므로 도덕적으로 타락한 사람이나 교양이 없는 사람의 심성에 영향을 주어 그를 도덕적 선의 궤도로 이끌기 위해서는 그 사람을 위협하거나 유혹하는 등의 예비적 지도도 필요하긴 하지만 이러한 수단이나 방편으로는 일시적인 효과는 거둘 수는 있다. 그러나 진정으로 감성적인 집착에서 벗어나고 자기 자신의 존엄성을 일깨워 주기 위해서는 도덕적 동인이 완전히 사람의 마음 안에 자리 잡도록 하지 않으면 안 된다.

그러면 이를 가능하게 하는 유일한 방법이란 무엇인가? 칸트에 의하면, 그것은 한마디로 의인들의 본보기를 사례로 하여 가장 유효한 영향을 심성에 미치게 하는 '의무 존중 내지는 자각의 방법' (VII:293-4 참조) 혹은 "의무로서의 의무의 순수한 법칙 중에 내재해 있는 동기의 힘을 생생하게 느끼도록 하는 것" (VII:296)이며, "우리들의 내면에 있는 법칙으로서의 양심" (XII:756)을 우리들의 행위에 적용시키도록 하는 일이며, 이를 "습관으로 삼는 것" (VII:297), "굳센 결의" (6:390), '도덕적 군셈으로서의 덕' (VIII:537)을 굳건히 하는 것이다. 이는 한편으로는 감성적 욕구에 지배되는 내적인 장애를 제거하고, 다른 한편으로는 "인간 안에 있는 선의지라는 근원적 소질을 계발" 해야 하며, 또 할 수 있다는 것을 의미한다.(VIII:576) 그리고 이처럼 인격 중에서 발견되는 도덕법칙 위에 세워진 확고한 원칙만이 인격에 도덕적 가치를 줄 수 있고, 또 자기 자신에 대한 확신을 줄 수 있으며, "이 확신이 없으면 자신의 도덕적 심정과 도덕적 성격의 의식 즉 인간에 있어서의 최고선은 결코 생길 수 없다." (VII:294-5)

이런 점들을 미루어 볼 때, 칸트의 덕 개념은 덕 윤리를 주장하는 자들이나 아리스토텔레스가 말하는 덕과는 다른 종류의 덕을 요구한다. 칸트에게 덕은 일차적으로 습관의 산물이거나 교육 혹은 상황에 좌우되는 것이 아니다. 그것은 처음부터 도덕적 의지 자체가 지니고 있는 힘이요 역량이며, 그런 다음에 필요한 것이 습관이다. 즉, 습관이나 함양을 통해서 형성되어야 할 덕의 척도가 이미 주어져 있다. 이는 그 자체로 칸트적 인간 의지의 특성이다. 칸트가 습관이나 교육을 강조할 경우, 이는 그러한 의지적 덕의 힘이나 역량이 온전히 발휘되도록 강화할 것을 말하는 것이지, 이를 통해 비로소 덕이나 성격이 형성되거나 만들어지는 그런 것을 염두에 둔 것이 결코 아니다.

제3장

Ethics of Kant

실천이성과
도덕적 관점

ETHICS
OF
KANT

1. 윤리학에서의 코페르니쿠스적 전환

칸트 이전의 철학적 사조들이 그에게로 흘러 들어갔고, 칸트 이후의 대부분의 철학 사조들이 그로부터 흘러나왔다고 할 만큼 칸트의 철학에는 이전의 다양한 사상의 줄기들이 흡수되어 새롭게 여과·조명되었다. 그리고 이로부터 길러진 철학적 결실들은 그 이후의 철학적 논의들의 성격을 결정지었다고 해도 지나치지 않다. 이러한 평가를 받고 있는 칸트의 철학을 일러 '비판철학'이라 부른다. 칸트는 이를 자신의 철학 체계를 특징짓게 될 '선험론적 철학' 혹은 '선험철학'의 확고한 발판으로 삼고자 했다. 칸트는 학문적 지식이란 객관성과 필연성 및 보편성을 지녀야 하며, 그래야만 철학이 추구하는 진리로서 객관적으로 보편타당한 이성인식의 체계일 수 있다고 생각했다. 칸트의 비판철학과 선험철학은 바로 그것의 가능한 근거와 방향을 설정하는 작업이었다.

윤리학의 역사에서 칸트가 지니고 있는 영향력의 원천은 단순히 그의 학설 자체에만 국한되지 않는다. 무엇보다도 칸트는 자신의 윤리적 견해를 그의 가장 위대한 저작으로 꼽히는 『순수이성비판』에서 검증한 이성 능력의 한계와 올바른 사용에 의거해서 전개했으며, 이를 토대로 해서 자신의 윤리적 견해를 보다 확고한 토대 위에서 구축할 수 있었다. 비록 칸트의 윤리학이 『도덕형이상학 정초』와 『실천이성비판』과 같은 윤리학적 저작들을 통해 구체화될 수 있는 독립성을 갖추고 있다고 하더라도, 그와 같은 가능성은 이미 『순수이성비판』이 구상한 이성비판의 철학을 전제하고 있기에 그의 비판철학이 이룩한 성과와 업적에 대한 이해가 필수적으로 요구된다.

칸트의 비판철학은 "이성 능력 일반의 원천 및 범위와 한계의 규정"(AXII)으로서 일차적으로는 종래에 무비판적으로 또한 독단적으로 사용해 온 이성 능력의 한계에 대한 이성의 자기 자신에 대한 반성이며 비판이다. 특히 이 이성 비판의 철학은 근본적으로 인식 관점의 혁명을 이룩한 데서 그 의의를 찾을 수 있다. 이것을 일반적으로 '칸트의 코페르니쿠스적 전환'이라는 말로 특징짓는다. 이 '전환'은 이론적 관점에서 코페르니쿠스적 방식에 따라 시도한 세계 조망의 새로운 태도로서 그 근본 특징은 『순수이성비판』과 함께 칸트 철학의 운명을 좌우하는 명제, 즉 "우리의 인식이 대상에 따르는 것이 아니라, 대상이 우리의 인식을 따른다." 다시 말해 "사물이 우리를 규정하는 것이 아니라 우리가 사물을 규정한다."라는 가정적 명제로 정립된다.(BXVI-XX) 이 "가정"과 함께 칸트는 우리의 감각적 지각에 한정되는 가능한 경험의 세계로서의 현상계와 가능한 감각적 지각의 한계를 넘어서는 물 자체의 세계로서의 예지계의 구별을 도입한다. 이에 따르면, 우리가 직접적으로 인식할 수 있는 대상은 현상으로서의 대상이며, 물 자체로서의 대상은 인식할 수 없다. 따라서 물 자체(Ding an sich)라는 말은 일종의 인식의 한계 개념일 뿐이어서 그에 대해서는 인식적 차원에서는 어떤 적극적인 표현도 규정도 할 수 없다. 이런 대상 세계들의 총체가 칸트가 말하는 예지계다. 이 예지계를 다른 말로 풀어보면, 인식할 수는 없지만 사유할 수 있는 대상들의 세계라 할 수 있다. 현상계 내지는 감성계가 인과 결정론의 자연 세계라면, 이 예지계는 자유로운 사유가 가능한 도덕 세계다.

이처럼 인식 주체와 사물의 관계에 대한 새로운 규정, 그리고 현상과 물 자체 및 현상계와 예지계의 구분을 통한 이성적 인식의 한계 설정 등과 같은 "가정과 구별"에 대한 올바른 이해는 칸트 철학의 본령으로 들어가는 관문이다. 칸트는 이를 통해 한편으로는 대상에 대한 우리의 인식을 경험 가능한 현상의 세계에 한정하고, 동시에 사고는 할 수 있지만 인식할 수는 없는 경험의 한계를 넘어서까지 무제약자를 추구하려는 이성의 월권을 폭로함으로써 다른 한편으로는 무제약자에 대한 모순 없는 사고의 가능성을 열어 놓았다. 그 결과 칸트는 영혼, 세계, 신 존재와 같은 문제에 대한 이성적 인식의 가능성을 당연시함으로써 오랫동안 형이상학을 공황 상태에 빠지게 만든 전통적인 사변적 형이상학의 근본적인 한계에 대한 올바른 진단과 그 해결책을 제시할 수 있는 하나의 유력한 방도를 제시해 주었다. 그런데 이러한 전환의 최종 귀착지이자 결정판은 윤리학의 영역이었다.

칸트가 이성 비판의 철학을 통해서 모든 윤리적 문제들에 대해서 만족스러운 답변을 제시하고 있는 것은 아니지만 칸트가 취했던 관점과 그가 내놓았던 답변들은 그 이전의 서양윤리학의 역사에 있어서 결코 유례를 찾아볼 수 없는 획기적인 것이었다. 인식 관점의 전도에서 결과하는 인식 주관과 대상의 관계 규정의 역전 및 이로부터 얻어낸 현상과 물 자체의 구별은 윤리학과 관련해서는 자연의 왕국과 자유의 왕국으로 나타난다. 칸트에게 자유의 왕국은 도덕적 행위가 비로소 가능하게 되는 영역으로서 현상계로서의 자연의 나라에 대비되는 실천이성이 관장하는 예지계 즉 자유의 나라요 의지의 나라이다. 칸트는 자연과 자유, 이 두 세계 각각에 고유한 원리와 법칙을 발견할 수 있는 올바른 길을 사유해 내려고 했다.

칸트가 감성계와 예지계, 자연의 나라와 자유의 나라를 구별한 가장 중요한 의의는 그가 인간을 자연물(Naturwesen)과 인격(Person)이라는 이중적 관점에서 보려고 한 데 있으며, 무엇보다도 이를 통해 자유의지의 문제를 해결하려고 한 점에서 찾을 수 있다.[1] 현상계와 예지계는 플라톤의 현상과 이데아의 구분처럼 존재 영역에 대한 이분법적 조망이 아니다. 칸트의 그것은 철저히 인식 관점상의 구분이다. 즉, 현상계와 예지계는 제각기 따로 존재하는 별개의 영역이 아니다. 비록 이로부터 적지 않은 칸트 철학의 아포리아가 발생하긴 하나 그가 견지하고 있던 근본 의도는 어디까지나 인식능력의 한계 설정을 통해 인간은 자연적 존재이지만 동시에 자연으로 환원될 수 없는 이성적 존재, 자유의지적 존재임을 확고히 하려는 데 있다. 만일 인간의 의지가 물 자체이면서 동시에 가능한 인식의 대상이라면 이는 자연 사물들처럼 인간의 모든 것이 자연의 기계적 법칙에 예속된다는 것을 함축하는 것, 즉 자유는 가능하지 않다는 것을 의미하게 되는데, 이는 자유의지의 철학자 칸트로서는 결코 용납할 수 없는 것이었다. 칸트에 따르면, 인간의 대상 인식의 가능 영역을 감각적 경험과 현상으로서의 자연에 제한해야만 비로소 "초감성적 세계"에 속하는 인간의 "의지의 자유"를 의미있게 말할 수 있는 원천적 가능성이 열리게 된다.(20:292) 바로 여기에 자유의 나라와 자연의 나라의 경계 설정이 함축하는 비판 철학의 효용과 의의가 있다. 왜냐하면 비판철학은 이 경계 설정을 통해서 도덕적 행위의 가능성과 당위성을 이해할 수 있게 해주고 또 증명할 수 있기 때문이다. 그리고 이 같은 비판철학의 성과에 힘입어 칸트는 재차 윤리학에서의 코페르니쿠스적 전환을 감행한다. 그와 같은 시도의 전모는 그가 도덕의 문제를 인간 내면의 도덕성 자체로부터 규명하려는 시도를 통해서 드러난다.

---

1) H. M. Baumgartner, *Kants "Kritik der reinen Vernunft" : Anleitung zur Lektüre*, Kapital 2.

2. 이성의 실험과 실천이성의 우위

칸트가 당시의 경험론과 감각론, 합리론 및 감정 철학 등과의 비판적 대결을 통하여 실천철학의 기초를 확립하고 그 성격과 방향을 확정하기 위해서 자신의 선험철학이라는 원대한 포부의 대강을 제시하고, 그 기초를 다지는 작업을 구체화시켜 놓은 곳이 『순수이성비판』임은 주지의 사실이다. 칸트는 순수이성비판을 "순수이성의 원천과 한계를 평정(評定)하는 학문으로서의 순수이성 체계의 예비학"(B25/A11)으로 간주한다. 이는 곧 순수이성비판이 "순수이성의 모든 원리들의 체계로서의 선험철학"(B27/A13)의 토대를 형성함을 뜻한다.

『형이상학의 진보』에서도 선험철학은 그것이 동시에 순수이성비판 혹은 그것의 목적 자체이기도 한 "모든 선험적 인식 일반의 가능성에 관한 학문"(VI:604)으로 정의되어 있다. 칸트는 일반적으로 철학을 "개념에 의한 이성인식의 체계"(X:9) 그리고 "순수이성"을 "선험적 원리들에 의한 인식능력"(X:73)으로 이해한다. 이렇게 되면 칸트가 구상하고 있는 선험철학이란 곧 철학 자체의 가능 근거를 묻는 기본학이자 이를 이끌어 가는 근본학임을 의미한다. 이러한 관점에 따르면 칸트의 도덕형이상학 내지는 순수 실천철학은 자연형이상학과 더불어 넓은 의미에서 선험철학의 한 부문을 형성한다. 또 이러한 연관에서 비판철학은 선험철학의 기초를 다지기 위한 예비학의 성격을 가지면서, 동시에 필수적으로 순수이성 일반의 가능성과 한계에 대한 고찰을 요구하는 선험철학 그 자체이기도 한 것이다.

그러나 칸트의 이러한 용어 사용에는 약간의 불일치가 존재하며, 따라서 주의를 요한다. 칸트는 『순수이성비판』에서는 도덕이 경험적 요소들과 관계하는 부문이라는 이유에서 선험철학의 체계에 속하지 않는 것으로 배제하고 있다. 심지어 이성의 모든 (사변적 및 실천적) 관심의 세 가지 중 도덕철학의 문제에 속하는 "나는 무엇을 해야만 하는가?" 라는 물음은 단지 실천적인 문제이며, "순수이성에 속하긴 하지만 선험론적이 아니라 도덕적이며, 따라서 이 물음을 우리의 비판 그 자체가 취급할 수 없다" 고 못박고 있다.(B833/A805) 또 칸트는 선험철학은 단지 "순수한 사변이성만의 철학" (B29/A15)으로서 "도덕성의 최상 원칙과 그 근본 개념은 선험적 인식이기는 하지만 선험철학에는 속하지 않는다" (B28/A14-5)라고 분명한 어조로 말하기도 한다. 이 말은 결국 개념에 의한 이성인식의 체계로서의 철학 즉 선험철학은 도덕형이상학과는 기본적으로 구분된다는 것을 의미한다. 그러나 다시 이 도덕의 선험적 원리들의 체계로서의 도덕형이상학은 『순수이성비판』, 『형이상학의 진보』의 선험철학적 기획을 비롯하여 『판단력비판』의 「서언」과 「제1서론」을 포함한 「서론」에 명시되어 있듯이 동시에 선험철학의 체계를 구성하는 한 부분이다.

이 같은 용어 사용은 칸트가 『판단력비판』에서 이성의 선험론적 원리와 형이상학적 원리를 구별하고 있듯이 '선험론적'과 '형이상학적'이라는 두 용어가 함의하고 있는 의미와 역할에서도 기인하는 것으로 보인다. 여기서 '선험론적 원리'는 "사물들이 우리의 인식 일반의 객관이 될 수 있는 선험적 보편적 조건들," 따라서 선험적 인식 일반의 가능성의 조건과 관계하며, 그리고 '형이상학적 원리'는 "그 개념이 경험적으로 주어져 있어야만 하는 객관이 선험적으로 규정될 수 있는 조건들" (X:90)과 관계하는 용어라는 점에서 차이가 있다. 이러한 구별은 그 각각의 연구 대상이 보편적인 것인가 특수한 것인가에 달려 있다. 이에 따르면, 선험철학은 내감과 외감의 특수한 대상들에 앞서 감관 대상의 총괄 개념으로서의 자연 개념을 규정하는 자연에 대한 보편적인 형이상학적 학문이며, 특수한 것들과 관계하는 형이상학적 원리에는 선험철학의 개별 분과들이라 할 수 있는 합리적 심리학, 합리적 물리학 등과 같은 특수한 형이상학적 자연 과학

들이 속한다.[2]

그러나 칸트의 보다 확장된 용어 사용과 의도를 고려할 때, 그것이 경험독립적 의미에서의 선험론적이든, 경험연관적 의미에서의 형이상학적이든 그 각각의 원리들은 모두 선험적 원리들이라는 점에서, 넓은 의미에서의 "[이론이성과 실천이성을 모두 포함하는] 순수이성의 모든 원리들의 체계" 라는 선험철학의 정의에 따라, 선험철학은 자연형이상학이 선험철학적 체계의 한 부분일 수 있듯이 이론형이상학뿐만이 아니라 도덕형이상학도 자신의 한 부문으로 포함할 수 있어야 한다. 따라서 도덕형이상학 또한 그 자체에 선험적 원리를 당연히 포함하고 있으므로 도덕적 개념의 경험 연관성에 상관없이 넓은 의미에서 선험철학의 한 부문일 수 있다.

말하자면, 선험적 종합적 인식 체계로서의 선험철학은 그것의 한 체계인 형이상학을 위해서 제시하지 않으면 안 되는, 즉 '형이상학에 그 원리를 부가하는' 것이 아니면 안 된다. 따라서 칸트의 선험철학은 단지 이론이성의 영역에만 한정되는 것이 아니라 실천이성의 영역과 함께 전체적인 하나의 통일 체계를 이루는 것으로 보아야 하며, 결국 넓은 의미에서 그것은 자연형이상학뿐만 아니라 도덕형이상학 또한 자신의 체계의 일부분으로 포함하고 있다. 그러므로 이성 비판을 통하여 수립할 선험철학은 자연형이상학과 도덕형이상학의 기초를 동시에 수립하는 것을 겨냥하고 있다.[3] 그리고 이때의 이성은 무엇보다도 그 선험적 (a priori) 능력과 원리들 그리고 목적의 소유자로서 전제된다.

따라서 칸트에 있어서 이론철학과 실천철학의 전 체계에 걸쳐서 이성적 인식의 선험성은 철학이 그 자신의 고유한 과제로 자각하여 탐구해야 하고, 또 해명하지 않으면 안 되는 핵심적인 주제에 속한다.(VII:14) 이러한 관점에 따르면

---

2) A. Model, *Metaphysik und reflektierende Urteilskraft bei Kant*, 59-60.
3) 김용정,『칸트 철학 : 자연과 자유의 통일』, 263-4.

칸트의 도덕형이상학 내지는 순수 실천철학은 자연형이상학과 더불어 넓은 의미에서 선험철학의 한 부문을 형성한다. 또 이러한 연관에서 비판철학은 선험철학의 기초를 다지기 위한 예비학의 성격을 가지면서, 동시에 필수적으로 순수이성 일반의 가능성과 한계에 대한 고찰을 요구하는 선험철학 그 자체이기도 한 것이다.

칸트는 『순수이성비판』의 맨 마지막 단락인 「선험론적 방법론」의 제4장 '순수이성의 역사'의 말미에서 학문 연구의 방법을 크게 자연주의적 방법, 과학적 방법, 비판적 방법 세 가지로 구분한다.(B883-4/A855-6) 이는 자신이 시도하는 비판적 방법의 시대적 필연성을 철학의 역사 속에서 정당화하려는 의도를 내비치고 있는 것이기도 하다. 그리고 그는 이러한 시도의 의의를 『형이상학의 진보』에서 분명하게 보여주고 있다.[4] 비판적-선험론적 방법에 있어서 비판의 대상은 이성이며, 그 방법은 이성이 자기 자신의 본성과 역사 그리고 한계를 정사(精査)하는 것이다.

칸트에 의하면, 철학이 전통적으로 탐구해온 형이상학적 물음들은 "인간 이성의 본성 자체"에서 유래하는 "회피할 수도 없으며" 또 "인간 이성의 모든 능력을 초월해 있기에 답할 수도 없는데" 그럼에도 "인간의 이성은 이 물음에 끊임없이 종사해야 하는 특수한 운명을 지니고 있다."(AVII) 그러나 칸트는 당시의 경험론과 합리론이 각각 회의주의와 독단주의에 빠지고 말았던 것도 그들이 이성의 인식능력의 한계와 이성의 궁극 목적, 이성의 관심 등 이성의 본성에 대한 철저한 검토 없이 무비판적으로 이성과 경험 한쪽에만 매달린 결과였다고 규정한다.[5] 그리하여 칸트는 이성 능력의 원리들을 완전하게 밝혀내어 이성이 지금

---

4) J. Kopper, *Die Stellung der 'Kritik der reinen Vernunft' in der neueren Philosophie.* 코퍼에 의하면, 『순수이성비판』은 형이상학이라는 궁극 목적에로의 진보를 요구하는 역사적으로 있어온 "이성의 자기이해"(p.17)의 산물이며, 따라서 『순수이성비판』이 가져온 사고방식의 혁명도 이러한 이성의 "자기 이해의 연속적인 발전의 산물이다."(p.37)

5) 칸트는 경험론과 합리론이 모두 필연적 인식을 추구함에 있어 취한 기본 태도를 아주 간명

껏 자기 자신을 오해하여 왔으며 그로 인해 생겨난 끊이지 않는 분쟁에 휘말려온, 즉 이들 분쟁에서 빠져 나올 수 없었던 문제의 소재를 정확하게 발견해 내는 것을 철학의 과제요 자신의 임무로 삼을 것을 천명한다. 이러한 과제와 임무를 수행한 것이 바로 순수이성비판이다. 그런 점에서 칸트의 말대로 순수이성비판은 일차적으로 "학문 자체의 체계가 아니라 방법에 대한 탐구"(BXXII)라 할 수 있다.

순수이성비판의 임무는 우선 이 이성 자신의 정체를 밝혀내는 일이다. 이 임무를 칸트는 비유적으로 법정의 절차로 규정한다. 다만 이러한 법정은 강력한 명령에 의해서가 아니라 이성의 법칙을 숙고함으로써 절박한 물음들과 문제들을 판결하는 방법을 취한다. 이를 성공적으로 수행하기 위해서 감행한 칸트의 방법이 바로 이성 비판이다. 이 때의 이성은 이성 자신을 재판하는 재판관으로서의 이성을 가리키는 바, 이것이야말로 칸트의 비판철학 내지는 선험철학의 가장 중요한 특징이다. 이러한 방법론적 특징을 이성이 자신을 비판, 검토함에 있어서 그 다른 무엇에 의존하지 않고 이성 스스로 자기 자신을 비판한다는 의미에서 일종의 "내재적(immanent) 비판"[6]이라 부를 수 있다. 그리고 이는 구체적으로 이성의 실험을 통하여 이루어지며, 이를 통해서 이성의 정체가 밝혀진다. 이러한 이성은 스스로 "이성의 모든 사용의 비판적 실험을 위한 표준을 포함해야만 하기 때문에" 동시에 자기입증적이다.[7] 운명의 정체를 밝혀내려는 '법정'으로서의 순수이성비판은 따라서 이성 능력 일반의 비판, 더 정확하게는 "형이상학의 가능성과 불가능성을 결정하는" "이성 능력 일반의 원천 및 범위와 한계의

하게 "경험론은 감각적으로 느껴진(gefühlte) 필연성에 기초를 두고 있지만, 합리론은 통찰된(eingesehen) 필연성에 기초를 두고 있다"(VII:119)고 평가한다. 이는 결국 경험론이 회의론에, 합리론이 독단론에 귀착한 이유를 지적한 것이다.

6) G. Deleuze, *Kant's Critical Philosophy : the doctrine of the faculties*, 3.

7) J. Rawls, "Themes in Kant's Moral Philosophy", 30.

규정"(AXII)을 목표로 하는 "비판철학"이라는 이름으로 나타난다. 동시에 칸트는 이러한 자신의 비판철학적 과제를 "선험철학"이라는 자신이 수립할 철학 체계의 명칭 하에서 수행하고자 한다.

칸트의 비판적 방법론은 이처럼 이성의 실험을 통하여 이루어지는 것이라고 할 수 있다. 그러면 이성의 실험이란 구체적으로 무엇을 의미하는가? 그것은 한마디로 이성이 자신의 본성과 목적에 일치할 수 있는 가능성을 모색하고 확인시켜 나가는 전략이다. 이는 물리학에서의 사고방식의 혁명이 가져온 실험의 도입에 의한 경험적 방법에 비유될 수 있다. 말하자면 과학적 방법에 있어서 이성이 시도하는 "실험은 자연의 가능한 사태에 대한 발견적 가정에 기인한다." 즉 자연 탐구에 있어서 가설을 세울 때, 그 가설은 자연을 이해하기 위해 우리 자신 즉 이성 스스로가 궁리해 낸 이해 방식이며, 우리는 이것의 과학적 지식 여부를 실험을 통해서 그 가설이 자연 자신에 부합하는지 여부를 검토하는 방식을 취한다. 이것은 "이성 자신이 자기 계획에 따라서 산출한 것만을 통찰하는"(BXIII) 이성의 자기 실험의 결과이다. 이러한 이성의 자기산출적 인식 행위야말로 "대상구성적(gegenstandskonstituier -end) 이성 행위"에 기초한 선험철학의 성격을 특징짓는다. 그러나 이러한 대상 구성 행위는 근본적으로 자신의 고유한 영역에만 머물려 하지 않는, 즉 그 영역을 초월하려는 인간 이성의 근본 특징과 결부되어 있다. 이러한 이성의 양면성에 그 고유한 의미와 한계를 설정하려는 작업이 바로 선험철학의 비판적 방법이다. 그러한 입장이 집약되어 있는 것이 바로 그의 선험론적 관념론이다.[8]

칸트에 의하면, "선험론적 관념론은 모든 현상을 전부 단순한 표상으로 보고 물 그 자체(Ding an sich selbst)로는 보지 않으며, 그에 따라서 시간과 공간을 우

---

8) H. M. Baumgartner, *Kants "Kritik der reinen Vernunft" : Anleitung zur Lektüre*, 38 이하; A. Model, *Metaphysik und reflektierende Urteilskraft bei Kant*, 32 참조.

리의 직관의 감성적 형식이지 그에 앞서 미리 주어지는 규정이나 혹은 물 그 자체로서 존재하는 객관들의 조건은 아니라고 보는 학설이다."(A369) 한마디로 우리의 심적 구조 내지는 특성과 대상 간의 관계를 특징지어주는 표현이다. 그리고 이러한 관계의 정당화 여부에 비판철학의 성패가 달려 있다는 점에서, 이는 동시에 순수이성비판의 핵심 문제이다. 칸트가 자신의 선험론적 관념론을 정당화하기 위해서 범주의 선험론적 연역의 논증에 심혈을 기울인 것도 그 때문이다. 나아가 칸트에 있어서 이러한 의도를 갖고 있는 "선험론적 연역은 우리의 모든 경험의 구조를 이루는 확실한 선험적 원리들을 우리가 얻을 수 있다는 것을 함축한다. 선험론적 관념론의 학설은 어떤 의미에서 이러한 원리들 및 우리의 모든 객관적 인식이 우리에 대해서만 타당하다는 것을 함축한다."[9] 이처럼 이성이 자기 자신과 일치할 수 있는 방도를 실험해 본 결과, 칸트는 제일 먼저 비판철학의 대원칙으로 등장하게 될 - 동시에 전제되고 있는 - 현상과 물 자체의 구분의 정당성과 필연성을 확인하고 추인한다. 비판적-선험론적 방법은 이러한 이성의 실험을 통하여 확인된 결과들을 정당화하기 위한 일종의 전략으로 볼 수 있다. 바움가르트너가 적절하게 해석하고 있듯이 "비판은 이성의 실험을 실행하여, 물 자체와 현상 간의 구별은 포기할 수 없다는 가정, 달리 말해서 사물은 우리의 지성에 따른다는 가정이 타당하다는 것을 입증해야 한다. 이 타당성의 입증이 순수이성비판에서는 우리의 인식능력의 개개의 요소들의 성질 및 그들 간의 필연적인 연관들에 대한 분석을 통하여 수행된다."[10] 그리고 그 결과로서 우리의 과학적 인식은 일종의 선험적 인식으로서 현상계에서만 유의미하다는 결론이 정립된다. 그러나 칸트의 비판적-선험론적 방법의 궁극적인 목적은 이성의 자기 실험으로부터 유래하는 선험적 인식의 유의미성을 판별하는 문제가 아니

---

9) K. Ameriks, *Kant's theory of mind*, 5.

10) H. M. Baumgartner, *Kants "Kritik der reinen Vernunft" : Anleitung zur Lektüre*, 41.

다.[11] 그것은 본래의 목적에 비추어 보면, 다만 이차적인 것에 지나지 않는다. 그 것은 이성의 실험이 이성 자신에게 알려준 최초의 성과일 뿐이다. 그것은 이성 개념에 대한 이전의 전통적인 견해에 대한 칸트 자신의 공격을 대변한다는 점에 서 건설적인 성과이긴 하지만, 이성 비판이라는 본래의 목적에 비추어 볼 때, 그 것은 하나의 소극적인 성과이다.

가령, 현대 논리실증주의자들의 검증 원리를 칸트에게서 기인하는 것으로 보는 스트로슨은 칸트가 자기 이전의 철학에 대해서 취한 혁신적인 조치의 열쇠 를 "유의미성의 원리"로 보면서, 그것은 "실재 그 자체의 본성"에 대한 통찰 가 능성을 거부하는 것이며, 따라서 그것을 칸트의 가장 커다란 공적으로 평가한 다.[12] 그러나 칸트의 본래의 의도는 이성 비판과 이성 실험에 의한 선험적 인식 에 대한 해명을 통해서 이론적 인식의 한계와 가능 영역을 설정함으로써 실천적 인식의 타당한 근거와 출발점을 확립하는 일이다. 그러므로 이성 비판의 적극적 인 성과에 비추어 볼 때, 선험적 인식의 유의미성 여부는 이전의 철학적 주장들 과 관련하여 오히려 중립적인 지위를 갖는다. 버클리나 흄과 같은 경험론자들은 인상으로부터 유래하는 관념을 도구로 하여 인식의 가능성을 해부하고 있지만, 이와 반대로 칸트는 개념에 기초하여 주관과 세계의 관계에 대한 인식 가능성을 문제 삼는다는 점에서 그의 근본 관심사는 유의미성 원리 자체가 아니라 선험적 원리(개념)의 경험에의 적용 가능성에 있다고 보는 것이 옳다. 따라서 물 자체와 현상 간의 구분은 이론적 인식의 적용 가능성에 대한 한계 설정의 의미를 갖는

---

11) 『순수이성비판』의 근본 과제로 설정된 "선험적 종합판단은 어떻게 가능한가?"라는 문제 가 바로 그것이다. 이 물음은 선험적 종합판단이 가능한지의 여부에 대한 문제가 아니라 '선험적 종합판단은 가능하다, 그러면 어떻게 해서 가능한가?' 하는 것을 설명하는 권리 근거(quid juris)의 문제이다. 따라서 이성 비판의 목적은 그것의 가능성을 증명함으로써 본 래적 의미에서의 선험론적 실천적 인식 체계로서의 (도덕)형이상학의 가능성을 근거 짓는 데 근본 목적이 있다.

12) P. F. Strawson, *The Bounds of Sense*, 16-7.

것이지, 물 자체의 세계의 전면 부정을 목표로 하는 것은 아니다. 즉, 물 자체의 세계에 대한 참다운 접근 방식을 위한 하나의 예비적인 조치인 것이다.

나아가 예지계의 상정은 그것이 현상계와 동떨어진 별개의 독립적인 실재의 세계가 존재한다는 것, 즉 두 개의 세계가 존재한다는 것을 뜻하는 것은 아니다. 그것은 마치 전지전능한 신이 지배하는 하나의 독립적인 사후의 세계와 같은 실재적인 세계가 존재한다는 그런 의미는 결코 아니다. 인간이 하나의 독립적인 실재로서 한편으로는 예지적 존재이면서 다른 한편으로는 현상적 존재이기도 한 것이지 예지계에 따로 실재하는 인간이 존재하는 것은 아니다. 그것은 현상 속에 주어지는 현상하는 대상인 것이며, 다만 이론적 인식이란 그러한 대상 자체에까지 육박하거나 도달할 수 없다는 한계 설정 그 이상도 이하도 아니다. 따라서 "그것은 경험의 세계와 분리된 실재가 아니라 단순히 그에 대한 우리의 경험에 이바지하는 감각적 성질이나 개념적 구조를 갖지 않는 실재일 뿐이다. 그것은 두 가지 전망에서 고려된 동일한 실재이다. 지식 체계에 그 존재의 의지처를 부여하는 것이 바로 물 자체이다"[13]라는 평가는 주목할 만 하다. 그리고 이러한 평가를 뒷받침해 주는 저서가 다름 아닌『실천이성비판』이다.

여기에서 칸트는 감각의 세계를 초월할 수 있는 실천적 영역이 있음을 보여준다. 실천적 인식은 이론적 인식과 같은 방식이 아니라 다른 방식으로 이해되어야 한다는 것을 바로 물 자체와 현상 간의 구별을 통해서 칸트는 분명히 해두고 있는 것이다. 이러한 경우에만 우리는 이성 비판이 그의 선험철학적 체계의 궁극 목적에 부합하는 해석을 얻을 수가 있다. 즉, 궁극적으로 이성 자신의 고유한 실천적 관심과 목적에로 나아갈 수 있는 또 정당하게 실현할 수 있는 방도가 마련될 수가 있는 것이다. 결론적으로 이러한 목적을 위해 유용한 역할을 하게 될 선험적 인식에 대한 해명을 통해서 칸트가 일차적으로 보여주고자 한 것은

---

13) T. N. Ganapathy, "The Kantian Approach to Reality", 471.

이론적 인식의 한계를 설정함으로써 실천적 인식의 타당한 근거와 출발점을 확립하는 일이었던 것이다.

이처럼 비판적-선험론적 방법의 일차적 목적은 물 자체와 현상 간의 구별을 통한 이론적 인식의 근거와 한계를 정당화하는 것이었으며, 동시에 그것은 실천철학의 기초 확립이라는 목적도 겨냥하고 있다. 칸트에 의하면, 이론적 인식이든 실천적 인식이든 그것이 학문적 인식이려면 반드시 이성 자신에서 유래하는 순수한 인식이 포함되어야 하며, 또 이에 기초하여 인식의 체계가 논구되지 않으면 안 된다.(BIX-X) 다시 말해서 비판적-선험론적 방법의 목적은 오직 이성 자신에서만 유래하는 이론적 인식과 실천적 인식의 a priori한 요소 혹은 원리들에 대한 탐구와 해명을 통해 엄밀한 학문의 체계를 세우려는 데 있다. 이것은 동시에 엄밀한 학으로서의 형이상학의 가능성이 이론적 인식의 영역에서는 불가능하다는 것, 거기에서는 다만 과학적 인식만이 성립할 뿐, 전통적인 형이상학의 주제에 대해서는 더 이상 유의미한 성과에 도달할 수 없다는 것을 뜻하며, 그것은 궁극적으로 실천적 인식의 올바른 방향을 인도하는 결과를 가져온다는 것을 상징한다. 왜냐하면 이성에는 이성 자신의 고유한 본성에서 유래하는 가능한 경험의 한계를 넘어서려는 형이상학적 충동으로서 이성 자신의 고유한 관심이 내재해 있기 때문이다. 그런데 이러한 관심은 사변적 인식을 통해서는 불가능하다는 것이 그 결과로서 밝혀진 것이다. 이제 그것의 가능성은 오직 실천적 인식을 통해서만 가능한 것으로 정립된다. 그러나 이러한 가능성은 이미 주어져 있던 것이었다.

앞서 언급한 것처럼 이성에 고유한 본래적인 관심은 실천적인 데 있다고 생각하는 것이, 따라서 실천이성이 이론이성에 우위를 갖는다는 것, 혹은 더 우월하다는 것이 칸트가 애초부터 전제하고 있는 인간적 이성의 특성이었으며, 이러한 도덕적-실천적 이성의 우위는 그의 철학의 전 구상을 좌우한다.[14] 다른 한편으로 물 자체와 현상을 구별하는 중요한 이유 중의 하나는 실천철학의 출발점을 마련하기 위해서는 자유를 구제하지 않으면 안 되는 필요성에 따른 조치의 일환이다.[15] 왜냐하면 자유의 불가능성은 종국적으로 모든 도덕적-실천적 인식과 실천의 불가능성을 결과할 것이기 때문이다. 어떤 점에서 비판적-선험론적 방법은 다시 이를 정당화하고 확고한 기초 위에 세워두기 위한 절차에 지나지 않는다.

그러나 엄밀히 말해서 두 개의 이성이 별개로 존재하는 것은 아니다. 이론이성(이론적 인식의 선험적 능력과 원리로서)과 실천이성(실천적 인식의 능력이자 원리로서) 양자는 동일한 뿌리의 다른 가지일 뿐이다. 따라서 이 양자의 연관성이 밝혀져야 한다. 우리는 앞에서 경험 가능한 현상계 혹은 감성계에서만 타당한 선험적 이론적 인식의 최후 근거는 이성(지성) 자체에 있다는 것을 보았다. 즉, 선험적 인식은 주어진 경험적 자료를 이성이 능동적으로 구성한다는 점에서 성립한다. 인식의 선험적 요소의 최후 근거가 바로 이 이성(지성)의 능동성 즉 주관의 사발성이다. 칸트는 이러한 인식의 최후의 권리 근거를 주관의 자발적 활동성 즉 표상을 스스로 산출하는 "자발성(Spontaneität)"(B75/A51)의 능력으로서 선험론적 통각을 통해서 정당화하고 있다. 이 주관(자아)의 자발성에 근거하여 "모든 현존재의 상관자인 사고하는 자아(영혼)에 대하여 자아가 범주에 의하여 자기 자신을 인식하는 것이 아니라, 범주 및 이를 통해 [주어진] 모든 대상을 통각의 절대적 통일 속에서, 따라서 자기 자신을 통하여 인식하는 것이다."(A402) 결국 인식-범주의 선험성의 근거는 이성(지성)-주관의 자발성에 있다.

동시에 칸트는 선험적 실천적 인식의 출발점, 즉 비판적-선험론적 방법을 통해 확립한 실천철학의 출발점도 바로 이 주관의 자발성에서 찾는다. 물론 이 때

---

14) K. Konhardt, "Faktum der Vernunft? Zu Kants Frage nach dem 'eigentlichen Selbst' des Menschen", 163.

15) 김용정, 『칸트 철학 : 자연과 자유의 통일』, 239.

의 자발성은 경험가능한 영역에만 상관한다는 제약을 받는, 따라서 언제나 대상성에만 머물고 물 자체에까지는 미치지 못하는 대상구성적 인식 주체로서의 지성(넓은 의미의 이성)의 능력이 아니라, 예지적 자유의 세계에서의 행위 주체로서의 이성(좁은 의미의 이성)의 능력이다. 이렇게 되면, 넓은 의미에서 이 주체의 자발성은 선험적 이론적 인식과 실천적 인식 모두를 가능하게 해주는 근거요 출발점으로 정립된다. 즉 주관의 자발성은 한편으로는 이론적 인식의 최후 근거로 작용하는 지성의 근원적 통일로서의 통각의 활동성의 원천이요, 동시에 다른 한편으로는 의지(실천이성)의 실천적 행위의 출발점의 요석이다. 그런 점에서 주관의 자발성은 이론적 인식의 선험성의 근거이면서 동시에 실천적 인식의 선험성의 근거이기도 하다. 칸트는 바로 이 자발성에서 실천적 인식의 선험성으로서 도덕성을 발견한다.

그런데 여기서 우리는 도덕성과 관련한 선험성과 필연성에 대한 칸트의 용어 사용이 갖는 의미를 짚고 넘어갈 필요가 있다. 칸트는 일반적으로 선험성의 기준으로서 필연성과 보편성을 들고 있다. 그러나 선험성이 갖는 필연성의 의미를 칸트는 "논리적 또는 형식적 필연성"과 "사실적 또는 실질적 필연성"으로 구분하여 사용하고 있다. 칸트는 전자를 주관적 필연성, 후자를 객관적 필연성이라 부른다. 따라서 논리적 필연성만이 선험성의 기준에 부합하는 것은 아니다. 가령, 수학이나 자연과학적 명제들과 같은 선험적 종합 명제를 필연적 지식으로 표현할 때 이때의 필연성은 사실적 필연성이다. 그것은 우리가 전제가 참임을 인정할 때 그 결론도 참임을 인정하는, 말하자면, 논리적 필연성이 아니다. 이러한 예는 '모든', '약간의' 등과 같은 논리적 개념과 2, 3, 4와 같은 실질적 개념을 비교해 볼 때 분명히 드러난다. 전자는 개념의 분석만으로 그 명제의 진위를 판단할 수 있으며, 따라서 논증 형식에서 "모든 사람은 죽는다"는 전제에 사용되는 '모든'은 사실 여부와 관계하지 않는다. 칸트가 말하는 분석 명제들이 이러한 논리적 필연성에 해당한다. 칸트는 "모든 물체는 연장을 갖는다"와 같은 유형의 명제들을 결코 필연적이라 부르지 않고 있다. 칸트에 따르면 그것은 (선험적) 분석 명제이다. 반면에 후자는 실제의 대상이나 사물의 집합에 적용할 수 있는 개념이다. 모든 선험적 종합 명제를 포함한 칸트의 범주들이 바로 그 전형적인 경우들이다. 따라서 칸트에 있어서 '분석적'과 '필연적'은 다른 개념이다.[16] 이러한 용어 사용에 따른다면, 칸트의 도덕성은 선험적이면서도 필연적인 것이자 무엇보다도 사실적 필연성 또는 객관적 필연성의 지위를 갖는다.

이처럼 칸트 실천철학의 대전제인 자유와 도덕법칙은 주관의 자발성에서 동일한 근거를 갖는다. 칸트에 의하면, "도덕성은 완전히 선험적으로 원리에서 도출될 수 있는 행위의 유일한 합법칙성이다."(B869/A841) 즉, 이성 자체에서 스스로 촉발되는 자발적 능력의 소산이 곧 도덕성이다. 칸트에 의하면, 이러한 "이성이라는 능력은 인간을, 인간이 대상들을 통해서 촉발되는 한, 자신으로부터도 구별시켜 준다."(VII:88) 그런 점에서 칸트는 "이 순수한 자기 활동성(Selbsttätigkeit)으로서의 이상"(VII:88)은 다음과 같은 점에서 과학적 인식의 주체로서의 지성(이성)보다도 뛰어나다고 말한다.

> 지성 역시 자기 활동성이며, 감각처럼 사람이 사물에 의해 촉발되는 (따라서 수동적인) 경우에만 생겨나는 표상만을 포함하고 있지는 않다. 그럼에도 지성은 자신의 활동을 통해 다만 감성적 표상들을 규칙 아래 가져오고, 이렇게 해서 감성적 표상들을 하나의 의식 안에 결합시키는 데에만 쓰이는 것 이외의 다른 개념을 산출할 수가 없다. 이러한 감성의 사용 없이 지성은 아무것도 사유할 수가 없을 것이다. 이에 반해서 이성은 이념의 명칭 아래서 아주 순수한 자발성을 보여준다. 즉 이성은 이념을 통해 감성만이 지성에 제공해 줄 수 있는 모든 것을 훨씬 넘어서서 감성계와

---

16) 이에 대해서는 M. B. Rai, "The A Priori and the Analytic", 72-4 참조.

지성계를 상호 구분하고 이를 통해 지성 자신에게 그 한계를 지시해 주는
데에서 자신의 탁월한 임무를 입증해 준다.(VII:88)

이처럼 이성의 자기 촉발성 내지는 자발성은 이론적 인식의 과학성 및 실천
적 인식의 도덕성 모두를 가능하게 하는 선험성의 근거이다. 물론 이 자발성은
직접적인 경험이 불가능하다는 점에서 현상의 영역이 아니라 가상(可想)의 영
역, 자유의 세계에서 발견되는 행위의 선험적 원리의 담지자이다. 그러므로 도
덕의 영역에서 자발성은 그 자체가 동시에 "자유의 절대적 자발성" 내지는 "물
그 자체로서 주관의 자발성"(VII:225)이다. 심지어 이러한 이성의 자발성, 능동
성, 자기활동성은 "이념에 따라 자신의 질서"(B576/A548)를 입안하며, 그 자신에
고유한 자유를 이끌어내는 능력이다.[17] 인간은 본래가 도덕적 존재로서 모든 여
타의 존재자와 다르다는 칸트 사고의 근본 전제도 그 근거를 찾자면 바로 인간
이성의 이러한 자발성에서 찾을 수 있다. 이 같은 전제가 이론철학을 비롯한 칸
트 철학의 모든 방향을 결정짓는다. 칸트가 자신의 실천철학의 올바른 길을 제
시하는 출발선상에서 이 도덕성의 원리에 대한 해명에 가장 중요한 비중을 두는
근본 이유도 이에서 찾을 수 있다.

지금까지 살펴본 비판적-선험론적 방법론은 일차적으로 사고 영역에서 인
식 영역을 제한하는 결과를 가져왔다. 그것은 인식적 관점에서 현상계와 예지계
를 구분하는 것으로 귀결되었으며, 이렇게 해서 과학적 지식은 현상계에서만 성
립하는 것이며, 반면에 자유로운 도덕적 행위는 예지계에서 성립하는 것이 되었
다. 상호 양립 불가능한 자연 인과성과 자유 인과성, 즉 과학과 도덕의 두 세계가
각기 그 고유한 관점에서 모두 인식 가능한 세계로 파악되고 있다. 이러한 구분
과 해결은 이성 능력의 구분을 통해서 뒷받침되었으며, 이른바 '감성'과 (넓은 의

---

17) K. Konhardt, "Faktum der Vernunft? Zu Kants Frage nach dem 'eigentlichen Selbst' des
    Menschen", 162.

미에서 이성에 포함되는) '지성' 그리고 좁은 의미의 '이성' 능력이 그것이다. 이러한 검토와 모색 및 해결책을 마련한 후에야 비로소 칸트는 최초에 무비판적으로 가능한 것으로 간주하였던 종래의 형이상학적 인식과 실천의 문제의 해결에 나서는 방도를 취한다. 이때 선험적 이론적 인식으로부터 선험적 실천적 인식으로의 이행은 하나의 '아르키메데스적 기점'을 필요로 한다. 이 해결책의 궁극적인 '아르키메데스적 기점'이 바로 주체의 자발성 혹은 자발적 활동성으로서의 통각 즉 선험론적 자아이다. 그리고 이 자아는 인식의 최종적인 근거 설정의 주체이면서 도덕적 주체이자 실천 능력으로서 자유로 불려진다. 이는 곧 주관의 자발성이 단순히 인식능력에만 한정되는 것이 아니라 행위 능력과도 관련됨을 의미한다. 그러므로 우리는 칸트에 있어서의 인간에 대한 본질 규정은 단순히 소극적으로만 이해된 가상체(Noumenon)로서의 인간이 아니라 자발성에서 찾지 않으면 안 되며, 그것도 수용성과 대립하는 소극적 규정에서가 아니라 실천철학에서 그 주도적인 의미를 획득하고 있는 자유라 부르는 적극적 규정에서 이해되어야 한다.[18] 이 자유의 문제는『순수이성비판』의 '선험론적 변증론'에서 이론이성과 실천이성을 매개하는 이론적 기초로서 음미된 다음,『도덕형이상학 정초』및『실천이성비판』에서 일단락되며, 궁극적으로 실천철학적 문제 영역에 대한 칸트적인 접근 방법의 전모를 결정짓는다.

　이와 같은 칸트의 작업은 그 자체로 하나의 완전한 통일체로서 이성의 당연한 요구이다. 이성의 이론적·실천적 관심 모두가 이성 자신의 고유한 관심이긴 하지만, 칸트는 도덕적-실천적 관심을 이성의 궁극적인 관심으로 생각한다. 이러한 이성 자신의 관점에서 보자면 이론이성의 인식적 관심이 현상계에만 국한되어 있고, 도덕적 관심에는 미치지 못하므로 결국 그 자체로는 불완전한 것에 머물고 만다. 왜냐하면 이성의 "모든 관심은 궁극적으로 실천적인 것이며, 사변

---

18) G. Picht, *Kants Religionsphilosophie*, 487-8.

이성의 관심까지도 제약된 것에 불과하며, 그리고 실천적 사용에 있어서만 완전한 것이기 때문이다." (VII:252) 그러므로 이성의 궁극적인 관심과 목적에 비추어 보았을 때, 이론적 인식에 대한 비판철학적 탐구는 (실천)이성의 진정한 관심과 목적의 실현을 위한 사전 작업으로서의 이성의 자기 검증이라는 성격을 갖는다.

그러나 이러한 이성(능력)의 자기 성찰의 결과는 감성계와 예지계의 구분이 보여주듯이 이론적 인식의 단순한 확장이 아니라 이성의 한계를 짊어진 좁게는 실천적 인식에로, 넓게는 실천이성의 세계에로의 확장을 의미한다. 따라서 칸트에 있어서 원래 하나의 이성으로 통일되어 있는 이론이성과 실천이성의 차이는 양자의 본질적인 본성상의 차이가 아니라 능력상의 상대적인 차이 및 양자가 적용되는 세계(영역)상의 차이로 이해되는 것이 옳다.[19] 말하자면 각 이성의 임무가 무엇인가 하는 문제와 직결된다. 한편으로 이론이성은 자연에 대한 탐구를 인도하고 실천이성은 우리에게 도덕적으로 사는 방법을 일러준다. 실천이성의 우위란 이러한 실천이성의 영역이 더 중요하며, 이성 자신의 보다 본질적인 고유한 관심사임을 강조하는 데 불과하다. 또 다른 한편으로 이론이성이 대상 인식에 제한되지만, 실천이성은 그 대상들을 실제적이도록 만들 수 있기 때문에 상대적으로 능력이 우월하다.

칸트에 의하면, "자기 자신과의 단순히 조화가 아니라 확장이 이성의 관심에 속한다." (VII:250) 그런데 "실천이성이 사변이성이 독자적으로 자신의 통찰로부터 제공하는 것만을 받아들이고, 또 주어진 것으로 생각할 수 있다면, 사변이성이 우위를 차지할 것이다. 그러나 만일 실천이성이 사변이성의 모든 가능한 통찰에서 벗어나 있는 어떤 이론적 정립과 불가분적으로 결합되어 있는 선험적 근원적 원리들을 독자적으로 가지고 있다면," (VII: 250) 순수한 실천이성이 우위를 차지한다. 왜냐하면 사변이성과 실천이성은 하나의 동일한 이성인 바 이 양

---

19) 이러한 견해에 대해서는 S. Neiman, *The Unity of Reason: Rereading Kant*, 125-9.

자 간의 상하 관계가 성립하지 않는다면, 그것은 "이성의 자기모순"(Ⅶ:251)일 것이며, 실천이성이 제공하는 근원적 통찰에 대해서 사변이성은 아무런 판정도 할 수가 없을 뿐만 아니라 오히려 실천이성은 사변이성의 관심과 모순을 일으키지 않으면서 "실천적인 의도에서의 이성 사용의 확장"(Ⅶ:251)이라는 이성 자신의 고유한 관심을 실행에 옮길 수가 있기 때문이다.

따라서 사변이성에 대한 실천이성의 우위는 자신의 요구를 완전히 실현하고자 하는 이성의 고유한 '요구'인 것이다. 이러한 요구로서의 이성의 진정한 관심이란 곧 이성의 실천적 사용에 있으며, 그것은 다름 아닌 인간의 사명인 이성의 궁극 목적으로서의 "도덕"(B868/A840)에 있다. 칸트에 의하면, 이 때문에 모든 이성 활동 중에서 실천철학이야말로 고래로부터 우월성을 누려올 수 있었다. 이러한 실천철학의 정당한 권리를 해명하기 위해서 칸트는 방법론적 성찰을 수행한 것이다.

체계 전체의 구조로 볼 때, 『순수이성비판』을 통하여 이론적 인식의 선험성과 그 한계를 우선적으로 해명한 것은 역으로 선험론적으로 도덕적-실천적 인식에 근거한 실천철학의 확고한 토대와 방향을 설정함으로써 "비판적으로 추구되고 방법론적으로 이끌어진 학문"으로서의 도덕형이상학의 가능성을 증명하기 위한 선행적인 조치였다고 할 수 있다. 칸트가 『순수이성비판』이 아닌 『실천이성비판』의 서언에서 "이제야 인식능력과 욕구능력의 선험적 원리들을 찾아냈으며, 이로써 학문으로서의 체계적인 이론철학과 실천철학에 대한 안전한 기초가 마련되었다."(Ⅶ:116)고 한 것은 비판적·선험론적 철학과 방법론의 근본 목적이 어디에 있었는가를 잘 말해 주고 있다. 따라서 칸트가 『순수이성비판』에서 수행한 사고방식의 진정한 코페르니쿠스적 혁명은 『실천이성비판』을 통해서 비로소 제 모습을 갖추게 되었다고 할 수 있다.[20]

---

20) A. Model, *Metaphysik und reflektierende Urteilskraft bei Kant*, 19.

가령 칸트의 전비판기의 윤리학적 관심과 견해에 대한 상세한 연구를 개진한 바 있는 쉴프는 심지어 "칸트의 일차적이고도 주된 관심은 일찍이 인식론적 내지는 형이상학적 성격의 문제보다는 도덕철학에 향해 있었다고 할만한 증거가 있다." [21]는 점을 들어『순수이성비판』과『형이상학 서설』이 오히려 그의 윤리학적 관심의 당연한 결과였다는 주장까지도 펴고 있다. 그는 비록 칸트가『도덕형이상학 정초』가 출간되기 이전에 형이상학을 포함한 인식론의 문제들에 대한 답변에 주력함으로써 자신의 윤리학적 연구에 대한 입장 표명을 분명히 하고 있지는 않았지만, 이미 그 전부터 그의 주된 관심이 도덕의 문제에 있었음을 보여주는 전비판기의 강의들, 저술들 및 서한들이 그 사실을 뒷받침하고 있다는 것을 강조하고 있다. [22] 그러나 비록 이러한 정황 및 사실적 증거들이 칸트의 주된 관심이 어디에 있었는지를 보여준다고 하더라도 분명한 것은 칸트의 비판철학이 확립되지 않은 이 시기의 저술들은 여전히 하나의 일관된 견해를 정립하지 못하고 있다는 점이다. 이 시기의 견해에 대한 평가도 역시 제 모습을 갖춘 그의 비판철학의 등장을 통해서만 올바로 이루어질 수 있을 것이다. 따라서 그의 비판적 작업의 분명한 의도는 기본적으로『도덕형이상학 정초』를 포함한『실천이성비판』에서 결실을 맺고 있다고 보아야 한다.

3. 도덕적 관점

칸트의 도덕적 관점은 도덕판단을 공정성, 형평성, 평등성 등과 함께 객관성과 보편성의 요구로 이해한다. 이러한 관점을 떠받치고 있는 근본 조건은 이성

---

21) P. A. Schilpp, *Kant's Pre-Critical Ethics*, xii.
22) 같은 글, 7-10. 여기에는 그 증거들에 대한 자세한 목록들이 덧붙여 제시되어 있다.

과 감정의 철저한 구분과 분리에 있다. 때문에 그의 도덕적 관점은 방법론적으로 실재론적이면서 동시에 구성주의적이다.[23] 칸트는 원칙적으로 선험론적 방법론을 채택하고 있으면서 동시에 실재론적 관점에서 이론적 인식의 선험적 원리들을 발견하고 정당화하듯이 이를 도덕적-실천적 인식의 경우에도 똑같이 적용한다. 다시 말해서 칸트는 이론철학에서는 실재론적 관점에서 선험적 지식의 존재를 선험론적으로 정당화하며, 다시 구성주의적 관점에서 그 정당성을 경험론적으로 증명해 보이는 방도를 취하고 있다.[24] 마찬가지로 윤리학의 문제를 다루는『도덕형이상학 정초』에서는 실재론적 관점에서 일상적인 도덕의식으로부터 행위의 선험적 원리가 작용하고 있음을 보여주고,『실천이성비판』에서는 전자를 전제로 구성주의적 관점에서 행위의 선험적 원리 즉 도덕법칙으로부터 도덕적 행위를 정당화시키고, 나아가 실천이성의 잘못된 사용을 비판 내지 경계하는 전략을 취하고 있다.[25] 물론 두 저서 모두 이 같은 두 가지 관점을 다 같이 혼용하고 있기 때문에 단순히 이분법적으로 구분할 수는 없지만, 그 주요 특징에 있어서 전자가 도덕법칙과 정언명법의 존재를 증명하는 과정과 후자가 경험적 실천이성의 잘못된 사용을 비판하면서 구체적인 도덕적 행위의 성립을 해명하기 위해서 도덕법칙만이 도덕적 동기로서 의지의 규정근거가 될 수 있음을, 그리고 동시에 도덕법칙과 최고선의 실현 조건으로서 신, 자유, 영혼불멸을 그 조건으로서 증명하는 과정은 방법론적으로 이같은 관점의 차이를 들어 설명할 수 있다.

---

23) 그런 점에서 칸트의 도덕적 관점을 롤스나 코스가드처럼 어느 하나로만 규정하는 시각에 반대한다. 크리스틴 M. 코스가드,『목적의 왕국』, 12-3.

24) 이는 칸트 자신의 이론철학, 즉 '순수이성비판'에서의 실재론과 관념론, 또는 선험론적 관념론과 경험적 실재론의 구분과 다르다. 나는 칸트의 관점에서의 선험론적 윤리학은 실재론적이면서 동시에 구성주의적 성격을 갖는다고 해석한다. 그것은 도덕법칙의 1) 발견, 2) 정당화, 3) 실천적 도덕규칙에의 적용 각각에 대한 칸트의 해명 방식이 차이 있기 때문이다.

25) L. W. Beck, Introduction to Immanuel Kants. *Critique of Pratical Reason*, ix 참조.

이처럼 도덕적-실천적 행위에 대한 칸트의 접근법은, 그의 용어에 다르면, 비판적-선험론적 방법이며, 따라서 그의 도덕 연구 방법론은 과거의 철학적 방법과는 전혀 다른 방식에 기초하고 있다. 그것은 한마디로 경험적인 것과 이성적인 것, 후험적인 것과 선험적 것, 내용(질료)과 형식의 구분에 의존한다. 그리고 그러한 구분은 실재론적 관점과 구성주의적 관점이라는 두 상이한 관점에서 각각 정당화될 수 있다는 것을 보여주는 전략을 취하고 있다.

그러나 앞서 살펴본 것처럼 도덕성의 선험성도 이성 자체에서 유래하는 한, 윤리학에 있어서의 칸트는 기본적으로 비판적 합리주의의 입장을 취하고 있다.[26] 칸트는 최상의 도덕원리를 발견하고자 한 전통적인 철학자들의 연구 방법은 그들이 행위의 근본 원리로서의 선험적 (도덕)법칙을 경험적인 것으로부터 발견하고자 했기 때문에 근본적으로 본말이 전도된 것이라 비판한다.[27] 칸트는 이처럼 "고대인들은 도덕의 연구를 전적으로 최고선 개념, 즉 대상의 규정에 두었으며" (VII:182) 이 때문에 그들에게는 보편적으로 명령하는 선험적 도덕법칙 (순수 실천법칙)이 의지의 규정 근거로서 발견될 수 있는 길이 아예 막혀 있었다고 주장한다. 그 결과 그들은 선의 최상 개념을 형성하는 쾌의 대상을 행복, 완전성, 도덕적 감정, 신의 의지 등에 설정할 수밖에 없었다는 것이다. 이것들은, 칸트의 경우에는, 한결같이 경험적 원리이거나 타율적 원리에 지나지 않는다. 이런 점에서 전통적 합리주의자들의 도덕의 원리도 타율적 원리에 지나지 않는다.

---

26) 칸트의 윤리학의 기본 노선을 비판적 합리주의라 표현한 것은 물론 그것이 비판철학적 토대 위에 서 있다는 점에서는 라이프니츠-볼프(Leibniz-Wolff)류의 합리주의와는 구별되는 '비판적' 입장이지만, 윤리학의 기초를 이성에 찾고 있다는 점에서는 대체로 합리주의 노선을 계승하고 있기 때문이다. 이러한 입장이 아주 분명하게 표현되어 있는 곳은 『실천이성비판』의 서언(Vorrede)에서 칸트가 자유의 개념을 강조하는 대목에서 단적으로 엿볼 수 있다. 즉 칸트는 "자유의 개념은 모든 경험론자들에게는 걸림돌이지만, 비판적 도덕론자들에게는 가장 숭고한 실천 원칙들에 도달하는 열쇠이다. 후자는 자유의 개념에 의해서 자기들이 반드시 합리적 방법을 취해야 할 것을 통찰한다." (VII:112) 말하고 있다.
27) 이를 칸트는 "대상을 법칙의 질료로 그리고 법칙의 근본으로 하고자 의지의 대상을 [먼저] 구했다" (VII:182)라고 표현한다.

칸트는 단적으로 선·악이라는 객관을 존재하게 하는 행위를 의욕하기 위해서는 "행위의 도덕적 가능성" (VII:174)이 선행해야 한다고 주장한다. 이러한 관계는 칸트 실천철학의 향방을 결정짓는 중요한 대목이다. 이 도덕적 행위 가능성을 칸트는 바로 인간의 선험적인 도덕성에서 찾음으로써 소위 자율(Autonomie) 도덕이라 일컬어지는 윤리학에 있어서의 코페르니쿠스적 전환을 이룩하게 된다. 이러한 전환이 갖는 철학사적 의의는 서양 윤리학의 방향을 결정지었던 아리스토텔레스와 비교했을 때 분명하게 드러난다. 아리스토텔레스가 궁극적으로 실천적 학문들보다 이론적 학문들을 더 위에다 두었고, 나아가 윤리학적 체계를 인간의 실제적인 성품 위에다 세우고자 하는 하나의 경험적 관점으로부터 접근한다. 반면에 칸트는 이론이성은 자신이 추구하는 궁극적 지식에는 도달할 수 없으며, 오히려 실천이성만이 진정으로 의지라는 자신의 대상을 확고부동하게 자신의 힘이 미치는 곳에 두고 있는 유일한 것이며, 따라서 이에 도달하는 가능 근거를 인간의 당위적인 성품(도덕적 소질)으로부터 출발해야 한다고 보고 있다.

이상과 같은 맥락에서 칸트는 "선과 악의 개념은 도덕법칙에 앞서서 규정되어서는 안 되고, 오직 도덕법칙 다음에 그리고 도덕법칙을 통해서 규정되어야 한다." (VII:180)고 선언한다. 그리고 이 도덕법칙만이 행위의 도덕성의 척도 즉 "순수의지의 유일한 규정 근거" (VII:237)이기 때문에, 모든 것에 앞서서 도덕원리의 발견과 확립만이 선악, 최고선과 최고선의 탐구를 포함한 도덕 연구 방법이 나아가야 할 유일한 올바른 순서로 간주된다. 다시 말해서 칸트는 이러한 방법만이 이성 자체의 법칙에 따라 규정되는 보편타당한 도덕의 원리를 제시할 수 있다고 생각한다. 이와 반대로 최고선을 먼저 순수의지의 규정 근거로 삼는 일체의 태도를 배격한다. 말하자면 도덕법칙에 앞서서, 가령 행복과 같은, 어떤 대상을 선으로 미리 설정해 놓고 이를 의지의 규정 근거로 삼은 다음, 이로부터 최상의 실천원리를 유도하는 것은 타율(Heteronomie) 도덕으로서 올바른 도덕원리를 수립할 수가 없다.

칸트는 종래의 모든 윤리학이 필연적으로 보편타당한 도덕법칙의 확립에 성공할 수 없었던 까닭도 이와 같은 전략에 의존했기 때문이라고 생각한다. 더 나아가 이러한 태도는 인간의 자율성을 크게 훼손하여, 그야말로 인간의 도덕적 가치를 격하시키는 그릇된 견해들이라고 강력하게 비판한다. 이 때문에 칸트의 도덕철학에서는 『도덕형이상학 정초』와 『실천이성비판』이 보여주듯이 도덕원리가 (최고)선의 개념보다 먼저 탐구되고 확립되는 순서를 갖는다.

칸트에 의하면, 사변 철학자는 비판적 이성의 관리자 즉 "보관자"(Depositär)이다. 이는 곧 이성의 사용에 있어서 잘못된 것, 올바른 것을 판정함으로써, 본래의 이성이 자신의 길을 걸어가면서 저지를지도 모를 오류를 감시하고, 나아가 바른 길로 인도하는 나침반의 역할을 하는 자라는 의미를 갖는다. 그리고 감시자 또는 나침반으로서의 역할이란 동시에 그것이 본래 의도하는 보다 중요한 목적이 있음을 암시한다. 그것이 바로 이성의 본래적 관심을 주도하는 실천이성에 고유한 요구 즉 세계 지혜로서의 최고선이다. 그러면 칸트는 이론이성(사변이성)에 대비되는 실천이성이라는 용어를 어떤 의미로 사용하는가? 이러한 물음은 칸트의 용어 사용법 자체에 그의 실천철학의 근본 특징이 담겨 있다고 해도 지나친 말이 아니라는 점에서 중요한 의의를 갖는다.

칸트의 실천이성은 우리의 일상 어법에서는 구분해서 사용되는 이성과 의지라는 성격을 함께 갖는다. 먼저 실천이성은 자기 스스로 산출하는 선험적-실천적 원리들이 발견되는 영역이자 이 원리를 통찰하는 능력과 기능을 가지며, 무엇보다도 자신의 의지에 따라 이 원리를 실천하는 행위 능력이다. 칸트에 의하면 이성적 존재자만이 이러한 자격을 갖는다.

자연의 모든 사물들은 법칙에 따라 작용한다. 이성적 존재자만이 법칙의 표상에 따라, 즉 원리에 따라 행위하는 능력 또는 의지를 갖는다. 행위를 법칙에서 이끌어내기 위해서는 이성이 요구되기 때문에 이런 의지는 실천이성 이외의 다른 것이 아니다. 이성이 의지를 불가피하게 규정한다면, 그러한 [이성적] 존재자의 행위는 객관적으로 필연적이라고 인식되며, 또한 주관적으로도 필연적이다. 다시 말해 의지란 이성이 경향성과는 무관하게 실천적으로 필연적이라고, 즉 선하다고 인식하는 것만을 선택하는 능력이다.(VII:41)

넓은 의미에서 칸트의 실천이성은 일차적으로 인간을 이성적 존재로 규정하는 플라톤과 아리스토텔레스적인 전통을 따르고 있다는 의미에서 사유를 본질로 삼으며 이를 통하여 인간의 최고의 궁극 목적을 달성할 수 있는 근거이자 능력으로서의 합리성을 뜻한다고 할 수 있다. 그러나 이를 다시 세밀하게 구분해 볼 때 저들과 칸트의 이성 개념의 근본적인 차이가 드러난다. 칸트는 이 넓은 의미에서의 합리성(Vernünftigkeit) 개념을 두 가지 즉 도덕적 합리성(VII:149)과 타산적·계산적·도구적 합리성(VII:144)으로 명백히 구분한다. 전자는 칸트의 실천철학이 종래의 그 어떤 것과도 성격을 달리하는 가장 중요한 그야말로 칸트에게만 고유한 것이다. 여기서 도덕적 합리성은 그의 순수실천이성 내지는 순수한 의지 자체로부터 유래하는 개념이다. 즉, "모든 도덕적 개념은 완전히 선험적으로 이성 안에 그 소재와 근원을 둔다." (VII:39) 따라서 칸트의 경우에 "이성적 존재자란 곧 도덕적 존재자" (X:394)를 뜻하며, 단적으로 칸트가 말하는 본래적 의미에서의 합리성도 곧 도덕성에 다름 아니다.[28] 그리고 도구적 합리성은 단적으로 칸트에 의해 비도덕적이라는 비난을 받게 되는 개념, 나아가 합리성의 본래적 의미에 어긋나는, 따라서 진정으로 합리성이라 이름붙일 수도 없는 개념이

---

28) A. H. Goldman, *Moral Knowledge*, 95-105 참조.

다. 그것은 인간의 감성의 측면 즉 욕구 충족이나 이익을 추구하고자 하는 경향, 한마디로 행복 추구에의 경향에 복종하거나 이용되는 이성이다.

다른 시각에서 우리는 이러한 의미를 도덕적 이성(도덕성)과 도구적 이성(합리성)의 도식으로도 구분지어 볼 수 있다. 칸트의 실천철학적 방법론은 전자가 후자를 절대적으로 제한하고 지배하는 논리적 관계를 유지하면서 전개된다. 그러나 다른 한편으로 칸트적 이성이 갖는 도덕적 능력 또는 소질은 그 자체가 하나의 형이상학적 토대 위에 서 있다. 엄밀한 의미에서 칸트가 문제삼는 비판의 대상으로서의 이성은 순수한 실천이성이 아니라 사변이성 내지는 경험적 실천이성에 국한되어 있다. 그러나 우리는 순수한 실천이성의 능력에 대해서도 칸트적 태도를 문제삼는 것이 정당하다고 말할 수 있다. 물론 칸트는 경험적 실천이성의 사용에 대해서 문제삼고 있긴 하나, 우리는 그보다 더 근원적인 의미를 갖는 순수한 실천이성으로서의 도덕적 이성이란 과연 무엇인지, 또 왜 그 이성은 자신의 궁극적인 목적을 스스로 갖고 있으며, 과연 그것이 이성에게 마땅히 귀속시켜야 할 그런 자격을 갖는지 등에 대해서 이성 스스로에게 물어볼 수 있다. 이러한 맥락에서 "칸트에 있어서는 이성의 〈사용의 위기〉는 있어도 〈이성의 위기〉는 없었다. 이성의 궁극적인 자율성 자체는 비판에서 제외되었다."[29]는 지적은 적절한 평가라 할 수 있다.

롤스도 칸트가 사용하는 이성적이라는 표현에 위와 같은 두 가지 의미가 들어 있다고 보고 있다. 그에 의하면, 이성적이란 영어식 표현법에 따르면 합당한 (reasonable)과 합리적(rational)이라는 의미를 함께 갖는다. 후자가 어떤 상황에서 가장 효과적으로 당사자의 이익을 달성한다는 의미를 갖는다면, 전자는 타인의 입장까지도 고려하면서 어느 경우라도 공정하고 불편부당한 거래와 행위를 한다는 의미를 갖는다. 이런 표현은 가령 우리가 '그들 처지에서 그들의 제안은 합

---

29) 강영안, 「칸트의 초월철학과 형이상학」, 40.

리적이지만, 그렇다고 그 제안이 합당한 것은 아니다'라고 말할 때 잘 드러나 있다. 그리고 이러한 의미를 롤스는 각각 실천이성의 두 가지 기능인 경험적 실천이성과 순수한 실천이성에 견줄 수 있으며, 나아가 가언명법과 정언명법의 구분과도 일치할 수 있다고 해석한다.[30] 그러나 칸트의 도덕적 합리성은 롤스가 말하는 합당성의 의미보다 훨씬 엄격하고 제한적이며, 무엇보다도 그 근원에 있어서 형이상학적이며, 순전히 내재적인 도덕적 근원에 뿌리를 두고 있다. 그러나 다른 한편으로 칸트의 실천철학의 근본 전제로서 설정되어 있는 (도덕적) 합리성이라는 이성 개념은 그의 철학의 운명을 결정짓는 역할을 하고 있다. 이성 개념에 있어서 코페르니쿠스적 혁명은 칸트가 이성을 그 자신의 법칙성에 지배를 받는 자발적 활동성, 한마디로 칸트적 의미에서의 자율성으로 이해한다는 점에 의해서 특징지어진다. 이러한 자율성 혹은 자발성은 자신의 목적(최고선)을 끊임없이 실현해 내고자 하는 역동적인 이성이다. 왜냐하면 칸트의 이성은 본래가 하나의 통일체로서 자아(이성)의 자발적 역동적 활동성을 통하여 자신의 본질을 실현해야 할 목적을 추구하면서 자신과 일치시켜 가는 구조를 보여주고 있으며, 그것이 최고선 개념을 근거짓는 과정에서 여실히 드러나기 때문이다.[31] 말하자면 칸트는 이러한 이성의 자기 자신과의 일치와 화해 그리고 자신의 도덕적 목적의 완성으로서의 인간과 이성 자신의 역사를 이성의 궁극 목적으로서의 최고선을 실현하는 과정, 즉 이성이 자신을 완성시켜 가는 과정으로까지 이해한다. 그러나 한편으로 이성이 자신의 고유한 목적(최고선)을 실현해 가는 역사적 과정이 자기 자신과 합치할 수 있다는 사고를 정당화하는 논증은 칸트의 철학 안에서는 헤겔이 그것을 체계적으로 완결 짓기 전까지 미완성으로 남아 있게 된다. 그리고 다른 한편으로 전체적으로 보아 칸트의 실천철학은 이성의 이러한 본성과 한

---

30) J. Rawls, "Themes in Kant's Moral Philosophy", 16-7.
31) Y. Yovel, *Kant and the Philosophy of History*, 12-4.

계를 현실 및 역사적 세계와 조화시키려는 과정에서 제 모습을 드러내게 되며, 그 중심 개념은 실천이성 자신의 목적으로서 최고의 도덕적 선이다.

◆ 제4장 ◆

Ethics of Kant

선의지와
정언명법

ETHICS
OF
KANT

1. 의무의식과 도덕성의 발견

도덕이란 무엇인가? 우리는 왜 도덕적으로 행동해야 하는가? 도덕 규칙이나 법칙 혹은 의무가 우리의 행위에 대해서 구속력을 갖거나 가져야 하는 것은 무엇 때문인가? 이른바 도덕성의 근원 및 그 근거와 이유에 대한 탐구는 칸트의 철학적 윤리학의 근본 과제에 속한다. 서양 철학사가 보여주는 그리스 철인들의 최초의 윤리학적 탐구는 "우리는 무엇을 해야 하는가?"에 대한 물음이 아니라 "우리는 근본적으로 그리고 정말로 무엇을 원하는가?"라는 물음을 전면에 내세웠다. 그들은 우리가 원하는 대상이나 목적에 대한 엄밀한 이해에 도달할 때 우리가 무엇을 해야 하며, 올바른 삶이 무엇인지에 대한 해답도 주어지리라 생각했다. 그들은 이러한 행위의 욕구와 대상을 선 또는 최고선이라 불렀다. 말하자면, 그들이 설정한 "최고선이란 무엇인가?"라는 물음은 "무엇이 도덕적으로 정당화되는가?"가 문제가 아니라 "우리가 추구하는 궁극적인 목적은 무엇인가?"를 의미했다.[1] 그러나 칸트는 이러한 물음 방식을 근본적으로 전도시켜서 소위

---

1) R. Spaemann, *Basic Moral Concepts*, 14.

윤리학에서도 코페르니쿠스적 전환을 시도했다. 그 결과 칸트는 먼저 행위의 원리로서 도덕성의 근거가 무엇인지를 묻고 그 다음에야 비로소 이로부터 정당하게 추구할 수 있는 혹은 추구해야 할 대상과 목적을 규정했다. 칸트는 이와 같은 형식을 갖춘 것이야말로 진정으로 자율 도덕일 수 있으며, 그렇지 않은 일체의 것들을 타율 도덕으로 비판한다.

칸트는 이렇게 무엇이 도덕적 행위인지, 혹은 우리는 어떤 행위를 해야 하며, 또 해서는 안 되는지, 그리고 왜 그래야만 하는지에 대해서 물으면서 그에 대한 해답을 그와 같은 물음을 던지는 존재 자신에게서, 즉 인간의 도덕의식 자체에서 발견해낸다. 양심과 같은 우리의 일상적 도덕의식은, 과학적 지식이 자연 세계에 타당하게 적용되고 있는 것과 마찬가지로, 모든 사람의 행동거지에 작용하고 있음을 믿어 의심치 않는다. 따라서 과학적 지식처럼 도덕적 지식 또한 보편성과 필연성을 갖는 지식이어야만 한다고 믿는 칸트는 윤리학의 보편타당한 학적 토대를 과학의 확실성을 근거 짓는 방법과 동일한 방식으로 확립하고자 한다. 보편성과 필연성을 보증하는 타당한 도덕원리란 모든 사람에게 적용되어야 하며, 그러기 위해서는 일체의 경험적 요소들과는 독립해 있어야만 한다고 생각한다. 칸트는 그와 같은 가능성을 인간의 본성, 그것도 이성적 본성에 발견한다.

책임의 근거는 인간의 본성에서, 혹은 인간이 처해 있는 환경에서가 아니라 오로지 순수이성의 개념 안에서 선험적으로 찾아져야 한다. (VII:13)

도덕성의 근원은 경험적 자료들이나 토대와는 전적으로 독립해 있어야만 그것에 따른 도덕판단 역시 보편타당할 수 있다. 그러므로 이렇게 해서 이와 같은 수준에서 이루어지는 도덕적 행위의 보편타당한 기초를 확립하고 그 원리를 제시하고자 하는 것이 칸트 윤리학의 가장 중요한 과제가 된다.

칸트는『도덕형이상학 정초』에서 이러한 순수 윤리학으로서 도덕철학의 필요성을 강조한다. 칸트는 철학이 "오직 선험적 원리에 의해서 그 이론을 진술하는 것"(VII:11)을 순수 철학이라 부르고, 자신의 의도를 "단지 경험적인 것이어서 인간학에 속하는 모든 것을 모두 깨끗하게 제거해 버린 하나의 순수한 도덕철학을 한번 다루어 보는 것도 아주 필요한 일이다. 왜냐하면 이와 같은 철학이 있어야 한다는 것은 의무와 도덕법칙의 일상적 관념 자체로부터 분명해지기 때문이다."(VII:13)라고 밝히고 있다. 즉 칸트는 보통 사람들이 비록 도덕원리를 추상적 형식이나 보편적 형식으로 이해하지는 못한다 할지라도 그들이 실제로는 이 원리를 도덕판단의 척도로 사용하고 있다고 생각한다.(VII:20-21)

칸트의 입장에 따르면, 한 행위의 시비를 가릴 기준으로서의 법칙이 절대적 필연성을 충족시키지 못할 경우, 우리는 어떤 행위에 대해서 진정한 의미에서의 도덕적 책임을 물을 수 있는 근거를 갖지 못하게 된다. 그런데 경험적인 것에 조금이라도 근거를 두고 있는 것은 이러한 필연적인 법칙을 주장할 수가 없을 뿐 아니라 경험으로부터 일반화한 도덕법칙은 모든 이성적 행위자에게 보편타당하게 적용할 수가 없는 것이다. 칸트는 순수 윤리학의 확립을 통하여 보편성과 필연성을 갖춘 도덕원리를 발견하지 않으면 안 되는 이유에 대해서 "어떤 법칙이 도덕적으로, 즉 책임의 근거로 타당해야 한다면, 그 법칙은 절대적인 필연성을 그 안에 갖추고 있어야 한다."(VII:13)고 말한다. 그러므로 칸트가 말하는 도덕성의 원리란 객관성, 보편성, 필연성을 지녀야 한다.

그렇지만 고대 그리스의 아리스토텔레스가 도덕의 문제와 관련하여 높은 수준의 교육을 요구한 것과는 달리 칸트는 인간의 일상적 도덕의식 속에는 이러한 관념이 이미 내재해 있다고 생각한다. 때문에 도덕성의 원리를 밝혀내려는 일을 단지 일상의 도덕의식에 내재해 있는 도덕성을 드러내는 일 정도로 생각한다.(VII:113) 그러면서도 칸트는 현실에서 "도덕의 지침과 최고의 규준이 정당한 평가를 받지 못하는 한, 도덕 자신은 갖가지 부패에 빠져버리기 때문에," (VII:14) 이 작업이야말로 도덕철학자의 최우선의 임무임을 강조한다. 그러므로 칸트가 도덕철학을 통해서 하려는 것은 현실의 도덕을 바로 세우는 것이며, 또 그 일은 모든 사람은 스스로가 무엇이 옳고 그른지를 알고 있기 때문에 마치 "소크라테스가 했던 것처럼" (VII:31) 새로운 것을 발견해 내거나 가르치는 것이 아니라 이미 알고 있는 도덕적 지식의 원리를 환기시켜 그것을 분명히 하는 것이었다.

그것이 아주 간략하게 다루어지고 있다 하더라도(VI:582, VIII:504, XII:737), 칸트가 소크라테스적 방법을 도덕의 영역에서뿐만 아니라 모든 다른 영역에서도 이성적 지식과 실천을 위한 유일한 방법으로 간주한다는 점에서 주목할 만하다. 동시에 이러한 칸트의 태도는 당시의 주도적인 학설이었던 라이프니츠-볼프의 윤리학과 대비되는데, 특히 그의 윤리학이 갖는 경건주의 정신과 관련 있는데, 저들과 칸트의 근본적인 차이는 정태적인 절대주의적 목적론과 일상적 상황에서 자유롭게 반응하는 도덕 간의 차이에 있다고 할 수 있다. 절대주의적 목적론이 개인적 결정의 문제에 관심을 두지 않은 반면에 경건주의의 도덕은 내적 정신에 의해 이끌린 인격의 자유로운 반응에 관심을 두었다.[2] 비록 그것이 행위의 도덕성을 평가함에 있어서 예외를 두지 엄격한 준칙과 결합해 있지만, 그럼에도 이는 자유로운 인격체로서의 인간 존재에 대한 그의 존경심을 반영하고 있다.

칸트에게 도덕성은 경험적 조건으로부터는 전혀 추론될 수 없는 순수한 이성적 개념이며, 무엇보다도 보편성을 갖는 것이다. 이 보편성으로서의 도덕성은 이성적 존재자에게는 거부할 수 없는 요구로 나타나는데, 그 징표가 바로 인간의 마음 속에서 일어나는 의무의식이다. 그리고 이 의무의식은 그 스스로 그렇게 해야만 한다고 생각하는 의식과 결합해 있기 때문에 도덕성의 원리와 의지의

---

2) P. A. Schilpp, *Kant's Pre-Critical Ethics*, 3.

자율성은 별개의 것일 수 없으며, 그것이 보편적 이성의 원리이듯이 자기애 혹은 행복의 원리나 의지의 타율과는 반대로, 일체의 경험적인 것과 무관한 것이다. 경험의존적인 것으로부터는 어떠한 보편성과 필연성도 가능하지 않기 때문이다. 칸트는 이러한 행위의 도덕적 원리를 정언명법(도덕법칙)이라 명명한다.[3]

칸트가 객관성은 물론 보편성과 필연성을 충족시키는 도덕법칙이라는 최고의 도덕원리에 도달하는 방법은 두 가지로 구분할 수 있다. 두 가지 방법 모두 도덕법칙의 확립과 정당화라는 논증 구조를 갖추고 있다. 하나는 『도덕형이상학 정초』에서 우리의 일상적 도덕의식에 반영되어 있는 선의지와 의무 개념에 대한 전진적인 분석을 거쳐서 도덕원리에 도달하는 방법이다. 여기서는 선의지를 근거로 의무 개념으로부터 이에 도달하는 길을 택하면서 도덕철학의 학적 원리의 조건들을 명료화하고 있다. 그러나 이 방법을 통해 도달한 것은 실제로는 도덕법칙이 아니라 정언명법, 더 정확히 말해서 정언명법과 의지의 자율의 관계이다. 그 이유는 인간의 의지는 도덕성을 의무 혹은 강제성을 갖는 것으로 의식하는데, 도덕법칙이라는 말로는 이 강제성이 드러나지 않기 때문이다. 이렇게 도덕법칙과 정언명법은 그 보편성과 객관성, 그리고 필연성의 형식에 있어서는 동일하지만 그 내용에서 나타나는 차이를 표현한 것으로서 그것이 도덕성의 근본 법칙이라는 점에서는 동일한 것이다.

반면에 의무의 근거를 직접적으로 도덕법칙 자체에 대한 이성적 통찰로부터 귀결시키는 또 다른 방법과 내용은 전자의 논의를 근거로 할 때만 올바로 이해될 수 있는 바, 그 다른 하나는 『실천이성비판』에서 자유를 매개로 하여 실천이성의 사실로부터 직접적으로 연역해 내는 방법이다. 칸트가 이러한 두 가지 서로 상반되는 전략을 채택한 근본적인 이유는 대략 두 가지로 추측해 볼 수가

---

3) O. Höffe, *Ethik und Politik : Grundmodelle und -probleme der praktischen Philosophie*, 206-207.

있다. 첫째로는 도덕이 엄밀한 학으로서의 자격과 조건을 갖추어야 할 필요성에 직면하여, 당시의 도덕에 대한 일반적인 경향이 다분히 경험적 요소에 의존함으로써 도덕의 진정한 권위를 실추 내지는 오인하는 실정에 맞서, 보편타당한 객관적 기준으로서의 도덕의 원리가 의심할 나위 없이 일반인의 상식적 도덕의식에 분명히 자리잡고 있고 또 실제의 행위에서도 작용하고 있음을 보여주어 도덕의 원리를 확고한 토대 위에 확립할 수 있음을 증명해야 한다는 생각이다. 둘째로는 도덕의 최고 원리는 그 성격상 과학적 지식의 경우처럼 그것의 필연성을 이론적으로 증명해 보일 수 없는, 따라서 실천적으로 통찰될 수 있을 뿐이므로 실천이성의 사실로서 그 직접적인 통찰에 의해 연역하고 그 정당성을 보증해 보이는 방법만이 유일한 대안이자 동시에 이성의 실천적 사용 내지는 능력에도 부합하는 길이라는 생각이다. 그러나 이 두 가지 길은 완벽히 동일한 결론에 도달하지 못한다. 전자의 경우에 도달한 결론은 정언명법의 존재였지만, 그것을 가능하게 하는 의지의 자유를 주관적으로 설명할 수는 없었기 때문이다. 이는 곧 실천이성이 어떻게 실천적일 수 있는지를 설명할 수 없는 것과 같다. 이렇듯 정언명법의 존재와 자유의 가능성은 부인할 수 없는 사실임에도 전자의 증명과 달리 후자는 직접적인 증명이 불가능한 것이었다. 이에 두번째 길에 칸트가 선택한 길은 첫번째 길에서 증명한 도덕법칙과 정언명법의 존재 사실로부터 자유의 연역을 통해 다시금 도덕법칙의 존재의 필연성을 증명하는 것이었다. 그러나 그어느 쪽이든, 또 그것이 성공적이었는지 여부를 떠나 칸트에 그 두 길은 동일한 것이었는데, 칸트의 윤리는 본래부터가 일상적 도덕의식에 내재되어 있는 선의지와 자유는 분리불가능한 개념이라는 확고한 믿음 위에 세워져 있기 때문이다.

2. 선의지

칸트는 우리의 일상적 의무의식에서 발견해낸 선의지에서 도덕성의 최고 원리인 정언명법을 도출해낸다. 때문에 칸트는 이 정언명법을 '선의지의 명법'이라 부른다. 이렇게 해서 칸트의 윤리학은 의무의식과 선의지, 그리고 정언명법의 내재적 관계 위에 세워지게 된다. 무엇보다도 선의지와 의무는 칸트 도덕철학의 출발점이자 기초가 되는 개념이다. 선의지가 없다면 인간은 전혀 도덕적존재가 아니다. 바꾸어 말해서, 칸트에 의하면 인간이 여타의 동물들과 달리 도덕적 존재라 불리는 이유는 바로 인간에게 선의지가 있기 때문이다. 선의지가없다면 설사 어떤 행위를 도덕적이라 부를 수 있다 하더라도, 칸트가 보기에는, 그것은 진정한 의미에서의 도덕적 가치를 지니지 못한다. 인간이 도덕적 행위를할 수 있는 것은 인간의 심성에 선의지와 같은 도덕적 소질이 이미 내재해 있기때문이며, 그렇지 않다면 인간의 도덕적 행위는 여타의 동물들의 그것과 비교했을 때 상대적으로만 도덕적인 것이며, 도덕이란 인위적인 산물에 불과한 것이되고 만다.

그러면 선의지는 구체적으로 어떠한 의미의 개념이며 어떻게 발견되는 것인가? 칸트는 "세계 안에서나 세계 밖 어디에서도 무제한적으로 선하다고 생각할 수 있는 것은 오직 선의지뿐이다."(VII:18)라고 선언한다. 이러한 선의지는 칸트의 도덕이론을 이해하는 데 있어서 첫 번째이자 최종적인 관건이 되는 개념이다. 그러나 선의지에 대한 칸트의 선언적 명제와 선의지에 대한 그의 다른 주장들을 충분히 이해하는 것은 쉽지 않다.[4] 칸트의 설명에 의하면, 선의지는 그 자

---

4) 이에 대해서 하비슨은 『도덕형이상학 정초』의 선의지에 대한 선언적 명제의 의미와 아울러 선의지에 대한 칸트의 여러 다른 주장들에 대해서 많은 사람들이 확신하지 못하는 이유는 그들이 "선의지가 무엇이며, 그것이 무제한적으로 선하다고 주장할 수 있는 유일한 것인지 장담하지 못한다는 사실"에 있을 것이라고 평가한다. W. G. Harbison, "The Good Will", 47. 선의지 개념이 칸트의 도덕이론에서 차지하는 비중을 감안할 때, 이러한 평가는 여전히

체로 절대적인 가치를 갖는다. 가령 기지, 용기, 결단력, 끈기 등과 같은 정신적 능력이나 재능은 많은 점에서 선하며 또 바람직한 것이긴 하지만, 칸트는 그것들이 어떤 의도나 목적으로 사용되었느냐에 따라서, 즉 그 의지가 선한 것이냐 아니냐에 따라서 극단적으로 악하고 유해한 것이 될 수도 있다고 생각한다. 이런 능력이나 재능들이 선한 가치를 가질 수 있는 것은 선의지를 토대로 해서 발휘될 때이다. 또 그런 의지가 인간의 심성에 잠재해 있기 때문에 근본적으로 그것이 가능한 일일 수 있다. 말하자면 "선의지의 원칙이 없으면 이들은 극단적으로 악하게 될 수도 있다." (VII:19) 이 "선의지는 그것이 야기하거나 가져다주는 것 때문에, 그리고 미리 의도한 어떤 목적을 성취하기 위한 유용성 때문이 아니라, 오직 의욕 자체 때문에 선한 것이다." (VII:19) 따라서 선의지의 특성은 "옳은 행동을 그것이 옳다는 이유에서 선택하는 의지"[5] 또는 "도덕적으로 칭찬할 만한 방식으로 행위 과정을 선택하는 자기의식적 성향"[6]이라 할 수 있다. 이러한 맥락에서 이로부터 이루어지는 실천적-도덕적 행위는 무조건적으로 선하지만, 반면에 이론적 탐구는 그것이 어떤 목적에 사용되느냐에 의존적이기 때문에 그 자체만으로는 조건적 선이다.

이처럼 선의지란 한편으로는 타고난 자연적 본성이면서도 다른 한편으로는 인간의 내면에 간직되어 있는 선한 도덕적 본성이자 소질을 뜻하며, 선험적으로 발견되는 것이다. 더 나아가 칸트는 어떤 행위를 선의지에 의해서 하도록 만드는 선험적인 실천적 능력이 실천이성 자체에 주어져 있기에 이러한 선의지를 발견하고 그것이 온전히 발휘되도록 하는 것이 도덕적 이성으로 실천이성이 힘써야 할 당연한 본분으로 이해한다. 말하자면 선의지의 '무제한성'은 '무조건성'과 '무제약성'을 의미한다. 그것은 곧 다른 무엇에 의해서도 설명되지 않으며 오

<hr />

설득력을 갖는다.
5) 임혁재, 『칸트의 도덕철학 연구』, 59.
6) B. Aune, *Kant's Theory of Morals*, 3.

직 그 자신에 의해서만 설명될 수 있는, 따라서 더 이상의 정당화가 필요하지 않는 자기 지시적 또는 "자기 설명적"[7] 개념임을 뜻한다. 칸트가 강조하고 있듯이 (VII:96), 순수한 이성이 실천적임은 증명되어야 할 것이 아니라 보여주어야 할 것에 속한다고 할 수 있다.

그렇다면 이성이 이와 같이 선의지 자체에다 절대적인 가치를 부여하는 권리는 어떻게 설명될 수 있는가? 이는 칸트가 이성을 이해하고 있는 방식에 의해서 자연스럽게 귀결된다. 칸트는 인간에게 주어져 있는 이성이 단지 행복 달성의 수단으로만 사용되어야 하는 것이라면, 이성은 그 존재 가치에 있어서 쓸모없는 것이 되고 만다고 한다. 왜냐하면 굳이 행복 달성의 수단에만 그 용도가 국한된다면, 차라리 그것은 행복을 목적으로 하는 인간의 생득적인 자연 본능에 의해서 가장 잘 달성될 수 있을 것이기 때문이라는 것이다. 게다가 인간이 이성에 의해서 행복을 누리려는 노력을 기울일수록 참된 만족에서 더 멀어진다는 것을 일상적인 생활 속에서 이성적인 고려를 많이 해본 사람일수록 잘 알고 있다고 생각한다.

그러면 이성이 인간에게 주어져 있다는 사실을 어떻게 받아들여야 하는가? 이에 대해서 칸트는 "다른 의도를 위한 수단으로서가 아니라 그 자체에 있어서의 선의지를 이끌어내는 것이 이성의 참된 본분이어야 한다." (VII:21-2)고 말한다. 즉 다른 목적이나 의도에서가 아닌 선의지 자체를 이끌어내기 위해서는 이성이 필요한 것이며 이성의 지도를 받아야 올바로 발휘될 수 있다는 것이다. 칸트는 이러한 의지를 소유하고 있는 이성적 존재자를 "인격"(Person)이라 부른다. "왜냐하면 이성적 존재자의 본성이 이성적 존재자를 이미 그 자신에 있어서의 목적 그 자체로서, 즉 단순히 수단으로 사용되어져서는 안 되는 것으로 특징지어져 있기 때문이다." (VII:60) 이렇게 되면 칸트에 있어서는 이러한 선의지 자체

---

7) S. Neiman, *The Unity of Reason: Rereading Kant*, 126-7.

가 이성이 추구해야 할 "최고선이자 모든 행복에 대한 요구의 조건"(VII:22)인 것이다. 그리고 이 선의지의 최종적인 규정 근거가 도덕법칙으로 등장한다. 그러므로 선의지는 칸트의 도덕철학의 체계에 있어서 "아르키메데스적 기점"[8]이나 다름이 없다. 우리는 여기서 앞으로 칸트가 정언명법과 관련하여 인격 개념을 그토록 중요시하는 이유를 예상하게 된다.

도덕의 기초와 도덕성의 근거 확립을 위한 탐구의 실마리로 맨 먼저 내세운 선의지는, 칸트에 따르면, 평범한 사람의 심성에도 깃들어 있는 것, 즉 "타고난 건전한 지성 안에 이미 내재해 있기 때문에 가르쳐지는 것이 아니라 계발되어야 하는 것이다."(VII:22) 바로 계몽되고 계발되어야 하는 것으로서의 선의지가 우리의 일상적 도덕의식을 통하여 발견되고 그 존재를 일러주는 징표가 다름 아닌 의무의식이다. 단적으로 칸트에게 있어서 "의무는 모든 가치를 능가하는 그 자체로 선한 의지[선의지]의 조건이다."(VII:30) 칸트가 의무 개념에 주목했다는 사실은 윤리학의 역사에 있어서 중요한 의미를 갖는다. 무엇보다도 의무 개념을 통해서 '그 자체로 선한 의지'(ein an sich guter Wille)를 통찰함으로써 칸트는 전통적으로 최고선의 이상이었던 행복과 같은 개념이 자연적 선에 속한다는 것을 그리고 이 자연적 선을 경험하는 가운데 이와는 대립하면서 동시에 절대적으로 구별되는 비자연적인 것으로 발견되는 도덕적 선의 개념에 도달할 수 있었기 때문이다.

그러면 선의지의 조건으로서의 의무 개념이란 무엇인가? 의무의식이 선의지의 존재를 알리는 징표라면 의무 개념 자체는 그런 의식의 배후에서 그 의식을 지배하는 행위의 주관적 원리로서의 성격을 갖는다. 그것이 주관적 원리라 함은 의무 개념 자체가 이미 의무의식의 배후에서 직접적으로 무엇을 해야 하고 무엇을 해서는 안 되는지를 결정지어주는 준칙으로서의 성격을 갖기 때문이다.

---

8) 임혁재, 「Kant에 있어서 정언명법의 존재 근거와 정형의 문제」, 7.

말하자면 "의무 개념은 어떤 주관적인 제한과 방해를 받으면서도 선의지의 개념을 포함하고 있다." (VII:22) 즉 어떤 행위든 그것은 자신의 이익이나 경향성에 자극받는 경우에 처했을 때, 언제든지 의무 자체에 따라 행위하고자 하는 결의를 가능케 할 것이기 때문이다.

그러나 칸트의 경우에는 "의무에서" 즉 "순수한 도덕적 동기에서" 한 행위, 다시 말해 오직 의무이기 때문에 한 행위만이 도덕적이다. 심지어 행위의 결과가 의무에 합치하더라도 그 동기가 오직 그것이 의무이기 때문에 한 행위가 아니라면 그것은 도덕적이 아니다. 즉 "의무이기 때문에 하는 행위는 그 행위를 통해서 성취하게 될 의도(Absicht)에서가 아니라 그 행위를 규정하는 준칙(Maxime)에서 도덕적 가치를 갖는다." (VII:26) 그러므로 나의 행위의 준칙이 나 자신의 경우에만 타당한 것이 아니라 - 만일 나 자신에게만 타당하다면 그것은 타인의 경우에는 부당한 것일 수도 있으므로 - 만인에게 타당한 보편법칙이 될 것을 의도한 경우에 오직 그러한 행위를 꾀한 의지만이 "절대적으로 그리고 무제한적으로 선하다" (VII:28)고 할 수 있다. 그리고 이러한 "의무의 개념은 어떤 주관적인 제한과 장애에도 불구하고 선의지라는 개념을 포함하고 있으며, 그러나 잘못해서 그러한 제한과 장애가 선의지의 개념을 감추어서 불분명하게 하기도 하지만 오히려 그럴수록 대조를 통해서 그것을 한층 더 두드러지게 하며 더 더욱 밝게 드러나 보이게 한다." (VII:22) 그러나 행위의 어떤 동기나 의도가 선의지를 선하게 하는가? 라는 물음에 대해서 매킨타이어처럼 단순히 "선의지의 유일한 동기는 의무를 행하기 위해서 의무를 행하는 것이다. 그것이 하려고 의도하는 것은 무엇이든, 그것이 의무이기 때문에 의도한다"[9]는 식의 답변은 자칫 칸트가 경계하는 맹목적인 추종으로서의 도덕적 광신주의에 빠지기 쉽다. 우리는 의무에 대한 칸트의 보다 상세한 규정을 통해서만 이러한 물음에 올바로 답할 수 있다.

---

9) A. MacIntyre, *A Short History of Ethics*, 192.

선의지에 근거한 칸트의 의무에 대한 개념 규정은 아주 엄격하다. 그에 의하면, "의무는 법칙에 대한 존경심에서 나오는 행위의 필연성이다." (VII:26) 그리고 "행위의 모든 도덕성은 행위가 산출하게 될 것에 대한 애정과 애착이 아니라 의무에서 그리고 법칙에 대한 존경심에서 나오는 행위의 필연성에서 정해진다. 인간과 모든 창조된 이성적 존재자에 대해서 도덕적 필연성은 도덕적 강제(Nötigung) 즉 구속성(Verbindlichkeut)으로, 그리고 이 구속성에서 기인하는 모든 행위는 의무로 나타나게 된다." (VII:203)[10] 여기서 '법칙에 대한 존경심'이란 바로 우리가 어떻게 해서 의무의 근거로서의 도덕법칙을 의식할 수 있는지를 알게 해주는 단서가 된다. 단적으로 "원래 존경심이란 나의 자기애를 무너뜨리는 그런 가치에 대한 개념(Vorstellung)이다." (VII:28 각주) 칸트에 의하면 이런 존경심은 인간이 선험적으로 갖고 있는 도덕적 감정이다. 우리는 이런 감정을 통해서 이미 도덕법칙의 존재와 마주치고 있는 것이다. 그러나 법칙과 의무 내지는 존경심의 밀접한 내적 관계에도 불구하고 이 양자는 전혀 다른 차원을 갖는다. 칸트에게 도덕적 감정 자체는 비록 그것이 감정이긴 하지만 감정 자체에서 생겨나는 것이 아니라 이성에서 발원하는 독특한 성격을 갖는다. 이러한 차이야말로 이성적 도덕원리를 정당화하는 칸트의 도덕철학의 독창성을 단적으로 보여준다.

일반적으로 모든 도덕적 문제들은 이미 도덕적 갈등을 내포하고 있다. 칸트에 따르면, 이러한 갈등을 겪는 가운데에서 우리는 도덕적 의무를 실감하게 된다. 이는 우리가 이미 무엇을 해야 하고 또 해서는 안 되는지 스스로 알 수 있는 도덕적 본성의 소유자이기 때문에 가능한 일이다. 그리고 더 나아가 이러한 판

---

10) 칸트의 용어 사용법에 있어서 책무와 의무는 상대적으로 형식과 내용의 관계를 갖는다. 구속성 또는 책무(Verbindlichkeit)가 "정언명법 하에서의 이성의 자유로운 행위의 필연성"(VIII:327)으로서 "실천적 필연성뿐만 아니라 강제도 포함한다"(VIII:329)는 의미를 갖는다면, 의무(Pflicht)는 "누군가가 마땅히 해야 할 행위로서 책무의 내용이다."(VIII:328) 그러나 의무가 책무의 내용을 구성하듯이 의무 또한 하나의 책무이다. 그런 점에서 칸트는 때로는 의무와 책무를 구분 없이 자유롭게 사용한다.

단의 척도를 분명히 의식하고 있으며, 이것을 하나의 보편적 형식으로까지 파악하고 있지는 못한다고 해도, 이를 실제로 활용하고 있다는 것이다. 그러나 칸트는 통속적 이성이 이러한 의무 개념을 손에 쥐고 있으면서 의무의 기초가 되는, 즉 의무의 도덕적 가치를 결정지어주는 근거에 대한 더 이상의 천착이 없이, 이로부터 곧바로 실천철학으로 이행해 가는 것을 경계한다. 왜냐하면 도덕적 의무의 확실한 근거가 확립되지 않은 채 단순히 통속적인 원칙에 근거할 경우에, 이성의 자연적 본성에 있는 성향(Hang), 즉 "의무의 모든 명령에 강력하게 저항하여 자신의 욕구와 경향성의 전체적 만족을 행복이라는 이름 아래서 구하려는 성향"(VII:32)에 쉽게 지배될 수 있기 때문이다. 이러한 성향이 바로 칸트가 말하는 자연적 변증론이다. 다시 말해 이는 "이성의 자연 본성이 갖는 성향"(B825/A797)으로서, 칸트에 의하면, 인간의 자연 본성에는 이처럼 '자연적 변증론'을 불가피하게 유발하는 성향, 즉 자신의 경향성의 만족을 위해 이성의 도덕적 요구를 경향성의 요구에 종속시키려는 강한 경향이 있다. 이러한 사태 발생을 차단하고 해소하고 또한 바로잡기 위해서 칸트는 이를 근절시킬 수 있는 확고한 도덕적 기초에 대한 비판적 고찰이 선행되어야만 한다는 점을 누누히 강조하고 있다.

칸트는 선의지의 존재를 알려주는 의무 개념은 비록 각 시대마다 정도의 차이는 있었지만 항상 그 도덕적 정당성은 부인되지 않았었다고 본다. 게다가 "순수한 의무로부터 행위하는 심정(Gesinnung)"(VII:33)의 존재를 부인하고 모든 행위가 다소간의 자기애의 표현임을 주장한 철학자의 경우에도 그들은 도덕성의 존재를 부인한 것이라기보다는 인간 본성의 나약함을 지적한 것에 불과했다고 생각한다. 칸트 자신도 자기애에 좌우되어 행위하는 인간 본성의 나약함과 불순함을 그 누구보다도 분명하게 인식하고 있다. 이러한 사정을 칸트는 다음과 같이 분명하게 지적하고 있다.

[나약하고 불순한] 인간의 본성은 그렇게 존경할 만한 [의무의] 이념을 자신의 규정으로 삼을 수 있을 만큼 충분히 고상하지만, 그러나 동시에 이를 준수하기에는 너무 약하여, 그 본성에게 법칙을 부여하는데 봉사해야 할 이성은 경향성의 관심사를 개별적으로나 혹은 기껏해야 서로 간에 최대한의 조화를 이루도록 돌보는 데만 사용되고 있다. (VII:34)

그러나 칸트는 경향성의 지배를 받는 인간의 자연 본성의 힘이 아무리 막대하다 하더라도, 따라서 인간의 도덕적 본성의 힘이 아무리 미약한 것이라 하더라도, 윤리학자로서의 자신의 임무가 의무의 확실한 도덕적 기초를 근거짓는 일임을 더더욱 강조한다. 그것은 일차적으로 칸트에 있어 인간을 정녕 인간이라 할 수 있는 본질 규정이자 자연이 의도하는 최종 목적은 인간의 자연적 본성이 아니라 인간에게 뚜렷하게 발견되는 도덕적 본성이며, 또 우리의 일상의 도덕적 양심과 의무의식이 그 사실을 분명하게 일러주고 있기 때문에 이를 근거짓는 일이야말로 가장 막중한 최우선의 과제가 아닐 수 없다는 것이다. 그것이 바로 도덕성의 최고 원리로서의 도덕법칙의 확립과 정당화 작업이다.

칸트는 도덕법칙의 가능성을 어떻게 확립하는가? 칸트가 말하는 도덕법칙은 우리가 현실적으로 필요로 하는 것 내지는 경향성의 총체적 만족의 실현을 목적으로 하는 행복과는 구별되는(VII:32, VII:150) 오직 우리가 이성적 존재자라는 측면에서만 적용되는 법칙이다. 즉, 이 도덕법칙은 보편성과 필연성을 갖는 행위의 선험적 도덕원리인 것이다. 따라서 이러한 원리는 인간의 특수한 본성에 의해서 결정될 수 없다. 일차적으로 행위에 있어서의 이성적 요소에만 관계하는 순수 윤리학의 과제에 전념하고 있는 칸트로서는 오직 이성적 존재자라는 보편적 개념에서 도덕법칙을 도출해야 하는데(VII:40), 이 때의 도덕법칙은 이성적 존재자가 따라야 할 절대적으로 보편타당한 실천법칙이어야 한다. 또 그것은 인간을 이성적 존재자로 상정할 경우에만 가능한 실천법칙이다. 그러나 칸트는 무엇보다도 이것을 모든 사람이 자명하게 의식하고 있는 우리의 일상적인 의무의식으로부터 그 가능성을 점검하여 그 정당성을 입증해 보이는 방법을 취한다.

그러면 의무 개념을 기초로 하여 도덕적 행위의 보편적이고 필연적인 기준으로서 확립되어야 할 도덕법칙이란 어떠한 것이어야 하며, 또는 이는 의무 자체의 근거가 될 수 있는가? 즉 "의지가 단적으로 그리고 무제한적으로 선하다고 말할 수 있으려면, 한 법칙의 표상이 그로부터 기대되는 결과를 고려하지 않고서 의지를 규정해야 하는데, 그런 법칙은 도대체 어떤 종류의 법칙일 수 있는가?" (VII:28) 이러한 도덕법칙은 어떻게 발견되고 정당화될 수 있는가? 물론 칸트 자신도 그것의 절대적 타당성을 객관적으로 증명할 방도가 달리 있을 수 없음을 잘 알고 있다. 이에 접근하는 유일한 방도란 "이성이 독자적으로 그리고 모든 현상으로부터 독립해서 무엇이 일어나야만 할 것인가를 명령한다는 것을 분명하게 확신하는 길밖에는 없다" (VII:35)고 칸트는 말한다. 이러한 길에서 최초로 마주치게 되는 것, 즉 의무로부터 전진적 분석을 거쳐 도달한 도덕성의 원리가 바로 정언명법이다. 이 말은 곧 칸트의 도덕법칙이란 이성적 존재자의 본질 규정에 직접적으로 의존하여 도달할 수밖에 없으며, 역으로 의무를 통해서 '직접적으로' 도달할 수 있는 최고의 도덕원리(즉 도덕법칙)는 정언명법이지 도덕법칙 자체는 아니라는 것을 의미한다. 우리는 선의지와 의무의식을 통해 직접적으로 "도덕법칙에 대한 의식" (VII:251)은 갖고 있지만, 그것이 어떤 내용을 구체적으로 갖는지는 곧바로 알 수 없다. 따라서 "의무의 근거는 도덕법칙 속에 있지만" (X:438 각주) 의무로부터 도덕법칙을 직접 연역할 수는 없으며, 또 정언명법은 도덕법칙과 그 성격상 차원이 다른 것이라는 것을 함축한다. 이제 칸트가 의무 개념으로부터 도달하게 될 정언명법과 의무 개념으로부터의 직접적인 추론이 불가능한 도덕법칙에 각각 어떻게 접근하며 또 어떻게 정당화하는지 살펴보아야 한다.

3. 도덕법칙, 정언명법, 가언명법

1) 도덕법칙과 정언명법

　선의지는 의무 개념은 물론 도덕법칙 또는 법칙에 대한 존경심과 관련하여 이해되지 않으면 안 된다. 왜냐하면 선의지의 존재를 알 수 있는 실마리가 오직 그것이 옳다는 그 이유 때문에 이를 행하려는 의지의 징표로서의 의무 개념에 있었는데, 이에는 선의지 개념만이 아니라 이미 의무 일반의 보편적 척도가 되는 법칙에 대한 개념도 내포되어 있는데, 이 양자의 필연적 결합을 가능하게 하는 것이 도덕법칙에 대한 존경심이라는 도덕 감정이기 때문이다. 선의지와 법칙의 이와 같은 관계 속에 도덕법칙과 정언명법이라는 두 개념의 의미 연관도 자리하고 있다.

　칸트에게 도덕법칙은 법칙이라는 말이 의미하듯이 이성적 존재자라면 누구나 생각할 수 있고 동의할 수 있는 행위의 객관적 원리로서 모두에게 예외 없이 보편타당성을 갖는다. 반면 정언명법은 그 역시 그 말이 의미하듯이 법칙이 객관적으로 누구에게나 타당한 명령으로 주어지는 것을 이른다. 이성적 존재자의 선의지는 그 성격상 이처럼 법칙과 명령이라는 두 가지 특성의 원천이다. 다시 말해 비록 인간이 의무 개념을 매개로 해서만 선의지를 발견할 수밖에 없는 유한한 존재이긴 하지만, 인간은 동시에 의무의 법칙 즉 보편타당한 도덕적 당위로서의 법칙을 자기 자신에게 부여하고 또 이에 따른 행위를 선택하는 능력을 소유하고 있다. 이처럼 단순히 의무를 넘어서 (도덕)법칙 또한 함께 인간의 도덕적 행위를 규정하는 개념일 수밖에 없는 것은 인간이 이성적 존재자인 한 의무의 법칙은 당연히 모든 인간에게 보편타당해야하기 때문이다. 그것이 바로 칸트가 말하는 보편타당한 도덕적 명령으로서의 도덕법칙이다.

또한 법칙 자체는 행위의 객관적 원리 자체가 갖는 특성에 대한 규정으로서 명령이라는 의미와는 직접적으로는 상관이 없다. 즉, 칸트의 표현을 빌리면, 천사처럼 육체적 제한을 갖지 않는 순수한 이성적 존재자에게는 신성성의 법칙이다. 하지만 인간은 순수한 이성적 존재자가 아니라 경향성과 같은 육체적 제약을 받는 유한한 존재이기 때문에 법칙 자체가 오로지 명령으로서만 의식되는 한계를 갖는다. 이 같은 인간적 특성을 반영한 도덕법칙의 또 다른 이름이 정언명법이다. 칸트의 논리에 따르면, 의무를 말하면 당연히 그 법칙을 의식하게 되는 것이 이성적 존재자로서의 인간에게는 거부할 수 없는 사태로 부과된다. 이러한 사태에 대해서 칸트는 "도덕법칙은 순수 이성의 사실(Faktum)로서 주어져 있고, 우리는 그것을 선험적으로 의식하며 필증적으로(apodiktisch) 확신한다"(5:47)고 말하고 있다.

우선 분명히 짚고 넘어가야 할 사항은 도덕법칙과 정언명법의 차이점이다. 도덕법칙이 최고의 도덕원리라면 정언명법 또한 이에 준하는 원리이지만, 정언명법이 다만 도덕적 의무를 의식하는 유한한 이성적 존재자(특히 인간)에게만 해당되는 것이라면, 도덕법칙은 감성적 제약이 전혀 존재하지 않는, 따라서 의무를 의식할 필요가 없이도 그 자체로 도덕적인 오직 순 이성적인 존재(가령 신, 천사 또는 완전한 이성적 존재자이기만 한 경우의 인간 등)에게만 적용될 수 있는 원리이다. 결국 도덕법칙은 인간이라는 주관적 조건의 제약을 받지 않는 원리로서 형식상 정언명법보다 상위의 도덕원리라고 말할 수 있는 성질의 것이다.

그러면 먼저 도덕법칙은 선의지 및 의무와 어떤 관계를 맺고 있는가? 칸트에 의하면, 도덕법칙은 단적으로 선의지의 최종적인 규정 근거이다. 그것이 의지 자신의 법칙인 한, 도덕법칙은 자유의 법칙 혹은 자유의지의 법칙이자 실천이성의 법칙이다. 그것은 우리가 현실적으로 필요로 하는 것 내지는 경향성의 총체적 만족의 실현을 목적으로 하는 행복과는 구별되는 것으로서 우리가 오로지 이성적 존재자라는 측면에서만 적용되는 법칙이다. 즉, 이 도덕법칙은 보편성과 필연성을 갖는 행위의 선험적인 도덕적 원리인 것이다. 따라서 이러한 원리는 인간의 특수한 우연적 본성에 의해서 결정될 수 없다.

칸트의 저서의 명칭이기도 한 '도덕형이상학 정초'를 오늘날의 명칭으로 말하면 '순수 윤리학의 정초'라 표현할 수 있다. 칸트적 의미의 순수윤리학의 과제는 일차적으로 행위에 있어서 경험적 원리와 요소를 사상하고 오직 이성적 원리와 요소의 적출 및 정당화를 통해 윤리학의 학적 기초와 원리를 확립하는 것이다. 이러한 작업의 대상이 바로 도덕법칙이다. 이 도덕법칙은 이성적 존재자가 따라야 할 절대적으로 보편타당한 실천법칙, 이성적 존재자의 실천법칙이며, 이성적 존재자인 인간의 의지가 자기 자신에게 부여하는 법칙이다. 또한 정언명법은 경향성의 지배와 영향 아래 놓여 있어서 그것이 명령 내지는 의무로 의식되는 유한한 인간의 도덕법칙이다. 따라서 도덕법칙 또는 정언명법은 오직 이성적 존재자라는 보편적 개념에서 도출되어야 한다. 그런데 앞서 살펴보았듯이 칸트는 이러한 법칙의 존재를 발견하기 위해 이성적 존재자인 모든 인간이 자명하게 의식하고 있는 일상적인 의무의식으로부터 그 가능성을 점검하여 그 정당성을 입증해 보이는 방법을 취했다.

그러면 의무 개념을 기초로 하여 도덕적 행위의 보편적이고 필연적인 기준으로서 확립되어야 할 도덕법칙이란 어떠한 것이어야 하며, 또 어떻게 해서 이는 의무 자체의 근거가 될 수 있는가? 이 문제를 해명하기 위해서 "의지가 단적으로 그리고 무제한적으로 선하다고 말할 수 있으려면, 한 법칙의 표상이 그로부터 기대되는 결과를 고려하지 않고서 의지를 규정해야 하는데, 그런 법칙은 도대체 어떤 종류의 법칙일 수 있는가?" (4:402) 하는 칸트 자신이 제기한 물음을 통해 도덕법칙과 정언명법의 위상과 특징에 대해서 좀 더 살펴보자.

단적으로 도덕법칙은 어떻게 발견되고 정당화될 수 있는가? 그런데 의무로부터 출발할 경우 경향성의 영향으로부터 자유로울 수 없는 인간 개념에서 발견할 수 있는 것은 의무의 법칙이지 그것이 도덕법칙 자체인 것은 아니다. 칸트 자신도 이 도덕법칙의 절대적 타당성을 객관적으로 증명할 방도가 달리 있을 수 없음을 잘 알고 있다. 칸트 스스로 밝히고 있듯이, 이에 접근하는 유일한 방도란 "이성이 독자적으로 그리고 모든 현상으로부터 독립해서 무엇이 일어나야만 할 것인가를 명령한다는 것을 분명하게 확신하는 길밖에는 없다." (4:408) 이러한 길에서 최초로 마주치게 되는 것, 즉 의무로부터 전진적 분석을 거쳐 도달한 도덕성의 원리가 바로 정언명법이다. 이 말은 곧 칸트의 도덕법칙이란 모든 이성적 존재자 일반에 적용되는 법칙, 따라서 순수 의지를 규정하는 유일한 근거인 바, 이에 도달하기 위해서는 이성적 존재자의 본질 규정에 직접적으로 의존해야 하는데, 유한한 이성적 존재자인 인간에게 주어진 것은 의무의식이기 때문에 우리가 의무를 통해서 '직접적으로' 도달할 수 있는 최고의 도덕원리는 정언명법이지 도덕법칙 자체는 아니라는 것을 의미한다.

보다 정확히 말하면 우리는 선의지와 의무의식을 통해 직접적으로 '도덕법칙에 대한 의식'은 갖고 있지만, 그것이 어떤 내용을 구체적으로 갖는지, 즉 '도덕법칙에 대한 인식'은 곧바로 가질 수 없다. 다시 말해 의무의 근거는 도덕법칙 속에 있지만 의무로부터 도덕법칙을 직접 연역할 수는 없으며, 또 경향성의 제약을 받는 유한한 인간에게 이 도덕법칙은 의무의 법칙으로 나타날 수밖에 없는데, 그것이 바로 정언명법이다. 결국 칸트에게 도덕법칙과 정언명법은 동일한 것의 두 가지 다른 표현이다. 그러기에 칸트는 전진적 분석의 정점에 이르러 "정언명법은 절대적으로 선한 의지의 정식에 해당한다" (4:437)고 적고 있다. 다른 한편으로 선의지를 소유한 행위 주체에게서 발견되는 도덕법칙에 대한 의식이 정언명법의 존재를 가능하게 했듯이, 행위 주체의 주관적 동기 속에는 분명 도덕법칙 자체는 아니지만 "법칙에 대한 존경심"이 엄존한다는 것이 칸트의 주장이다. 따라서 정언명법에서 그것이 의무의식과 갖는 명령으로서의 특성과 관계를 제거하면 그 형식에 있어서 도덕법칙과 정언명법은 모든 면에서 동일한 것이 된다.

> 도덕법칙은 가장 완전한 존재자의 의지에 대해서는 신성성(神聖性)의 법칙이지만, 모든 유한한 이성적 존재자에 대해서는 의무의 법칙이며, 이 법칙에 대한 존경심에 의해서 그리고 자신의 의무에 대한 외경에서 행위를 규정하는 도덕적 강제의 법칙이다. (5:82)

이렇게 도덕법칙은 유한한 이성적 존재자인 인간에게는 도덕적 강제 즉 의무의 법칙으로 의식되고 있다. 의무 개념을 칸트가 '법칙에 대한 존경심에서 나오는 행위의 필연성'으로 정의했을 때, 여기에는 인간의 도덕성을 규정짓는 제 요소들의 상호 필연적 연관성이 표현되고 있다고 할 수 있다. 마찬가지로 어떤 행위가 실제로 이러한 도덕법칙에 일치하는 행위인지, 즉 법칙에 대한 존경심에서 한 행위의 필연성으로서 의무의 법칙에 합치하는지를 판정할 수 있는 인간의 도덕성의 제 근거와 기준을 표현하고 있는 칸트의 용어가 다름 아닌 도덕법칙의 또 다른 명칭이라 할 정언명법인 것이다. 이는 곧 인간 행위의 도덕성 여부를 가름할 수 있는 일반적 조건과 기준으로서 어떤 한 행위가 옳고 그른 지를 판정할 수 있는 기준이요, 행위의 도덕성을 평가할 수 있는 척도가 된다. 칸트는 이러한 도덕성 검사의 형식적 규정 일반을 정언명법이라 부르고 다양한 관점에서 그 형식들을 제시하면서 그 각각에 대한 정당화를 시도하고 있다. 그것이 바로 나중에 칸트 자신이 명명한 이름을 따서 부르게 된 '정언명법의 정식들'이다.

2) 정언명법과 가언명법

칸트에 의하면 자연 안의 모든 사물은 법칙에 따라 작용한다. 그 중에서도 오직 "이성적 존재자만이 법칙의 표상에 따라 즉 원리에 따라 행위하는 능력 또는 의지를 갖는다."(VII: 41) 이렇게 되면 이성적 존재자로서 인간의 이성, 즉 "실천이성은 의지 이외의 다른 것이 아니다."(VII:41) 그러나 인간은 그 자체로 순전히 선한 또는 이성적이기만 한 존재가 아니므로 "객관적 원리의 표상은 그것이 의지에 대해 강제적인 (이성의) 명령이며, 이 명령의 정식이 명법(Imperativ)이다."(VII:41)

칸트는 명법 일반을 가언명법과 정언명법으로 구분한다. 전자는 조건적 명령 일반, 후자는 무조건적 명령 일반에 대한 명제적 형식 규정이다. 칸트는 이 같은 구분에 앞서 먼저 명법이 인간과 같은 이성적이면서 동시에 유한한 존재자에게만 적용되는 명령이라는 것을 밝히기 위해 객관적 법칙과 의지와의 관계에서 명법이 적용되는 존재자와 적용되지 않는 존재자를 구분한다. 전자는 신의 의지와 같은 것을 포함하는 신성한 의지, 즉 완전한 선의지를 소유하고 있는 의지인데, 이런 의지에는 객관적 법칙에 따르기 위해서 강제가 필요하지 않다. 왜냐하면 이러한 완전한 존재자의 의지는 경향성이나 충동, 이기적 욕망 등과 같이 의지를 제약하거나 방해하는 요소를 자신의 본성으로 갖고 있지 않는 존재이므로 선을 생각하는 것만으로도 능히 자신의 주관적 소질에 따라서 스스로 객관적 법칙에 따르는 행위를 행할 수 있기 때문이다. 그 때문에 자신의 의지가 법칙이 되기를 의욕할 필요도 없다. 하지만 인간과 같은 경향성이라는 감성적 제약 아래 있는 이성적 존재자들의 의지는 그들이 객관적 법칙을 생각할 수 있는 능력만이 아니라 법칙에 따라 행위하려는 실천적 의지도 동시에 가져야 하며, 자기 강제 또한 필요하다. 따라서 명법이란 주관적으로 완전하지 못한 인간과 같은 이성적 존재자의 의지가 "객관적 법칙과 맺게 되는 관계를 표현하는 정식", 또는 "어떤 종류이든 선의지의 원칙에 따르는 필연적인 행위를 규정하는 정식" 임을 나타낸다.(VII:43)

먼저 가언명법은 어떤 행위를 하려는 필연적 이유가 그 행위를 통해 달성하려고 하는 다른 행위를 실현시켜주기 때문에 해야만 하는 행위이다. 또 마찬가지로 어떤 행위가 그 자체로 선한 것이 아니라 단지 다른 것에 수단으로만 선할 경우, 그 명법은 가언적이다. 반면에 정언명법은 조건적인 가언명법과 달리 어떤 행위가 다른 목적에 상관없이 객관적으로 필연적이라고 생각하기 때문에 해야만 하는 행위이다. 또한 어떤 행위가 그 자체로 선하다고 생각되는 행위, 따라서 필연적으로 그 자체가 이성에 따르는 의지, 즉 그러한 의지의 원칙으로 생각될 경우, 그 명법은 정언적이다. 또한 가언명법은 행위 주체의 의도와 관련해서 그 의도가 가능적일 경우에는 개연적(problematisch) 실천원칙이며, 그 의도가 현실적일 경우에는 확언적(assertorisch) 실천원칙이다. 반면에 정언명법은 그 행위가 어떤 의도와 상관없이, 즉 다른 목적에 상관없이 그 자체로 객관적 필연적인 경우에는 필증적(apodiktisch) 실천원칙 즉 칸트의 고유한 의미에서 실천법칙이다. 그리고 가언명법은 다시 숙달(Geschicklichkeit)의 명법과 영리(Klugheit)의 명법으로 구분된다.(VII:43-4)

그런데 칸트의 명법 구분의 실제 단계는 두 가지 방식으로 진행된다. 그 때마다 세부 내용과 표현이 달라지는데, 이를 통해 칸트가 명법을 도입한 목적이 어디에 있는지를 알 수 있다. 절차적으로 칸트의 명법에 대한 설명은 최종적으로 진정한 의미에서의 명령이라 부를 수 있는 것은 정언명법뿐이라는 진술에 이르게 되며, 이는 결국 모든 논의의 전개 과정이 선험적으로 종합적 실천명제로서의 정언명법이 지닌 명제적 특성을 분명히 해놓으려는 데 있는 것이다. 첫 번째 방식에서는 명법을 가언명법과 정언명법을 구분하면서 가언명법을 다시 숙달의 명법과 영리의 명법으로 구분해서 부르는 한편, 정언명법은 도덕성의 명법이라 부르고, 다음으로 두 번째 방식에서는 이 각각을 다시 숙달의 규칙, 영리의 충고, (진정한 명령으로서의) 도덕성의 명령(법칙)이라 부르고 있다. 이 두 방식의 차이는 전자가 의지적 행위자가 달성하려는 행위의 목적과 수단의 관계에 중점을 두고 있다면, 후자는 의지를 강제하는 방식 자체의 다름에서 기인한다. 하지만 이 차이 역시 그것이 목적과 수단 또는 강제의 방식이든 최종적으로는 행위를 의도하는 행위자의 의지가 무엇에 의해서 규정되느냐로 귀착된다. 따라서 여기에는 의지와 의지의 규정근거 양자의 결합 방식의 차이, 결국 의지 개념에 대한 칸트의 고유한 이해 방식이 사용되고 있다.

칸트는 욕망능력 중 이성적 부분에 해당하는 두 동인을 의지(Wille)와 선택의지(Willkür)로 구분한다. 『이성의 한계 안에서의 종교』에서 명시적으로 구체화하고 있는 선택의지의 근본특징은 "이성적 선택능력" 또는 "이성적 행위자의 자유로운 선택능력"인데, 칸트는 이를 인간의 자유로운 선택의지라 하여 동물의 선택의지와 구분하며, 또 이 단순한 선택능력을 넘어서 충동이나 경향성의 영향에 저항하면서 오로지 이성적인 목적선택과 목적추구의 능력을 갖는 욕망을 의지라고 하여 하나의 의지를 두 가지 동인에서 구분한다.[11] 이는 곧 선택의지를 규정하는 근거가 칸트에 고유한 (도덕적) 의지 자신에 있음을 나타내고 있다.

칸트에 따르면, 동물의 선택의지는 다만 충동에 기계적으로 반응하는 욕망능력이기 때문에 진정한 의미에서 의지라 부를 수 없으며, 반면에 감각적 충동의 영향을 받기도 하지만 이로부터 전적으로 '자유로울 수 있는' 선택의지만이

---

11) Christoph Horn, "Wille, Willensbestimmung, Begehrungsvermögen", 52-3.

진정으로 "의지" (Wille)라 할 수 있다.[12] 그러므로 칸트가 말하는 선택의지는 (동물과 구분되는 '선택'의 진정한 의미에서) 자유로운 선택능력을 갖지만, 이때의 의지는 감각적 충동의 영향을 받고 있는 의지이다. 그리고 의지의 또 다른 동인인 "대상을 선택하는 능력"[13]으로서 선택의지가 오로지 의지 자신에 의해 자율적으로 수립된 도덕법칙에 따르도록 선택의지를 규정하는 의지의 근거요 능력의 원천이 의지(실천이성) 자체 또는 도덕적 의지이다. 이 의지야말로 칸트 철학에 고유한 "실천이성으로서의 의지, 즉 입법적 의지"[14]이다. 따라서 명법과 관련해서 인간의 선택의지는 그 자신이기도 한 모든 감성적 충동으로부터 자유로운 의지에 의해서 규정되었는지, 아니면 그러한 영향으로부터 자유롭지 못했는지에 따라 가언적인지 정언적인지가 구분된다.

이처럼 칸트가 가언명법의 경우에 명법을 규칙이나 충고로 달리 해서 표현하고 있는 것도 명령이 의지와의 관계에 있어서 진정으로 '도덕적'이라 부를 수 있는 조건을 분명히 하려는 데 있다. 즉, 도덕적 명법이란 의지가 다른 목적을 전제함이 없이 오직 그 자신에 의해서 규정되는 무조건적, 객관적, 그리고 보편적 필연성을 지니는 것이며, 이는 곧 경향성을 거스르면서까지 따라야만 하는 법칙이다. 하지만 숙달의 명법과 영리의 명법은 각 사람마다 달성하려는 목적과 각자가 생각하는 자기행복이 다르기 때문에 이에 요구되는 필연성은 객관적 필연성을 갖지 못하며, 의지를 강제하는 방식 또는 관련된 의지가 그저 주관적이고 우연적일 뿐이다. 반대로 정언명법은 실천적으로 어떤 조건의 제한도 받지 않는 절대적 필연적으로 의지를 강제하는 명령이기 때문에 진정한 의미에서 명령이라 할 수 있다는 것이다. 이 같은 맥락에서 칸트는 숙달의 명법이 갖는 규칙으로서의 특성을 살려서 이를 (기예에 속하는) 기술적, 영리의 경우에는 (복지에 속하

---

12) Allen W. Wood, *Kant's Ethical Thought*, 51.

13) L. W. Beck, *A Commentary on Kant's Critique of Practical Reason*, 178.

14) 같은 글, 202.

는) 실용적, 도덕성의 명령은 (자유로운 행동 일반, 즉 도덕에 속하는) 도덕적이라 부른다.(VII:46) 이 같은 구분을 통해서 우리는 칸트가 '도덕적'이라는 말을 어떻게 규정하고 있는지 알 수 있다. 만일 어떤 행위가 도덕적이라면, 그것은 객관적 필연성을 갖는 정언적인 명령이어야 함을 의미한다.

이처럼 객관적으로 필연적인 법칙은 주관적 제약 하에 있는 인간의 의지에게는 객관적 법칙에 따라 규정하는 강제요 명령이다. 따라서 칸트가 말하는 명법이란 형식적으로는 명령이 표현되는 언어적 형식이다. 즉 이 "명법은 의욕 일반의 객관적 법칙과 어떤 이성적 존재자, 이를테면 인간 의지의 주관적 불완전성의 관계를 표현하는 정식일 뿐이다." (VII:43) 이처럼 이성이 경향성과 욕구 등의 장애에 얽매어 온전히 실천되지 않을 수 있는 조건과 관련해서 당위적인 명령으로 요구하는 명법에는 두 가지 종류가 있는데, 정언명법과 가언명법이 그것이다.

앞서 살펴보았듯이 칸트에게 명법(Imperativ)은 실천적 명령들 일반의 언어적 형식을 의미한다. 또한 "모든 명법은 당위(Sollen)로 표현되고, 그럼으로써 이성의 객관적 법칙과 의지의 관계를 나타낸다." (VII:42) 달리 말해서 칸트의 명법이라는 개념은 의지를 강제하는 명령들이 의지와 관계 맺고 있는 형식 일반에 대한 명칭이다. 따라서 이 표현에는 이미 의지와 명령의 관계가 반영되어 있다. 한 마디로 명법은 명령과 명제라는 두 특성을 하나로 담아내고 있는 용어다. 칸트가 명법이라는 말을 도입한 것은 학문으로서의 윤리학(도덕형이상학)의 정초를 가능하게 될 도덕성의 최고원리인 정언명법의 문제를 그것이 지닌 명제적 내지는 언어적 특성에 초점을 맞추어 해명해야겠다는 의도의 표현이라 할 수 있다. 이론적 인식에서의 명제(Satz)가 갖는 판단의 언어적 표현과 같은 의미이면서 실천적 인식에서의 (당위적) 명제(판단)가 지녀할 특징을 명법이라는 개념으로 나타내고 있는 것이다. 또한 이 명법은 명령과 관련한 객관적 원칙 내지는 법칙을 생각할 수 있는 존재자에게만 가능한 현상을 적시하고 있다. 칸트는 이 개념을 일상적 도덕의식 혹은 대중적 철학으로부터 출발해서 도덕성의 최상 원칙에 대한 본격적인 논의로 들어서는 초입에서 도입하고 있다. 바로 명법은 법칙과 의지(이성) 및 행위 주체의 관계를 정당화하는 작업의 본격적인 시작을 알리는 신호탄인 셈이다.

　개별 정언명령들의 언어적 및 명제적 일반화로서 정언명법은 예외를 허용하지 않는다. 그것은 보편성, 객관성, 필연성을 갖는 도덕적 이성의 명령들이다. 반면에 가언명법으로서 영리의 명법과 숙달의 명법은 합리적 이성의 명령들이다. 이들은 도덕적 명령이 아니라 가장 효율적인 방식으로 목적 달성에 사용되는 수단의 선택과 관계하는 일종의 업무 지침과 같은 기능을 한다. 칸트가 이렇게 명법들을 구분하는 기준은 이성의 능력과 그 사용 방식에 있다. 칸트에게 실천이성은 그 자체가 목적으로서 자기 정당성을 갖는 순수실천이성의 능력인 도덕적 이성과 목적 달성의 수단으로서 도구적 정당성을 갖는 합리적 이성으로 구분된다. 칸트 자신의 용어로 표현하면 이성의 실천적 사용 중에서 "이성의 도덕적 사용"(VII:109)에서 작용하는 본래의 실천이성 혹은 순수한 실천이성과 "경험적으로 제약된 실천이성"(VII:121) 혹은 경험적 실천이성이다. 합리성의 좁은 의미에서 이들 용어의 일반적 사용에 견주면, 전자는 도덕성을, 후자는 합리성을 가리킨다. 반면에 합리성의 넓은 의미에서는 전자는 도덕적 합리성을, 후자는 도구적 합리성의 기능을 하는 것으로 볼 수 있다.

　이성적 존재자로서의 인간의 의지와 명법의 관계에서 도덕법칙은 모든 이성적 존재자에게 적용되는 무제약적 타당성으로서의 보편성을, 그리고 정언명법은 도덕적 의무 이행자에 대한 예지적인 강제력으로서의 필연성을 지녀야 하므로, 모든 경험적 요소와 실질적 내용을 배제한 순 형식적인 법칙이자 원리이어야 한다고 생각한다. 이런 점 때문에 도덕적 의무 이행의 척도로 제시되는 "명령과 법칙의 관계는 의무와 선의지의 관계와 같다"[15]고 할 수 있다. 선의지의 원칙에 따른 모든 명령은 "어떤 행위를 통해서 성취하려는 다른 의도를 조건으로 근저에 두지 않고 이 행위를 직접 명령하는 명법" (VII:45), 즉 정언명법이다.

무엇보다도 정언명법은 관심을 갖는 행위가 갈등을 일으킬 경우에 우리에게 옳은 행위와 옳지 못한 행위를 구별하게 해주는 기준의 역할을 하며, 또 그것을 지시한다. 그것은 정언적으로 우리에게 도덕성에 일치하게끔 행위할 것을 명하는 행위의 필연성의 형식이다. 즉 정언명법은 "행위의 내용이나 그 결과로 생기게 될 것에 관계하는 것이 아니라 행위 자신이 따르는 형식과 원리에 관계한다." (VII:45) 정언명법이야말로 의지가 복종해야 할 법칙이므로, 만일 그 법칙이 형식이나 원리가 아니라 내용적 규정에 의존하는 것이라면, 이미 그것은 어떤 목적의 실현을 사전에 의도한 것이 되며, 따라서 보편타당한 객관적 기준으로서의 자격을 지닐 수가 없게 되고 만다. 이처럼 다른 무엇을 위한 수단으로 명령되는 명법이 가언명법이다.

가언명법은 보편적이고 필연적인 효력을 지닐 수 없다. 그것은 단지 우리가 특수한 목적을 달성하고자 할 경우의 행위의 지침을 우리에게 명령할 뿐이다. 그러므로 "정언명법만이 실천법칙에 해당하며, 그 외의 다른 명법은 모두 의지의 원리이기는 하나 법칙이라고 말할 수 없다." (VII:50) 따라서 그 기본적인 정식에 있어서 정언명법은 우리가 의욕할 수 있으면서 동시에 보편법칙이 되어야 하는 준칙에 따라서 행위하는 그런 것이 되어야 한다. 이러한 준칙이야말로 행위의 주관적 원리이면서 동시에 법칙에 따라야 할 행위에 객관적 타당성을 부여해줄 수가 있다.[16] 사실상 준칙은 우리가 따르려고 선택하는 하나의 일반적 규칙이

---

15) R. Norman, *The Moral Philosophers : an introduction to ethics*, 101.

16) 칸트는 준칙과 법칙을 다음과 준별한다: "준칙(Maxim)은 행위의 주관적 원리이며, 객관적 원리 즉 실천법칙과는 구별되어야 한다. 전자는 이성이 주체의 조건(흔히 주체의 무지나 경향성 등)에 따라 규정하는 실천적 규칙을 포함한다. 그러므로 주체가 그것에 따라서 행위하는 원칙이다. 그러나 법칙(Gesetz)은 모든 이성적 존재자에 대해서 타당한 객관적 원리이며, 모

다. 준칙을 선택하는 것은 하나의 방침을 선택하는 것이다. 준칙의 도덕성 여부에 대한 시험은 따라서 그것이 보편법칙이 되는 도덕적 원리와 일치하는지 여부에 달려 있다. 그러므로 엄밀히 말해서 칸트에 있어서 모든 타당한 도덕판단들은 정언명법 또는 그것의 한 적용이라 할 수 있다.[17] 이와 같은 의미의 정언명법은 이중적인 기능을 갖는다고 볼 수 있다. 도덕성의 객관적 원리, 의무와 관련한 최고의 도덕원리 즉 모든 "도덕적 논증의 근본 원리" 로서의 기능과 "행위의 준칙과 행동 규범의 시험 방법" 으로서의 기능이 그것이다.[18]

4. 정언명법의 증명

그러면 이와 같은 자격과 지위를 갖는 정언명법은 어떻게 정당화되는가? 칸트 스스로 설정해 놓은 "정언명법은 어떻게 가능한가?' 또는 "정언명법의 연역"은 '어떻게 정언명법이 도덕적 구속력을 가질 수 있는가? 혹은 '나는 왜 도덕적으로 행위해야 하는가? 를 증명하려는 시도다. 이러한 과제의 성격은 정언명법과 관련한 칸트의 실천철학의 특징을 그의 이론철학과 대비시켜 볼 경우에 좀 더 분명해 진다. 『순수이성비판』은 그 일차적인 의도에 있어서 우리가 과학을 어떻게 이해할 수 있는가 하는 문제를 다루지만, 인간의 경험 세계에는 과학적 경험이 아닌, 이를테면 도덕적 경험도 있다. 칸트는 이 도덕적 경험의 특성에 대한 이해 또한 이론과학적 탐구의 설명에서 묘사된 것과 유사한 방법으로 해명한다. 즉, 『순수이성비판』이 해결하고자 하는 '선험적 종합 판단' 의 가능성에 대한 해명과 마찬가지로 도덕적 행위에 있어서 논리적으로 경험과 독립하여 있는 행

든 이성적 존재자가 그것에 따라서 행위해야 하는 원칙 즉 명법이다." (VII:51 각주)

17) J. L. Mackie, *Ethics: Inventing Right and Wrong*, 29.

18) R. Wimmer, "Die Doppelfunktion des Kategorischen Imperativs in Kants Ethik", 291.

위의 규칙이나 원리의 기초가 되는 '선험적 실천적 종합 판단'의 해명이 그것이다. 그는 그것이 모든 도덕적 결정의 기초를 이루고 있으며 도덕적 쟁점 사항에 관한 모든 논증에 고유한 것이라고 생각한다. 이들 규칙을 정당화하기 위해서 우리는 인간은 엄격한 인과 법칙의 지배를 받는 현상적 존재일 뿐만 아니라 자유로운 본체적 존재이기도 하다는 것을 가정해야만 한다. 각 인간은 하나의 의지(실천이성)를 갖고 있다. 이 의지만이 도덕적 선택을 할 수가 있다. 의지를 사용한다는 것, 즉 칸트식으로 말해서 실천이성을 행사한다는 것은 행위를 그 자신이 결정한다는 것이다. 그러므로 의지는 정언명법의 지배를 받는다는 진술은 일종의 선험적 종합 명제이자 동시에 실천적으로 필연적인 진술이다.

1) 숙달의 명법과 영리의 명법

칸트는 정언명법의 증명에 앞서 명법 일반의 가능 근거와 이유를 탐구하는 과정에서 맨 먼저 숙달의 명법에 대해서는 그 가능성을 특별히 논의할 필요성이 없다는 점을 강조한다. 칸트에 의하면, 우선 숙달의 명법은 "우리에게 가능한 목적과 그 목적 달성의 가능한 방법에 대한 명법"(VII:44)인데, 이 명법은 분석명제이다. 그 이유는 어떤 한 행위가 달성하려는 목적이 이성적이며 선한지 여부와는 상관없이 단지 그 목적을 달성하려면 무엇을 해야만 하는지가 문제일 경우, 그것을 완벽하게 달성하는데 필요한 방법은 그 행위자의 의도(목적)에 이미 분석적으로 속해 있기 때문이다. 실제로 어떤 행위를 통해 실현하고자 하는 가능한 의도나 목적은 무수히 많으며, 따라서 이에 가장 적합한 방법의 선택 또한 그 의도에 따라 무수히 많게 되는데, 이를 표현하는 모든 명법들은 분석적 실천명제들이다.

숙달의 명법의 특징은 단 하나의 정해진 목적이 있는 것이 아니라 사람마다 제각기 다양하게 (이성적이며 선한지 여부와 상관없이) 가능한 목적을 가질 수 있으며, 그에 따라 수단의 선택 역시 달라지만, 공통적으로 그것을 가장 잘 할 수 있는 방법을 명령한다는 것이다. 따라서 환자의 건강을 위한 행위든 암살자의 행위든 각기 그에 가장 적합한 지시를 행위의 원칙으로 삼으면 된다. 이 역시 원칙적으로 의지와의 관계에 기초한 명제의 해명인데, 이때의 의지는 의지가 (객관적 필연성을 갖지 못하는) 다른 무엇에 의해서 규정되고 있으며, 그에 합당한 필연적 수단 또한 다만 그러한 목적에 분석적으로 종속한다. 반면에 같은 방식으로 그 목적을 달성하려는 수단들 중에서 어떤 수단을 선택할지 여부와 관련해서는 종합적이다. 건강을 위해서 운동이 필요하다면, 운동을 하려는 의지와 수단으로서의 운동 자체는 건강에 분석적으로 속해 있지만, 건강을 실현하는 운동 수단으로서 등산을 할지 수영을 할지는 종합적, 즉 경험적인 문제이기 때문이다. 칸트의 표현에 의하면, "그것은 의지의 활동을 실현하는 근거에 관한 것이 아니라, 대상을 실현하는 근거에 관한 것이다." (VII:47)

숙달의 명법이 어떤 사람이 어떤 목적을 갖게 될지가 아직 정해지지는 않은 "한 사람의 가능한 목적들"을 기준으로 한 것이었다면, 영리의 명법은 모든 이성적 존재자라면 누구나 실제로 추구하게 된다고 선험적으로 가정할 수 있는 "모든 사람의 한 가지 목적"을 전제로 한다. 칸트는 이 목적을 행복 내지는 행복해지려는 의도로 상정한다. 그리고 이 행복 추구와 관련된 명법을 영리의 명법이라 부른다. 그리고 이 명법이 숙달의 명법과 비교해서 유일한 차이는 전자에는 이미 자기행복이라는 목적이 정해져 있다는 점뿐이다. 칸트는 이런 점을 들어 영리를 숙달의 가장 좁은 의미로서의 '영리'라고 부르기도 한다. 하지만 영리의 명법은 종합명제다. 칸트는 만일 행복이 무엇인지 쉽게 결정할 수 있다면, 이는 숙달의 명법과 동일한 분석명제가 될 것이지만, 그렇지 못하다고 말한다. 즉, 행복해지려는 의도에 있어서 이 행복 촉진 내지 달성의 수단은 행복이라는 개념 속에 포함될 수가 없는데, 그 이유는 행복 개념의 불확실성 때문이다. 무엇이 행복인지 또 사람들이 무엇을 소망하는지 스스로도 확실하게 말하기 어렵다는 것이다. 적어도 이런 문제를 도외시 한다면 영리의 명법 역시 특정한 목적을 달성하기 위해서는 그에 가장 적합한 수단을 선택해야 한다는 형식적 의미에서는 숙달의 명법과 다를 바가 없다.

행복 개념의 불확실성은 영리의 명법이 왜 그렇게 불릴 수 있는지, 또 왜 종합명제일 수밖에 없는지를 잘 보여준다. 칸트에게 "행복은 우리의 모든 경향성의 만족이다."(B834/A806) 그리고 "행복이라는 개념은 인간이 자신의 본능에서 추상해낸, 따라서 그 자신 안에 있는 동물성으로부터 이끌어낸 개념이 아니라, 단지 경험적 조건들 아래서 그에 적합하게 만들려고 하는 어떤 상태에 대한 이념에 불과하다. 인간은 상상력 및 감관에 연루되어 있는 지성에 의해서 매우 여러 가지 방식으로 이 이념을 자기 스스로 입안한다."(X:338) 따라서 행복은 진정한 의미에서 어떤 명령도 내리는 것이 불가능하다.

단적으로 "행복은 이성이 갖는 이상(Ideal)이 아니라 단지 경험적 근거에서 기인하는 상상력이 갖는 이상이다."(VII:48) 그러므로 행복은 이성에 의해서 추구되기도 하지만, 기본적으로 경험적 요소에 근거하기 때문에 사람마다 이념의 내용 규정 즉 행복의 개념 규정은 다를 수밖에 없으며, 심지어 한 개인에 있어서도 자주 변경될 수도 있는 그런 것이다.(VII:48) 결국 행복을 목적으로 하는 행위는 보편적·필연적 원리, (실천)법칙에 따르는 행위일 수 없다. 이 때문에 칸트는 가언명법 전체를 비록 그것이 명법의 형식을 지니고는 있지만, 진정한 의미에서 도덕적 명령도 실천법칙도 될 수 없다고 말한다. 하지만 정언명법은 객관적 필연성을 갖는 무조건적 명령이기 때문에 가언명법처럼 개인의 욕망이나 경향성에 따라 달라질 수 있는 주관적이거나 우연적 내지는 경험적 성격을 갖는 의도(목적)에 제약되지 않으며, 또 다른 의도를 위한 수단으로서 행위를 명령하는 것도 아니다.

칸트는 이성적 존재자의 의지가 갖는 능력을 다음과 같이 규정하는데, "오직 이성적 존재자만이 법칙(Gesetz)에 대한 표상에 따라서 행위하는 능력, 즉 원리 또는 원칙(Prinzip)에 따라 행위하는 능력을 갖고 있는데, 이 능력이 의지이다."(VII:41) 여기서 "법칙에 대한 표상"과 "원칙"을 동일시하고 있는데, 여기서 표상(Vorstellung)은 생각한다는 의미를 갖는다. 즉, 원칙은 이미 그 안에 법칙에 대한 생각을 반영하고 있는데, 만일 그러한 원칙이 형식적으로 가언명법처럼 법칙의 형태를 띠고 있더라도 주관적이면서 우연적인 조건을 지닌 것이라면 법칙이 될 수 없다. 따라서 행위의 원칙 즉 의지를 강제하는 원칙이 법칙이 되려면 그 원칙은 객관적이면서 필연적인 것이어야 한다.

다시 말해서 원칙은 기본적으로 의지의 법칙이기는 하지만, 어떤 의도가 갖는 우연성에 뿌리를 두고 있기에 행위자가 그 의도를 포기할 경우, 언제든 그 명령을 지키지 않을 수 있고, 또 그래도 전혀 문제가 되지 않는다. 반면에 법칙은 "모든 이성적 존재자의 의지에 타당한 것", 즉 행위를 명령하는 조건이 의지를 보편적으로 규정하는 "필연성"을 지녀야 한다.(VII:50) 이 같은 행위의 필연성은 명령을 거부하거나 반대되는 행위를 원한다고 해서 그 명령이 지니는 요구 자체가 제거되거나 사라지지 않는 구속력을 갖는다. 따라서 칸트적 의미에서 진정한 의미를 갖는 법칙으로서의 명법은 정언명법뿐이다. 이 같은 제 규정들을 종합해 보면, 정언명법의 형식적 특징들은 객관성, 보편타당성, 필연성, 구속력(강제력) 등이다.

그런데 이 같은 명제적 특성들 중에서 만일 정언명법이 진정한 의미에서의 명령이라는 특성, 즉 의지를 강제하는 법칙적(정언적) 구속력을 갖지 않는다면, 이 명법은 가언명법 또는 분석명제에 불과하게 된다. 따라서 정언명법이 선험적 종합명제(또는 선험적인 종합적 실천명제)인 것은 곧 의지를 강제하는 법칙의 보편성과 필연성을 나타내는(표현하는) 명령(진술)이 선험적이면서 동시에 종합적이라는 것을 의미한다. 결국 남은 문제는 분석적이지도 경험적이지도 않은 선험적 종합명제가 어떻게 해서 가능한지를 보이는 일이다.

2) 정언명법과 선험적 종합명제

개별 정언명령들 일반이 갖는 언어적, 명제적, 형식적 특징으로서 정언명법의 증명, 즉 "도덕성의 원리가 구속력을 갖는 나의 도덕적 행위의 원천이라는 것을 보여주는 정언명법은 보편성, 객관성, 필연성을 갖는 '실천적인 선험적 종합명제'이다"라는 칸트 주장의 결론은 "자유의 이념이 나를 지성계의 성원으로 만듦으로써 가능하다"는 것이다. 이것은 다름 아닌 실천적·도덕적 자유로서의 의지가 자율적 의지, 즉 자신의 의지를 스스로 (법칙적으로) 규정하는 순수한 도덕적 의지이며, 이것이 우리의 선택 의지를 구속한다는 것과 동일한 주장이다. 칸트가 의무를 '법칙에 대한 존경심에서 하는 행위의 필연성'이라고 말할 때 역시 도덕법칙 내지는 도덕적 의지가 우리에게 도덕적 행위를 강제하는 구속력의 원천이라는 것을 뜻한다. 이런 의지는 곧 선의지의 의지에 다름 아니다. 따라서 칸트에게 의지의 자율성과 선의지는 상호 별개의 것이 아니라 동일한 의지의 다른 표현이다. 만일 의지의 자율성에도 불구하고 그 의지가 선한 의지가 아니라면 도덕적 명령은 실행되지 않거나 그에 반할 수 있다. 칸트가 말하는 의지의 자율성은 그 자체가 도덕법칙의 원천이다. 이 법칙이 명령으로 나타나는 것은 그 명령의 수행 주체가 유한한 이성적 존재자인 인간의 의지이기 때문인데, 그 의지가 법칙의 명령에 따르려는 의지가 아니라면 도덕적 행위는 불가능하거나 임의적인 선택이 되고 말 것이다. 이는 반대로 일상적 도덕의식에서 경험되는 선의지와 의무를 통해서만 정언적 당위의 법칙적 필연성이 성립한다는 것을 해명함으로써 간접적으로 선의지가 전제하고 있는 의지의 자율성의 실체를 드러내려는 방도를 취하고 있는 것이 『도덕형이상학 정초』에서 칸트의 전략이었다고 볼 수 있다.

이상과 같은 해명은 앞서 상술한 바 있는 '정언명법의 가능성 명제', 즉 칸트가 정언명법에 대한 일련의 증명 과정을 종료하면서 요약적으로 제시하고 있는 '명제'를 살펴보면, 정언명법이 선험적 종합명제라는 것을 증명하기 위한 결론에 이르기까지 어떤 문제들과 씨름해 왔는지를 알 수 있다. 이 '명제'는 우선 선험적 종합의 원리가 의지의 자율성이며, 이 자율성은 자유의 이념을 전제로 한 것이라고 밝히고 있다. 그리고 다시 이에 기초해서 선험적 종합은 '두 세계의 종합'과 '두 의지의 종합'으로 귀결된다고 말하고 있다. 그런데 의지가 자유라는 것 자체는 직접적으로 증명할 수 없다.(VII:91-2) 칸트는 『도덕형이상학 정초』에서는 우리의 의지가 자유라는 것을 '생각'할 수는 있지만, 단지 이성의 이념으로서 자유의 개념적 파악 불가능성, 이른바 실천철학의 한계를 밝히는데서 멈추고 있으며, 『실천이성비판』에서도 "자유는 도덕법칙의 존재근거이며, 도덕법칙은 자유의 인식근거이다"(VII:108)라고 하며 자유 개념에 대한 간접적인 증명에 머물고 있다. 칸트 스스로 밝히고 있듯이, 의지의 자율성을 설명하는 열쇠인 (의지의) 자유는 전제되어 있는 혹은 전제할 수밖에 없는 개념이다.(VII:81-3)

칸트는 자유의 실재성 문제와 관련해서 포괄적으로 자유의 이념을 내세우고, 다시 자유의 소극적 개념과 적극적 개념을 구분한다. 후자의 적극적 자유가 곧 의지의 자유로서 실천적 의미에서의 의지의 자율성이다. 따라서 자유의 적극적 개념으로서의 의지의 자유와 의지의 자율성은 동일한 의미다. 다시 칸트는 이 의지의 자유를 직접적인 증명이 불가능한 것으로 전제하고서 의지의 자율성을 다루고 있는데, 전자가 전제라면 후자 역시 이것 없이는 그 실재성과 객관적 필연성을 그 자체로는 증명할 수 없음은 동일하다.(VII:81, 84-5) 이런 한계 속에서 칸트는 선험적 종합의 원리로서의 의지의 자율성을 말하고 있다.

다음으로 '명제'에는 두 세계의 종합과 두 의지의 종합이라는 두 가지 종합이 제시되어 있다. 두 세계의 종합은 예지계(지성계)와 감성계의 문제이며, 두 의지의 종합은 자율적(실천적) 의지와 감성적 욕망(으로부터 촉발된 의지)의 문제다. 이 두 세계와 두 의지의 선험적 종합은 정언적 당위의 발생과 성립 및 수행 가능성에 있어서 이성과 경향성 양자의 상호 영향 관계의 종합인데, 이 종합의 핵심은 하나의 의지(의지의 자율성)가 다른 의지(경향성이나 성벽에 좌우되는 감성적 욕망으로부터 촉발된 의지)와는 전적으로 독립해 있으면서 이 의지를 규정하는 관계여야 한다는 것이다. 그리고 이런 의지는 그 자체가 이미 실천적 의지로서 선의지(의지의 자율성을 자신의 행위의 준칙으로 삼아서 행위하려는 의지)이지 않으면 안 된다.

선험적 종합명제로서 정언명법의 증명 문제는 형식상 이론적 인식과 마찬가지로 이 두 세계와 두 의지의 결합 관계가 어떻게 하나의 행위에서 종합되는지를 선험적으로 해명하는 것이며, 그 종합의 원리는 의지의 자율성이다. 선의지는 자신 안에 정언명법을 내포하고 있는 선험적 종합 자체이며, 선의지로서의 선험적 종합의 명제적 표현이 정언명법의 정식들이다. 만일 종합의 원리로서의 의지의 자율성에서 선의지를 제외시키게 되면, 페이튼이 지적하듯이, 칸트의 증명(연역)은 실패하게 된다.[19] 왜냐하면 선의지를 배제한 의지의 자율성만으로는 이성적 행위자가 필연적으로 자율성의 원리에 따라서 행위한다는 것, 즉 감성적 욕망에 대한 명법의 강제적 구속력을 보장할 수 없을 것이기 때문이다.

하지만 나는 칸트의 의지의 자율성 개념에는 이미 선의지가 포함되어 있기 때문에, 그 역도 마찬가지인데, 칸트의 증명은 이런 이유에서 일관성을 유지하고 있다고 생각한다. 만일 종합의 원리로서의 의지의 자율성에 선의지가 없으면

---

19) H. J. 페이튼, 『칸트의 도덕철학』, 349-50.

두 세계(예지계와 감성계)의 존재는 분열된 세계로 존재할 것이며, 두 세계에 각각 속하는 의지(자유의지와 감성적 욕망 의지 또는 주체)는 분열된 자아로 남게 된다. 양자는 어떤 경우에도 상호 영향 관계에 놓일 수가 없게 되며, 따라서 진정한 의미에서의 실천적 종합은 공허한 것이 되고 만다. 칸트가 "의지의 자율성은 의지가 자신에게 (의욕의 대상이 갖는 하등의 성질과 독립해서) 하나의 법칙인 의지의 성질이다. 그러므로 의지의 자율성은 자신이 선택하는 준칙이 그 의욕에 있어서 보편법칙이 되도록 선택하는 것 이외의 다른 것이 아니다" (VII:74-5)라고 말할 때, 이렇게 선택하는 의지의 자율성은 (그런 의지를 소유한 행위 주체의 관점에서는) 선의지가 아니고 달리 무엇일 수 있는가! 또 그 연장선상에서 의지의 자유로서의 자율성이란 "자기 자신이 법칙이 되는 의지의 속성" (VII:81)이라는 칸트의 정의에 따를 경우, 의지의 자율성에 따르고자 하는 의지 자체가 갖는 고유한 성질이 선의지인 것이다. 이런 이유에서, 칸트 자신도 언급하고 있듯이, 정언명법의 정식들은 "선의지의 정식" (VII:71)들이라 할 수 있다.

3) 정언명법과 의지의 자율성

지금까지의 고찰은 다음과 같은 결론을 허용한다. 칸트는 도덕형이상학의 가능성을 좌우하는 선험적 종합명제를 당위로서의 실천적 인식을 표현하는 정언명법의 정당화 문제로 정립한다. 또한 정언명법이 선험적 종합명제라는 것을 증명하기 위해서 의지의 자율성과 선의지를 두 세계와 두 의지의 종합 원리로 삼는다. 종합의 원리로서 의지의 자율성은 선의지가 갖는 순수한 도덕적 의지의 표현이며, 선의지는 의지의 자율성을 도덕성의 원리로 삼고 있는 인간 의지의 표현이다. 따라서 정언명법의 정식들 역시 '선의지의 정식' 들 내지는 선의지의 명제적 구체화에 다름 아니게 된다. 칸트가 왜 『도덕형이상학 정초』의 시작을 의무 개념과 함께 일상적 도덕의식 속에 들어 있는 선의지에 대한 선언적 진술로부터 시작해서, 그리고 학문으로서의 도덕형이상학을 정초하기 위한 정언명법의 정당화의 백미를 의지의 자율성 개념에 대한 해명으로 마치고 있는지도 알수 있다.

칸트는 "절대적으로는 선하지 못한 의지가 자율성의 원리에 대해 갖는 의존의 관계는 구속성이다. 그러므로 구속성이란 신성한 존재에게는 허용되지 않는다. 이 구속성에서 나오는 행위의 객관적 필연성을 의무라고 한다"(VII:74)라고 말하고 있다. 즉, 의무가 의식된다는 것은 곧 한마디로 선험적 종합의 원리로서 의지의 자율성과 선의지를 전제로 해서만 가능한 현상이다. 아이슬러가 지적하듯이, "자율성은 도덕성의 기초이며, 이성적 존재자로서의 인간의 자유에 대한 증언이다."[20] 심지어 카르노와 같은 이는 『정초』에서 처음으로 명백하게 알려진 자율성의 원리를 칸트의 두 번째 코페르니쿠스적 전환으로 특징짓기도 한다.[21] 그러므로 도덕성의 원리로서의 자율성의 원리는 보편화가능성의 원리처럼 단순히 하나의 '원리', 즉 원칙으로서의 의미를 갖는 것이 아니다.[22] 무엇보다도 칸트에 있어서 자율성은 "도덕적 주체가 도덕법칙에 대해서 갖는 일정한 관계로서 도덕적 행위의 기초가 되는 전제"[23]로서의 의미를 갖는다.

지금까지 살펴본 것처럼 칸트의 선험적 종합명제로서의 정언명법의 증명은 의지의 자율성을 전제로 해서만 가능했다. 그런데 칸트에 의하면, 이 의지의 자율성은 그 직접적인 증명이 불가능한데, 이로 인해 "어떻게 해서 선험적인 실천

---

20) R. Eisler, Kant-Lexikon, 54.

21) B. Carnois, *La Coherence de la Doctrine Kantienne de la Liberte*, 79; H. E. Allison, "Practical and Transcendental Freedom in the Critique of Pure Reason," 271 각주 2. 여기서 앨리슨은 심지어 칸트의 윤리이론의 발전 과정에 있어서 이 자율성 원리의 발견은 일대 전환점을 이룬다고 평가한다.

22) L. W. Beck, *A Commentary on Kant's Critique of Practical Reason*, 122 참조.

23) A. Haardt, "Die Stellung des Personalitätsprinzips in der 'Grundlegung zur Metaphysik der Sitten' und in der 'Kritik der praktischen Vernunft'", 166.

적 종합명제가 가능한가, 그리고 그것이 왜 필연적인가 하는 과제의 해결은 더이상 도덕형이상학의 한계 안에 있지 않다." (VII: 80) 칸트에게 자유의 이념을 전제로 하고 있는 의지의 자율성의 원리는 곧 도덕법칙을 의미한다.(VII:84) 이 말은 이 원리의 실재성과 객관적 필연성, 그리고 도덕법칙 자체도 직접적으로 증명할 수 없다는 말과 같다. 이처럼 의지의 자율성이 단지 하나의 전제에 불과한 것이라면, 선의지가 유의미한 도덕적 경험인지도 불투명해진다. 그런 점에서 선의지의 실재성을 확신하는 칸트로서는 그 같은 도덕적 경험의 가능성의 원천인 의지의 자율성을 전제하고 이로부터 정언명법의 가능성을 증명해 보이려 했던 것이다. 비록 칸트가 저 과제 해결의 한계를 인정하고 있더라도 그것은 다만 직접적 불가능성에 대한 고백일 뿐이다. 왜냐하면 칸트는 자신이 시도한 간접적 증명만으로도 거부할 수 없는 선의지의 실재성을 충분히 보여주었다고 믿고 있기 때문이다. 그러나 우리가 칸트가 그랬듯이 이 전제를 받아들여서 칸트가 규정한 선험적 종합명제의 증명이 성공했다고 하더라도 그 명제(정언명법의 정식들)의 객관적 타당성과 필연성은 이론적 인식에서와 달리 검증이 불가능하다. 다시 말해 실제로 도덕판단과 도덕적 경험의 관계에서 현실적 행위의 도덕성을 평가할 척도가 되어야 할 도덕원칙들은 선험적 종합명제로서 진술되어야 하지만, 그 원칙들이 그와 같은 조건들을 충족하고 있는지를 판정하는 일은 경험적으로 확인할 수 없다. 또한 그 명제들을 구체적으로 적용한 원칙들로 예시된 '어떤 상황에서든 거짓말을 해서는 안 된다.'와 같은 진술에 부합하는 행위의 도덕적 타당성은 칸트가 했던 절차에 따라 다시금 정당화되어야 하는데, 모든 거짓말 여부를 경험적으로 확인할 수는 없다. 만일 이 점이 옳다면, 이 같은 경험적 확인 불가능성은 선험적 종합명제라는 사실만으로는 정언명법의 객관적 타당성만이 아니라 실천적 필연성을 확증하기에는 충분하지 못하다는 것을 함의한다. 또한 그것은 불가피하게 내재적 정당화로 한정된다. 하지만 도덕적 경험의 현상학에 비견될 수 있는 준칙 중심의 칸트의 윤리학을 고려할 때, 경험 혹은 관찰 불가능성과 같은 약점이 비판의 대상이 될 수는 없을지 몰라도, 그럼에도 이 같은 한계는 내외적 문제에 봉착하게 되는데, 한편으로 이 내재적 정당화는 자기 정당화로 귀착되고 만다는 것이며, 다른 한편으로 이 같은 자기 정당화는 종국에는 거짓말에 대한 칸트의 주장과는 달리, 이를테면 '무고한 생명을 구해야 하는 상황에서는 거짓말을 해도 된다.'는 도덕원칙을 선험적 종합명제로 간주하게 될 소지도 있다는 것이다. 그러나 역으로 이 같은 추론은 우리가 칸트의 도덕이론을 다른 시각에서 또 다른 가능성을 갖고 접근할 수 있는 길을 열어 줄 수 있다. 만일 그 가능성에 대한 해명이 칸트의 도덕철학의 근간을 해치지 않고서 성공할 수 있다면, 그것은 칸트식의 의무론자들이 자신들에 가해지는 비판들에 대응할 수 있는 실마리를 제공해줄 공산도 없지 않다.

5. 정언명법의 정식들

칸트는 이와 같은 방식으로 정당화되는 정언명법을 다양한 방식으로 정식화해 제시하고 있다. 해석자에 따라서 네 개 또는 다섯 개로 보아야 한다는 견해도 있는가 하면, 세세한 변형 정식을 포함해 10개 이상으로 보는 경우도 있다. 가령 가이어는 네 개로, 반면에 페이튼은 상이한 다섯 개의 정식들 및 그 변형 정식까지 계산하면 10여개가 넘는다고 생각한다.[24] 특히 가이어가 세 개의 정식에다 하나 더 첨가해야 한다고 주장하는 것은 일반적으로 "자율성의 원리"에 포함되

---

24) 이에 대해서는 P. Guyer, "The Possibility of the Categorical Imperative", 353-6 및 H. J. Paton, *The Categorical Imperative: A Study in Kant's Moral Philosophy* 참조. 특히 Paton 의 이 연구서는 전반에 걸쳐서 이러한 다섯 가지 정식들을 칸트의 철학 전체와 관련지어 포괄적으로 해명하고 있다.

는 것으로 보는 "목적의 왕국의 원리"를 독립적으로 상정하려는 데에서 생긴다. 또 가이어는 페이튼의 다섯 가지 정식들 중에서 "자연법칙의 정식"은 독립적인 것으로 간주하기 어려우며, 스트래튼-래이크의 논증에 따라 칸트가 자연법칙의 정식을 제시한 것은 다만 "어떤 법칙의 보편화가능성 여부를 고려할 때 그 적용가능성의 조건 또는 '전형'을 보이기 위한 것"으로만 받아들여야 한다는 견해를 취한다.[25] 또 설리번은 칸트의 실천철학 일반과의 관계를 염두에 두고서 그 정식들을 (1) 자율의 정식 또는 보편 법칙의 정식, (2) 인격의 존엄성에 대한 존경심의 정식, (3) 도덕적 공동체를 위한 입법의 정식 등과 같은 방식으로 구분하여 접근하고 있다.[26] 그러나 내가 보기에 칸트가 각각의 정식들에 특별히 고유한 명칭을 부여하고 있지 않기 때문에 이를 부르는 명칭들이 통일되어 있지는 않지만 대체로 도덕성의 최고 원리로서 정언명법을 크게 세 가지 공통되는 정식이 있다는 데는 이견이 별로 없어 보인다. 다만, 그 이상으로 정언명법의 수를 늘리거나 특정한 명칭을 고집하는 경우에는 그 시비를 가리기가 쉽지 않다. 이런 점들을 고려하여 나는 칸트의 정언명법의 수를 크게 세 가지로 구분하는 방식에 따르려고 한다. 보편법칙의 정식, 인간성의 원리, 자율성의 정식이 그것이다.[27] 그리고 이 세 가지 정식 이외의 것들은 각각 이로부터의 파생이거나 그것과 밀접한 연관을 갖고 있는 변형된 정식들로 해석한다.

---

25) P. Stratton-Lake, "Formulating Categorical Imperatives", pp. 316-40, 특히 322-3; P. Guyer, "The Possibility of the Categorical Imperative", 355 각주 3; B. Aune, *Kant's Theory of Morals,* 111-6.

26) R. J. Sullivan, *An introduction to Kant's ethics*, 29, 46-64 참조.

27) W. O. Döring, *Das Lebenswerk Immanuel Kants*, 109; B. Aune, *Kant's Theory of Morals*, 36.

1) 보편법칙의 정식 또는 유일한 정언명법

칸트 스스로 이성적 존재자의 '유일한 정언명법'으로 들고 있는 첫 번째 정식, 즉 '보편법칙의 정식'은 다음과 같다.

너의 준칙이 보편법칙이 되기를 네가 동시에 의욕할 수 있는 그러한 준칙에 따라서만 행위하라. (4:421/VII:51)

이 정식은 칸트가 다양하게 제시하고 있는 정식들 일반의 형식을 규정하고 있다. 법칙의 보편성이란 넓은 의미에서 인간을 포함한 모든 사물들의 현존으로서 자연을 대상한다. 따라서 구체적 사건으로서 표현될 자연 안에서 이루어지는 인간 행위의 도덕성도 일차적으로 그 형식에 있어서 자연법칙과의 유비가 가능하다. 말하자면 자연법칙의 보편성을 위반한 행위란 성립할 수 없기 때문에 이 정식은 달리 "너의 행위의 준칙이 너의 의지에 의하여 보편적 자연법칙이 되어야 하는 것처럼 행위하라." (VII:51) 또는 "자기 자신을 동시에 보편적 자연법칙으로서 대상화할 수 있는 준칙에 따라 행위하라." (VII:71)고 표현되기도 한다.

이 명법은 도덕성의 최고 원리를 확립하기 위해서 의무 개념으로부터 전진적 분석을 통해 도달한 가장 기본적인 정식이다. 왜냐하면 의무는 우리가 무엇을 하지 않으면 안 된다는 행위의 준칙을 가져다주며, 또 그 준칙이 모든 사람에게 보편타당하게 행사될 것을 필연적으로 의욕하는 것이어야 하기 때문이다. 만일 의무가 그러한 것이 아니라면, 따라서 상황에 따라 사람에 따라 달리 적용되는 것이라면, 그것은 경향성에 좌우되는 경험적 성격을 갖는다. 이에 도덕적 의무란 상대적·우연적 행위 규칙에 지나지 않게 된다. 그리고 이는 의무의식을 이성적 존재자로서의 만인에 공통적으로 내재되어 있는 것이라고 생각하는 칸트의 기본 입장에도 정면으로 위배된다. 칸트는 이 정식을 "우리는 우리의 행위의 준칙이 보편법칙이 되기를 의욕할 수 있어야 한다. 이것은 도덕판단 일반의 규준이다."(VII, 54)라는 말로 간단명료하게 특징짓고 있다. 이러한 의무의 정식이 바로 소위 보편법칙의 정식이라 불리는 명법이다. 또 보편화 가능성의 원리(Universiebarkeitsprinzip)라 부를 수도 있는데, 이는 현대 윤리학에서 그것의 형식성과 보편성에 주목하여 개선한 명칭이다.

그러나 자연법칙에 유비적으로 적용하여 변형시킨 정식들을 액면 그대로 받아들여서는 안 된다. 왜냐하면 설사 자연법칙의 형식성을 만족시키는 어떤 구체적 행위라 할지라도, 그것만으로 행위의 도덕성이 충족되는 것은 아니기 때문이다. 이 때의 자연법칙적 타당성은 모든 행위가 실제로는 자연 안에서 실행되어 구체적으로 나타날 수밖에 없기 때문에, 그것은 일차적인 비교 기준이 될 뿐이다. 말하자면, 자연법칙의 보편성에 부합하는 모든 행위가 필연적으로 도덕적인 것은 아니다. 그것은 행위 평가의 필요조건은 되어도 충분조건까지는 되지 못한다.

통상 칸트의 정언명법을 비판적으로 평가할 경우, 그들 평가 중에 가장 일반적인 비난 중의 하나는 정언명법이 보편화 가능성의 원리로 정식화된 것의 논리적 모순을 지적하는 경우가 많은 것도 바로 이러한 점을 간과했기 때문으로 보인다. 이 점에 대해서 좀 더 상세히 살펴보면, 그러한 지적들은 한편으로는 대부분 정언명법이 전제하고 있는 근본 원리를 도외시한 데서, 다른 한편으로는 칸트 자신의 설명상의 소홀함에서 비롯된 것으로 보인다. 먼저 전자의 경우에 그것은 바로 도덕법칙이나 정언명법이 선의지를 바탕으로 하여 이해되어야 한다는 점을 간과한 것이다. 칸트가 의지의 원칙이 될 수 있는 조건으로 들고 있는 보편화 가능성의 원리로서 "보편적 합법칙성(Gesetzmäßigkeit)"(VII:28)은 그 선행조건으로 기대하는 결과나 충동을 고려함이 없다는 것을 전제로 한 형식적 보편화이다. 따라서 당연히 "어떤 보편화가 도덕적으로 가능한지 아닌지의 출발점은 선의지에 대한 인식이라는 주장을 펼칠 수 있다. 즉 그것은 어떤 사람이 선의지의 소유를 전제로 하고 있을 경우에만 정언명법에서 정식화된 보편적 절차를 사용할 자격이 있다고 생각할 수 있다."[28]

가령 칸트가 들고 있는 "내가 궁지에 몰려 있을 때 나는 지킬 의도 없이 어떤 약속을 해도 좋은가?"의 문제 즉 "거짓 약속"의 사례를 살펴보자. 이 경우에 칸트는 "나는 내가 거짓말을 의욕할 수는 있으나 거짓말하기를 보편법칙으로 의욕할 수는 없다는 것을 즉시 깨닫는다. 말하자면 이러한 법칙에 따르게 되면 본래 약속이라는 것이 있을 수가 없게 된다."(4:403/VII:30)는 결론을 도출해 낸다. 즉, 그것이 보편화 가능성의 원리를 위배하기 때문이라는 것이다. 그러나 이 같은 추론에 감추어져 있는 보다 중요한 것은 선의지다. 만일 위의 문제처럼 약속을 어겼을 경우 초래될 결과에 의해 행위의 선택이 이루어진다면, 그것은 선의지에 반하는 것이다. 따라서 보편화 가능성의 원리는 먼저 선의지를 조건으로 하는 의무의 원칙을 위배해서는 안 된다는 조건을 전제한다.

칸트는 "의무에서 정직한 것과 불리한 결과에 대한 걱정에서 정직한 것"(VII:29)은 완전히 다른 것이라고 말하고 있다. 나의 준칙이 보편법칙으로 타당해야 한다는 것은 그것이 보편화될 수만 있는 것이라면 무엇이든 다 도덕적으로 정당화될 수 있는 것은 아니다. 칸트의 이런 논리적 정식은 비도덕적인 것마저도 정당화시켜 버리는 원리가 될 수 있다는 것이 비판의 주된 표적이었다. 이러한 견해에 따르면, 결국 칸트에 있어서 "보편화 가능한 실천원리의 논리적 지위와 객관적으로 타당한 실천원리의 논리적 지위"는 동일한 것이며, 따라서 잘못이라는 단순한 결론에 도달하게 된다.[29] 여기서 뱀포드는 이 양자를 동일시하

---

28) W. G. Harbison, "The Good Will", 58.
29) P. Bamford, "The Ambiguity of Categorical Imperative", 76-83.

는 칸트의 정언명법의 애매성에 대해서 비판적으로 지적하고 있다. 물론 칸트는 분명히 이 양자를 동일시하고 있다. 그러나 뱀포드가 지적하는 것처럼, 헤어가 "광신자의 문제"라 부른 예에서도 알 수 있듯이, "모든 보편화 가능한 원리가 객관적으로 타당한 것은 아니다."[30] 때문에 칸트가 이러한 애매한 문제를 방치해 두고 있으며, 따라서 칸트의 정언명법은 이러한 문제에 대해서 애매한 입장을 취하고 있다고 결론짓는 것은 온당치 못하다.

이에 대해서 우리는 이제 다음과 같이 말해야 한다. 보편화 가능한 모든 것이 정당화되는 것이 아니라, 따라서 객관적으로 타당한 것이 아니라 그 준칙이 의무의 원칙에 합치하는지의 도덕성 여부만이 보편화 가능성의 원리의 시험을 받아야 한다. 즉, 그 준칙이 보편화가 가능하다고 하더라도 의무의 원칙에 위배될 경우에 그것은 도덕적이지 못한 것이 된다. 나아가 그러한 동기에서 이루어진 행위라면 그것은 동시에 보편화 가능성의 원리에 합치해야 하며, 그 경우에 한해서 그것은 도덕적 행위가 될 수 있다. 따라서 칸트가 들고 있는 약속의 경우에 이는 이미 약속은 지켜야 하고 거짓 약속은 도덕적으로 나쁜 것이라는 사실을 전제로 해서 곤궁에 처한 사람의 거짓 약속의 타당성 - 즉, 곤궁에 처해 있다는 특수한 사정 때문에 거짓 약속의 유혹에 고민하는 사람 - 을 평가하는 잣대가 된다.

그럼에도 칸트는 분명히 마치 약속이라는 것이 없어져 버린다는 이유 때문에 거짓 약속이 보편화될 수 없다는 것처럼 언급하고 있다는 사실이다. 여기서 우리는 다음과 같은 사실을 기억해 두는 것이 중요하다. 보편화 가능성의 원리가 곧 행위의 도덕성을 평가할 수 있는 정언명법의 유일한 형식이 아니라는 것이다. 칸트가 정언명법의 다양한 정식화를 꾀한 것도 도덕법칙이 갖는 형식성과 보편성을 다양한 경우에 적용할 수 있는 방도를 보여주고자 함이었다. 따라

---

30) 같은 글, 77.

서 우선은 보편화될 수 없는 것은 일단 도덕원리로서의 자격을 상실한다는 것을 보여주려는 데 칸트가 역점을 두었던 것으로 받아들여야 할 것이다. 결국 보편화 가능성의 원리는 근본적으로 의무의 원칙을 어길 수 없으며, 또한 모든 정언명법의 정식들은 결국 상호 전제적 - 의존적 관계라는 것을 의미한다. 칸트는 "도덕성의 명법의 존재 여부는 어떤 실례를 통해서, 따라서 경험적으로는 찾아낼 수 없다는 것에 주목해야 하지만 정언적인 것처럼 보이는 모든 명법도 실은 가언적일지도 모른다는 것을 항상 염두에 두어야 한다." (VII:49)는 점을 강조한다. 칸트가 들고 있는 약속의 경우도 그 사례 자체가 보편화 가능성의 원리에 합치하기 때문에만 도덕적인 것이 아니라, 그것이 도덕적이기 위해서는 보편화 가능성의 원리도 충족시켜야 한다는 것으로 해석해야 한다.

가령 칸트가 도덕적 선악의 판정을 위해서 도입하고 있는 도덕법칙의 전형과 관련하여 생겨날 수 있는 오해의 여지를 경계시키기 위해서 '도덕적 선'과 '도덕적 선의 전형(Typus)'의 확실한 구분을 강조하면서 "자신의 행위의 준칙을 보편적 자연법칙과 비교하는 것이 곧 자신의 의지의 규정 근거인 것은 아니다." (VII:189)라고 말한 것이나 또 "모든 실천적 입법의 근거는 객관적으로는 보편성의 형식 안에 있으나 주관적으로는 목적 안에 있다. 그런데 모든 목적의 주체는 각자가 목적 그 자체인 이성적 존재자들이다." (VII:63)는 말에서 보편화 가능성의 원리의 그릇된 해석에 대한 칸트의 경계심을 엿볼 수가 있다. 자연법칙의 형식성과 일치하는 객관적인 형식적 보편성만으로 그것이 도덕적 행위의 판정 기준을 충족시킬 수는 없다는 것이다. 거기에는 동시에 주관적으로 의지의 동기의 도덕성마저 충족되어야 한다. 다만 전자의 조건에 부합하지 않는 것이라면 그 자체가 이미 도덕적 자격을 지닐 수 없다는 것일 뿐이다. 그러므로 도덕법칙의 전형으로서의 자연법칙을 의지의 규정 근거로 삼게 되면, 그것은 곧 도덕법칙을 자연법칙과 동일시하는 것이 되고 만다. 따라서 자연법칙은 다만 도덕법칙 내지는 자유의 법칙의 전형, 곧 자연법칙이 지닌 합법칙성의 형식일 뿐이다. 이는 도덕법칙의 전형에 대한 칸트의 사고에서 가장 간명하게 드러나 있다. 칸트가 도덕법칙의 전형으로 들고 있는 실천적 판단력의 규칙, 즉 순수실천이성의 법칙 아래에서 성립하는 판단력의 규칙은 다음과 같다: "너가 꾀하는 행위가 너 자신도 그 일부인 자연법칙에 따라서 생겨야 한다면, 너 역시 그런 행위를 너의 의지에 의해서 가능한 것으로 볼 수 있는지를 자문해 보라." (Ⅶ:188) 이를 다시 칸트가 실천적 판단력의 규칙과 관련하여 제시하고 있는 도덕적·실천적 삼단논법(Ⅶ:214)과 비교하여 보면 보편화 가능성의 원리의 본래의 의도를 알 수 있다. 이는 다음과 같이 구성될 수 있다.

> 대전제 : 자연법칙의 형식성에 일치하는 보편적 도덕원리
> 소전제 : (선·악으로서의) 가능한 도덕적 행위
> 결   론 : 주관적인 의지 규정(실천적으로 가능한 선에 대한 관심과 그에 근거한 준칙)

그러나 이러한 보편화 가능성이 함축하는 도덕규범의 절대성과 관련하여 칸트의 정언명법에 가해질 수 있는 비판들 중에 가장 결정적인 것으로 보이는 것은 칸트가 들고 있는 보편적으로 적용될 수 있어야 하는 절대적 도덕규범들 간의 양립 불가능성일 것이다. 가령 "거짓말을 해서는 안 된다"는 규칙과 "무고한 사람을 해쳐서는 안 된다"는 규칙이 동시에 성립하는 상황에서 어느 하나를 어겨야 한다면, 그것은 절대적으로 지켜야 할 도덕규범의 체계를 성립 불가능하게 만든다는 것이다. 칸트가 '이타주의적 동기에서 하는 거짓말'에 대해서도 일관된 태도를 고수하는 사례가 대표적인 경우이다. 여기서 칸트는 인간이 이성적 존재자 즉 자율적 존재자이며, 따라서 인격적 존재자로서의 인간의 존엄성은 어

떠한 경우에도 비록 그것이 이타주의적인 동기에서라 할지라도 거짓말을 해서는 안 된다는 것을 주장하고 있을 뿐이다. 살인을 모면하기 위해서 거짓말을 해야하는 상황이 명백하게 예측할 수 없는 상황에서의 거짓말이란 위험한 것이며, 나아가 상대방의 입장을 대신 해서 그러한 판단을 내린다는 것은 바람직하지 않으며, 무엇보다도 인격적 존재로서의 상대방의 이성적 자율적 판단을 무시하는 행위는 비도덕적이라는 것이 칸트의 의도인 것으로 보인다. 따라서 상대방이 명백히 이성적 판단 능력을 상실한 경우라면 그 때도 우리는 거짓말을 해서는 안 된다는 것을 말하고 있는 것은 아닌 것이다. 오히려 우리는 그 사람을 합리적으로 설득해서 살인을 하지 않도록 함으로써 거짓말도 하지 않아야 한다는 것이 칸트의 의도였다고 해석할 수 있을 것이다.

그래도 문제는 남는다. 가령 그 살인 의도를 가진 자가 이성적 행위자라면 어떻게 할 것인지에 대해서 칸트는 답하기가 어려울 것이기 때문이다. 이처럼 칸트의 도덕적 행위의 절대적 규칙 또는 도덕성 여부의 판정 기준으로서 보편화 가능성의 원리는, 그것이 행위의 내부적인 측면에 대한 옳고 그름을 판정할 수 있는 기준으로서 약점을 지니고 있음에도 불구하고, 기본적으로 행위자의 준칙이나 근본적인 의도와 동기의 도덕성에 기초한다. [31]

2) 인간성의 정식 또는 목적 자체의 정식

칸트가 제시하고 있는 두 번째 정식은 '목적 자체로서 인간성의 정식', 간단히 인간성의 정식 혹은 인격성의 정식, 때로는 그냥 목적 자체의 정식이라 부를 수 있다.

---

31) 보편화 가능성의 원리의 이러한 성격에 대해서는 O. O'Neill, "Consistency in Action", 159-86 참조.

너는 인간성을 너의 인격에서나 다른 모든 사람의 인격에서나 결코 수단으로만 대우하지 말고 언제나 동시에 목적으로 대우하도록 행위하라.(4:429/VII:61)

이 정식은 칸트가 제시하는 세 번째 정식과 마찬가지로 보편법칙의 정식과 달리 직접적으로 의무 개념과 관계하지 않는다. 즉, 의무 개념으로부터 직접적으로 도출되지 않는다. 그러기 위해서는 다른 요소들을 끌어들여야만 한다. 앞서 살펴본 바와 같이 "행위의 실천적·무조건적 필연성"(VII:56)을 충족시키려면 의무는 가언명법으로 표현될 수 없으며, 오직 정언명법으로만 표현되어야 한다. 즉 이 '의무의 정식'은 그 자신 안에 모든 이성적 존재자에게 타당해야 하는 필연적 법칙을 의욕할 것을 함축하고 있다. 말하자면 "인간은 자신의 의무에 의해서 법칙에 매이게 되는 존재이다."(VII:65)

그러나 이 같은 행위의 필연성이 성립하기 위해서는 단순히 의무에만 기초해서는 불가능하다. 날아오는 돌멩이를 피하기 위해서 의도 없이 옆 사람을 다치게 한 행위나 무장강도의 강압으로 인해 저지른 행위의 경우에도 행위의 필연성은 성립하기 때문이다. 그렇게 되면 그런 의무는 타율적으로 나의 본래의 의사와는 상관없이 외적인 강제나 억압으로 인한 불가피한 행위에 지나지 않을 것이고, 그런 제약이 사라진다면 동시에 의무 또한 그 의의를 상실하고 말 것이기 때문이다. 그러므로 의무로부터 정언명법이 가능하기 위해서는 선의지가 전제되지 않으면 안 된다. 그리고 이 선의지는 곧 인간 의지의 자율에 다름 아니다.

칸트에 의하면 단적으로 "의지의 자율은 모든 도덕법칙과 이에 상응하는 의무의 유일한 원리이다."(VII:144) 우리가 어떤 행위를 행할 수 있으며 동시에 또한 그것이 도덕법칙에 일치하는 행위를 할 수 있는 의지의 자율성이 전제되지 않는다면, 명법 자체가 불가능하다. 따라서 그것이 보편성(보편 법칙)의 정식이든 인격성의 정식이든 근본적으로 인간의 자율성을 기초로 한다.

인간성의 정식은 기본적으로 인격과 목적 개념에 의존적이다. 법칙을 의무의 원칙에 따른 형식적 규정으로 정립하는 보편법칙의 정식과 달리 인격성의 정식은 인격과 목적 개념을 토대로 규정한다는 점에서 인간성의 정식은 정언명법의 형식을 규정하는 정식과 달리 내용을 규정하는 정식이라 할 수 있다. 그리고 칸트가 목적 자체의 개념을 이끌어 내는 기초가 되는 것은 의지의 근본 특성으로서의 자율성 개념이다. 칸트는 자율적 의지를 다음과 같이 설명한다.

> 의지란 어떤 법칙의 표상에 따라 자기 자신의 행위를 규정하는 능력이라 여겨진다. 그리고 그러한 능력은 이성적 존재자에게서만 발견될 수 있다. 그런데 이러한 의지의 자기규정의 객관적 근거가 되는 것이 바로 목적이며, 이 목적은 모든 이성적 존재자에 대해서 동일하게 타당해야 한다.(VII:59)

따라서 이처럼 모든 이성적 존재자(인간)에게 적용되어야 하는 보편타당한 필연적 원리 즉 실천법칙이란 경우에 따라 달라질 수 있는 그런 것이 아니어야 한다. 다시 말해 '법칙의 가치를 갖기 위해서는' 어떠한 수단적 의도도 배제한 그러한 것이어야 한다. 칸트는 이러한 목적 그 자체로서의 절대적 가치를 갖는 존재를 "인간과 모든 이성적 존재자"(VII:59)라 말한다. 그리고 특히 이성을 결하고 있어 수단으로서 상대적 가치만을 갖는 '사물'(Sache)과 달리 상대적 목적이나 수단적 가치를 초래하는 모든 경향성으로부터 자유로운 이성적 존재자를 '인격'(Person)이라 규정한다.(VII:60) 그러므로 인격적 존재만이 절대적 가치를 가질 수가 있고, 이에 근거하여 모든 의지의 법칙이 명령될 수가 있다.

이 두 번째 정식에서 등장하는 '인간성'(Menschheit)이라는 개념은 "목적 그 자체로서 우리의 인격 안에 있는 인간성"(VII:62)의 의미를 갖는다. 따라서 "목적 그 자체로서의 인간성" "목적 그 자체로서의 인간(Mensch)" "목적 그 자체로서의 모든 이성적 본성 일반"(VII:63), "목적 그 자체로서 이성적 존재자의 인격성"(VII:210) 등은 호환 가능한 표현들이다.

다른 한편으로 "인간성"이나 "수단으로만 대우하지 말라" 혹은 "동시에 목적으로 대우하라"와 같은 표현들은 칸트의 용어를 이해하는데 어려움을 가중시키기도 한다. 우선 인간성은 인간을 오직 이성적 본성에서만 고려한, 말하자면 인간의 신체성을 전혀 배제한 개념으로서 인격성과 동일한 의미를 갖는다. 칸트는 "인격성"(Persönlichkeit)을 "전 자연의 메카니즘으로부터의 자유이자 독립이며 동시에 독특한 법칙 즉 그 자신의 이성이 부여한 순수한 실천법칙에 복종하는 존재자의 능력"으로 간주한다.(VII:210) 또한 "인격"은 "예지계에 속해 있는" 인격성의 소유자이면서도 동시에 "감성계에 속해 있는" 존재 즉 신체를 지니고 있는 실제적 인간을 가리키는 개념이기 때문에, 인격이든 인격성 내지는 인간성이든 다 같이 목적 그 자체일 수가 있다.(VII:210) 그러므로 인격과 인격성의 관계는 인간과 인간성의 관계와 같다고 할 수 있다. 결국 칸트에 있어서는 자기 목적으로서 존재하는 것만이 본질적으로 인격일 수 있다.[32] 우리는 목적 자체로서의 인간성에서 목적성을 강조하여 저 정식을 도덕법칙의 형식으로서 보편 법칙의 정식에 대하여 도덕법칙의 실질과 내용을 규정하는 목적 자체로서의 인격성의 정식, 간단히 인격성의 정식이라 부를 수도 있겠다. 그러므로 이와 함께 목적 자체로서의 인간성의 정식, 혹은 인간성의 정식 내지는 목적 자체로서의 정식 모두 도덕성의 최고 원리들을 표현하는 동일한 정식들이다.

또 이 정식에서 그저 수단이 아니라 '수단으로만' 대우하지 말라는 것은 수

---

32) K. Konhardt, *Die Einheit der Vernunft. Zum Verhältnis von theoretuscher und praktischer Vernunft in der Philosophie Immanuel Kants*, 250 이하.

단으로도 대우한다는 것을 의미한다. 현실 속의 인간은 기본적으로 인간성이나 인격성으로 존재하는 것이 아니라 신체를 지닌 인간으로 존재한다. 그 인간의 인간성이나 인격성이지, 그것이 홀로 독립적으로 존재할 수는 없기 때문이다. 누구든 빌린 돈을 갚기 위해서도 혹은 가난한 사람을 돕기 위해서도 우리는 자신의 신체를 사용해야 한다. 아마 그 대부분은 말이라는 신체적 행위를 수단으로 해서 이루어지게 되듯이 인간의 모든 행위는 신체를 이용한 활동이다. 그러므로 한 인간을 목적으로 대우한다고 하더라도 그 실행 수단은 신체를 지닌 구체적 인간일 수밖에 없다. 나아가 이에는 더 중요한 내용이 들어 있다. 누군가를 수단으로만 이용한다는 것은 타인의 신체를 수단으로 사용함과 동시에 다른 사람을 자신의 이익을 위한 수단, 즉 상대에 대한 도덕적 고려가 전혀 없는 비도덕적으로 대한다는 것을 의미한다. 수단으로만 대우하지 않으려면 그 신체를 이용한 행위는 반드시 도덕적 목적을 전제해야 한다. 오직 그 때에만 수단으로의 이용은 정당화될 수 있으므로 칸트는 '수단으로만'과 '동시에 목적'을 병치시키고 있는 것이다. 만일 내가 어려운 처지에 놓여 있는 사람을 돕기 위한 목적으로 가사일을 시키고 대가를 지불했다면 이는 그를 수단으로만 대우한 것이 아니라 동시에 목적으로 대우한 것이 된다.

3) 자율성의 정식 또는 목적의 왕국의 정식

자율성과 인격 그리고 목적 개념을 기초로 하고 있는 인격성의 정식이 정언명법의 내용을 규정하고 있다면, 이제 정언명법의 세 번째 정식으로서 또 다시 목적 개념과 관련해서 형식과 내용을 모두 아우르고 있는 종합적 성격의 정식을 확인할 수 있다. 이를 자율성의 정식 또는 목적의 왕국의 정식이라 부른다. 이는 칸트 스스로 "의지의 세 번째 실천 원리"(4:431/VII:63) 혹은 "모든 이성적 존재자의 의지의 원리들 중 세 번째 정식" (4:432/VII:64)이라고 부르고 있는 정식이다.

모든 이성적 존재자는 언제나 그의 준칙을 통하여 보편적인 목적의 왕국에서 한 사람의 입법하는 성원인 것처럼 행위해야 한다. (4:438/VII:72)

인간성이나 이성적 존재자의 본성이 목적 그 자체이기 위해서는 의무의 주체로서 의지는 단순히 법칙에의 복종에 그치는 것이 아니라 법칙마저도 자신에게서 찾아내지 않으면 안 된다. 왜냐하면 그렇지 않을 경우에 그러한 목적이란 결국 보다 상위의 근거를 가져야 하고, 따라서 그 스스로가 목적 자체이어야 한다는 것과 모순이 되며 타율적인 것이 되기 때문이다. 즉 이러한 존재자는 그 자신이 목적 자체이므로 그 목적을 스스로 설정하는 유일한 존재자가 된다. 그러므로 "모든 이성적 존재자의 의지는 보편적으로 입법하는 의지" (VII:63)이지 않으면 안 된다. 이를 칸트는 "모든 것을 자신의 준칙을 통해서 보편적으로 입법하는 의지" 로서의 "인간적 의지의 원리" (4:432/VII:64)와 결부시킨다.

칸트는 이 정식을 이에 앞서서 그 요점을 보다 간명하게 표현하고 있는 방식으로 제시했는데, "너의 의지가 자신의 준칙을 통하여 동시에 자기 자신을 보편적인 법칙을 세우는 존재로 간주할 수 있도록 행위하라." (VII:67)는 정식이 그것이다. 그리고 그 변형된 형식을 추가적으로 제시한다. 이 준칙을 형식적 원리로 표현하면, "너의 준칙이 동시에 (모든 이성적 존재자의) 보편법칙이 되어야 하는 것처럼 행위하라." (VII:72)이다. 여기서 왕국은 목적 자체인 "서로 다른 이성적 존재자들의 공동체적 법칙에 의한 체계적 결합" (VII:66)을 뜻한다. 칸트의 이 정식은 '의무의 정식'인 '유일한 정언명법' 즉 '보편법칙의 정식'과 비교해 보았을 때, 물론 그 연장선상에 있는 것이긴 하지만, 다른 정식들과는 근본적으로 다른 관점을 도입하고 있다. 이제는 한 사람의 이성적 존재자가 아니라 각각의 이성적 존재자 전체가 문제시 된다. 즉 이 정언명법에는 자신에 대한 의무만이 아니라 각자의 타인에 대한 의무가 고려되고 있다. 말하자면 자율적 주체들 상호간에 성립할 수 있는 보편적 행위의 원리가 고려되고 있는 것이다.

이 마지막 정식은 곧 의무를 위해서 행위하는 것은 스스로가 부과한 보편법칙에 따라서 행위한다는 것을 의미한다. 따라서 "의지의 자율에 대한, 즉 의지의 준칙을 통해 가능한 보편적 입법에 대한 행위의 관계가 곧 도덕성"(VII:73-4)이 된다. 칸트에 의하면, 우리가 인간을 숭고하고 존엄한 존재라 할 수 있는 것도 단지 도덕법칙에 복종하기만 하는 것이 아니라 도덕법칙의 입법자이기도 하기 때문에 가능한 것이다.(VII:74 참조) 이러한 정언명법의 정식은 결국 첫 번째 정식의 기초로 전제되었던 자율성의 의미를 구체적으로 드러낸 것이라 할 수 있다. 이 세 번째 정식이야말로 자율성이 갖는 가장 중요한 기능이 직접적으로 표현되어 있다는 점에서 도덕법칙의 형식과 내용을 통일적으로 제시하고 있는 자율성의 원리라 부를 수 있다.

그러나 이성적 존재자의 자율성에 의해서 우리가 동시에 도덕법칙의 입법자이기도 하다는 것은 주의를 요한다. 그것은 우리가 도덕법칙을 무로부터 새로이 만들어낸다는 것이 아니라 '입법하는 성원인 것처럼' 행위 한다는 것을 의미한다. 즉, 정언명법에 일치하는 도덕적 행위란 다른 무엇이 아니라 오직 스스로가 소유한 원칙에 따라서 그리고 그것에 일치하도록 자율적으로 이루어진 행위임을 의미한다. 이는 동시에 의무의 명법으로서 정언명법은 그 근저에 있어서 이미 선의지를 전제로 해서만 가능한 것으로 이해하지 않으면 안 된다는 것을 의미한다. 즉 의무로부터 정언명법이라는 행위의 필연성의 형식이 도출될 수 있는 것은 선의지의 바탕이 없이는 불가능한 것이기 때문이다. 그러므로 근본에 있어서 선의지는 의무와 정언명법의 존재근거가 된다.

의무가 도덕적 구속력을 갖는다는 도덕적 사실이야말로 칸트 윤리학의 요체라 할 수 있는데, 칸트는 이를 자율성의 원리에 기초하여 증명한다. 그에 따르면, "절대적으로는 선하지 못한 의지가 자율성의 원리에 대해 갖는 의존의 관계(도덕적 강제)가 구속성(Verbindlichkeit)이다. 그러므로 구속성이란 신성한 존재에게는 허용되지 않는다. 이 구속성에서 나오는 행위의 객관적 필연성이 의무이다." (4:439/VII:74) 즉, 유한한 존재로서의 인간에게 의무가 의식된다는 것은 곧 의지의 자율을 전제로 해서만 가능한 현상이라는 것이다. 앞서 제시한 보편법칙의 정식도 그것이 인간의 자율성을 전제로 해서만 성립할 수 있다는 점에서 이 자율성의 원리야말로 정언명법의 가장 핵심적인 원리라 할 수 있다.[33] 아이슬러가 지적하듯이, "자율성은 도덕성의 기초이며, 이성적 존재자로서 인간의 자유에 대한 증언이다."[34] 인간이 인격적 존재라는 것은 곧 자율적 존재라는 의미이며, 자율적 존재만이 인격적 존재일 수 있다. 따라서 인격이나 인격성이 함축하고 있듯이 "이성적 존재자가 목적 자체일 수 있는 유일한 조건은 도덕성이며," (VII:68) 이 인간의 인격적 존엄성과 도덕적 자율성은 도덕성과 더불어 칸트 사고의 근간을 이루고 있다. 그리고 양자의 상호 관계를 미루어 볼 때, "자율성은 인간과 모든 이성적 존재자의 존엄의 근거이며" (VII:69) 또 그렇지 않으면 안 된다.[35]

이상에서 살펴본 바와 같이 의무의 원칙을 기초로 정식화시킨 정언명법들은 결국 우리가 선한 의지를 소유한 자율적 주체임을 전제로 하여 추론된 것들이라 할 수 있다. 왜냐하면 처음부터 의무의식은 선의지의 존재를 알게 해주는

---

33) 칸트의 정언명법의 근본 성격과 의의를 자율성의 원리가 아닌 보편화 가능성의 원리로 파악하는 견해들에 대한 가장 분명한 비판적 입장은 롤스의 『정의론』에도 표명되고 있다. 이에 대해서는 J. Rawls, A Theory of Justice, p. 251-7. 이러한 입장은 오늘날 가장 유력한 그리고 일반화된 견해로 볼 수 있다. 그 이외에도 칸트의 도덕이론에서 보편성의 원리와 관련하여 자율성의 원리가 차지하는 중요성에 대해서는 J. Hardwig, "Action from Duty But Not in Accord with Duty" 참조.

34) R. Eisler, Kant-Lexikon, 54.

35) G. Krüger, Philosophie und Moral in der kantischen Kritik, 102.

조건이었으므로 이에는 이미 선의지가 전제되어 있는 것이었기 때문이다. 결국 정언명법으로서 도덕성의 최고 원리의 정당화는 의무를 실마리로 하여 선의지 자체를 형식적으로 규정한 것으로서 정언명법들은 그 자체가 곧 선의지의 정식들이라 할 수 있다. 한마디로 "의지는 절대적으로 선하며," (VII:70) "정언명법은 절대적으로 선한 의지의 정식에 해당한다." (VII:71) 그리고 각 정식의 정당화는 선의지의 자율성을 전제한다. 나아가 실천이성의 도덕적 목적으로서 최고선을 근거짓는 선의지의 도덕성은 보편타당한 원리에 따라서 행위해야 하는 인간의 본질을 규정한다. 그런 점에서 도덕성은 주체성, 인격성, 자율성 등과 호환 가능한 개념이다. 따라서 자율성의 정식은 "지성의 범주의 단일성, 다수성, 총체성에 근거하여" "단순한 개인의 도덕성을 성립시키는 원리에 그치지 않고 개인들의 조직적 결합체로서 공동체의 구성 원리" 또한 제시한 것으로 보아야 한다.[36]

앞서 언급한 것처럼 "의무는 법칙에 대한 존경심에서 나오는 행위의 필연성이다." (VII:26) 여기서 우리는 의무는 그 자체가 [도덕]법칙과 엄연히 다르다는 사실이 함축되어 있다는 점을 항상 염두에 두어야 한다. 왜냐하면 이 법칙과의 관계에서 고려되고 있는 의무로부터 행위의 원리를 정당화하는 추론을 통하여 도달하게 되는 것은 이 법칙 자체가 아니라 정언명법이기 때문이다. 그러나 다른 한편으로 의무와 정언명법의 정식들에는 자율성이 전제되어 있다. 이로부터 우리는 정언명법을 넘어서 도덕법칙과 자율성은 보다 근원적인 관계를 맺고 있다는 것을 엿볼 수 있다. 도덕성의 원리를 정당화하려는 또 다른 시도가 바로 여기에서 성립하고 있다.

---

36) 김용정, 『칸트 철학 : 자연과 자유의 통일』, 278.

6. 자유와 도덕법칙의 상호성

1) 준칙과 법칙

준칙과 법칙은 행위의 도덕성을 평가하는 원리다. 준칙은 행위의 주관적 원리로서 개인의 주관의 의지에서만 타당한, 즉 의지의 규정 근거를 개인의 주관에다 두는 실질적 및 형식적 실천 규칙이다. 그리고 법칙은 행위의 객관적 원리로서 모든 이성적 존재자의 의지에 타당한 의지의 순 형식적 객관적 원칙이다.(VII:125-73) 따라서 준칙이 자신에게만 타당한 것이 아니라 누구나에게 타당한 법칙이 되어야 준칙에 다른 행위는 도덕적 행위가 될 수 있다. 다시 말해서 나의 행위의 준칙이 타당한 도덕법칙이 될 경우에만 그 준칙에 따른 행위는 도덕성을 가지며, 그렇지 않으면 그것은 도덕적 행위가 되지 못한다. 칸트는 『실천이성비판』의 '순수실천이성의 원칙'의 장에서 어떻게 해서 준칙이 행위의 원리로서 법칙수립적 형식인 도덕법칙에서 타당한 규정 근거를 발견해야 하는지를 입증해 보이고 있다. 그래야만 내가 준칙의 도덕성, 즉 내가 도덕적으로 행위해야 하는 필연성과 당위성이 성립할 수 있으며, 따라서 우리의 도덕적 행위에 대해서 법칙이 갖는 구속력(Verbindlichkeit)을 입증할 수 있기 때문이다. 그런데 이것은 그 순서상 『도덕형이상학 정초』에서의 방법과 명백히 구분된다. 즉 『도덕형이상학 정초』가 의무 개념으로부터 정언명법을 정당화하고자 했던 방식과는 대조를 이룬다. 그 이유는 단적으로 의무 개념의 분석으로부터는 정언명법의 정식화, 즉 어떻게 정언명법이 가능한지에 대해서만 증명한 것이지 결코 의무와 법칙의 필연적 관계까지는 정당화할 수 없었기 때문이다. 그런데 정작 칸트는 정언명법을 그 정식들의 원리와 특성들을 통해 해명한 다음, 그 이상의 것 즉 그것이 어떻게 해서 도덕법칙으로서의 지위를 가질 수 있는 것인지에 대해서는 결코 추론이나 연역을 통해서는 증명할 수 없는 성격의 것이라고 고백한다. 이미『도덕형이상학 정초』에서도 이를 명확하게 밝히고 있다. 즉,

> 어떻게 그런 [정언명법과 같은] 선험적인 종합적 실천적 명제가 가능한가? 그리고 왜 그것은 필연적인가? 하는 과제의 해결은 더 이상 도덕형이상학의 한계 안에 있지 않다. 우리는 여기서 그 명제가 진리라고 주장하지도 않았고 더구나 우리가 그것을 증명할 수 있다고 사칭하지도 않았다. 다만 우리는 일단 일상적으로 활용되고 있는 도덕성의 개념을 발전시킴으로써 의지의 자율이 이 개념에 불가피한 방식으로 결합되어 있으며 혹은 오히려 그 근저에 놓여 있다는 것을 보여주었을 뿐이다.(VII:80)

그리하여 칸트는『실천이성비판』에서『도덕형이상학 정초』의 예비적 고찰에 힘입어 단도직입적으로 "도덕법칙은 순수이성의 사실로서 주어져 있고, 우리는 그것을 선험적으로 의식하며 필증적으로 확신한다"(VII:161)고 말하기에 이른다. 그렇다면 이같은 칸트의 단언은 어떻게 이해되어야 하는가?

2) 실천이성의 사실로서 도덕법칙

정언명법의 증명에서 멈춘 도덕법칙의 존재, 즉 우리의 행위에 대해서 도덕적 구속력을 가질 수 있는 법칙의 존재 증명은 어떻게 가능한가? 단적으로 "도덕법칙의 의식은 어떻게 해서 가능한가?" 왜 우리에게 도덕적 명령이 구속력을 가질 수 있는가? 그와 같은 현상은 어떻게 발생하는 것인가? 칸트는 그것이 가능한 이유에 대해서 다음과 같이 대답한다: "우리가 순수한 실천법칙을 의식할 수 있는 것은 우리가 순수한 이론적 원칙들을 의식하는 것과 마찬가지이다. 즉 이성이 우리에게 순수한 실천법칙을 가르쳐주는 필연성과 이성이 우리에게 지

시해 주는 모든 경험적인 조건들의 분리에 우리가 주목하는 것이다." (VII:139) 즉, 도덕법칙의 필연성은 그 자체로 확실성을 지니며, 이를 경험적 조건을 제거하는 방식을 통해서 다시 확인할 수 있다는 것이다. 여기서 순수하다는 것은 그 원천이 이성 자신에게 있다는 말이다. 그리고 칸트의 철학에서 등장하는 '순수한'(rein)이라는 말은 모두 이와 동일한 의미를 갖고 있다. 즉, 이성 그 자신에서 기원하며 선험적으로 발견되는 원리를 이른다.

칸트는 『실천이성비판』의 「머리말」에서 『순수이성비판』이 다룬 "사변이성의 체계는 그 자신의 관점에서는 완전한 것이며" (VII:112), 따라서 이러한 의의를 오해하여 자신의 비판철학에 가해지는 비난[37]은 실천이성비판을 통하여 완전히 불식시킬 수 있으리라 장담한다. 또 이것이야말로 "실천이성비판의 가장 훌륭한 공적" (VII:111)이라고까지 말한다. 그러면 칸트가 『실천이성비판』에서 그토록 자화자찬하고 있는 공적이란 무엇인가? 그것은 칸트가 이론이성비판을 통해서는 다만 소극적 의미에서만 생각할 수 있었던 "도덕성과 자유에 대한 확고한 개념" (VII:111)이 실천이성비판을 통해서야 비로소 선험철학적 토대 위에서 그리고 이와의 체계적인 연관성 하에서 적극적 의미로서 확립될 수 있음을 보여주고 있다고 생각하기 때문이다. 소극적 의미에 머물 수밖에 없었던 것은 이론이성비판은 이론적 인식에 관한 한 경험의 한계를 넘어서는 무제약자에 대해서는 그 존재 증명이 이율배반에 빠지게 되기 때문이었다.

칸트는 『순수이성비판』에서 인식 불가능한 개념으로 소극적으로만 확인해 두었던 이성의 이론적 사용에 있어서 "신, 자유 그리고 영혼불멸"의 개념

---

37) 칸트는 이 비난이 대체로 다음과 같이 두 가지 점을 축으로 하여 이루어지고 있는 것으로 파악하고 있다: "그 비난은 한편으로는 가상체(Noumenon)에 적용된 범주들의 객관적 실재성을 이론적 인식에서는 부인하였으나, 실천적 인식에서는 주장하고 있으며, 다른 한편으로는 자기를 자유의 주체로서는 가상체로, 그와 동시에 자연에 관해서는 자기 자신의 경험적 의식 중의 현상체(Phenomenon)로 삼는 모순된 요구를 한다는 이 두 가지를 축으로 하고 있다." (VII:111)

들을 『순수이성비판』에서는 이성의 실천적 즉 도덕적 사용 중에서 확립하고 자 시도한다. 이를 논리적으로 근거짓는 두 중심축이 바로 자유와 도덕법칙이 다. 그리고 도덕법칙은 실천이성의 사실로서 직접적으로 통찰되며, 즉 이성 자 신이 스스로 "자신의 도덕적 명령을 의식하고 있으며"(X:356), 이것의 통찰 가 능성은 자유의 존재에 의해서 정당화된다. 즉 칸트에 의하면 "자유는 도덕법칙 의 존재근거(ratio essendi)이나, 도덕법칙은 자유의 인식근거(ratio cognoscendi)이 다."(VII:108 각주) 사변이성이 자신의 본성에 따라 인과적인 결합의 계열에 있 어서 원인성의 개념을 무제약자로 간주하고자 할 때에 빠지고 마는 이율배반 을 해소하고자 필요로 했던 "원인의 절대적 자발성"이라는 절대적 의미의 자 유가 이론적 인식에서 파악한 선험론적 자유다. 이 자유는 사변이성의 이론적 인식과 통찰로는 그 객관적 실재성을 주장할 수 없었다. 이제 실천이성의 법칙 으로서의 도덕법칙에 의해서 비로소 실재성을 갖게 된다. 즉 도덕법칙에 의해서 자유가 (간접적으로나마) 인식될 수 있는 근거가 마련된다. 이 자유가 곧 실천적 자유이다. 한마디로 "도덕법칙은 자유의 가능성의 조건이다."[38] 그리고 이러한 자유가 자연법칙의 인과필연성의 지배를 받지 않는 예지적 세계에서의 자유란 점에서 도덕법칙은 동시에 "인간의 '초감성적' 차원의 인식 근거"이기도 하다.[39]

이렇게 도덕법칙에 의해서 간접적으로 증명된 자유의 개념은 "순수이성의, 심지어 사변이성의 체계의 전체 건축물의 요석"(VII:107)임이 드러난다. 왜냐하 면 이 자유의 개념에 이르러서야 다양한 이성적 체계를 하나로 꿰는 중심축이기 때문이다. 그렇지 않으면 이성적 인식의 체계는 각기 분리된 채로 남아 있게 될 것이기 때문이다. 그러나 다른 한편으로 사변이성의 비판으로부터 결과하는 이 성의 이론적 사용의 한계는 자유의 개념으로부터 하나의 통일성을 확보하고 있

---

38) G. Picht, *Kants Religionsphilosophie*, 501.

39) A. Model, *Metaphysik und reflektierende Urteilskraft bei Kant*, 31.

지만, 그렇다고 그 결과로서 실천적 자유가 논리적으로 추론되는 것은 아니며, 따라서 도덕법칙의 존재가 정당화되는 것은 더욱 아니다. 따라서 사변이성의 입장에서 볼 때, 실천이성의 사실은 하나의 비약이며, 오히려 그의 실천철학이 성립하게 되는 하나의 완전히 새로운 발단이라 할 수 있다.

이상에서와 같이 도덕법칙이 "순수실천이성의 사실"로서 발견될 수 있는 근거는 인간이 자유 존재이기 때문에 가능한 것이다. 그리고 이 자유는 도덕법칙에 의해서 우리에게 간접적으로 증명되고 통찰된다. 도덕법칙이 의미를 갖는 것은 인간의 의지가 자유일 경우에만 가능한 일이며, 또 그러기 위해서는 인간은 자유 존재이지 않으면 안 되며, 따라서 도덕법칙은 자유의 인식 근거이다. 말하자면 만일 인간의 의지가 자유가 아니라면 도덕법칙이란 굳이 존재할 이유가 없다는 것이다. 의지가 자연필연성에 의해서 이미 제약되어 있다면 우리가 달리 무엇을 행해야 할 필요조차 없으므로 의지가 자유일 경우 오직 그 경우에만 도덕법칙은 존재할 수 있는 것이며, 그러기에 또한 간접적으로 증명되면서 통찰될 수가 있다는 말이다. 동시에 이러한 의지의 자유가 자율이다. 칸트는 "의지의 자율은 모든 도덕법칙과 그것을 따르는 의무들의 유일한 원리이다"라고, 그리고 "법칙의 모든 실질(즉 욕망된 객관)로부터의 독립성과 준칙이 받아들일 수 있는 보편적인 입법적 형식에 의한 선택의지(Willkür)의 규정성이 도덕성의 원리이다. 전자의 독립성이 소극적 의미의 자유라면, 후자의 순수한 그리고 그 자체로 실천이성 자신의 입법은 적극적 의미의 자유이다"라고 말한다.(VII:144) 그러므로 칸트에게 있어서 의지의 자율은 그 자체로 도덕성의 원리이자 도덕법칙의 존재 근거이며, 곧 도덕적 자유에 다름 아니다.

칸트는 도덕법칙의 존재를 정당화하고 있는 '순수실천이성의 원칙의 연역'의 장에서 이를 순수사변이성의 원칙과 비교하여 각각의 과제를 다음과 같이 규정한다.

한편으로는 순수이성이 어떻게 선험적으로 객관들을 인식할 수 있느냐 하는 과제와 다른 한편으로는 순수이성이 어떻게 직접 의지의 규정 근거일 수 있느냐, 즉 객관의 실현에 대해서 (단지 법칙으로서의 이성 자신의 준칙의 보편타당성이라는 생각에 의해서만) 어떻게 직접 이성적 존재자의 원인성의 규정 근거일 수 있느냐 하는 이 두 과제는 서로 매우 다른 것이다.(VII:158)

칸트에 의하면 당연히 전자는 순수사변이성비판에, 후자는 실천이성비판에 각각 속하는 과제이다. 전자의 과제는 "어떻게 해서 이것 없이는 결코 어떠한 객관도 주어질 수 없으며, 따라서 어떠한 객관도 종합적으로 인식될 수가 없는 직관들이 선험적으로 가능한가?" (VII:158-9)에 대한 해명이다. 이에 대한 칸트의 해결은 어떠한 직관도 그것은 감성적이기 때문에 가능한 경험이 도달하는 것을 넘어서는 어떠한 사변적 인식도 가능하지 않음을 증명함으로써 순수 사변이성의 모든 원칙들은 경험 가능한 대상들(현상)에 한해서만 인식적 의미를 갖는다는 것을 확립하는 방도를 취했다.

그러나 후자의 과제는, 칸트에 의하면, 사변이성비판처럼 '순수한' 실천이성비판이 아니라 단지 실천이성비판에 속하는 것이다. 여기서는 "이성이 어떻게 의지의 준칙을 규정할 수 있느냐, 즉 그것이 규정근거들로서 경험적 표상에 의해서만 생기는 것인지, 아니면 순수이성은 실천적이어서 전혀 경험적으로 인식할 수 없는 가능한 [초감성적] 자연 질서의 법칙인지의 여부" (VII:159)에 대한 설명을 제시하고자 한다. 말하자면 순수실천이성이 있다는 사실로부터 순수한 실천법칙들이 어떻게 가능한지에 대한 설명만이 요구된다는 뜻이다. 물론 이에는 잘못 근거지어진 실천법칙에 대한 이해를 실천이성의 오용을 비판함으로써 바로잡겠다는 뜻도 함축되어 있다. 그러기에 칸트는 이성의 이론적 사용이 인식의 대상을 순수한 인식능력과 관련하여서만 연구된 이유는 인식능력이 자신의 한계를 벗어나서 도달할 수 없는 대상들 혹은 서로 모순되는 개념들을 남용하는 오류의 정체를 밝히기 위한 것이었으며, 이제 이성의 실천적 사용에서는 이와는 달리 의지를 규정하는 근거를 다루는 바, 순수이성비판과는 달리 순수실천이성의 비판이 아니라 실천이성 일반의 비판만이 다루어질 뿐이라고 한다. 왜냐하면 순수이론이성과는 달리 순수실천이성은 의지 규정의 충분한 근거를 그 자신 안에 스스로 포함하고 있으므로, 문제가 되는 것은 경험적으로 제약된 이성이 순수실천이성을 배척하면서 오히려 순수의지를 규정하려는 월권을 제지하기 위한 실천이성 일반의 비판이 요구되기 때문이다.

순수실천이성의 저와 같은 특성 때문에 이제 실천이성비판의 접근방식도 사변이성비판이 감관들로부터 출발하여 개념으로 그리고 원칙들에서 종결되어야 했던 것과는 달리, 먼저 원칙들에서 출발하여 개념들에로 그리고 감관들로 나아가는 순서로 진행된다. 요컨대 그 이유는 순수의지는 자신에서 발현하는 원인성의 개념으로서 자유의 개념, 바꿔 말해서 자유에서의 원인성의 법칙과 더불어 고찰해야 하며, 따라서 경험적으로 제약되지 않은 순수실천원칙이 맨 먼저 제시되어야 하는 수순을 밟아야만 한다는 데 있다. 즉 의지를 그 대상과의 관계에서가 아니라 의지와 그 원인성과의 관계에서 고찰해야 하기 때문이다.(VII:120-1) 그리고 이러한 의지에 있어서는 "자유에서의 원인성의 법칙, 즉 그 어떤 순수한 실천적 원칙이 불가피하게 시초를 이루며, 또 그 법칙만이 적용될 수 있는 대상들을 규정한다." (VII:121) 그리고 이러한 "의지의 개념 속에 이미 원인성의 개념이 포함되어 있으며, 따라서 순수의지의 개념 속에는 자연법칙들에 따라 규정될 수 없는 자유와 함께 하는 원인성의 개념이 포함되어 있다." (VII:171) 그러므로 순수의지 자체에 발원하는 이러한 원인 개념의 실재성은 자연법칙에 의해서 규정될 수 없으며, 다시 말해 경험적 직관으로는 결코 그 실재성을 증명할 수 없다. 그것은 오직 도덕법칙에 의해서만, 즉 실천적 관계에서만 정당화된다. 이러한 의지를 갖는 존재가 바로 자유의지를 갖는 존재 즉 이성적 존재로 파악된 예지체로서의 인간이다.

이제 순수실천이성의 사실로서 도덕법칙(das moralische Gesetz)이 실천이성의 원칙으로서 맨 먼저 주어지고, 이로부터 실천이성이 그 실현을 의욕하는 대상으로서의 선과 악이 이 법칙에 의해서 규정된다. 그리고 그 자체로 모든 행위의 도덕적 근본 원리로 정립된다. 즉, 칸트는 이 "이성의 사실(Faktum)" (VII:141) 또는 "순수이성의 유일한 사실" (VII:142)로서 순수실천이성의 근본법칙, 더 정확히 표현하자면, 도덕법칙에 대한 의식을 구체적으로 "너의 의지의 준칙이 언제나 동시에 보편적 입법의 원리로서 타당할 수 있도록 행위하라." (VII:140)는 정식으로 표현한다. 이는 칸트가 강조하듯이 도덕법칙에 대한 의식 즉 도덕법칙에 대한 직접적인 통찰이라는 이성의 사태로부터 추론되는 행위의 보편성과 필연성의 척도이다. 그러므로 "순수이성은 그 자신만으로 실천적이며, 우리가 도덕법칙이라 부르는 보편적인 법칙을 (인간에게) 부여한다." (VII:142)

칸트에 의하면, 보편타당한 객관적 법칙이란 모름지기 모든 경우 그리고 모든 이성적 존재자에 대해서 항상 의지의 동일한 규정 근거를 포함해야 하는 것이며, 따라서 실천법칙에 있어서 이성은 직접 의지를 규정하고, 바꿔 말해서 의지 자체로부터 법칙을 연역해내야지, 이성과 의지 양자 사이에 들어오는 쾌와 불쾌의 감정에 의해서 의지를 규정해서는 안 된다.(VII:132) 만일 의지의 대상으로서의 욕구능력의 실질 내지는 객관에 의해서 의지가 규정된다면, 이 의지는 무엇이든 쾌, 불쾌의 감정과 관련한 경험적인 조건에 예속되는 결과를 가져오므로 결코 보편적인 실천법칙이 될 수 없다. 결국 "법칙에서 모든 실질을 즉 (규정 근거로서의) 의지의 모든 대상을 분리시킬 때 법칙에서 남는 것은 보편적 입법의 형식뿐이다." (VII:135-6) 그러므로 "법칙의 형식이란 단적으로 이성에 의해서만 생각될 수 있고, 따라서 감관의 대상이 아니며, 그러므로 또한 현상에 속하지 않는다." (VII:138) 한마디로 실천법칙은 보편적 입법의 성격을 가져야 하며, 따라서 "순수실천이성만이 법칙을 수립할 수가 있다" (VII:133). "순수실천이성은 곧 순수의지이며", "순수의지는 이성이 법칙의 관념에 의해서만 실천적이 되는 경우의 욕구능력이다." 그리고 "순수의지 또는 같은 말인 순수실천이성의 객관적 실재성은 도덕법칙에 있어서는 소위 하나의 사실로서 선험적으로 주어져 있다." (VII:171)

3) 자유, 정언명법, 도덕법칙

도덕법칙의 존재근거로서 자유는 실천적 자유로서 의지의 자유다. 자유가 아니라면 도덕법칙은 존재할 수가 없을 것이며, 만일 그와 같은 법칙이 존재한다면, 그것은 순전히 심리적 강제에 불과하며, 따라서 도덕적 구속력을 전혀 가질 수 없다. 이처럼 심리적 필연성만 갖는 도덕법칙은 행위자에게 도덕적 책임을 물을 수 없다. 강제의 원인이 외적 필연성에 있으므로 그 결과에 대해서 책임을 묻는 것은 불가능하다. 가령 길을 가다가 달려오는 차를 피하려다 옆 사람과 부딪힌 책임을 행인에게 물을 수는 없기 때문이다. 그러므로 이 자유는 자연인과성의 법칙으로 전적으로 독립해 있어야 한다.(VII:138) 또 반대로 다른 사람을 의도적으로 다치게 한 행위에 대해서는 도덕적 책임을 물어야 한다는 사실로부터 그렇게 하지 않을 수도 있었다는 자유의 근원적 가능성을 추론할 수 있다. 즉, 도덕법칙은 자유의 인식 근거다. 이처럼 자유와 도덕법칙은 서로 예상하는 관계에 있으나, 자유는 『순수이성비판』이 보여주었듯이 우리가 직접적으로 인식할 수 있는 대상이 아니다. 우리는 어떤 행위에 대해서 책임을 묻거나 책임을 져야 한다는 의식을 통해서 간접적으로 경험할 수 있을 뿐이다. 그런데 이와 같은 도덕의식은 정언명법과 같이 명령의 형태로 지각되기 때문에 이러한 사실로부터 모든 이성적 존재자에게 타당한 도덕법칙의 존재를 증명해 주는 것은 아니다.

칸트는 순수실천이성의 원칙으로서 도덕법칙의 연역은 직접적으로는 불가능하다고 말한다. 사실적 경험을 대상으로 하는 이론적 지성의 원칙들은 가능한 경험의 대상들 즉 현상들에 관계해서만 성립할 수 있었으며, 따라서 자연법칙의 가능성이 연역될 수 있었으나, 도덕적 경험에 대해서는 이런 방식으로의 연역은 불가능하다. 왜냐하면 도덕법칙은 어떤 외부로부터 이성에 주어지는 대상들의 성질을 인식하는데 관계하는 것이 아니라, 자기 자신이 대상들의 존재에 대한 근거가 될 수 있으며, 이성이 의지를 직접적으로 규정하는 능력으로 간주될 수 있는 이성적 존재자의 원인성을 갖는 한의 인식 즉 자유의 원인성에 관계하기 때문이다.(VII:161) 따라서 모든 이성적 존재자에게 타당한 도덕법칙은 이성의 사실로서 직접적으로 통찰되며, 즉 의지의 법칙으로서 도덕법칙의 객관적 실재성은 자체적으로 확실한 것이며, 오히려 "도덕법칙 자체가 순수이성의 원인성 즉 자유의 [간접적] 연역의 원리로 제시된다." (VII:162)

그런데 『순수이성비판』에서의 자유는 우주론적 의미에서 이해된 자유, 즉 "순수한 선험론적 이념이라는 의미의 자유" 혹은 "선험론적 자유" 였다. 칸트의 정의에 따르면, 선험론적 자유는 "그 원인성이 자연법칙에 따라서 시간적으로 규정하는 다른 원인에 다시 종속되지 않는 상태를 자신으로부터 시작하는 능력"(B561/A533), 다시 말해 "그 원인이 더 이상 다른 선행하는 원인에 의해서 필연적 법칙에 따라서 규정되지 않는 원인성, 즉 자연법칙에 따라서 진행하는 현상의 계열을 자신으로부터 시작하는 원인의 절대적 자발성"(B474/A446)을 뜻한다. 한 마디로 인식론적 관점에서 그 존재가 선험적으로 상정되어야 하는 자유다. 그런데 자유가 이러한 수준에만 머물러 있으면, 이는 사변이성이 원인성 혹은 인과성의 개념을 사용할 때 이율배반에 빠지지 않고자 필요로 했던 '시간 제약성과 자연 필연성을 넘어서는 부정적인 한계지움'이라는 소극적인 의미만을 갖고 만다. 그런데 만일 자유가 여기에만 머문다면 실제적인 의지의 자유는 존재한다고 말할 수 없게 된다. 자유가 인간의 실천적 행위와 관련해서는 적극적인 의미를 가져야 하는데, 그것의 존재를 가능하게 해주는 실마리가 도덕법칙이다.

실천이성은 도덕법칙을 통해서 이론적 한계지움으로서 선험론적 자유를 넘어서 실천적 행위에 있어서는 감성적 충동의 제약에 의존하지 않고서 자신의 행위를 스스로 규정(결단)하는 능력이 있음을 인식하게 된다. 이것이 바로 선험론적 자유 혹은 자유의 선험론적 이념에 근거를 두고 있는 실천적 자유이다. 칸트는 다음과 같이 규정한다. "실천적 의미의 자유는 감성의 충동에 의한 강제로부터의 선택의지의 독립성이다." (B562/A534) 그러나 이 때에도 실천적 자유를 우리는 직접적으로 의식할 수 없다.

『순수이성비판』에서 자유가 선험론적 자유로서 소극적으로만 주장될 수밖에 없었던 가장 근본적인 이유는 의지의 자유란 도덕법칙의 존재에 의해서야 비로소 적극적으로 확립될 수가 있는 것이기 때문이었다. 말하자면 소극적으로만 생각된 자유의 원인성에다 적극적인 규정, 즉 의지를 직접 규정하는 실천이성의 개념을 보태는 것, 다시 말해서 이성에다 비로소 실천적이면서도 객관적인 실재성을 부여해 주는 것이 다름 아닌 순수실천이성의 사실로서의 도덕법칙, 자유에 의한 원인성의 법칙, 초감성적 자연의 가능성의 법칙이다.(VII:162 참조) 그러므로 이론적(사변적) 관점에서 불가능했던 무제약적 원인성과 그 원인성의 능력 즉 자유는 불확정적·개연적으로 생각되었을 뿐이지만, 실천적 관점에서는 이런 가상계는 예지계로서 그 현실성이 확실하게 확보된다. 이러한 자유는 "이론적 관점에서는 초험적(transzendent)이나, 실천적 관점에서는 내재적(immanent)이다." (VII:232) 그러므로 "실천적 자유의 실재성은 선험론적 자유의 진리성을 보증한다."[40] 이렇게 하여 칸트는 의지의 자유와 관련하여 자신에게 가해지는 비난에 대해서 답한 셈이다.

칸트는 도덕법칙의 존재와 관련하여 우리가 행위의 합법칙성을 고려해 볼때, 이 도덕법칙을 거부할 수 없는 사실로서 발견하게 되리라고 단언한다. 즉 각 개인의 의지의 준칙을 이성 자신에 복종시키려는 것을 발견하리라는 것이다. 칸트가 말하는 도덕성이란 바로 도덕법칙에 일치하는 행위를 하려는 의지의 원리를 뜻하며, 또 그러한 능력과 소질이 이성적 존재자에게 주어져 있음을 나타낸다. 이것이 곧 선의지로서 이성적 존재자의 순수의지다. 그러나 다른 한편으로 감정과 그 제약 아래 있는 인간으로서는 그 순수의지 자체가 그대로 행위로 이행될 수 없고, - 만일 그렇게 된다면 그 의지는 신성한 의지, 즉 아무런 저항없이 마음먹은 대로 행위해도 그 자체가 도덕법칙에 무조건 일치하는 그리고 도덕법칙에 따라 행하는 데 있어서 어떠한 갈등도 또 갈등을 일으키는 욕구도 생기지 않는 그런 존재자의 의지, 한마디로 신성한 의지라 할 수 있다.(VII:143) 반면 유한한 존재인 인간에게는 도덕법칙은 강제를 수반하는 "명령"의 형태로 나타날 수밖에 없다. 그것이 칸트가 말하는 정언명법이다.

도덕법칙과 정언명법은 그 근본 원리에 있어서는 동일한 것이나, 다만 행위 주체가 누구냐에 따라서, 즉 의무와 강제가 전혀 필요 없는 신이나 천사 등을 망라한 순수한 이성적 존재자이냐 아니면 도덕적 행위가 의무인 존재자냐에 따라서 달리 나타나는 것일 뿐이다. 그러기에 우리에게 정언명법으로서 과해져 있는 신성한 도덕법칙 또는 의지의 신성성은 모든 유한한 이성적 존재자가 끝없는 접근을 도모하며 부단히 궁구해 나가야 할 원형으로서의 실천 이념이다. 칸트는 이 과정에서 의지가 갖게 되는 성품의 덕을 "유한한 실천이성"의 소유자로서 인간이 이룩할 수 있는 최고의 것이라고 말한다.(VII:143-4) 그러므로 "도덕법칙은

---

40) 김용정, 『칸트 철학 : 자연과 자유의 통일』, 358 및 238 참조.

가장 완전한 존재자의 의지에 대해서는 신성성의 법칙이나, 모든 유한한 이성적 존재자의 의지에 대해서는 의무의 법칙, 도덕적 강제의 법칙이자 법칙에 대한 존경심에 의해서 그리고 자신의 의무에 대한 외경으로부터 자신의 행위를 규정하는 법칙이다." (VII:204)

도덕법칙을 칸트는 자연과 관련하여 다음과 같이 설명한다. 먼저 자연을 가장 일반적인 의미에서 "법칙 하에 있는 사물들의 현존(Existenz)"으로 이해하고, 이를 기준으로 다시 감성적 자연과 초감성적 자연을 구분한다.

> 이성적 존재자 일반의 감성적 자연은 경험적으로 제약된 법칙 아래 있는 현존인 바, 따라서 이는 이성에 대해서는 타율이다. 그런데 이에 반해서 이 이성적 존재자의 초감성적 자연은 모든 경험적 제약에서 독립해 있는 법칙, 따라서 순수이성의 자율에 속하는 법칙에 따르는 이성적 존재자의 현존이다. (VII:156)

여기서 경험의 대상인 현실적 감성적 자연이란 개인적 애착들이 따르는 감각적, 물리적 법칙을 좇아 배열되어 있다. 따라서 순수한 실천법칙에 따르는 의지에 의해서 가능한 자연, 즉 경험적으로 주어지지 않는, 따라서 자유를 통해서만 주어지는 초감성적 자연, "순수실천이성의 자율 아래 있는 자연"(VII:157)이 가능해야 한다. 이런 초감성적 자연의 이념이 바로 이성을 통해서 통찰되는 도덕법칙이다. 칸트의 표현을 빌리면 의지 자신이 스스로 세우는 "이 자율의 법칙이 도덕법칙이다."(VII:157) 아울러 이 도덕법칙의 이념에 따라 형성되어야 할 자연 질서란 "객관들이 관념들의 원인이자 이 관념들이 의지를 규정하는" "의지가 종속해 있는 자연법칙"과 구분되는 것으로서 순수실천이성으로서의 "의지가 객관들의 원인이며, 따라서 객관들의 원인성이 그 규정 근거를 단적으로 순

수한 이성 능력 중에 갖는" 순수의지의 법칙, 즉 도덕적 자유의 법칙이지 않으면 안 된다.(VII:158)

여기서 칸트의 구분법에 따르면 감성적 자연은 감성계 또는 현상계에, 초감성적 자연은 지성계 또는 예지계에 해당한다. 그런데 초감성적 자연은 사물이 자율의 법칙에 따라 현존하는 세계이므로 "자율의 법칙인 도덕법칙은 초감성적 자연의 근본법칙이자 순수한 지성계의 근본법칙이다." (VII:157) 한마디로 "도덕법칙은 자유에 의한 인과성의 법칙이며, 따라서 초감성적 자연의 가능성의 법칙이다." (VII:162) 그리고 또 초감성적 자연을 이성만이 인식하는 "원형적 자연"(natura archetypa)으로, 감성적 자연을 원형적 자연을 의지의 규정 근거로 삼았을 때 나타날 가능한 결과인 "모형적 자연"(natura ectypa)으로 표현하기도 한다.(VII:157) 이 모형적 자연은 결국 기계적 인과율의 제약 하에 있는 실재 세계인 감성계에 "그 기계성(Mechanism)을 깨뜨림이 없이" (VII:156) 또 하나의 자연적 질서를 세우는 것이 된다. 왜냐하면 도덕법칙은 자연 현상 내지는 모든 감성적 경험적 제약으로부터 독립한 지성계(예지계 또는 물 자체의 세계)의 존재를 우리에게 단순히 알려주기만 하는 것이 아니라 더 나아가 지성계를 적극적으로 규정해 주는 자율의 법칙이므로, 이러한 순수의지는 자신에게 적합한 물질적 힘을 통하여 자신의 의지를 현실에서 실현하기를 꾀할 것이기 때문이다. 바로 그 실현은 기계적 자연이라는 감성계에다 또하나의 질서를 부여하는 것이 되며, 칸트는 감성계에서의 또 하나의 자연 질서의 산출을 단적으로 최고선이라 이른다.(VII:157) 그러나 이 자연 질서는 감성계의 기계성을 깨뜨리지 않는 그런 질서이어야 하기 때문에, 따라서 이러한 질서의 산출은 곧 "보편적인 자연법칙" 또는 "자연법칙의 보편성" (VII:157)에 어긋나지 말아야 즉 조화를 이룰 수 있는 것이어야 한다.

그러나 이상의 고찰에도 불구하고 "어떻게 우리가 이성 자체로부터 직접적으로 도덕법칙을 의식할 수 있는가?' 하는 문제는 자유의 개념을 매개로 한다 하더라도 석연치 않게 남아 있다. 비록 우리의 의지가 자유임으로 해서 감성적 제약으로부터 절대적으로 독립하는 의지의 형식적 규정으로서의 도덕법칙에 도달할 수 있다 하더라도 또 도덕법칙이 의무의 근거로서 타당하더라도, 의무로부터는 직접적으로 그것을 연역에 낼 수 없는 것인 한, 주관적 제약 하에 있는 우리가 그것이 존재한다는 사실 자체를 통찰하고자 어떻게 의욕할 수조차 있겠는가? 현실적으로 우리가 통찰하고 지각할 수 있는 것은 의무나 당위에 머물 뿐이지 그것이 어떻게 자유 내지는 도덕적 세계의 법칙으로까지 나아갈 수 있겠는가? 더욱이 그 가능성이 성립하려면 일단 근원적으로 자유 이외에 우리의 주관 자체에도 도덕법칙의 존재를 일러줄 수 있는 그 무엇이 선험적으로 주어져 있지 않으면 안 된다. 그 가능한 실마리를 우리는 도덕적 감정에서 찾을 수 있다.

7. 도덕법칙의 연역

칸트에게 '연역'은 증명 방식의 일종에 해당한다. 그것은 어떤 주장이 그렇게 될 수 있는 권리 근거를 증명하는 것을 의미한다. 그런 점에서 일종의 정당화 논증이라 할 수 있다. 앞 절에서는 도덕성의 최고 원리를 정당화하는 두 가지 방법이 있음을 다루었다. 즉『도덕형이상학 정초』에서 제시된 길과『실천이성비판』에서 제시된 길이 그것이었다. 그런데 이 두 저서에서의 칸트의 주장에 모순이 있다는 비판이 제기되곤 했다. 즉 도덕성의 최고 원리의 정당성에 관한『도덕형이상학 정초』의 견해가『실천이성비판』의 입장과 양립 불가능하며, 따라서 후자의 입장이 전자, 그 중에서도 제3장[41]의 견해를 부인하는 입장을 취한다는 해석이 그것

---

41)『도덕형이상학 정초』의 제3장(VII:81-101)의 제목은 「도덕형이상학에서 순수실천이성비

이다. 이러한 견해에 대해서 맥카씨는 전적으로 반대 입장을 개진하면서 양립 가능성을 옹호하고 나선다.[42] 특히 맥카씨는 이러한 입장을 대표하는 페이튼과 로스의 견해를 검토하면서 이러한 해석들을 반박하고 있다.

이하에서는 자유와 도덕법칙의 관계 및 도덕성의 원리의 정당화에 있어서 칸트의『도덕형이상학 정초』와『실천이성비판』의 주장 사이에 논리적 모순을 포함하여 일종의 태도상의 역전이 이루어지고 있다는 문제를 둘러싸고 벌어지는 "전도 논제"(顚倒 論題; Reversal Thesis)[43] 와 관련하여 맥카씨의 반박을 중점적으로 다루어 볼 것이다.

맥카씨에 의하면,[44] 칸트의 두 저서에서 각각 전개하고 있는 입장 사이에서 발견된다고 하는 양립 불가능성 논제는 두 가지 점에서 설득력을 갖는다. 첫째는 많은 경우에 칸트는 자신의 실천철학에서『순수이성비판』에서 제시된 어떤 논증이나 논제를 언급하면서 그것을 실천적 논제에 이용하거나 이와 대조하고 있으며, 따라서 체계 전개의 한 부분으로 간주되는 자신의 이론적 및 실천적 작업에 대한 개요를 제시하고 있는 반면에, 이 논제와 관련한『도덕형이상학 정초』(특히 제3장)와『실천이성비판』에서는 하나의 웅대한 해석을 제시하지 않고 있다는 데 있다. 둘째, 칸트는 두 실천적 저작에서 외관상 모순된 주장을 하고 있다는 데 있

<hr>

판에로의 이행」이다. 여기서 칸트는 '자유의 개념은 의지의 자율을 설명하기 위한 열쇠이다', '자유는 모든 이성적 존재자의 의지의 특성으로서 전제되어야 한다', '도덕성의 이념에 의존하는 관심에 대하여', '정언명법은 어떻게 가능한가?', '모든 실천철학의 궁극적 한계에 대하여' 등의 소주제를 통하여 도덕성의 최고 원리를 정당화하기 위한 논의를 전개하고 있다.

42) M. H. McCarthy, "Kant's Rejection of the Argument of Groundwork III", 169-90. 맥카씨가 두 입장 간에 양립 불가능하다는 견해를 표명하는 경우로 들고 있는 해석가들은 대체로 다음과 같다. H. J. Paton, W. D. Ross, T. C. Willia, A. Wood, J. Silber. 이상 M. H. McCarthy, 같은 글, 169 각주 참조.

43) H. E. Allison, "Practical and Transcendental Freedom in the Critique of Pure Reason", 284-5 및 306 각주 6 참조.

44) M. H. McCarthy, "Kant's Rejection of the Argument of Groundwork III", 170.

다. 이를테면, 『도덕형이상학 정초』(이하 『정초』)에서는 도덕성의 최고 원리를 정당화했다고 주장하고, 『실천이성비판』(이하 『비판』)에서는 도덕법칙의 증명이 불가능하다고 주장한다. 그리고 그는 전자에서는 자유를 도덕성의 최고 원리의 정당화를 위한 논증으로 사용하고, 후자에서는 자유는 그 존재의 직접적 증명이 불가능하므로 자유가 도덕법칙의 정당화에 사용될 수 있다는 것을 부인한다. 이처럼 칸트가 양 저서에서 하나의 종합적 견해를 제시하는데 실패했으며, 외관상 이들 저서에서 모순된 주장을 하고 있다는 이 두 가지 점들이 실제로 주석가들에게 상당한 곤란을 야기시키고 있기 때문에 그들의 해석이 설득력을 갖는다는 것이다. 먼저 이들의 주장(패이튼로스의 논제)을 정식화해 보자.

패이튼로스의 논제는 『정초』(제3장)가 도덕법칙의 정당화를 시도하고 또 성공을 거두었으나, 『비판』은 도덕법칙이 정당화될 수 없다고 하고 있기 때문에 양자는 양립 불가능하다는 주장과 관계한다. 특히 『비판』이 『정초』보다 나중의 저서이기 때문에 칸트가 『정초』에서의 핵심 논증을 거부했다는 주장을 양립 불가능성의 증거로 삼고 있다. 그리고 이러한 양립 불가능성은 두 저서의 핵심 논증에서 자유를 정당화하는 가능성과 자유의 역할을 축으로 전개되는 것으로 파악한다.[45] 이들의 논증(P-R)을 재정리하면 다음과 같다.

(i) 『도덕형이상학 정초』에서의 논증
P-R(1) : 칸트는 우리가 자유일 경우, 오직 그 경우에만 우리는 도덕성의 최고 원리에 지배를 받는다고 주장한다.
P-R(2) : 칸트는 도덕성의 최고 원리의 증명은 우리가 자신을 자유로운 존재로 간주해야 한다는 것이 증명될 수 있을 경우라고 주장한다.
P-R(3) : 칸트는 순환성의 난점 때문에 모든 이성적 존재자는 도덕법칙을 정당화하기 위해서는 그의 의지를 자유로 간주해야 한다는

45) 같은 글, 171-2.

주장에 대한 논증을 물리친다.

P-R(4) : 이성적 존재자가 자신을 자유로 간주해야 한다는 것을 증명할 유일한 방법은 그가 실제로 자유라는 것을 증명하는 것이다.

P-R(5) : 칸트는 (a) 우리가 예지계의 일원이며, (b) 따라서 우리는 자유라고 주장한다.

P-R(6) : 그러므로 『정초』(제3장)를 정당화하는 논증은 자유의 존재로부터 도덕성에 도달한다.

P-R(7) : 칸트는 『정초』에서 도덕성의 원리를 정당화했다고 주장한다.

(ii) 『비판』에서의 논증

P-R(8) : 칸트는 도덕법칙을 순수실천이성의 사실로 간주한다.

P-R(9) : 칸트는 도덕법칙의 정당화는 불가능하다고 말한다.

P-R(10): 도덕법칙은 자유에 대한 우리의 독립적인 지식으로부터는 정당화될 수 없다. 따라서 자유가 정당화되는 것은 도덕법칙에 의해서이다.

(iii) 결론 : 양립불가능성의 논증

(a) P-R(7)과 P-R(9)는 모순이다. 즉, 칸트는 도덕성의 원리가 정당화될 수 있다는 것을 주장하는 동시에 부인한다. 그러므로 그것은 양립 불가능하다.

(b) P-R(6)과 P-R(10)은 모순이다. 즉, 칸트는 자유가 도덕성과 상관없이 증명될 수 있다는 것을 주장하는 동시에 부인한다. 그러므로 그것은 양립 불가능하다.

(c) 마지막으로 『비판』은 『정초』 다음에 쓴 것이기 때문에 칸트는 스스로 『정초』(제3장)의 논증을 물리친다.

이에 대해서 맥카씨는 패이튼-로스 논제의 오류는『정초』의 제3장에 대한 그릇된 해석에서 기인한다고 주장한다. 즉, 그에 의하면, 칸트는 그들의 해석과는 달리『정초』제3장에서 자유의 실재성 또는 가능성조차도 증명하려 들지 않았다. 칸트는 이들의 해석처럼 '예지계의 일원'으로부터 '자유'에로 이행하고 있는 것이 아니라, 실제로는 '자유'로부터 '예지계의 일원'으로 이행하고 있으며, 이는 곧 칸트의 논증 구조는 정언명법의 가능성으로부터 자유의 이념에로 그리고 최종적으로 예지계의 일원으로 이행하는 과정을 제시하고 있는 것이지 그 역은 아니라는 것이다. 그러므로 칸트의 입장에서는 P-R(6)을 부인할 것이며, 도덕성의 최고 원리에 대한 칸트의 정당화는 자유의 존재에 대한 선험적 주장에 입각해 있다고 말하기보다는 우리 자신을 자유로 간주해야 한다는 데에 기초해 있다는 것이다. 그리고 그는『비판』과 관련하여 볼 때도 우리는 칸트가 자유가 도덕성과 독립하여 증명될 수 있다는 생각을 개진한 적이 없음을 알아야 한다는 점을 강조한다.[46]

P-R(3)은 칸트의 다음과 같은 설명에 의존한다.

이제 우리는 자유에서 자율로, 이 자율에서 도덕법칙으로 이어지는 우리의 추론에 모종의 순환이 숨겨져 있지 않을까 하고 앞서 제기했던 의혹을 제거하였다. 즉 그 의혹이란 우리가 단지 자유의 이념을 도덕법칙을 위한 근거로 삼았으나 나중에는 이 도덕법칙을 다시 자유에서 추론하기 위한 것이 아니었을까, 따라서 전자 즉 도덕법칙에 대해서는 어떤 근거도 줄 수 없었으며, 그것은 선한 마음씨를 가진 사람이라면 기꺼이 받아들이겠지만 단지 우리로서는 결코 증명가능한 명제로 제시할 수 없는 원리에 호소한 것이 아닐까 하는 것이었다. 그러나 이제 우리는, 자신을 자유로

---

46) 같은 글, 175-8.

운 존재로 사고할 때, 우리가 지성계의 일원으로 옮겨 간다는 것을 알게 되었으며, 의지의 자율을 그 결과인 도덕성과 더불어 인식하게 되었다. 그러나 자신을 의무를 진 존재로 사고할 때 우리는 자신을 감성계에 속하면서 동시에 지성계에 속한 존재로 간주하게 되었다.(VII:89)

이로부터 곧바로 P-R(4)에서의 실제로 자유라는 것을 증명해야 한다는 것을 그리고 P-R(5)에서는 더 나아가 우리는 자유라는 것이 추론된다. 그러나 실제로 칸트가 제시한 것은 우리의 의지가 실제로 자유라는 것이 아니라 그러한 자유는 전제되어야 한다는 것이었다. 칸트는 『정초』에서 "순수실천이성에서의 자유 개념의 연역은 그와 함께 정언명법의 가능성을 이해하는 것이지만, 아직 약간의 준비가 필요하다"(VII:82)고 말하고 있다. 이것은 자유에 대한 증명, 즉 자유에 대한 직접적인 연역이 불가능하다는 『실천이성비판』에서의 주장을 염두에 둔 것으로 볼 수 있다. 더욱이 칸트는 『정초』에서조차 분명히 "의지는 이성적 존재자가 갖는 원인성의 한 종류이며, 자유는 이러한 원인성을 갖는 이성적 존재자의 [의지의] 특성이다."(VII:81) 그리고 "자유의지와 도덕법칙 아래 있는 의지는 동일한 것이다. 그러므로 의지의 자유가 전제된다면 그로부터 자유의지의 개념의 단순한 분석을 통해 도덕성과 그 원리가 나오게 된다."(VII:82)고 말하고 있지 그것이 증명되어야 한다고 하지는 않았다. 더욱이 "이성은 실천이성으로서 혹은 어떤 이성적 존재자의 의지로서 그 자체가 자유로운 것으로 간주되어야 한다. 다시 말하면 이성적 존재자의 의지는 다만 자유의 이념 아래서만 자신의 의지일 수 있으며, 따라서 실천적 관점에서 볼 때 모든 이성적 존재자에게 부여되어야만 한다."(VII:83)는 것은 자유의 실재성을 말한 것이 결코 아니다.

우리는 도덕성의 확고한 개념을 마침내 자유의 이념에서 찾았다. 그러나 우리는 이 자유의 이념을 우리 자신 안에서도 인간의 본성 안에서도 실제적인 어떤 것으로 증명할 수 없었다. 우리는 다만 우리가 스스로를 행위에서의 자기 원인성의 의식을 가진 이성적 존재자로, 즉 의지를 가진 존재로 사고하려 한다면 자유를 전제해야 한다는 것을 알았을 뿐이다. 그래서 우리는 바로 그러한 이유에서 이성과 의지를 갖춘 모든 존재자에게는 자신의 자유라는 이념 아래에서 스스로 행위를 결정하는 이같은 특성이 부여되어야만 한다는 것을 발견한다. 그리고 이 자유의 이념을 전제함으로써 행위의 법칙에 대한 의식이 생길 수 있다.(Ⅶ:84)

우리는 원래 자유의 이념 안에 도덕법칙 즉 의지 자신의 자율의 원리를 전제했을 뿐이며, 그 원리의 실재성과 객관적 필연성을 그 자체로는 증명할 수 없는 것처럼 보인다.(Ⅶ:84-5)

여기서 칸트는 도덕성의 개념을 자유의 이념에로 환원시키는 설명을 시도하지만, 가장 중요한 사항은 자유로부터 도덕법칙이 직접적으로 도출된다는 것을 즉 정당화된다는 것을 함의하지는 않는다. 그것은 자유의 전제에 의해서만 가능하다는 것을 뜻할 뿐이다. 『정초』에서 정언명법의 정당화는 선의지와 의무의 개념으로부터 시작해서 이를 선험적으로 도출하는 방법을 취한다. 다만 자유가 문제되는 것은 정언명법이 선험적으로 가능한 종합적인 실천적 명제이기 때문에 절대적 선의지의 개념의 분석만으로는 그러한 종합 명제가 발견되지 않기 때문이다.(Ⅶ:82) 이에 자유 개념이 전제되어야 할 필연성이 요구되는 것이다. 즉, 우리의 의지가 자유라는 대전제 하에서만 정언명법의 성립이 가능하다는 것이다.

한편 칸트는 의지의 자유가 전제되어야 할 필연성을 강조하면서 "도덕성은 다만 자유의 특성에서 도출되어야 하기 때문에 자유 역시 모든 이성적 존재자의 의지의 특성으로 증명되어야 한다."(Ⅶ:82-3)고 말한다. 이는 패이튼과 로스의 해석을 뒷받침해 주는 것으로 해석될 여지가 있으나 주의를 요한다. 이러한 주장이 곧 칸트가 자유의 실재성을 직접적으로 증명하려 했다는 것을 뜻하는 것은 아니기 때문이다. 동시에 도덕법칙을 자유로부터 직접적으로 연역하려고 즉 증명하려고 시도했다는 것을 뜻하지도 않는다. 만일 도덕성의 최고 원리가 자유의 개념으로부터 곧바로 정당화될 수 있는 성질의 것이었다면, 처음부터 칸트는 선의지나 의무의 개념으로부터 시작하지 않았을 것이다. 이제 와서 그 실재성을 직접적으로 증명할 수 없는 자유의 개념이 요구되는 것은 도덕성(정언명법)이 자유와 관련해서만 자신의 존재를 비로소 인정받을 수 있기 때문이다.

칸트는 도덕성의 원리로서 "정언명법은 자유의 이념이 나를 예지계의 일원으로 삼음으로써 가능해진다." (VII:90)고 말하고 있을 뿐이다. 다만 여기서 칸트는 그것을 자유의 이념이라는 개념 하에서 자유를 전제할 타당성을 논하고 있을 뿐이다. 즉, "자유의 이념 아래서만 행위할 수 있는 모든 존재자는 바로 그 때문에 실천적 관점에서 실제로 자유이다." (VII:83) 여기서 "실제로 자유이다"라는 표현은 우리가 자유를 직접 인식할 수 있다는 의미가 전혀 아니다. 그것은 다만 실천적 관점에서의 자유 즉 도덕법칙(정언명법)과 관련한 도덕적 관점에서의 자유를 뜻한다. 칸트가 자유에 대한 직접적 증명을 거론하지 않고 자유의 이념을 말하는 이유도 여기에 있다. 이러한 이유 때문에 칸트는『정초』에서는 당연히 자유로부터(또는 적어도 자유를 전제할 필연성으로부터) 도덕법칙을 논증하는 방향을 취하고 있는 것이며, 이제 그 결과에 따라서 자연스럽게『비판』에서는 도덕법칙으로부터 자유의 실재성을 논증하려고 시도한다고 말할 수 있다. 그러나 이러한 논증은 자유의 실재성을 직접적으로 증명한다거나 자유로부터 도덕법칙을 직접 연역 혹은 증명하려는 것이 아니다. 오히려 칸트가 시도하고 있는 논증의 고유한 성격은 선의지로부터 출발해서 이 선의지 자체가 갖는 "도덕적 당위성(das moralische Sollen)" (VII:91)의 보편타당성을 입증하기 위한 일환으로서 자유와 도덕법칙 그리고 이들의 상호 관계가 이에 필연적으로 결합되어 있음을 보이려는 데 있다. 한마디로 이러한 논증은 선의지에 결합해 있는 "의지의 자유와 도덕법칙은 상호의존적 개념"일 수밖에 없으며, 더욱이 "의지의 자유는 도덕법칙의 필요충분조건이다."[47]는 것을 보여주는 칸트의 실천철학의 요체라 할 수 있다.

우리는 이상과 같은 설명에서 도덕성의 원리를 정당화하는 칸트의 논리가 패이튼로스의 해석과 어떻게 다른 지를 충분히 발견할 수 있다. 『정초』는 다음과 같은 말로 종결된다. "사실 우리는 도덕적 명법의 실천적 무조건적 필연성을 파악하지는 못하지만 이 명법의 파악 불가능성은 파악한다. 이것이 인간 이성의 한계에 이르기까지 원리들을 추구하는 철학에 대해 우리가 정당하게 요구할 수 있는 전부이다." (VII:102) 이는 『비판』에서의 칸트의 정신과 정확하게 일치한다. 그런 점에서 맥카씨의 반박은 정당한 것이다.

맥카씨에 의하면, 『정초』의 목표는 "모든 불완전한 이성적 존재자는 자율성의 원리에 따라서 행위해야만 한다는 것, 즉 정당화의 대상은 정언명법에 의해서 표현된 모든 불완전한 이성적 존재자의 의지의 강제에 있다."[48] 칸트는 이러한 목적을 달성하기 위해서 자유의 이념에로, 나아가 예지계의 일원이라는 전제로 나아갔던 것이다. 그러므로 "순수이성이 어떻게 실천적일 수 있는지를 설명하려고 한다면, 그 때 이성은 모든 그의 한계를 넘어서게 될 것이다. 이는 자유가 어떻게 가능한지를 설명하려는 과제와 완전히 동일한 것이 될 것이다." (VII:96) 동시에 칸트는 『비판』에서 자신의 목표가 순수이성이 어떻게 실천적인지를 증명하는 것이 아니라 『도덕형이상학 정초』를 통해서 정언명법이 성립하며, 그것이 가능하다는 것 자체가 이미 비록 직접적으로는 증명할 수 없는 도덕법칙이 존재할 수밖에 없음이 "통찰(Einsehen)" 된다는 것을 정성스럽게 설명하고 있는

---

47) H. E. Allison, "Practical and Transcendental Freedom in the Critique of Pure Reason", 285.
48) M. H. McCarthy, "Kant's Rejection of the Argument of Groundwork III", 178-9.

것이다. 이는 이미 그것이 성립하고 있다는 사실을 전제로 하여 그것의 가능성을 증명하는 방식을 취한다는 것을 의미한다.

칸트의 이와 같은 방법이 곧 실천적 인식에 있어서의 선험론적 논증이다. 즉 그것은 하나의 명제가 구체적 사례에서 직접 타당하게 적용된다는 것을 보임으로써 그 명제의 사실성을 증명하는 것이다. 그러나 어떤 명제가 구체적인 사실적 타당성을 갖는다고 해서 그 명제의 필연성을 보증해주는 것은 아니다. 결국 인간 이성의 활동성이 가능한가 여부는 그 자체는 어떠한 연역도 필요로 하지 않으며, 또 불가능한 것이다. 또한 구체적 사례들로부터는 도덕적 필연성이 아니라 심리적 필연성이 도출될 수도 있다. 그러므로 맥카씨에 의하면, 칸트는 양 저서 모두에서 법칙의 보편적 입법 형식이 어떻게 의지를 규정하는 충분한 근거일 수 있는지를 증명하는 연역의 가능성을 부인한다. 그리고 칸트가 『정초』에서 주장하는 연역은 "정언명법에 따르는 모든 이성적 존재자의 의지의 강제 개념이 객관적 실재성을 갖는다는 사실을 증명하는 연역"[49]이다. 그리고 이러한 객관적 실재성도 인간이 예지계의 일원일 경우에만 가능한 것이다. 그러나 『비판』에서는 이런 의미의 연역을 부인하기보다는 순수이성이 어떻게 실천적일 수 있는지를 즉 실천적 가능성의 조건들을 이미 『정초』에서 논증했기 때문에 더 이상 이를 재론할 필요가 없다는 점에서 양 저서의 목적 자체가 다른 것이다.

결론적으로 『정초』와 『비판』에서 외관상 서로 모순된 상이한 주장이 들어 있는 듯이 보이지만, 패이튼 - 로스의 논제는 기본적으로 잘못된 해석이라 할 수 있다. 이런 오해를 가져온 근본 원인은 『정초』와 『비판』이 상이한 논증과 상이한 결론을 보여주지만 그것은 전적으로 그 각각의 목표가 다른데 있다는 점을 간과한데서 비롯된 것이라는 맥카씨의 주장은 설득력이 있다.[50] 칸트가 『비판』의 서

---

49) 같은 글, 186.

50) 그러나 양 저서 간의 논증 목표의 차이라기보다는 근본적인 태도 변화라는 점에 주목하고 있는 논문으로는 J. Rawls, "Themes in Kant's Moral Philosophy", 29 이하 참조. 여기

문에서 이 양 저서가, 의무의 특수한 원리를 해명하고 정당화하려는 의도를 갖고 있다는 점에서는 일치하지만, 독립적인 것임을 밝히고 있는 진정한 이유도 여기에 있다고 할 수 있다.

내가 옹호하고 싶은 이상에서의 논의를 정리하면 다음과 같다. 칸트는『비판』에서는 더 이상 자유가 도덕법칙과 독립적임을 증명할 수 있다고 주장하지 않으며, 또 도덕법칙이 정당화될 수 있다고 주장하지도 않는다. 그리고 자유가 도덕법칙의 존재근거이긴 하지만, 그렇다고 자유 또한 직접적으로 증명되는 것이라고 주장하지도 않는다. 오히려 자유는 칸트에 있어서 일종의 형이상학적 전제로서 칸트에 고유한 의미를 갖는데, 그것은 바로 선험론적 자유로서 그 존재근거가 확인된 자유이며, 선택의지의 자유가 아니라 도덕적 필연성을 갖는 도덕적 자유, 자기 구속력을 갖는 이성적 존재자의 자유(의지), 따라서 이와 호환 가능한 자율적 자유이다. 따라서『정초』에서 칸트는 자유의 실재성을 도덕법칙과 독립적으로 증명하려는 시도 자체를 하지 않고 있다. 즉, 그가 시도하는 것은 오히려 모든 이성적 존재자는 자신을 자유로 간주하지 않으면 안 된다는 것을 증명하고 있을 뿐이다. 그러므로 이 두 입장은 양립 불가능한 것이 아니며, 근본적으로 상호의존적이다.[51]

서 롤스는 이 변화를 도덕법칙을 사변이성의 요구로서의 자유의 이념이라는 전제로부터 논증하려는 시도로부터 이성 자신의 자기입증적 시도에로의 변화로 읽어내려 한다. 롤스는 이 변화를 "도덕법칙은, 단지 실천적일 뿐이기만 하지만, 자유의 이념에 실재성을 부여하며, 그러므로써 자유가 그 자신과 양립하는 가능성을 가정하는 순수한 사변이성의 요구에 대답한다" (p. 29)는 점에서 단순한 논리적 모순을 넘어서 도덕법칙 자체의 성격을 달리 규정하는 전조를 보이는 보다 심각한 변화로 인식한다. 왜냐하면『도덕형이상학 정초』에서는 도덕법칙의 증명을 위해서는 자유의 이념을 전제해야 한다는 소극적 주장이, 반면에『실천이성비판』에서는 자유의 이념의 실재성은 자기입증적인 이성의 사실로서의 도덕법칙으로부터 주어진다는 적극적인 주장으로의 태도 변화를 뜻하기 때문이다. 그러나 롤스가 이 점을 강조하는 의도와 목적은 다른 데 있다. 롤스는 이러한 변화로부터 칸트의 도덕이론이 이성의 자기입증적 원리 위에 세워져 있다는 사실을 정당화하기 위한 방편으로 삼고자 한다.

51) 자유와 도덕법칙이 상호의존적 개념이라는 주장에 대한 보다 상세한 해명 및 그 약점에

대해서는 H. E. Allison, "Practical and Transcendental Freedom in the Critique of Pure Reason," 284-310 참조.

제5장

Ethics of Kant

도덕적 감정과 공감

ETHICS
OF
KANT

1. 행위, 행위자, 도덕적 감정

칸트는 도덕법칙을 낳는 자기 원인성으로서 도덕적 의지와 도덕적 자유에 근거하여 이성적 존재자 중심의 이성주의 윤리학을 공고히 했다. 나는 그것을 달리 표현해서 이성의 도덕주의 혹은 도덕주의 윤리학이라고 부른다. 칸트는 도덕판단에서 감정과 감정적 반응을 동반하는 대상 관련성을 철저히 배제하였으며, 감정의 역할을 부수적이거나 주변적인 데 한정했다. 그럼에도 한편으로 나는 윤리적 행위에서 도덕이 요구하는 형평성과 공정성, 보편타당성과 공평성, 심지어는 상호성과 같은 보편적 관점을 포기할 수 없다는 점에서 우리는 결코 칸트적 관점을 승인해야 한다고 생각한다. 그러나 다른 한편으로 도덕판단을 수행하는 행위자에게 이성적 요구는 우리에게 도덕적 행위를 가능하게 하는 필수적 요소이지만, 이 요구는 감정적 동기에 의해서 추동되지 않는다면 작동될 수 없다. 인간적 가치에 대한 공동의 감정적 유대 없이 우리는 어떻게 타인의 행동에 대해서 마땅히 분노해야 할 때 분노하고, 마땅히 용기를 내야할 때 용기를 낼수 있겠는가? 그러므로 이 같은 인간 이해는 이미 어떤 특수한 공감을 반영하고 있는 것으로 보아야 할 것이다. 그러므로 인간적 가치에 대한 도덕적 공감대는 모종의 감정적인 것이라 할 수 있다. 나는 이와 같은 것을 이성적 공감 혹은 감정이라 부른다.

이성적 공감은 인간이 한 대상과 관련해서 수동적으로 가질 수 있는 감성적 공감과 구분된다. 전자는 그 감정이 보편적 관점의 지배를 받는 감정이어서 이런 감정이야말로 도덕적 감정이다. 그렇지 않은 대상에 따라 달라질 수 있는 연민이나 동정심과 같은 감성적 공감은 행위의 보편성을 가질 수 없으므로 도덕적 감정이라 할 수 없다. 나는 이성적 공감이 갖는 구체적 보편성을 칸트의 정언명법의 요구를 충족시키는 것, 혹은 칸트의 도덕적 관점으로 이해한다. 그러나 이성적 관심과 도덕적 감정에 대한 칸트의 독특한 시각 속에 담겨 있는 가능성에도 불구하고 칸트의 윤리학은 근본적으로 이성과 법칙이 특정 대상과 상관하는 감정 및 공감과 맺을 수 있는 관계를 제대로 고려하지 못한 점에서 한계를 갖는다.

칸트는 생명 보존, 약속 준수, 진실 말하기, 타인 조력 등 인간적 가치들이 공감하는 이성적 감정, 혹은 이성적 공감 같은 능동적 감정에 연루되어 있다는 것을, 때문에 그 자체로 도덕적 가치를 갖는 감정이라는 것을 보지 못했다. 이런 공감적 감정 없이는 우리는 도덕적 대상과 실천적 행위의 연관성을 말할 수 없다. 그런데 칸트에 의하면, 비록 도덕적 가치를 갖는다 하더라도, 그런 감정은 파생적이며, 수동적인 감정이다. 따라서 그런 감정은 의지의 도덕적 동기가 될 수 없으며, 도덕적 행위란 일체의 내용을 배제한 형식, 즉 도덕법칙에 일치하거나 혹은 그에 대한 존경심을 동기로 할 경우에만 도덕적이다. 그러나 내기 보기에 칸트의 일관된 주장과 달리 칸트적 관점이 요구하는 법칙적 타당성은 보편적이고자 하는 형식적인 이성적 동기만으로는 성립하지 않으며, 그것은 동시에 대상 관계적 동기 즉 내용적인 감정적 동기를 포함해야 한다. 만일 대상과 관계하는 감정적 동기가 도덕판단과 어떤 관계를 유지하지 않는다면, 이 때의 법칙적 타당성은 행위 주체와 분리되어서 추상적 인간의 도덕법칙이 되고 만다.

도덕적 판단과 행위에 있어서 우리가 대상으로 삼아야 하는 것은 이성적 존재자로서가 아니라 감정을 지닌 구체적 인간이다. 그리고 신체를 지닌 구체적 인간의 존엄성은 실질적인 내용을 갖는, 따라서 감정적 차원과 분리될 수 없는 가치를 지니는 데서 성립한다. 비록 칸트 역시 도덕판단에서 감정의 중요성을 간과한 것은 아니지만, 도덕판단과 그 대상의 관계에서 감정이 하는 적극적인 역할에 주목하지는 못했다. 그 결과 인간의 존엄성이나 목적 자체로서의 인간성과 인격성은 내용이 결여된 추상적 개념에 머물고 있다. 따라서 도덕성의 최고 원리를 정초하고자 한 목적은 반쪽의 성공만을 달성했다고 할 수 있다.

칸트가 도덕감 또는 도덕적 감정(das moralische Gefühl)의 개념을 자신의 윤리학 체계 내에서 정식으로 거론하기 시작한 것은『도덕형이상학 정초』(1785)에서였다. 그러나 비록 체계적인 도덕이론 내에서는 아니지만 도덕적 감정에 대한 언급은『미와 숭고』(1764)라는 저술 속에서도 발견된다.[1] 이것은 전비판기 저술로서 그 당시에 칸트가 도덕적 감정에 대해서 취하고 있었던 입장을 반영하고 있다. 여기서 칸트는 인간의 감정이 사람과 사람, 남성과 여성, 민족과 민족간에 서로 다르다는 것을 밝히면서, 다른 한편으로는 분명한 입장은 아니지만 자신이 후에 취하게 될 견해와 유사한 도덕적 감정의 보편적 성격에 대해서 언급하기도 한다(II:839).[2] 그러나 전체적으로 이 시기의 칸트는 샤프츠베리나 허치슨 및 흄과 같은 도덕감(moral sense) 학파를 형성했던 영국의 도덕론자들과 루소의 감정주의(sentimentalism)의 영향을 받았으며(II:873), 대체로 도덕의 근거 문제를 감정과 관련하여 모색해 보려는 태도를 취하고 있었다.[3]

그러나 칸트가 이들의 입장을 견지할 경우에 이는 도덕적 인식과 판단의 근

---

1) 원제는『미와 숭고의 감정에 대한 고찰』.

2) P. A. Schilpp, *Kant's Pre-Critical Ethics*, 52-3 참조.

3) 같은 글, pp. 22-3; A. M. MacBeath, "Kant on Moral Feeling", 283, 305.

거 및 행위의 동기를 감정에다 두는 경험론적 주관주의의 입장을 취하게 되어 그로서는 받아들이기 어려운 난점에 부딪히게 된다. 결국『순수이성비판』이라는 거대한 강을 건넌 이후에 쓴『도덕형이상학 정초』와『실천이성비판』에서 칸트는 초기에 보였던 관심을 거두어들이고 도덕감 학파를 도덕판단을 경험적 원리들의 기초 위에 세우려고 시도하는 오류를 범한 자들로 간주해 버린다. 칸트에 의하면, "경험적 원리는 행복의 원리에서 나온 것으로 물리적인 혹은 도덕적인 감정에 기초한 것"이며 "이 원리의 근거가 인간 본성의 특수한 구조나 인간이 처한 우연한 상황에서 취해진다면, 이 원리를 이성적 존재자에게 부과해야 할 무조건적-실천적 필연성이 없어지게 되기 때문에"(VII:76) 보편타당한 도덕법칙을 경험적 원리에 기초하여 세울 수는 없다. 즉 도덕적 감정이 도덕적 의무의 근거로서는 전혀 적합하지 못하다는 것이다. 이러한 비판적 입장을 칸트는 다음과 같이 분명히 하고 있다.

> 의지의 자유를 설명하는 것이 주관적으로 불가능한 것은 인간이 도덕법칙에 대하여 가질 수 있는 관심을 발견하여 이해시킬 수 없는 것과 같다. 그럼에도 인간은 실제로 도덕법칙에 대하여 관심을 갖는 바, 우리는 우리의 내부에 있는 이 관심의 기초를 도덕적 감정이라 부른다. 이 감정은 그릇되게 몇 사람에 의해서 우리의 도덕적 판정의 척도로 일컬어졌으나, 이것은 오히려 도덕법칙이 의지에 행사한 주관적 효과로 간주되어야 하기 때문에 이에 대해서는 이성만이 객관적 근거를 제시할 수 있다.(VII:97-8)

> 나는 도덕적 감정의 원리를 행복의 원리에 넣는다. 왜냐하면 모든 경험적 관심은 직접적으로 그리고 이익을 의도하지 않고서, 혹은 이익을 고려해서 일어나건 간에 단지 무엇인가를 보증하는 쾌적에 의해서 행복(Wohlbefinden)에의 기여를 약속하기 때문이다.(VII:77 각주)

도덕적 감정은 오로지 이성이 산출한 것이다. 그것은 행위의 판정에 쓰이지 않고, 혹은 객관적인 도덕법칙의 확립에도 쓰이지 않고, 오직 도덕법칙을 그 자신에 있어서 준칙으로 삼기 위한 동기로 쓸 뿐이다.(VII:197)

그렇지만 다른 한편으로 위의 인용문에서 명백히 알 수 있는 사실은 칸트가 도덕적 감정을 도덕법칙의 척도로 삼는 것을 배격함에도 불구하고 여전히 이 감정이 도덕법칙과 모종의 밀접한 관계를 맺고 있다는 점이다. 이러한 표현이 칸트에 있어서 도덕적 감정의 의미와 의의를 석연치 않은 것으로 만들기도 한다. 그렇다면 이들 양자의 고유한 기능과 역할은 무엇이며, 또 서로 어울릴 수가 없는 이질적 능력들인 이성과 감정의 관계에 대한 칸트의 주장들은 어떻게 해서 가능한 것일까? 나는 이 문제를 먼저 칸트의 입장에서 밝혀 보고, 다음으로 도덕적 감정에 대한 후설의 견해와 그의 칸트 비판을 검토하면서 평가해 볼 것이다.

칸트의 견해를 저 인용 구절들과 함께 정리해 보면, 우리가 도덕법칙에 대해서 관심을 가질 수 있는 이유는 단적으로 우리의 내부에 도덕적 감정이 존재하기 때문이며, 궁극적으로 그 객관적 근거는 이성에 있다는 것으로 요약된다. 그렇다면 이 감정은 이미 이성 혹은 이성의 관심으로부터 유래하는 선험적으로(apriori)[4] 순수한 감정이다. 결국 도덕적 감정은 그것이 감정이면서도 이성적 근원을 갖는 기이한 현상이 되고 만다. 그러나 문제는 이런 결과에 대해서 칸트는 오히려 당연시하는 태도를 취하면서 더 이상의 해명을 시도하지 않고 있다는 것이다.

이와 같은 사태가 의미하는 것은 무엇인가? 내가 보기에 도덕적 감정을 두

---

4) apriori를 칸트의 경우에는 우리말로 '선험적' 또는 '선험적으로'와 같이 형용사나 부사로 옮겨도 무리가 없으나 후설의 경우에는 이를 명사로 즉 das Apriori로 쓰는 경우가 많으며, 또 이것이 후설의 현상학의 주요 특징이기도 하다. 때문에 후설의 경우에는 이를 명사로 쓸 때는 '선험성' 혹은 '선험적인 것'으로 표기하는 것이 그의 의도에 적합하다고 생각된다.

가지 상이한 관점에서 접근하는 것이 문제 해결의 실마리가 될 듯싶다. 또 칸트의 입장을 일관되게 해석할 수 있는 가능한 방도라 생각된다.[5] 즉, 순수한 이성적 존재자의 도덕적 관점에서 본 도덕적 감정과 이 감정의 확립에 힘써야만 하며 또 이를 통해서 도덕법칙을 실행에 옮길 수 있는 유한한 이성적인 존재자의 도덕적 관점에서 본 도덕적 감정이 그것이다. 전자를 예지적 관점, 후자를 현상적 관점으로 부를 수도 있을 것이다.[6] 또 도덕법칙에 대한 관심이 아무런 전제도 없이 오로지 이성적 존재자의 의지만으로 이루어지는 '순수한' 혹은 '직접적' 관심과, 주관의 특수한 감정이나 다른 대상을 매개로 한 의지에 의해서 이루어지는 '간접적' 관심으로 구분하는 칸트의 사고방식에 따르면,(VII:97 각주) 전자는 이성에 내재해 있는 고유한 자율적 관심 또는 이성적 관심, 후자는 우연적인 목적에 매개된 이성의 타율적 관심 또는 감성적 관심으로 부를 수도 있다.[7]

　　이러한 해석에 따라 도덕적 감정에 대한 문제에도 일관된 해석을 해볼 수 있다. 이 두 가지 관심은 각각 도덕적 감정의 두 가지 쓰임에 부합된다. 즉, 전자는 예지적 관점, 후자는 현상적 관점에 각각 부합한다. 또 도덕적 감정은 '이성이 산출한 것이다'와 '도덕법칙을 그 자신에 있어서의 준칙으로 삼기 위한 동기

---

5) 물론 그렇다고 해서 도덕적 감정에 대한 칸트의 견해가 옳다는 것은 아니다. 나는 다만 칸트가 이 문제에 대해서 충분히 주의를 기울이지 않았다면, 그래서 충분한 설명이 필요하다면 어떻게 해명하는 것이 가장 칸트적인가 하는 입장에서 접근하고 있다.

6) 이와 유사한 해결책을 비록 대상 인식과 관련한 것이긴 하지만, 칸트는 이미 『순수 이성 비판』의 제2판 서언에서 저 유명한 대상 인식의 가능 근거로서 현상으로서의 물의 인식(현상계)과 물 자체로서의 물의 인식(예지계)의 구분과 관련하여 동일한 대상에 대한 인식을 두 가지 관점에서 적용했을 경우의 구체적 의의에 대해서 다음과 같이 상세히 논증해 둔 바 있다: "우리가 선험적으로 승인하는 개념과 원칙을 동일한 대상이, 한편으로는 경험에 대한 감능과 지성의 대상으로, 그러나 다른 한편으로는 우리가 단지 사고만 하는, 결국 경험의 한계를 초월하려고 노력하는 고립된 이성에 대한 대상으로, 따라서 서로 다른 두 방면에서 고찰될 수 있도록 정비하여야 한다. 그런데 우리가 물을 저 두 가지 관점에서 고찰하면 순수 이성의 원리와의 일치가 성립하지만, 그러나 오직 한 가지 관점에서만 보면 불가피하게 이성의 자기모순이 발생한다." (BXVIII-XIX 각주)

7) Y. Yovel, *Kant and the Philosophy of History*, 17 참조.

로 사용한다'는 외관상 상호 모순되어 보이는 주장의 의미도 분명해진다. 도덕적 감정은 오로지 이성이 산출한 것인 바, 일차적으로 법칙수립적 차원의 자발적 감정은 결코 아니다. 이때 예지적 관점이 아니라 현상적 관점에서 보면 도덕법칙을 준칙으로 삼아서 실천에 옮겨야 하는 현실의 인간으로서는 이를 행위의 동기로 삼아야 하며, 이러한 관점에서는 도덕적 감정이 실제적인 행위에 있어서 능동적인 기능을 담당한다는 추론이 가능하다. 왜냐하면 이 도덕적 감정을 매개로 할 때야 비로소 행위의 동기가 비록 불완전하게 일지라도 자연스럽게 도덕법칙과 관계를 맺을 수가 있기 때문이다. 이는 동시에 도덕법칙이 감정(주관)에 대하여 선험적 구속력을 갖는다는 것을 의미한다. 델레카트가 지적하고 있듯이, 이러한 의미의 도덕적 감정은 "도덕법칙의 신성성이 주관에 반영된 것"이며, "[행위의 동기에서 볼 때] 객관적으로는 '도덕성 자체'"로 격상된다.[8]

이와 마찬가지로 칸트가 도덕적 감정을 행복의 원리에 포함시키고 있는 이유도 분명해진다. 순전히 이성이 산출한 것인 도덕적 감정은 결코 행복의 원리에는 들어 설 수가 없는 성질의 것이다. 그러나 칸트가 도덕적 감정을 행복의 원리에다 포함시킬 때의 감정을 경험적 관심과 관련해서 다루고 있다는 사실을 염두에 두면 우리는 이 때의 도덕적 감정이 현상적 관점에서 본 인간의 자발적인 도덕적 감응력(sentience)을 가리키는 것으로 해석할 수 있다.

이러한 점은 도덕법칙에 대한 존경의 문제를 살펴볼 때 더 한층 분명해진다. 칸트에게 있어서 단적으로 도덕적 감정은 "순수한 실천이성의 동기로서 법칙에 대한 존경의 감정"이다.[9] 칸트에 의하면, "모든 사람이 도덕법칙과 자기 본성 중의 감성적 성향(Hang)을 비교할 때에 도덕법칙은 필연적으로 모든 사람을 겸허하게 한다." (VII:194-5) 즉 도덕법칙에 대한 "존경"을 일으키며, "주관적

---

8) F. Delekat, *Immanuel Kant : Historisch-Kritische Interpretation der Hauptschriften*, 297. [ ]
   는 나의 것이다. 이하 같음.
9) 같은 글, 293-301 참조.

으로도 존경의 근거이다." (VII:195) 나아가 이러한 "도덕법칙에 대한 존경[이라는 도덕적 감정]이 유일하고도 동시에 의심할 수 없는 [행위의] 도덕적 동기이다." (VII:199) 더욱이 "인간이 설 수 있는 도덕적 단계는 도덕법칙에 대한 존경이다." (VII:207) 칸트는 이러한 존경을 도덕적 감정에 속하는 것으로 보면서, 다음과 같이 규정한다.

> 도덕법칙에 대한 존경은 도덕법칙이 감정에 미치는 적극적이되 간접적인 결과로……, 따라서 활동의 주관적 근거로, 다시 말해서 도덕법칙을 준수하는 동기로, 또 도덕법칙에 알맞게 처신하는 준칙의 근거로 보아야 한다. (VII:200)

> 존경의 감정은 단지 … 법칙의 준수에 대한 관심을 일으키는 것이며, 이런 관심을 우리는 도덕적 관심이라 부른다. 그리고 법칙에 대한 이러한 관심, 또는 도덕법칙 자체에 대한 존경을 일으키게 하는 능력이야말로 참으로 도덕적 감정인 것이다. (VII:201-2)

여기서 칸트가 '도덕법칙에 대한 존경'을 말할 때의 존경의 개념에는 이미 유한한 이성적 존재자의 의식임이 함축되어 있다. 도덕법칙 자체가 전적으로 이성적 존재자의 절대적으로 보편타당한 객관적 형식적 법칙인 한, 부분적으로 이성적인 존재자 즉 유한한 인간에게 그것은 명령으로 나타나기 때문에, 우리는 그것을 의무로서 실행하지 않으면 안 된다. 다시 말해 도덕법칙에 대한 존경은 우리에게는 "우리의 의무의식이 지니는 주관적으로 필연적인 측면"[10]과 관계한다. 칸트가 "의무에서 하는 행위의 필연성은 법칙에 대한 존경에서 하는 행위의 필연성이다." (VII:203)라고 말하는 것은 바로 이것을 두고 하는 말이다. 순수한

---

10) R. J. Sullivan, *Immanuel Kant's Moral Theory*, 134.

이성적 존재자의 도덕법칙이 아닌 정언명법은 유한한 존재자에게는 의무를 위한 의무에의 복종을 요구하는 것이고, 따라서 이 의무 자체가 우리의 행위의 동기를 유발하는 것이 된다. 즉 위 인용문에서 말하는 존경의 감정은 다름 아닌 우리가 의무로부터 행해야 할 행위의 동인을 마련해 준다. 이 존경의 감정이 다름 아닌 이성이 산출하는 도덕적 감정이다. 이를 칸트는 다음과 같이 확언해 놓고 있다.

> 존경은 [외부의] 영향을 통해서 느껴진 것이 아니라 이성 개념에 의해서 스스로 산출된 감정이며, 따라서 경향성이나 공포와 같이 받아들여지는 모든 감정과는 특별히 구별된다. 내가 직접 나에 대한 법칙으로 인식하는 것, 그것을 나는 존경심을 가지고 인식하며, 이것은 곧 내가 나의 감관에 다른 영향의 개입을 허용함이 없이 나의 의지가 그 법칙에 직접 복종한다는 의식을 의미한다. 법칙을 통한 의지의 직접적인 규정, 그리고 그런 규정의 의식을 존경이라 한다. 그래서 존경은 [행위] 주체에 대한 법칙의 [작용의] 결과이지 그 원인으로 볼 수 없다.(VII:28 각주)

그러므로 도덕법칙 자신 쪽에서 보면 도덕적 감정은 이차적인 것이어서 이 감정은 도덕법칙 자신에게는 반드시 필요한 기능이 아니며 또한 감정에 의존하지 않아도 된다. 반면에 법칙을 행위로서 준수해야 하는 유한한 존재자에게 법칙이 제공하는 객관적 근거를 함축하고 있는 도덕적 감정은 일차적인 것이어서 우리의 도덕 행위의 필수불가결한 조건이 되며, 또한 그 때의 의지는 도덕적 감정을 필요로 한다는 것이다. 결국 도덕적 감정은 주관적으로는 자발적인 선험적 감정이면서 동시에 도덕법칙 자신이라고까지 높여 말할 수 있다. 나아가 이러한 도덕법칙과 도덕적 감정의 내재적 관계는 이성적 존재자가 갖는 특별한 지위, 즉 왜 우리가 기꺼이 자기 구속력을 갖는 도덕적 의지의 요구에 따라서 행위하고자 하는지에 대한 이유를 제공해준다. 다시 말해서 인간이 스스로를 존엄한 존재로 생각해야 하며, 또 그러한 존재일 수밖에 없는지를 보여준다.

그러나 도덕적 감정에 대한 칸트의 통찰력에도 불구하고 양자의 관계에서 언제나 도덕법칙을 먼저 앞세우는 방식은 여전히 문제다. 도덕적 경험이든 도덕의 근거설정이든 도덕법칙 단독으로는 도덕적 판단과 행위의 가능성을 설명할 수 없다. 달리 말하면 도덕판단의 보편성을 먼저 내세워서는 실질적인 도덕적 선택과 결정은 이루어지지 않는다. 만일 그것이 가능하다면, 이는 칸트의 윤리 이론에 가해지는 비판, 즉 맹목적 형식주의를 피할 수 없게 된다. 그러므로 도덕판단 이전에 그 판단의 대상이 먼저 우리에게 도덕적 문제로 주어져야 한다. 그것이 다름 아닌 공감이다. 또한 감성적 공감은 행위의 보편성을 낳을 수 없기 때문에 이성적 공감이야말로 칸트적 의미의 도덕적 행위와 판단의 근거이자 원천이 되어야 한다.

2. 칸트와 후설

칸트가 『도덕형이상학 정초』에서 순수 윤리학으로서 경험적 요소를 일체 배제한 도덕형이상학의 근거 확립에 심혈을 기울였던 것과 마찬가지로 후설은 자신의 철학 이념에 따라서 현상학적 윤리학을 통해 순수 윤리학의 정초를 꾀했다. 그러나 칸트와 달리 후설은 정반대로 현상학적 방법에 입각한 순수 윤리학의 정초의 토대를 감정 영역에서 찾는다. 특히 이 과정에서 칸트의 윤리학 및 그의 도덕적 감정에 대한 후설 자신의 견해가 분명하게 나타난다.

소위 현상학적 윤리학을 통한 순수 윤리학의 정초를 꾀하려는 후설의 구상은 이미 그의 현상학 전개의 초기 단계부터 주된 관심사 중의 하나였다.[11] 현상학적 윤리학과 관련된 그의 강의록이 보여주듯이 여기에는 그의 현상학 일반이 추구하는 엄밀학으로서의 철학, 무전제의 철학, 제일 철학, 근본학 등의 이념에 대한 신념이 일관되게 근저에 놓여 있음은 물론이다.[12] 그러기에 후설은 이론철학과 마찬가지로 "윤리학은 그에 따라서 그것이 되고자 하는 것, 즉 순수한 원천으로부터 그 개념들을 마련하고 완전한 통찰에서 그 기본 명제를 확정하고 그 위에 모든 그 이상의 것을 지극히 엄밀하게 정초하여 세우는 하나의 엄밀학이 되도록 마침내 참으로 시작할 수 있는 그 자체의 학문적 이념에 이르는 길을 찾으려"[13] 하였음을 강조한다. 그러나 이 문제와 관련하여 우리는 후설이 하나의 분명한 철학 체계를 수립하려고 시도하지 않았음도 염두에 두어야 한다. 후설은 하나의 철학 체계가 아니라 철학의 학문적 성격을 회복하기 위해서 "엄밀한 학문"으로서 철학의 정초를 위한 현상학이라는 "하나의 철학적 방법을 완성했고, 언제나 다시금 새로운 기초적인 연구를 통하여 그 방법의 유용성을 시험해 보려고 하였다."[14] 그의 윤리학에 대한 강의 및 구상 또한 이러한 맥락에서 이해되어야 한다.

---

11) A. Roth, 『후설의 윤리연구』(Edmund Husserls ethische Untersuchungen. Dargestellt anhand seiner Vorlesungsmanuskripte, Den Haag), 14-5 참조. 이 저서는 로트의 학위 논문으로서 여기에는 윤리학적 논의가 이루어지고 있는 후설의 방대한 유고를 내가 직접 열람하여 밝혀낸 후설 윤리학의 전모가 체계적으로 전개되어 있다. 그 후에 후설의 윤리학에 관한 강의 유고를 정리하여 모은 강의록이 후설 전집 제28권으로 출간됨으로써 후설의 현상학적 윤리학에 대한 연구가 새로운 관심사로 부각되기에 이르렀다.

12) 후설 전집 제28권의 출처와 인용 밥법은 다음과 같다.: E. Husserl, Vorlesungen über Ethik und Wertlehre 1908-1914, hersg. von Ullrich Melle, Husserliana Bd. XXVIII, Dordrecht/Boston/London: Kluwer Academic Publishers, 1988. 이하 Husserliana XXVIII로 줄임. 본 논문에서는 그 밖에 Husserliana XXVIII에 실려 있지 않은 강의 유고 중 필요한 부분에 대해서는 로트의 위 저서에 인용되어 있는 것을 재인용하고자 한다. 따라서 유고의 원래의 표시(Ms. F I)와 로트의 저서의 인용을 함께 나타낼 것이다. 로트의 저서에서 인용한 글은 번역서의 면수를 따랐다.

13) Ms. F I 28, p. 64; A. Roth, 『후설의 윤리연구』, 64.

14) J. Kraft, Von Husserl zu Heidegger : Kritik der phänomenologischen Philosophie, 14.

후설의 순수 윤리학에의 구상은 먼저 윤리학의 주관주의적, 심리학주의적 이론들이 결국에 도달하고 마는 윤리학적 회의주의와 합리주의 윤리학의 형식주의에 대한, 특히 흄과 칸트와의 비판적 대결을 통해서 이루어진다. 먼저 윤리학적 회의주의와의 대결을 통하여 도덕적 가치는 선험적 토대 위에서 확립되어야 한다는 것을 분명히 한다. 이는 흄을 비롯하여 쾌락주의와 공리주의를 위시한 주관주의적, 심리학적 이론들과의 대결에서 이 이론들이 빠지게 되는 회의주의적 성격을 파헤치는 가운데에서 드러난다. 이들이 가치와 (가치)평가작용의 차이를 무시함으로써 도덕의 고유한 것을 간과하게 된 이면에는 이 가치와 평가작용 간의 '선험적' 연관성에 주목하지 못한데 그 원인이 있었음을 후설은 지적한다.

그 다음으로 후설은 커드워스(R. Cudworth, 1617-1688)와 클라크(S. Clarke, 1675-1729)로 대표되는 윤리학적 합리주의도 도덕법칙이 갖는 이중적 의미에 주목하지 못함으로써 결국 의무와 당위의 절대적 타당성을 정초하는데 실패하고 만다는 것이다. 즉 그들은 논리법칙과 도덕법칙이 다같이 지성의 기능에 의하여 옳고 그름을 통찰할 수 있으나 동시에 이들 간의 차이를, 특히 도덕법칙은 논리법칙과 달리 단순히 인식적 통찰을 지향하는 이론적 진술 이상의 의미를 지니고 있는 것으로서 "그 내용에서 의지와 그 주체에 대한 요구를 포함하고 있음"[15]을 간과하고 있다는 것이다. 그런데 여기서 한 걸음 더 나아가 후설은 이러한 윤리학적 합리주의의 연장선에서 진일보한 칸트의 윤리학적 형식주의마저도 비록 그 차이를 간과하여 도덕적 행위를 규정하는 도덕법칙의 선험적 성격에 주목하긴 하였지만 오직 순수 이성에만 그 권리를 부여하고 감정 영역에 대해서는 부정함으로써 형식주의에 빠지고 말았다는 것이다.

후설이 이들 이론과의 비판적 대결에서 그들의 주장을 단순히 물리치기만

---

15) A. Roth, 『후설의 윤리연구』, 66.

한 것은 물론 아니다. 오히려 순수 윤리학의 정초라는 과제의 성공적 수행을 위해서 이전의 윤리학적 논쟁들의 결과들을 비판적으로 음미함으로써 그 실마리를 찾고자 한다. 이러한 실마리를 결정적으로 제공해주는 징검다리의 역할을 하는 이론가들로서 후설이 집중적으로 대면한 사람들이 바로 칸트와 흄이었다. 특히 칸트 이론과의 대결은 후설에게 학문적 윤리학의 정초를 위한 기본적인 시각을 갖게 해준다. 물론 현상학적 탐구의 일반적 성격을 확정짓는데 그의 스승 브렌타노의 기본적인 통찰이 중요한 기여를 했듯이, "후설의 흄과 칸트에 대한 대결과 비판은 윤리적 상대주의와 회의주의에 빠지지 않고서, 윤리학의 정초에 감정을 개입시키는 것이 어떻게 가능한가 하는 브렌타노의 문제 제기와 관련하여 이루어진다." [16] 브렌타노는 그의 강의에서 칸트를 날카롭게 비판한다. 브렌타노가 보기에 정언명법은 하나의 가공물에 지나지 않는다. 그것은 직접적으로 명증적인 것도 아니며 그로부터 윤리적 영역을 추론해 낼 수도 없다고 본다.

이와는 대조적으로, 후설의 지적에 의하면, 브렌타노는 칸트가 부정한 윤리학을 정초하는데 있어서 감정의 근본적인 역할을 인정한 흄의 방식이 옳았다고 하면서도, 다른 한편으로는 흄이 "감정 자체가 원리가 될 수 없다" [17]고 본 것은 잘못이라고 평가했다. 후설은 브렌타노의 이러한 견해를 받아들여 감정이 윤리학의 정초에 어떻게 관여하는지를 집중적으로 탐구한다. 이와 관련하여 후설은 도덕적 개념의 근원에 대한 물음과 도덕법칙의 인식론적 성격에 대한 물음을 구별하여, 도덕적 판단과 개념은 감정을 숙고함으로써 생겨난다는 것을, 즉 "감정 도덕이 보여준 것은 도덕적 개념의 근원, 즉 개념이 자신의 명증적 권리를 증명해 주고 낱말의 의미가 명증하게 실현될 수 있는 직관의 원천은 적어도 부분적으로는 감정 체험이라는 것" [18]을 분명히 하려고 했다. 따라서 윤리학에서의 감

---

16) Husserliana XXVIII, 편집자 서론 XVII.

17) Husserliana XXVIII, 편집자 서론, XVIII.

18) Husserliana XXVIII, 같은 곳.

정의 역할에 주목한 흄에 대한 후설의 연구는 칸트의 형식주의가 올바로 파악하지 못했던 질료적인 계기에 대한 보완책으로 흄의 통찰을 높이 사는 데서 절정에 달한다. 그런데 후설은 이에 머물지 않고 더 나아가서 "도덕적 개념의 근원은 어떤 심정작용에 있지만, 도덕법칙들은 단순히 귀납적 종합 이상의 것이며, 그것은 '문제의 심정작용의 개념적 본질에 기초를 둔' 선험적 법칙들임"[19]을 주장함으로써 감정에서의 선험적 계기에 보다 집중할 것을 요구하고 나선다.

저들과의 대결을 통해 분명해지는 후설의 현상학적 윤리학의 근본 특징은 기본적으로 이성 도덕의 입장에 서면서도 선험적인 형식적인 계기뿐만이 아니라 질료적인 계기도 갖고 있는 감정의 역할을 중시한다는 데에 있다. 후설이 판단 논리학의 유사체로서 소위 '감정 논리학'을 꾀하는 것도 감정 영역이 지닌 중요한 역할에 주목하고 있기 때문이다. 감정 논리학은 감정과 의지의 영역에서 발견되는 윤리적 주체의 감정작용과 의지작용의 대상으로서 현상되는 선험적 가치들과 본질 법칙, 선험적 질료들 및 이와 연관된 현상학적 주제들을 탐구한다. 이러한 접근 방식은 "도덕법칙의 대상들과 인식론적 성격을 『논리 연구』(Logische Untersuchungen)에서처럼 논리적 및 수학적 법칙의 본질과의 유비에 의존시켜서 규정하는"[20] 후설의 문제의식에서 연유한다. 그리고 이 감정 논리학은 질료적 윤리학의 성격을 가지며, 이 질료적 윤리학은 형식적 윤리학을 보완해주는, 이른바 순수 윤리학을 학으로서 가능하게 하는 주춧돌이다.[21]

---

19) Husserliana XXVIII, 편집자 서론, XIX.
20) Husserliana XXVIII, 같은 곳.
21) 한정선, 「후설의 순수 윤리학에서 감정의 역할」, 276-7 참조.

3. 후설의 칸트 비판

1) 후설과 도덕감정론

칸트의 윤리이론에 대한 존경과 그의 위대한 통찰에 대한 칭송에도 불구하고 후설은 칸트에 대해서 대체로 아주 비판적인 태도를 취한다. 후설은 도덕적 감정의 역할에 적극적으로 그리고 일관되게 주목하지 못한 칸트와는 달리 윤리학에서 선험적인 질료적 계기를 발전시킨 경험론자들, 그 중에서도 특히 흄의 감정 이론과의 대결을 통해서 흄의 탁월한 통찰을 높이 사는 한편,[22] 다른 한편으로는 흄이 인식론에서와 마찬가지로 윤리학에서도 일종의 회의론으로 귀착하고 마는 문제들을 현상학적 시각에서 해소함으로써 자신의 순수 윤리학의 토대를 다지려고 한다. 따라서 칸트가 감정 영역에서 미처 발견하지 못한 선험적인 질료적 계기에 대한 무지를 노골적으로 비판하는 후설에게 흄이 어떤 실마리를 제공해 주는지를 먼저 일별해 보자. 후설에 따르면 칸트가 순수이성이 아닌 감정 내용과 의지 내용이 실천적인 원리를 부여할 경우에 이기주의적 공리주의인 행복주의에 빠지고 만다고 본 것은 감정능력의 중요한 질적 차이와 동일한 대상에 대한 여러 가지 느끼는 방식의 원천을 간과하였으며, 선험적으로 가치 대상 영역과 충전한 감정작용 방식 사이의 본질적인 관계를 오인한 불가피한 결과라는 것이다.[23] 이에 반해 흄을 포함하여 "영국의 감정 도덕학은 의심 없이 다음과 같이 가정했다. 만일 우리가 색맹인 존재를 생각하는 것과도 흡사하게 감정이 없는 존재를 가정한다면 모든 도덕적인 것은 그 내용을 상실하며, 도덕적인 개념들은 의미 없는 말이 된다"[24]고 본 점에서 후설은 그들이 옳았다고 지적

---

22) Ms. F I 28, p. 249; A. Roth, 『후설의 윤리연구』, 93.

23) A. Roth, 『후설의 윤리연구』, 92.

24) Husserliana XXVIII, 404.

한다. 그리하여 흄이 도덕적 감정의 본질에 관한 물음에서 이기적 감정과는 구별되는 이타적이면서도 보편적인 감정이자 쾌감 같은 것이 오히려 도덕적 감정을 야기시킨다는 통찰에 도달한 것에 주목한다. 따라서 칸트의 주장처럼 감정의 관여가 곧 행복론적 이기주의의 위험에 처한다는 생각은 부당한 것임을 보여준다는 것이다.

이 같은 후설의 지적은 시사하는 바가 적지 않다. 칸트의 이성적 존재자의 도덕주의는 인간의 존엄성을 훼손하거나 침해하는 행위들이 발생했을 경우에 우리는 먼저 인간 존엄성이라는 공감적 감정에 준거해서 반응한다는 것을 간과한다. 마찬가지로 우리는 정의감이나 이와 유사한 감정적 반응으로부터 그와 같은 비윤리적 행위를 판단하기 위해서는 보편법칙의 정식과 같은 도덕원칙에 의한 도덕성 테스트로 곧바로 진행할 수 없다. 그에 앞서 우리는 먼저 인간의 존엄성에 대한 올바른 이해인지가 사전에 결정되어 있어야 즉, 인간 존엄성에 대한 공감적 인식이 선행되어야 하기 때문이다. 이에 대해서 칸트가 말하듯이 단순히 인간은 이성적 존재자이기 때문이라고 말하는 것은 아무런 내용이 없는 공허한 주장이 되고 만다. 마치 이는 거짓말 금지 원칙이나 약속 준수의 의무와 관련해서 그것은 거짓말이기 때문에 혹은 약속은 약속이기 때문에 그것을 준수해야 한다고 말하는 것과 다를 바가 없다. 우리가 사전에 알고자 하는 것은 저질러진 거짓말 혹은 이루어진 약속의 내용이 무엇인지 알아야 거기서 벌어진 비윤리적 행위가 어떤 것인지를 제대로 판단할 수 있다. 그리고 거기에는 분노나 동정심 혹은 공감과 같은 감정이 수반되어야 우리는 도덕적 심판을 하고자 하는 욕구를 갖게 되며, 그때야 비로소 우리는 칸트의 정언명법에 준하는 도덕성 테스트 절차를 수행할 수 있게 된다. 그리고 이와 같은 이성적 욕구는 그 대상과 불가분의 관계를 맺고 있다. 다시 말해서 마찬가지로 인간의 존엄성이 침해당했다는 것이 어떤 종류의 침해인지 알아야 우리는 그에 대한 도덕성 판단으로 이행할 수 있다. 그리고 공감적 반응을 불러일으키는 인간 존엄성을 위한 준칙들이 바로 정언명령법이 될 것이다. 그것을 나의 언어로 표현하면 이성적 공감의 명법들이 될 것이다. 칸트는 도덕성 판단에서 이와 같은 인간의 존엄성에 대한 우리의 이해와 우리에게 이성적 요구를 불러일으키는 감정적 반응이 무엇이며 또 어떤 것이어야 하는지를 전혀 고려하지 않는 것 같다.

반면에 흄은 객관적 사태의 표상에 결부된 일정한 인상들을 개인적인 이해관계 없이 관찰해 보고, 또 너그럽고 친절한 행위와 같은 고귀한 성질의 감정을 숙고해 볼 때, 여기에서 보편적인 만족이나 즐거움과 같은 것이 생겨난다는 본다. 이러한 소위 도덕적 감정을 야기시키는 이해관계 없는 감정에서 하나의 공동의 원리를 찾아나서는 흄은 마침내 모든 개별적인 도덕판단에 전제되어 있는 도덕성의 구성적 원리로서의 공감을 발견한다. 그런데 도덕적 행위에 동기를 부여할 수 있는 공감을 감정의 영역에다 둠으로써 흄은 도덕판단의 근거를 이성이 아닌 감정에다 부여하게 된다. 즉 흄에게는 이성은 단순히 인식하는 이성이며 참, 거짓, 객관성도 인식의 영역에만 있으며, 오직 감정만이 욕구와 원함의 동기로서 작용한다는 결론에 도달한다. 그러나 더 나아가 흄은 이 공감을 감정의 고유한 선험적 영역과의 연관성에서 이해한 것이 아니라 인식론에서와 마찬가지로 객관적 사태가 야기하는 인상에서 결과하는 부수물로 해석함으로써 결국 가치의 객관적 보편타당성을 부인하는 회의론에 빠지고 말았다. 결국 후설은 흄이 그의 공감에 대한 탁월한 분석에도 불구하고 잘못된 길로 나아간 결정적인 문제는 감정의 고유한 선험적 영역에 도달했으면서도 바로 코앞에서 이를 놓치고 만 데에 그 근본 원인이 있다고 생각한다. 이 문제와 관련해서 후설은 칸트의 손을 들어주고 있다.

후설에 따르면, 흄이 감정이 단순히 느끼는 작용에 불과한 것이 아니라 평가적인 작용도 수반한다는 것을 알았으면서도 감정의 영역에서의 판단작용 또한 인식작용과 마찬가지로 사실적인 것이라는 점까지는 통찰하지 못한 것은 근본적으로 지향성이라는 의식의 독특한 본질을 통찰할 수 있는 길이 그에게는 막혀 있었기 때문이다. 그 결과 흄은 현대에 이르기까지 많은 논쟁을 불러일으킨 "감정은 그 자체 인식작용이 아니며 그 어떤 단계의 대상 의식도 아닌데 어떻게 대상과 관계할 수 있는가" [25] 하는 문제를 의식했으면서도 결국에는 이를 "감정의 지향성을 지향성 본질 그 자체로부터 그리고 인식작용과의 본질적인 연관으로부터 이해하려 하지 않고 그것의 경험론적, 인과적 원인을 찾으려 하는" [26] 오류를 범했다는 것이다. 그러나 이러한 흄의 도덕이론의 결함에도 불구하고 후설이 흄을 높이 사는 이유는 적어도 그가 공감을 발견했듯이 도덕의 원리를 일단 순수 의식의 토대 위에서 해명하려고 시도한 점,[27] 즉 감정의 영역도 도덕판단에서 중심적인 기능을 담당하고 있음을 통찰하여 윤리학을 이에 근거 지으려 하였다는 점이다.

그런데 후설은 흄과 달리 공감을 '자연적 공감'과 '이성적 공감'으로 구분한다.[28] 이는 공감을 공감정(Mitgefühl), 동감각(Gleichsinnigkeit) 등과 구별하지 못하는 흄의 공감 이론이 지닌 중대한 결함에 대한 후설 윤리학의 대안적 용어이다. 이렇게 '이성적 공감'이라는 용어로 이성과 감정 양자를 연결시킴으로써 후설은 흄이 지성과 감정을 대립시킨 것과는 달리 도덕판단의 원천을 감정 영역에 부여하면서 동시에 이성에게도 보조적인 매개적 기능을 인정하게 된다. 이는 근본적으로 후설이 진리의 원천을 명증성으로 파악하고 감정에도 이성적으로 공감하는 명증적인 것이 인식 영역에서와 마찬가지로 존재한다고 보는 데서 연유한다. 그리고 이러한 이성적인 공감이야말로 도덕적 공감이라는 것이다. 이 때문에 후

---

25) A. Roth, 『후설의 윤리연구』, 102.
26) 같은 글 102-3.
27) 같은 글 103-4 참조.
28) 같은 글 100.

설에게는 "감정을 매개로 한 이성의 문제, 하나의 특정한 가치론적 이성"[29]이 중
요한 주제가 된다. 이성, 의지, 감정의 상호 관계와 작용에 대한 이러한 후설의
통찰은 도덕적 행위와 도덕판단의 객관적 근거를 이성이나 감정 어느 하나에 기
초해서 정당화하려는 시도들이 직면하는 난점들을 피해갈 수 있는 가능성을 보
여준다.

2) 형식적 선험성과 질료적 선험성

이제 후설의 칸트에 대한 비판을 검토해 보자. 먼저 후설의 비판은 '선험적
인 것'과 형식을 동일시하는 칸트 철학의 대전제로 향한다. 칸트가 선험적인 것
을 형식과 동일시 한다는 것은 동시에 그가 순수한 이성만이 선험적 진리의 원
천이라고 생각하는 것과 맥락을 같이 한다. 칸트가 실천 법칙의 근거를 순수 이
성에만 두는 본질적인 논거는 선험적인 것은 경험으로부터 독립한, 따라서 감성
을 통해서 받아들이는 내용을 전적으로 배제한 것이어야 하며, 만일 감성적인
것이나 경험적인 것이 조금이라도 포함된다면 그 법칙은 필시 경험적인 성격을
지니게 되고, 결국 필연적인 보편타당한 법칙으로 성립할 수 없다고 생각한 점
에 기인한다. 그리하여 칸트는 의지와 의무법칙을 질료적으로 규정하는 것을 일
체 배격하지 않을 수 없었다는 것이다.

그런데 후설은 진리의 영역에는 그 질료적 규정과는 완전히 독립해 있는 순
수 이성적 진리만이 아니라 감각 인식을 통해서만 우리에게 주어지는 선험적인
질료적 진리도 있다고 주장한다. 이때 칸트가 인식 요소 중 감성을 통해 받아들
이는 내용을 다양한 무규정적 소여로 파악하는데 반해, 후설의 경우에는 현상학
적 시각에서 내용을 경험적 사실 내용과 의미 내용으로 구분지음이 전제되어 있

---

29) Ms. F I 28, 123; A. Roth, 『후설의 윤리연구』, 110.

다. 이를 후설은 도덕판단에도 동일하게 적용하고 있는 것이다. 즉 의미 내용을 무시한 도덕법칙은 일종의 자연법칙과 동일한 것이어서 의지와는 무관한 것이며, 따라서 의지에 동기를 부여하지 못한다는 것이다.

후설에 의하면 "칸트는 모든 실천원리는, 그것이 경험적 원리로 간주될 수 없는 한, 순수 이성으로부터 도출된다는 연역을 그 이상의 설명 없이 수행하였으며, 순수 인식능력이 의지의 동기를 순수하게 그 자체로부터 부여한다는 것이다." [30] 그리하여 구체적인 행위 시에 무엇을 원해야 하는가를 판단하고자 할 때 칸트의 경우에는 정언명법에만 의존해야 하는데 후설은 이때 정말로 "[형식적 규정만으로 이루어진] 그 법칙이 도대체 어떻게 [질료적 규정을 수반하는] 도덕적 의미를 요구할 수 있는지 전혀 이해할 수 없다" [31]는 것이다. 따라서 법칙과 개별적 행위의 매개를 필연적인 것으로 만들어주는 도덕적 의무의 당위적 성격을 증명하기 위해서는 선험성의 형식적 계기뿐만이 아니라 동시에 선험성의 질료적 계기 또한 있어야 하며, 이 질료적 계기가 비로소 의지를 동기짓는 작용을 함으로써 구체적인 행위에도 도덕적 의미를 요구할 수가 있다는 것이다. 즉, 후설은 칸트가 선험적인 것을 무조건적으로 형식적인 것과 동일시한 것은 잘못임을 비판하고 나선 것이다.

말하자면, 칸트의 경우에는 선험적 인식의 선험성은 "경험이 제공하는 모든 특수한 '질료' 또는 '내용'으로부터의 논리적 독립성 또는 일체의 내용 일반으로부터의 독립성"을 의미하기 때문에, "질료적 선험성(ein materiales Apriori)이란 형용상의 모순(contradictio in adjecto)이다." [32] 그러나 후설의 경우에는 사정이 다르다. 후설은 질료적 선험성을 인정한다. 이러한 선험성을 후설은 사태의 본

---

30) A. Roth, 『후설의 윤리연구』, 77.

31) Ms. F I 20, 260; A. Roth, 『후설의 윤리연구』, 77.

32) I. Kern, *Husserl und Kant. Eine Untersuchung über Husserls Verhältnis zu Kant und zum Neukantianismus*, 57.

질들 간의 관계를 규정하는 근본 특징이자 사태 자체 속에 토대를 둔 법칙으로 이해하고 있다. 후설은 칸트의 용어를 변형시켜 자신의 질료적 선험성의 의미를 "종합적 선험성"이라 부르기도 한다.[33] 이 종합적 선험성이란 결국 칸트가 형식과 내용을 전혀 별개의 것으로 분리시킨 다음에 꾀한 소위 범주에 입각한 선험적 종합이, 후설의 경우에는, 이미 질료 또는 내용 자체에서 발견될 수 있다는 것을 의미한다. 따라서 후설은 칸트와의 비판적 대결에서 "선험적인 형식적 법칙과 선험적인 질료적 법칙의 구별"[34]을 도외시한 칸트의 오류를 비판한다. 칸트는 실천법칙을 주관이 자기 자신에 대해서 타당한 규칙으로 삼는 준칙과는 반대로 모든 이성적 존재자 일반에 대해서 타당한 것으로 인식되는 규칙으로 정의하며, 이런 실천법칙이 존재하려면, 그것은 의지 규정의 충분한 근거를 순수 이성에 두지 않으면 안 된다는 결론에 도달한다. 나아가 칸트는 이러한 이성의 순수한 능력을 감정능력이나 욕구능력과 대비시킨다.

그런데 보편적인 객관적 실천법칙은, 칸트에 의하면, 모든 내용적 규정을 사상한 순 형식적 규정이어야만 법칙으로서의 자격을 갖는 그런 것이다. 후설이 단호하게 배격하는 것이 바로 칸트의 이러한 견해이다. 한마디로 "질료적 이성 진리로서의 실천법칙"[35]또한 존재한다는 것이 후설이 주장하는 요지이다. 후설은 "모든 실천법칙이 명법이라면, 그리고 모든 실천법칙이 실제로 당위, 가치, 좋음과 나쁨의 구별 등의 이념을 포함한다면, 사실상 모든 명법 또한 도덕적 명법의 내용에 대한 의식의 심정적 측면이 명법에게 본질적인 표상을 제공하지 않으면 안 되며, … 이성은 어떤 '질료'에 근거해서 개념들을 형성할 수 있으며 개념 대상들의 연관에 대해서 결정할 수 있다"[36]고 주장한다. 그리고 이러한 실천

---

33) 같은 글, 57-8.

34) Husserliana XXVIII, 편집자 서론, XIX.

35) Husserliana XXVIII, 402.

36) Husserliana XXVIII, 405.

법칙의 질료적 계기를 이성이 통찰할 수 있다는 점에서 그것은 곧 질료적 이성 진리라는 것이다.

3) 진리의 원천으로서의 감정

이상과 같은 후설의 칸트 비판은 결국 칸트가 감정 자체의 고유한 지위와 가치를 통찰하지 못한 점에 모아진다. 후설은 모든 진리의 근거를 이성에만 두는 태도를 단호하게 배척한다. 그 진리가 이성에 의해서 통찰된다고 해서 곧 진리의 근거를 이성에 두어야 한다고 생각하는 태도를 물리치고자 하는 가운데 후설의 비판은 분명해진다. 물론 후설도 감성에서 독립해 있는 비감각적인, 가령 산술적인 명제와 같은 순수한 이성적 진리들이 존재한다는 것을 당연시한다. 다만 그가 강조하려는 것은 그렇다고 모든 진리가 이성적인 것에만 근거하는 것은 분명히 아니라는 것이다. 즉 그는 "규범은 순전히 '이성'으로부터 이끌어내는 사고 형식과 나란히 이성에서 유래하지 않는 질료, 이를테면 감정능력과 욕구능력에서 유래하는 질료도 포함한다는 것은 아주 정말로 가능한 일이다"[37]라고 말한다. 그런데 칸트가 이를 전적으로 부정하는 것이 문제이며, 이러한 감정과 감정작용을 오인한 것이 칸트를 일면적인 형식주의로 몰고 간 주원인으로 본다. 이것은 칸트가 실천 이성의 규정 근거로서는 그 어떠한 질료도 배제함으로써 필연적으로 결과한 것이다.[38] 이는 도덕 문제에 있어서 감정의 역할에 대한

---

37) Husserliana XXVIII, 404.

38) 후설은 칸트가 오인한 문제를 강한 어조로 다음과 같이 지적하고 있다: "칸트는 먼저 언제나 아주 일반적으로 하나의 '실천 법칙'에 대해서만 언급하긴 하지만, 이 법칙이 행위의 규범을 표현하는 하나의 명제이어야 한다면, 감정과 욕구가 근본적으로 전제되어 있다는 것 또한 명백한 사실이다. 우리가 순전히 이성적으로 존재하는 존재자를 가정한다면, 도대체 당위는 어디에서 하나의 의미를 갖는가? 판단하는 자가 그것에 주목하는 감정작용과 심정작용의 어떤 관계나 특성에 근거를 두지 않는다면, 당위의 무조건적 타당성은 어떻게 통찰될 수 있겠는가?" Husserliana XXVIII, 404.

그의 확신을 반영하는 동시에 실천 법칙의 진리성에 대한 후설의 일관된 견해를 함축한다.

후설은 칸트와는 달리 "가능한 가치들의 법칙, 즉 가치 자체의 이념이나 의미 또는 본질에 속하는 법칙, 따라서 느끼고 욕구하며 원하는 모든 존재자 일반에 관계하는 '순수한 심정'에 속하는 법칙"[39] 또한 가능한 진리의 법칙으로 존재한다고 본다. 반면에 감정과 욕구의 영역에서 진리 법칙과 동일한 지위를 갖는 실천법칙을 인정할 수 없었던 "칸트와 전체 합리주의의 확신은 감정능력으로 소급하는 것은 반드시 무조건 윤리적 주관주의와 회의론으로 귀결됨에 틀림없다는 것이었다."[40] 따라서 후설의 생각에는 이들이 "감정은 인간의 심신적 조직체의 단순한 자연적 사실이라고 함으로써 감정작용에서 인간이 보여주는 여러 가지 경험적 태도를 설명된 것으로 여긴다면, 경험론 및 감정 도덕의 근본적인 오류"[41]를 함께 범하고 있다는 것이며, 따라서 그들은 감정의 본질과 윤리적 존재로서의 인간 일반을 연구하여 도덕적 행위의 특수성을 설명하는 일을 전적으로 소홀히 하였다는 것이다.[42]

그러면 감정의 근본적인 역할 및 지위에 주목하지 못했다고 보는 칸트의 견해에 대한 후설의 비판을 상론해 보자. 한마디로 칸트는 선험적 감정 법칙과 욕구 법칙의 가능성을 부정한다. 이에 대해서 후설은 단적으로 순수한 쾌감의 직관에 토대를 둔 친절과 같은 감정은 모든 감정적인 존재자 일반에 타당한 필연적인 감정임을 지적하면서, 이는 칸트가 근본적으로 수동적인 감정작용과 능동적인 감정작용을 제대로 구분하지 못한 불가피한 귀결로 본다.[43] 이에 후설은

---

39) Husserliana XXVIII, 406.

40) A. Roth, 『후설의 윤리연구』, 81.

41) Ms. F I 28, p. 300; A. Roth, 『후설의 윤리연구』, 81-2.

42) A. Roth, 『후설의 윤리연구』, 81-2.

43) Husserliana XXVIII, 407-8.

'담배와 그 맛의 관계'[44]에 대한 예를 통하여 자신의 주장을 뒷받침하고 있다.

가령 동일한 담배가 나의 미각의 '기분'에 따라서 맛이 있기도 하고 없기도 한데, 이때 맛은 사람마다 다른 맛이 나듯이 담배에 토대를 두고 있는 것이 아니라 미각을 자극하는 담배의 연기나 또는 오히려 담배의 맛이 그러하다는 판단에 의해 자극된 맛의 결과에 의존한다. 그리고 이 맛만이 맛에 대한 느낌(감정)의 토대가 되는 것이 아니라 니코틴과 그밖에 미각에 퍼지는 성분들이 신경을 자극함으로써, 게다가 미각 신경만이 아니라 강한 쾌감이나 불쾌감 등의 감정을 낳는 여타의 다른 감각들도 작용하게 된다. 그렇기 때문에 후설은 담배의 맛이란 단지 미감에만 의존하는 것이 아니라 이런 다른 감각들에도 의존하리라는 것이다. 결국 우리가 통상 생각하는 담배가 일종의 감정 가치를 지니게 되는 것도 간접적으로 이러한 감정 전이에 의한 것이라고 본다.

따라서 후설은 "담배는 맛이 좋다"는 문장에서 "맛이 좋다"는 등의 감정 술어들의 원천에 대해서 "우연적이고 비본래적인 방식으로 객체에 의존하는 감정 술어"[45]와 "직관 속에서 주어지는 직관된 객체 그 자체가 감정을 산출할 때 즉 충전적인 직관 속에서 이 직관된 내용 그 자체에 속하는 것으로서의 감정이 필연적으로 확실하게 나타날 때에 객관적으로 객체에 속하는 감정 술어"[46]를 구분한다. 이는 곧 간접적인 감정 술어와 직접적인 감정 술어의 구분을 뜻하며, 동시에 단순히 주어진 쾌감에 좌우되는 수동적인 감각적 감정작용과 스스로 쾌감 및 쾌감의 대상을 지향하는 능동적인 비감각적 감정작용 자체를 후설이 구분함을 뜻한다.

후설은 여기에서 감정 술어를 야기하는 우리의 감정이 감정의 (가치로서의) 대상 자체에, 즉 대상의 구성적 성질에 근거를 두고 있는 것이 아니라 감정과 감

---

44) Husserliana XXVIII, 409.

45) 같은 곳.

46) Husserliana XXVIII, 409-10.

정의 대상이 지니는 가치 사이의 관계로 인하여 우리의 마음에 들게 됨을 분명히 하고자 한다. 이 관계가 바로 때로는 우연적인 때로는 필연적인 감정 전이의 토대가 되는 바, 만일 그 관계가 직관에 있어서의 필연적인 감정 전이의 토대가 될 경우에는 그 감정은 정당한 것이며, 반면에 우연적인 감정 전이가 생긴다면 그 감정은 정당한 것이 되지 못한다. 이러한 관계가 다름 아닌 감정 자체에서 기인하는 선험적 법칙성의 징표임에도 불구하고 칸트는 이러한 형식적인 법칙성이 결코 감정에서 기인할 수는 없는 것으로 본다는 점을 후설은 비판한 것이다.

다음으로 후설은 "감정에서의 질적 차이"를 부정하는 칸트의 견해를 문제삼는다. 실천적 원리가 질료에 의해서, 따라서 쾌와 불쾌에 의해서 규정될 경우, 이 쾌는 확실히 욕망함과 행위함의 쾌이며, 따라서 그것은 자기애에 좌우되는 것이며, 자기애는 행복을 목표로 하게 된다고 생각하는 칸트에 대해서 후설은 다음과 같이 반박한다:

> 칸트는 순수이성이 원함의 규정 근거를 부여하는 것이 아니라 오히려 이 근거를 감정에다 둔다면 이로부터 귀결되는 유일한 이론은 쾌락주의, 이기적 공리주의가 되리라고 생각한다. … 동기로서의 쾌가, 그 쾌가 욕구함의 쾌이기 때문에, 욕구작용을 이기적인 것으로 특징짓는 것은 옳지 못하다. … 우리는 우리에게 선한 것으로 나타나지 않는 것을 욕구할 수는 없다. … 우리가 추구하는 것은 충만한 쾌로, 선한 것으로 나타나는 것이지만, 우리는 또한 쾌의 실현을 추구하는 것이 아니라, 대상의 실현을 추구한다. 또 우리는 쾌의 실현을 좇아 추구할 수도 있다. 그러나 그 경우에 쾌는 거기에서는 두 번째 순서다.[47]

즉, 감정이 쾌를 추구하는 경향이 있다 하더라도 감정 자체에는 이것만이 고

---

47) Husserliana XXVIII, 412.

유한 것이 아니라 쾌의 추구에 앞서 이미 그것이 선한 것이기 때문에 욕구하는 작용이 존재하기에, 말하자면 감정에는 질적인 차이가 존재하기에 칸트가 우려하듯이 감정의존적인 욕구가 무조건적으로 쾌락주의나 이기적 공리주의에 귀착하는 것은 아니라는 것이다. 이는 칸트가 감정에서의 질적 차이 즉 저급한 감정과 고급한 감정의 차이를, 더 나아가 어떤 감정을 다른 감정 보다 높이 평가하는 감정 술어들의 질적 차이를 고려하지 못하기 때문이라는 것이다. 그리하여 후설은 아마 '좋아하는 음식에 대한 쾌'와 '베토벤의 에로이카에 대한 쾌'를 비교하고자 할 경우에 칸트는 이들의 쾌의 지속이나 강도에만 의존하여 "만족은 만족이다. 문제는 그것이 얼마나 만족한가에 달려 있다."[48]고 말하게 될 터인데, 정말로 이 양자의 차이를 이렇게만 단정지을 수 있겠는지를 반문한다. 이 점에 있어서 후설은 칸트와 달리 흄을 높이 사고 있다. 왜냐하면 흄 또한 감정 술어들의 질적 차이를 의식하는 데까지 육박해 들어가지는 못했지만 적어도 그는 감정에는 단순히 강도나 지속 같은 양적인 차이만이 아닌 감정들 사이의 질적인 차이가 있음을 간파하고 있다고 보기 때문이다.[49]

이상과 같은 감정의 역할과 기능에 대한 칸트의 오인으로 말미암아 결국 칸트의 정언명법으로부터 그가 전혀 예상할 수 없었던 비도덕적인 것이 결과되고 만다는 것을 후설은 입증하고자 한다. 후설은 객관적 타당성을 합법칙적 타당성으로 이해하는 "칸트의 정언명법은 의지의 규정 근거일 수 없다"[50]는 단언을 내린다. 후설은 칸트의 정언명법을 다음과 같이 해석한다.

욕망작용의 모든 질료를 배제함으로써만 아울러 욕망작용의 규정 근거로부터 모든 감정을 배제함으로써만 이성적 존재자는 자신의 준칙을 실

---

48) Husserliana XXVIII, 413.
49) 같은 곳 참조.
50) Husserliana XXVIII, 414.

천적인 보편법칙으로서 사고할 수 있다는 것이 가능하게 된다. 따라서 보편법칙 수립의 단순한 형식이 의지의 규정 근거이어야만 한다. 그렇지 않으면 이성적 존재자가 자신의 그때그때의 준칙을 동시에 보편타당한 법칙으로서 사고하는 것이 불가능하게 되거나, 그것이 가능하려면 이성적 존재자가 준칙을 하나의 보편법칙 수립에 적합하도록 한 다음 의지의 규정 근거를 이러한 적합성에 두거나 해야 한다. 이때 칸트에 의하면 실제로 이러한 적합성, 즉 보편법칙에 대한 준칙의 형식적 적합성이 준칙의 합법칙적 타당성을 부여해 주는 것이, 따라서 그에 따르는 행위의 정당한 근거가 마련된다. 이 적합성이 적중하지 않을 경우에 그 원망작용은 부당한 것이며, 따라서 비도덕적인 것이다. 이것이 정언명법, 즉 순수 이성의 사실이다.[51]

이에 대한 후설의 반론은 칸트의 정언명법이 갖는 심원한 형식주의가 추론상의 오류를 범하고 있으며, 따라서 정언명법으로부터 비도덕적인 것이 결과할 수 있음을 보여줌으로써 이루어진다. 후설은, 우리가 칸트의 주장에 따른다면, "보편법칙 수립에 적합하지 않은 준칙에 따라서 이루어진 모든 행위는 비도덕적인 것이며, 이는 결국 문제의 순 형식적으로 생각된 준칙들의 보편화가 모순에 빠지게 되면 그것은 비도덕적이라고 말해야만 한다"[52]고 하면서, 이를 입증하기 위해서 다음과 같은 구체적인 예를 든다:

마침 배가 고파서 나는 먹기 위해서 식탁에 앉는다. 식탁에 구운 고기가 놓여 있다. 나는 정말로 그것을 먹어야 하는가? 내가 그것을 먹을 경우, 그것은 다음과 같은 준칙에 기초를 두고 있다. 배가 고파서 구운 고기가 마련된 식탁에 앉은 사람은 그것을 먹는다. 그것을 하나의 보편타당한

---

51) Husserliana XXVIII, 414-5.
52) Husserliana XXVIII, 415.

법칙으로 이해해야 하는가? 분명히 아니다. 그렇다면 식성이 식물성인 예지적 존재자일 경우에는 어떻게 해야 하는가? 그는 배탈이 나서 고생하게 될 것이다. 따라서 그 준칙은 보편타당한 법칙에서는 이해될 수 없다. 따라서 구운 고기를 먹는 것은 비도덕적이다. 그것은 모든 음식에 대해서 타당하기 때문에, 형식적인 도덕법칙을 위반하지 않으려면 우리는 당연히 배가 고파 고생해야 한다. 그러면 이번에는 우리의 준칙을 달리 생각할 수 있다. 이를테면 배가 고픈 사람은 먹어도 좋다. 그러나 우리가 거기서 즉시 법칙의 형식적 성격 및 보편화하는 능력의 규정 방법과 연관된 동일한 결함과 마주치게 된다. 분명히 이 명제를 갖고서 모든 것을 할 수 있다. 왜냐하면 대립되는 보편화의 가능성이 분명해지기 때문이다.[53]

이러한 구체적인 예를 들어 법칙의 형식성만을 고집하는 칸트의 정언명법을 비판함으로써 후설은 법칙이 도덕적 의미를 가지려면 도덕적 행위에 있어서의 감정이 지니는 근본적 의의를 통찰하지 않으면 안 된다는 것을 분명히 해두고자 한다. 심지어 후설은 "어떻게 칸트가 그와 같은 과장으로 정언명법의 엄숙한 존엄성에 관하여, 아무리 보아도 싫증나지 않는 정언명법의 탁월함에 대하여, 정언명법이 우리들의 지적 본성에 부여하는 그 숭고함 등에 대하여 그와 같은 과장으로 말할 수 있는지 전혀 이해할 수 없다."[54]고까지 말한다.

결국 후설에 의하면 감정에서의 선험적인 질료적 계기와 형식적 계기를 도외시하는 "순전히 형식적으로 생각된 보편화의 능력은 전적으로 공허한 것이며",[55] "보편화의 공허한 가능성은 논리적 또는 감성적 타당성을 근거짓지 못하며 마찬가지로 윤리적 타당성도 근거짓지 못한다."[56] 따라서 후설이 강조하는

53) 같은 곳.
54) Husserliana XXVIII, 416.
55) Husserliana XXVIII, 417.
56) Husserliana XXVIII, 418.

것은 "우리가 모든 감정을 인간의 가슴에서 없애버린다면, 목적, 수단, 좋은, 나쁜, 덕, 의무와 같은 모든 윤리적 개념들과 그 밖에 이에 속하는 모든 특수한 개념들은 그 의미를 상실하게 될 것이며"[57], 그렇게 되면 동시에 인간은 더 이상 노력하고 원하는 존재로서의 가치를 상실하게 되고 말기에, 형식 윤리학의 진정한 이념은 질료적 또는 실질적 윤리학을 배제하는 것이 아니라 바로 요구하고 있다는 것이다.[58]

이상과 같은 비판을 통하여 후설은 "칸트의 연역이 지닌 결함은 형식주의와 선험주의(Apriorismus)의 불충분한 동일화, 그리고 선험성의 올바른 의미를 오인하는 데에 기인함이 명백하다"[59]는 것을 지적한다. 후설에 따르면, 칸트의 오류는 "표상된 또는 욕구된 대상에 의한 의지의 규정과 자연 대상에 의한 의지의 규정을 동일시"[60]하는, 즉 감성과 이성을 근본적으로 대립시키는 칸트의 저 뿌리 깊은 획일적인 이원론의 당연한 귀결이다.

반면에 후설은 칸트처럼 감성과 지성(또는 이성)을 서로 엄밀하게 분리되는 것이 아니라, 또 두 개의 전혀 다른 영역이 아니라, 하나의 깊은 통일성의 두 국면으로 이해한다. 더 나아가 "이 감정은 흄에 있어서처럼 단순한 심적 사실로서의 감정이 아니라, 넓은 뜻의 이성의 한 기능이다."[61] 여기서 우리는 이성주의자로서의 후설의 면모를 엿볼 수가 있다. 물론 후설도 칸트처럼 활동성 내지는 자발성으로서의 지성과 수동성 내지는 수용성으로서의 감성을 대립시키고 있긴 하지만, 이것은 후설에게는 다만 상대적인 구분에 지나지 않는 것이다. 왜냐하면 후설에 의하면, 토대에서 보자면, "자발성은 수용성에 이성은 감성에 연루되

---

57) Ms. F I 28, 200; A. Roth, 『후설의 윤리연구』, 82.
58) A. Roth, 『후설의 윤리연구』, 82.
59) Ms. F I 28, 298; A. Roth, 『후설의 윤리연구』, 79-80.
60) A. Roth, 『후설의 윤리연구』, 82.
61) 이길우, 「현상학적 윤리학 -후설의 순수윤리학의 이념을 중심으로-」, 360.

어 있으며", 수용성은 동시에 자발성 또는 활동성의 가장 최하위 단계이자, 동시에 지성의 자발성인 파악작용도 그 토대를 수용성에 두고 있는 것이며, 따라서 어떤 의미에서 자발성은 순수 감성이요, 이성은 이차적인 감성이라 말할 수가 있기 때문이다. [62]

실제로 칸트는 이 대립을 비합리적 사실성과 합리적 선험성의 대립과 관계되어 있다는 생각으로까지 밀고 나가는 경향이 있다. 이에 후설은 칸트가 관념적 대상을 발견하고 그것들도 실천적 대상임을 알았더라면, 감성과 이성 및 이에 속하는 모든 것을 그렇게 대립시키는 것은 불가능하였을 것이라고 본다. 그랬다면 후설은 칸트는 '선험적' 감정 명제와 욕구 명제들이 전적으로 불가능하지 않다는 것, 한 내용이 의지의 동기를 부여한다면, 그것이 반드시 실현의 표상과 결부된 쾌, 불쾌와 동일한 뜻은 아니라는 것, 그리고 이와 같은 원리가 반드시 경험적인 성격을 갖는 것은 아니라는 것도 알았을 것이라고 생각한다. [63] 이는 곧 의지 자신이 스스로 표상하는 욕구된 대상(가치 X)의 존재는 자연 대상이 우리의 감관을 통하여 무규정적 내용으로서의 감각 재료로 주어지는 것과는 무관하게 감정작용이 먼저 의식의 지향적 대상으로서 선험적으로 욕구된 대상을 표상하여 의지에 동기를 부여함으로써도 가능한 일임을 의미한다.

4. 감정의 지위와 역할

순수 윤리학의 정초를 꾀하는 후설의 현상학적 윤리학이 보여주는 바와 같이 감정윤리학은 도덕판단과 도덕적 행위에 있어서 감정의 역할에 대한 체계적

---

62) I. Kern, *Husserl und Kant*, 62-3 참조.
63) A. Roth, 『후설의 윤리연구』, 84.

인 해명을 시도한다. 소위 칸트의 윤리학에서 다루어지고 있는 구체적인 행위와 관련을 맺고 있는 특수 감정들 및 인간의 보편적인 감정이라 일컬어지는 가치 감정들 이를테면 사랑, 동정심, 친절 등을 고려할 때, 어떤 방식으로든지 도덕적 감정 및 감정의 고유한 역할에 대한 구체적 논의가 필요했다는 점에서 후설의 비판은 정당하다. 그리고 그의 감정작용에 대한 현상학적 통찰은 감정의 역할이 지닌 적극적인 측면을 분명하게 밝히고 있다는 점에서도 주목할 만한 충분한 가치를 지닌다.

그러나 감정의 고유한 역할에 주목하지 못한 칸트에 대한 후설의 비판은 부분적으로만 정당하다는 점에서 물리쳐야 할 점도 있게 된다. 왜냐하면 칸트의 주된 관심사가 어디에 있었느냐가 고려되어야 하기 때문이다. 칸트가 일차적으로 주목한 것은 도덕적 행위의 옳고 그름을 가늠할 수 있는 도덕판단의 척도와 원천이 그 근거를 어디에 두어야 하느냐 하는 문제였다. 칸트는 감정이 결코 그러한 도덕판단의 기준이 될 수는 없다고 본 것이다. 감정에 질적 차이가 있다 하더라도 그것이 곧 행위의 도덕성 여부를 결정지어주는 근거가 될 수는 없다고 본 것이다. 즉 도덕판단의 척도는 어떠한 경우에도 이성에 두어야지 감정에 두어서는 안 된다는 것이다.

가령 칸트는 후설과는 달리 동정심과 같은 감정을 경향성, 다시 말해 인간의 자연 본성에 속하는 것이어서 비록 그런 감정이 인간의 중요한 부분들이긴 하지만 그런 감정 자체가 도덕적 감정은 아니라고 생각한다. 심지어 그는 이런 본성에 막연히 의존하거나 이에 열광하는 자들을 공상적 도덕가 또는 도덕적 광신자에 지나지 않는다고 몰아 부친다. 이런 견해는 칸트가 여하한 경우에도 의무와 경향성을 엄격하게 구분하는 데에 근거하고 있다. 그런데 고급한 사랑의 감정과 저급한 사랑의 감정을 비교할 때, 후설에 따르면, 이미 그 감정 자체의 질을 결정짓는 요소가 선험적으로 감정에서 달리 작용하고 있다. 내용을 갖지 않는 도덕법칙이란 도덕판단과 그 실천에 있어서 아무런 역할도 할 수 없다고 본 것이다. 따라서 결국 "후설은 실천적 도덕법칙이 순전히 형식적인 것이라면 결코 의지를 동기지을 수 없으며, 내용만이 의지를 동기지을 수 있고 이렇게 하는 능력이 곧 감정이라고 보았고"[64], 이성은 또 그것을 통찰할 수 있기에 각각 그 감정의 가치에 제값을 매기는 역할을 보조적으로 수행하게 된다.

그러나 후설의 문제는 다음과 같은 데서 발생한다: 우리가 어느 것이 도덕적으로 옳고 그른 감정인지를 판단하고자 할 때, 그 행위의 보편타당성을 어떻게 가늠할 것인가? 그냥 모든 감정은 각각의 고유한 질적 차이만큼이나 그 자체로 타당하다고 말해야 하는가? 아무리 선험적으로 보편타당한 감정이라도 그 감정의 도덕성은 그 이상의 것을 요구하고 있는 것은 아닌가? 왜냐하면 무차별적으로 타당한 보편적 감정이란 칸트의 도덕법칙이 갖는 형식성과 마찬가지로 도덕적 실천력을 갖지 못할 것이기 때문이다. 가령, 어려움에 처한 사람을 돕는 것이 옳은 경우를 분명하게 구별해 줄 수 있는 기능을 못하기는 마찬가지인 것이다. 무조적적 금지나 무조건적 자비 모두 한 행위의 도덕성을 올바로 평가하는 것이라 할 수 없다. 칸트가 그토록 많은 주의를 기울이며 경계하는 것이 다름 아닌 바로 이 점이다. 그런 의미에서 순 형식적인 것으로서의 실천법칙이 의지를 동기지을 수 없다는 후설의 비판은 칸트가 형식과 대비되는 모든 내용에는 경향성의 요소가 조금이라도 섞여 있기 때문에 도덕판단의 척도로서는 순수하지 못하며 따라서 전적으로 옳은 것이라 말할 수 없다고 본 것을 너무 과소평가하고 있는 셈이다. 칸트가 말하는 선의지는 그 자체가 곧 의지를 동기짓는 능력이다. 문제는 이 선의지가 구체적인 내용을 의욕할 때, 칸트는 그것은 다시 도덕판단의 심판대 위에 놓여지지 않으면 안 된다고 보고 있는 것이다. 그러므로 나는 칸트와 후설 모두 감성적 공감과 이성적 공감의 차이를 제대로 인식하지 못한 데서 양

---

64) 이길우, 「현상학적 윤리학 -후설의 순수윤리학의 이념을 중심으로-」, 360.

자의 차이가 생겨난다고 본다. 대상 혹은 사건에 대한 대한 도덕적 판단은 먼저 동정심이나 연민 등과 같은 감성적 공감이 주어지지 않으면 발생할 수 없다. 그러나 이러한 공감적 반응은 일방적이거나 편파적이어서 올바른 도덕적 판단을 내릴 수 없다. 이 감정적 공감에 균형을 잡아주어 올바른 도덕판단, 즉 보편판단을 가능하게 해주는 것이 바로 이성적 공감이다. 이 이성적 공감은 그것이 감정이면서도 동시에 보편타당한 이성적 판단이다. 이와 같은 역할을 하는 것이 칸트의 정언명법이다. 그런데 칸트는 이것을 이성과 감정, 형식과 내용을 분리, 내지는 이질적인 것으로 이해한 데 문제가 있다. 반면에 후설은 감정의 질적 차이를 넘어서 도덕판단의 보편적 관점을 설명하지 못한다는 한계를 드러낸다.

후설에 기대어 생각해보면, 칸트의 윤리학이 안고 있는 근본적인 문제는 과연 도덕적으로 옳은 것의 원천이 반드시 이성 자체만이어야 하는 것이다. 도덕적으로 옳은 것이 이성과는 무관하게 이미 감정 자체에서도 존재할 수 있는 가능성을 충분히 검토하지 못한 점이야말로 칸트가 받게 되는 비판의 진원지가 아닐 수 없다. 후설의 칸트 비판은 바로 이 점에서 빛을 발한다. 우리는 인간의 존엄성을 무엇으로 규정할 것인가? 자기 존재 증명의 증거가 되는 도덕적 구속력을 승인하는 이성적 존재자라는 개념만으로 그 존엄성을 이해할 수 있는가? 단순히 인간은 순수하게 이성적 존재자이기 때문에 존엄성을 갖는다는 것은 공허한 메아리처럼 들릴 수 있다.

한편으로 우리 자신인 이성적 인간에게 인간 존엄성의 내용을 채워주는 사랑, 분노, 정의감, 용기, 희생, 숭고함, 용서 등과 같은 감정 없이는 우리는 인간적 가치들에 반응할 수 없으며, 따라서 그와 같은 가치를 추구할 수도 없다. 그러나 다른 한편으로 그렇다고 그런 감정들 자체가 무조건적으로 옳다거나 진정한 가치를 갖는 것은 아니다. 이 감정들은 그것이 제대로 작동하거나 표현되고 있는지 다시 도덕적 평가의 대상이 되어야 한다.

이 지점에서 나는 개인도덕과 사회도덕이 구분된다고 본다. 개인도덕은 감정 자체의 도덕적 가치를 무조건적으로 승인하는 태도와 관계한다. 반대로 사회도덕은 그 감정을 다시 이성적 공감의 가치로 확장하고 감정 동기가 작용하는 때마다 그것을 보편적 관점에서 판단해야 한다. 이 후자의 보편적 관점이야말로 칸트의 도덕적 관점에 고유한 것이며, 나는 도덕의 고유한 문제는 이 사회도덕의 차원에서 성립하는 것으로 이해한다.

윤리학이란 결국 윤리적 문제들을 해결하기 위한 방도를 탐구하는 것일진대, 부모의 자식 사랑, 가족애, 형제애, 연인 간의 사랑, 국가나 조직에 대한 충성, 특정인에 대한 무차별적 헌신과 보호 등처럼 개인이 느끼는 감정적 동기와 가치를 무조건적으로 승인하는 것은 아예 모든 윤리적 문제를 제거하는 일이 될 것이기 때문이다. 그것이 진정으로 윤리적 문제가 되는 것은 감정적 동기에서 시작되더라도 그것은 이성적 공감으로 확대되어 보편적 승인을 받을 수 있는 것이어야 하며, 이 보편적 승인은 칸트적 의미의 도덕적 관점이며, 따라서 정언명법과 같은 도덕성 테스트를 통과해야 한다. 다만 칸트는 이성적 공감의 감정이 존재하기 위해서는 그것이 감정 자체에서 기원하는 것이며, 따라서 그것이 그 자체로 도덕적 가치를 갖는다는 것을 간과한 것이다. 때문에 그는 정언명법을 대상이 갖는 질적 차이를 무시한 채 무차별적으로 작용함으로써 비인간적 도덕주의로 귀착되고 만다. 그릇된 형제애라도 형제애 자체가 없으면 그 같은 형제애조차도 불가능할 것이며, 따라서 올바른 형제애도 불가능할 것이다. 이것이 칸트가 놓친 것이다. 반대로 형제애도 인정해야 하지만, 동시에 모든 형제애가 그 자체만으로 무조건적인 도덕적 가치를 갖는 것은 아니다. 이것은 후설이 놓친 것이다.

나의 윤리적 입장은 칸트와 후설 사이의 중간 지점쯤에 위치한다. 이성적 존재자인 인간적 도덕을 위해서는 이 두 사람의 도덕적 통찰 모두가 필요하다.

보편적인 도덕적 가치를 갖는 감정, 그것은 누구나에게 보편적 승인을 얻을 수 있는 감정이 존재하며, 그것을 나는 이성적 공감 혹은 이성적 감정이라 부른다. 이런 감정이 존재하거나 혹은 지배를 받고 있음에도 불구하고, 이를 부정 내지는 외면하고 다른 동기에서 자기이익에 봉사하게 만드는 인간의 경향성이 있다고 해서 그런 감정의 존재를 부인할 수는 없다. 이런 감정의 대표적인 경우를 나는 인간 존엄성에 대한 인간의 자기 이해로 파악한다. 이러한 인간 이해는 이성적 공감 감정이며, 그것은 이미 그 자체로 행위의 도덕적 동기가 될 수 있다.

흄, 칸트, 후설 등 많은 윤리 이론들이 간과하거나 충분히 고려하지 못한 것은 그들이 감정도덕 혹은 이성도덕 어느 쪽을 강조했더라도 이러한 인간 존엄성의 내용 즉 무엇이 진정으로 그에 준하는 도덕적 가치를 갖는 것인지에 대해서는 다시 도덕적 평가와 승인을 받아야 한다는 것에 충분히 주목하지 못한 점이다. 불행한 사람들 중에 어떤 사람을 구제해주는 것이, 어떤 사람의 안락사를 허용해주는 것이 인간의 존엄성에 부합하는 도덕적 선택인지에 대해서 우리는 다시 고민하지 않으면 안 된다. 이성적 공감과 함께 보편적 승인을 얻을 수 있는 선택이 다름 아닌 인간 존엄성의 구체적 내용을 규정한다. 나는 칸트의 정언명법이 이렇게 구체적 내용에 제한되어 적용되도록 변형되어야 하며, 그때에만 그것이 형식적 보편성에서 벗어나면서 구체적 보편성과 칸트적인 도덕적 관점의 유지가 가능하다고 믿는다.

5. 도덕적 감정과 '행복한 자선가'

1) 덕 윤리학의 등장과 도전

윤리학에서의 칸트주의 즉 의무나 규칙을 강조하는 칸트의 의무론, 그리고 행위의 결과를 중시하는 공리주의 등 현대 주류 윤리학의 접근법을 해체시키고, 나아가 이를 대체할 수 있는 대안 이론임을 자임하고 나선 덕 윤리학이 등장한 지도 거의 반세기가 흘렀다. 그동안 덕 윤리학은 과연 소기의 목적과 성과를 거두었는가? 덕 윤리학을 둘러싸고 벌어지던 다양한 쟁점과 논의들이 오히려 더욱 전선을 확대하고 있는 것을 보면, 판결을 내리기에는 아직 시기상조라 할 수 있다. 하지만 돌이켜 보면, 넓은 의미에서 덕 윤리학이 보편성과 객관성을 지닌 도덕원칙의 정당화 문제를 논의의 중심에 두어왔던 '이성과 원칙' 중심의 근대 윤리학 및 이를 계승한 현대 윤리학의 역사에 있어서 서자로 취급받아 왔던 '덕'(virtue)과 '감정'(emotion)이라는 두 주제의 중요성을 윤리적 논의에서 부활시키는 성과를 거두었다는 것만은 분명하다. 그런데 현대 윤리학이 단순히 상호 경합하는 도덕이론들 간의 쟁론을 넘어서 정치철학은 물론 심리철학 및 행위 철학 등과 핵심 문제를 공유하거나 상호 제약하는 관계에 있다는 점을 고려하면, 덕 윤리학의 성장은 현재의 이 같은 지형도를 더욱 복잡한 양상으로 만들어 가고 있다. 현재 덕 윤리학과 관련해서 논의되지 않고 있는 윤리학적 영역과 문제들을 거의 찾아보기 힘들다는 점은 이를 여실히 보여준다.

일반적으로 덕 윤리학은 칸트식의 의무론과 공리주의 양자 모두 도덕적 행위에 있어서 덕과 감정의 중요성을 간과하거나 소홀히 취급하고 있다고 비판하면서 도덕성의 평가 대상을 행위의 옳고 그름이 아니라 행위자의 성품(character)에 둘 것을 주장한다. 그리고 성품의 계발과 형성에 있어서 핵심적인 역할을 하는 덕과 감정의 중요성을 강조한다. 특히 이 같은 맥락에서 덕 윤리학자들은 칸트의 윤리학은 진정한 의미에서 덕의 계발과 형성을 허용하지 않을 뿐만 아니라, 행위자에게서 감정의 역할 또한 배제하고 있기 때문에 원칙적으로 덕 윤리학에 배치되는 이론이며, 따라서 극복되어야 할 도덕적 견해라고 주장해 왔다. 그러나 이 같은 덕 윤리학의 비판은 그동안 칸트주의자들의 반박 및 일부 덕 윤리학 진영에서의 동조와 함께 상당 부분 희석되었으며, 심지어는 칸트의 윤리학과 덕 윤리학, 특히 아리스토텔레스의 덕 윤리학과의 유사성을 강조하기까지 한다.[65] 이는 칸트의 윤리학과 덕 윤리학이 서로 공유하는 측면이 있으며, 나아가 단순히 '덕 중심'이라는 구호만으로는 그 구별을 보다 분명히 하기에는 한계가 있다는 것을 시사한다. 다른 한편으로 덕 윤리학의 칸트 비판은 여전히 내부적으로 칸트의 도덕철학 안에서 자리매김 되는 덕 이론의 성격에 대한 다양한 입장들로 갈리면서 여러 해석을 낳기도 한다. 이와 같은 문제 상황을 전체적으로 조망해 보면, 이들 양 진영 및 상호 엇갈리는 해석과 평가의 중심에는 덕 개념과 감정 개념을 어떻게 바라보고 있느냐 하는 문제가 자리 잡고 있다.

대체로 덕 윤리학은 칸트에게도 덕 개념이 존재하며, 일정 부분 도덕적 성품의 계발과 형성이 강조되고는 있다 하더라도 도덕성의 원리로서의 감정에 대한 칸트의 부정적 인식은 그 가능성을 원천적으로 허용할 수 없게 만들며, 따라서 진정한 의미에서 칸트에게는 덕 윤리학이 가능하지 않다고 주장한다. 특히 덕 윤리학은 대체로 도덕적 성품의 획득이 감정 없이는 불가능하다는 인식으로부

---

65) 이 같은 경향에 대해서는 R. Hursthouse, *On Virtue Ethics*, 3-4. 아리스토텔레스의 덕 윤리학을 칸트의 덕이론 중심의 윤리학에 더 근접하게 접목하려는 시도로는 맥도웰(J. McDowell, "Deliberation and Moral Development in Aristotle's Ethics")을, 그리고 칸트의 덕이론을 보다 정교화하여 아리스토텔레스의 덕 윤리학에 근접하게 해석하려는 시도로는 허만(B. Herman, "Making Room for Character")과 코스가드(Christine Korsgaard, "From Duty and for the Sake of the Noble: Kant and Aristotle on Morally Good Action")을 들 수 있다. 이들의 논문은 모두 다음에 실려 있다. S. Engstrom and J. Whiting (eds.), *Aristotle, Kant and the Stoics*.

터 출발해서 동정심이나 자비심 등 다양한 감정의 역할을 중시하는 이론들을 발전시키는 방향으로 진행되고 있다. 반면에 칸트 옹호론자들은 칸트에게도 덕 이론이 존재하며, 또 그것을 덕 윤리학보다 더 우월한 도덕이론임을 입증하는 증거로 내세우면서, 덕 윤리학이 강조하는 '감정'의 문제에 대해서도 충분히 방어할 수 있음을 보이려 한다. 그런데 내가 보기에 양자 간의 그 같은 시도들이 반드시 성공적이었던 것은 아니며, 특히 덕 윤리학 및 덕 이론과 관련하여 칸트의 감정이론에 대한 해석은 부정확하거나 또 다른 오해의 소지를 남기기도 한다. 이하에서는 감정에 대한 칸트의 입장과 주장을 보다 분명히 함으로써 감정 개념을 둘러싸고 벌어지는 다툼들의 지형도를 보완하거나 보충하려는 의도를 갖는다. 내가 보기에 칸트의 윤리학에 대한 덕 윤리학의 비판들 중의 일부는 칸트의 견해에 대한 오해에서 비롯된 것이기도 하지만, 그렇다고 칸트의 입장을 옹호하기 위해서 과대하게 해석해서도 안 될 것이다.

2) 행복한 자선가

감정 문제와 관련하여 칸트주의와 덕 윤리학 간의 다툼에 있어서 칸트의 "행복한 자선가"(the happy philanthropist)의 사례는 덕 윤리학의 집중 포화를 받아왔던 대표적인 경우이며, 칸트주의 진영에서도 방어해내기 곤란한 뜨거운 감자였다.[66] 이 사례에는 칸트의 의무론의 특징을 묘사하기 위해서 자주 인용되는 비유적 표현으로 '냉정한 자선가'와 '동정심 많은 자선가'의 경우가 등장한다. 또한 이 사례에는 의무의 동기만이 도덕적 가치를 가진다고 주장하면서 감정의 동

---

66) '행복한 자선가'(the happy philanthropist)라는 표현은 허스트하우스(R. Hursthouse, *On Virtue Ethics*, 99)로부터 빌려와 사용한 것이다. 칸트는 '타인에게 자선을 베푸는 자선가'의 예를 들면서 한 자선가가 취할 수 있는 행위 선택과 관련해서 그가 놓여 있는 상이한 심리적 상태로서 '냉정한 자선가'와 '동정심 많은 자선가'라는 두 가지 경우를 설정하고 있는데, 허스트하우스는 이를 단 하나의 용어로 특징화해서 표현하고 있다.

기를 도덕적인 행위에서 철저하게 배제하고 있는 칸트 의무론의 핵심 강령이 담겨 있다. 이로 인해서 도덕적 성품의 계발 및 형성과 관련해서 감정적 요소에 상당한 비중을 두고 있는 덕 윤리학의 주된 표적이 되어 왔다.

특히 이 '행복한 자선가' 사례가 비판의 단골메뉴가 되고 있는 직접적인 이유는 덕 윤리학의 관점에서 중요한 대표적 감정이라 할 수 있는 동정심이나 자비심이 설득력 없게 또는 우리의 상식에 맞지 않게 평가되고 있는 것과 관련이 깊다. 실제로 칸트는 이 사례를 통해 동정심과 자비심만이 아니라 우리의 감성적 경향성에 뿌리를 두고 있거나 의존적인 일체의 감정들은 어떠한 도덕적 가치도 갖지 못한다는 것을 분명히 하고 있다. 하지만 덕 윤리학의 집중 포화를 받은 칸트주의자들은 『도덕형이상학』의 「덕이론」에 대한 새로운 조명과 함께 도덕적 행위에 있어서 덕과 감정의 역할을 강조하고 있는 칸트의 논의들을 근거로 의무 일변도가 아닌 덕윤리적 요소를 갖춘 새로운 모습의 칸트를 그려내고 있다. 그러나 덕 윤리학 역시 「덕이론」에 의지한 칸트주의자들의 반론에 대해서 여전히 칸트의 의무론이 정언명법에서 시작하는 한 그 한계를 벗어날 수 없다는 진단을 포기하지 않는다.[67]

윤리이론의 우월성을 평가하는 논의에서 가장 중요한 요소들 중 하나는 그것이 과연 실천적 문제에서 갈등을 일으키고 있는 도덕적 딜레마들에 대한 해결책과 행위지침(action-guidance)을 제공할 수 있는지 여부이다. 의무론과 공리주의 등 주류 윤리학이 이 같은 문제에 대해서 생산적인 해결책을 제시하는 데 있어서 근본적인 한계에 직면해 있다고 비판하면서 이에 대한 해결사로 자처하고 나선 것이 바로 덕 윤리학이었다. 그들은 이 같은 문제 해결에 있어서 공리주의를 비롯해 칸트적 의무론보다 우위를 갖는다고 주장하며, 심지어는 이들 학설의 용도폐기까지 거론하기도 한다. 그리고 특히 칸트적 의무론과 관련해서 이를 예증

---

67) R. Hursthouse, *On Virtue Ethics*, 120.

해 주는 논거로서 되풀이해서 거론되던 주제들 중의 하나가 이른바 '냉정한 자선가'와 '동정심 많은 자선가'를 내용으로 하는 칸트의 '행복한 자선가'의 사례이다. 도덕적 딜레마에 빠져 있는 상황, 혹은 일반적으로 도덕적 갈등 상황에서 어떤 행위를 선택할 것인지와 관련하여 '어떤 도덕이론이나 윤리적 입장이 실천 가능한 도덕적 지침(규칙이나 원칙)을 제공해줄 수 있는가?'라는 물음에 덕 윤리학은 저 행복한 자선가의 경우에 나타난 칸트 의무론의 약점과 한계를 들어 덕윤리학의 우위를 내세우곤 한다. 그렇다면 이 사례에 나타난 칸트 입장의 정확한 실체는 무엇인가?

이 '행복한 자선가'의 사례는 칸트가 본격적으로 자신의 윤리학적 견해를 근거짓는 작업을 시도했던 첫 번째 주저이자 서양윤리학의 대표적인 고전이라 할 『도덕형이상학 정초』의 첫 장의 도입부에 등장한다. 이 첫 장의 첫 단락에서 칸트는 그 유명한 선의지에 대한 선언적 진술에 뒤이어 의무로부터 하는 행위에 대한 일련의 진술들을 정립한 다음, 곧바로 이를 예증하기 위해 네 가지 사례들(손님을 속이지 않아야 할 의무, 자신의 생명을 보존해야 할 의무, 타인에게 자선을 베풀어야 할 의무, 자기 자신의 행복을 확보해야 할 의무)을 제시한다. 이 중에서 세 번째가, '행복한 자선가'로 명명해놓은 '타인에게 자선을 베풀어야 할 의무'와 관련한 사례이다.(VII:23-6) 그런데 칸트가 말하는 '행복한 자선가'의 사례는 덕 윤리학자들에 의해서, 그리고 심지어는 칸트주의자들에게서도 적지 않게 오해되는 경우가 있기 때문에 그 전문을 제시해 놓는 것이 좋겠다. 그것은 다음과 같다.

할 수 있는 한 자선을 베푸는 것은 의무인데, 게다가 또 동정심을 잘 느끼는 사람들도 많이 있어서 그들은 허영심이나 자기이익 같은 다른 동기 없이도 자신들 주위로 기쁨이 확산되거나 자신이 한 일로 타인이 만족해하는 것을 즐거워하는데서 내적인 만족을 발견한다. 그러나 나는 그 같은 경우에 그 행위가 아무리 의무에는 부합하고 또 아무리 호감을 주는 행위라 하더라도, 여기에는 참된 도덕적 가치는 전혀 없으며, 다른 경향성, 이를테면 명예에 대한 경향성에서 한 행위와 다를 바 없다고 주장한다. 그런 경향성이 다행스럽게도 실제로 모두에게 이익이 되며, 의무에는 부합하고, 따라서 명예스러운 것으로 밝혀져서 칭찬과 격려를 받을 만하다 하더라도 존중받을 만한 것은 못된다. 왜냐하면 그 준칙에는 도덕적 내용, 즉 경향성에서(aus Neigung)가 아니라 '의무에서(aus Pflicht)' 하는 행위가 빠져 있기 때문이다. 그렇다면 이 자선가의 마음이 자신이 겪고 있는 슬픔으로 인해 흐려져서 타인의 운명에 대한 동정심이 모두 사라져버렸지만, 그래도 여전히 곤궁에 처해 있는 타인을 도울 수 있는 재산을 갖고 있음에도 자신의 슬픔에만 너무 몰두한 나머지 타인의 곤궁이 그의 마음을 움직이지 못한다고 해보자. 그러면 이제 어떤 경향성도 남을 도우려는 그의 마음을 움직이지 못하지만, 그럼에도 그는 이 지독한 무감각을 떨쳐내고서 조금의 경향성도 없이 오로지 의무이기 때문에 자선을 행한다고 해보자. 그러면 그때서야 비로소 그 행위는 참된 도덕적 가치를 갖는다. 더 나아가 만일 자연이 이 사람이나 저 사람의 마음속에 동정심을 거의 심어주지 않았다고 해도, 또 그들이 (다른 점에서 그들은 정직한 사람이기도 하다) 기질이 냉정하며 타인의 고통에 무관심하다고 해도, 아마도 이는 그 자신이 자신의 고통에 대해서 인내심과 강한 끈기를 타고났기 때문이겠지만 다른 모든 사람도 똑같다고 전제하거나 요구한다고 해도, 또 자연이 그 사람(사실 자연의 가장 잘못된 산물은 아니겠지만)을 자선가로 만들지 않았다고 해도, 좋은 기질의 소유자가 가진 것보다 훨씬 더 높은 가치를 자기 자신에게 부여하는 하나의 원천을 자기 안에서도 발견하지 않겠는가? 분명 발견할 것이다! 바로 여기에 그것이 도덕적이어서 그 어느 것에도 비할 수 없는 것, 즉 경향성에서가 아니라 의무이기 때문에 자선을 베푸는 성품의 가치가 나타나는 것이다. (VII:24-5)

이 행복한 자선가의 사례에 나타난 칸트 주장의 보다 분명한 메시지는 무엇인가? 나는 이 사례를 통해 보다 분명하게 드러나는 것으로 다음과 같은 점들을 들 수 있다고 생각한다.

첫째, 경향성에서 하는 행위 또는 경향성의 동기에서 하는 행위는 어떤 도덕적 가치도 갖지 못한다. 경향성에는 동정심, 자비심, 명예심 등의 감정을 비롯해서 민감성/감수성(Empfänglichkeit)[68] 등 감정적 내지는 감성의존적인(pathologisch) 것 일체가 속하며, 이런 요소들은 그 자체만으로는 결코 행위의 도덕적 동기가 될 수 없다.

둘째, 의무이기 때문에 하는 행위만이 동기로서의 도덕적 가치를 가지며, 그러한 행위의 원천은 행위자의 '도덕적 성품(Charakter)'이다. 따라서 도덕적 성품과는 무관한 냉정한 기질이나 동정심은 그 자체만으로는 도덕적 동기가 될 수 없으며, 따라서 전혀 도덕적 가치를 갖지 못한다.

셋째, 냉정한 기질의 사람과 동정심 많은 사람 간에는 '도덕적으로는' 어떠한 차등도 두어서는 안 된다.

이상과 같은 특징과 관련하여 칸트에게서 감정이 도덕적 행위에서 하게 될 역할은 정도 이상으로 혹은 정도 이하로 과대평가되거나 과소평가된 적이 없다. 다시 말해서 칸트의 일관된 고유한 입장은 동정심만으로 이루어진 행위는 도덕적 가치를 갖지 못한다는 것이다. 도덕적 행위에 있어서 동정심은 중요한 요소이기는 하지만 그렇다고 그 자체가 도덕적 가치를 갖는 것은 아니라고 보기 때문이다. 그러나 또 그렇다고 동정심이 무시되거나 전적으로 배제되고 있는 것도 아니다. 칸트의 '행복한 자선가'의 사례에는 분명 자비심, 냉정한 기질, 동정심 등과 같은 이른바 덕윤리적 요소들이 자연스럽게 전제되어 있다.

---

68) 이 글에서 사용하는 감수성 또는 민감성은 Empfänglichkeit, 감수적 감정은 Empfindung 을 옮긴 것이다.

그렇다면 이로부터 우리가 칸트의 「덕이론」을 예상하지 않고서도 일차적으로 추론해 볼 수 있는 것은 칸트의 감정에 대한 입장과 평가는 덕 윤리학의 그것과 근본적으로 차이를 갖는다는 것이며, 만일 이것이 사실이라면 우리는 감정을 놓고 벌이는 쟁론들의 무모한 소모전을 종식시켜야 할 것이다. 그러나 실제로 그들이 감정을 놓고 벌이는 다툼의 배경에는 보다 중요한 이유, 즉 실천적으로 도덕적 갈등 상황에서 어떤 하나의 행위 선택을 가능하게 해주는 실천적 지침을 제공할 수 있기 위해서는 감정의 역할이 무엇보다도 중요하다는 인식이 작용하고 있다. 하지만 실제로 저 인용문에 나타나 있듯이 칸트가 동정심, 이웃 사랑 같은 감정의 존재 자체를 부정하고 있는 것은 아니다. 또 그것이 도덕적 행위에서 가질 수 있는 가치를 무시하지도 않는다는 것도 분명해 보인다. 다만 칸트는 이런 감정 자체가 어떤 존재를 도덕적인 대상이 되게 한다는 것에 주목하지 못한 것이다. 칸트에게도 이것을 대체할 만한 것이 있는데, 이성의 관심, 이성의 도덕적 관심이 그것이다. 그러나 이런 칸트의 관심은 근본적으로 법칙적 관심이어서 도덕적 대상이 우리와 실질적으로 관계 맺게 되는 이유를 제대로 설명해 주지 못한다.

　그러나 덕 윤리학의 비판에 적극적으로 대응하려는 칸트주의자들은 칸트의 의무론에서 동정심이나 존경과 같은 감정의 역할을 좀 더 긍정적으로 내지는 정도 이상으로 우호적으로 해석하기도 하는데, 이는 좀 더 냉정하게 평가되어야 한다고 생각된다. 가령, 이원봉은 칸트의 덕 윤리의 가능성에 대한 주목할 만한 성과를 보여주는 논문에서 칸트의『도덕형이상학』의 「덕이론」을 적극적으로 해석함으로써 칸트에 가해지는 비판의 부당함과 과도함을 평가하려고 시도한 바 있는데, 이에도 경계해야 할 것이 있다. 가령, 칸트가 도덕적 감수성을 인정하지 않는다는 덕 윤리학의 비판에 대해서 그는 "칸트 윤리학에 대한 덕 윤리학자들의 비판은 칸트 윤리학에는 덕스러운 성품의 계발이 불가능하고, 행위자의 감수성을 배제하고 있다는데 모아진다."[69]고 평가하면서 칸트는 "『도덕형이상학』에서는 감수성에 근거하지 않는 도덕적 느낌들뿐 아니라 감수성에 근거한 느낌들, 즉 동정심에 대해서 그것을 계발하는 것이 '간접적 의무'라고 말하고 있다. 감수성의 일종인 동정심에 근거한 동기가 의무의 표상만으로 달성할 수 없는 도덕적 행위를 도울 수 있다는 칸트의 주장은 … 의무의 동기 이외에 다른 종류의 동기를 인정하고 있는 것처럼 보인다. … 많은 비판가들의 주장과 달리 칸트가 감수성으로부터 이루어진 행위에 도덕적 가치를 부여하지는 않지만, 감수성을 도덕적 행위의 동기로서 수용하고 있다는 것을 보여주려고 한다."[70]라고 적고 있다.

　　이와 같은 지적과 의도와 관련해서 우선적으로 짚고 넘어가야 할 문제는 칸트가 말하는 동기의 구분이다. 위의 지적처럼 칸트는 당연히 감수성을 '행위의 도덕적 동기'가 아니라 '도덕적 행위의 동기'로서 적극적으로 수용하고 있다. 문제는 이 점을 보다 분명하게 해명해야 할 필요성이다. 칸트에게 유일한 도덕적 동기는 의무의 동기뿐이다. 그리고 도덕적 동기가 아닌 동기들은 경향성의 동기가 성립하듯이 세부적으로는 무수히 많을 수 있으며, 칸트 역시 이를 부인한 적이 없다.[71] 그런데 칸트가 유일하게 인정한 감정으로서의 도덕적 동기는 의무의 동기로 작용하는 "법칙에 대한 존경"이라는 도덕적 감정뿐이다. 칸트에게는 양심도 감성적 감정이 아니다. 양심 역시 "도덕적 감정을 촉발시키는" 작용을 하지만, 그것은 한마디로 "도덕법칙 아래서" 도덕적 의무의 가부(可否)를 승인하는 도덕적 주체로서의 실천이성의 또 다른 이름, 감성과 결합해 있는 유한한 인간의 이성이다.(VIII:531) 이런 의미의 양심은 "자기 자신을 도덕법칙에 따라서

---

69) 이원봉, 「칸트의 윤리학과 감수성의 역할」, p. 306. 이원봉은 칸트의 용어인 Gefühl을 '느낌'으로 옮기고 있지만, 이하에서는 Gefühl을 영어의 feeling, emotion과 함께 모두 '감정'으로 옮겼다.

70) 같은 글, 282. 세부 논의에 대해서는 283-306.

71) 『도덕형이상학 정초』에서의 간명한 진술들은 물론이고 특히 『실천이성비판』의 〈순수실천이성의 동기들〉의 장에서의 해명은 가장 분명한 예이다.

심판하는 [이성적] 본능이다." [72]

따라서 양심이 감정에 미치는 영향 또한 이성적인 것이다. 칸트가 도덕적 의무의 근거로서 제시하고 있는 유일한 감정으로서의 도덕적 감정 역시 감수성이나 경향성에 뿌리를 둔 감정이 아니라 도덕적 이성에서 산출되는 이성적 감정이다. 그렇다면 문제는 그럼에도 칸트가 동정심의 계발을 간접적 의무로, 또 동정심에 근거한 동기가 도덕적 행위를 도울 수 있다고 한 주장의 의미를 분명히 밝히는 것이다.

3) 도덕적 감정과 도덕적 동기

칸트의 도덕적 감정(das moralische Gefühl) 개념은 비판기 이전에『미와 숭고』에서도 다루어지고 있지만, 여기서는 도덕성의 기초를 근거짓는 차원에서 이루어진 것이 아니다.(II:839, 873 각주) [73] 반면 비판철학의 확립 이후 시종 변하지 않는 일관된 견해로서의 도덕적 감정 개념은 도덕성의 최상 원리와 의무 개념의 정초와 함께 고찰되고 있는『도덕형이상학 정초』에서이며,『실천이성비판』에서는 순수실천이성의 동기와 관련하여 다루어지고 있다. 그리고『도덕형이상학』의「덕이론」에서는 도덕적 감정이 아주 간결하게 정리되어 소개되고 있다.

칸트에 의하면, '법칙에 대한 존경의 감정'으로서의 "도덕적 감정은 이성이 산출한 것이다. 그것은 행위의 판정에 쓰이지 않고, 혹은 객관적인 도덕법칙의 확립에도 쓰이지 않고, 오직 도덕법칙을 그 자신에 있어서 준칙으로 삼기 위한 동기로 쓸 뿐이다." (VII:197) 또「덕이론」의 정의에 의하면, "도덕적 감정은 우리의 행위가 의무의 법칙에 일치하거나 충돌한다는 의식에서 생기는 쾌와 불쾌를

---

72) I. Kant, *Eine Vorlesung über Ethik*, 142, 144.

73) A. M. MacBeath, "Kant on Moral Feeling", p. 283, 305; P. A. Schilpp, *Kant's Pre-Critical Ethics*, 22-3, 52-3.

느끼는 감수성이다." (VIII:530) 이러한 칸트의 설명이 강조하는 도덕적 감정은 그것이 단순한 감성적 감정이나 만족과는 구별되는 이성적 감정이라는 것이다. 이 이성적인 도덕적 감정은 그 기원이 이성에 있으며, 이 때문에 순수하면서도 선험적인 감정, 즉 자발적인 이성적 감정의 자격을 갖게 된다. 그러나 그 역은 결코 아니다. 따라서 전혀 경험적인 것도 감각의존적인 것도 아니다. 그리고 도덕적 감정이 행위의 도덕적 동기가 될 수 있는 것도 오로지 그러한 감정이 갖게 되는 도덕성의 요소 때문인 것이다.

다른 한편으로 도덕적 감정도 그것이 감정인 한, 행위의 동기로서 여타의 감정과 갈등을 일으킬 수 있기 때문에, 만일 그런 감정에 따른 행위의 선택이 정말로 도덕적 선택인지를 판단해야 할 상황이 생기면, 그럴 경우 그 선택의 준거는 다시 도덕법칙(정언명법)이어야 한다. 그러므로 우리는 행위의 도덕성과 동기 그리고 도덕적 감정의 선후 관계와 상호 제약의 관계를 혼동하지 말아야 한다. 칸트의 감수적 감정들의 역할을 강조하기 위해서 감정의 동기를 지나치게 강조하려는 사람들이 범하게 되는 오류와 오해도 이 같은 혼동에서 기인한다고 할 수 있다.

그러면 감정이면서 동시에 이성적이기도 한 도덕적 감정의 실체를 좀 더 명료하게 규명할 수 있는 방법은 없는가? 도대체 이런 일이 어떻게 가능한가? 이성과 감정을 엄격히 구분하는 칸트 철학의 대전제를 감안하면 자리매김 하기 어려운 대목이다. 그런데 칸트는 『도덕형이상학』에서 다음과 같이 말하고 있다: "모든 구속성에 대한 의식은 의무 개념 안에 놓여 있는 강제를 의식하게 되기 위해서 [이미] 도덕적 감정을 근저에 두고 있기 때문에 도덕적 감정을 가져야 한다거나, 그런 감정을 획득해야 할 의무란 있을 수 없다. 오히려 (도덕적 존재로서의) 모든 인간은 이 감정을 자신 안에 근원적으로(ursprünglich) 갖고 있기에 이 감정에의 구속성이 할 수 있는 일은 이 감정을 계발하고, 또 이 헤아릴 수 없는 근원에 대한 경탄의 마음으로 이 감정을 강화시키는 것뿐이다." (VIII:530-1) 결국 칸트의 진술의 요지는 도덕적 감정은 인간이 이성적·도덕적 존재이기 때문에 생겨난다는 것 말고는 달리 설명할 수 없다는 고백이다. 다시 말하면, 인간이 도덕법칙의 지배를 받는 이성적 존재인 한, 도덕적 감정은 인간이 본래적으로 갖게 되는 선험적 감정이다.

칸트는 분명하고 단호한 어조로 말하기를 "도덕법칙에 대한 존경[이라는 도덕적 감정]이 유일하고도 동시에 의심할 수 없는 [행위의] 도덕적 동기이다." (VII:199) 더욱이 "인간이 설 수 있는 도덕적 단계는 도덕법칙에 대한 존경이다." (VII:207) 칸트는 이처럼 '법칙에 대한 존경'의 감정을 도덕적 감정에 속하는 것으로 보면서, 이 감정이 유일한 도덕적 동기임을 여러 차례에 걸쳐서 강조하고 있다.(VII:199-202) 그런데 이 같은 입장은 원칙적으로 「덕이론」에서도 변화가 없어 보인다. 오히려 「덕이론」에서는 한 걸음 더 나아가, 비록 상세한 해명을 곁들이지는 않고 있지만, 감정과 감각을 엄격히 구분해서 도덕적 감정(Gefühl)을 도덕적 감각(Sinn)[74]으로 부르는 것이 부적절함을 지적하면서 이 양자를 동일시하는 것을 경계하고 있다.(VIII:531)

칸트는 좁은 의미에서 감각은 통상 대상과 관계하는 이론적인 지각능력으로 이해되는데, 반면에 도덕적 감정은 행위 주체에 의해서 인식되는 것이긴 해도 (쾌와 불쾌처럼)[75] 단순히 주관적인 것이어서 어떤 인식에 의해서 비로소 존재하게 되는 그런 것이 아님을 강조한다. 이는 도덕적 감정이 한편으로는 그 위치와 상태가 감각과 관계하면서도, 다른 한편으로는 감각 자체에서 유래하는 것이

---

74) 도덕적 감각(Sinn)은 샤프츠베리, 허치슨, 흄 등 영국의 도덕감(moral sense) 학파를 겨냥하고 있다고 할 수 있다. 따라서 도덕감이라 번역하는 것이 좋겠으나, 도덕적 감정과의 대비를 위해서 '감각'으로 옮겼으나, 오히려 이를 통해 칸트의 의도를 더 잘 드러낼 수 있는 효과도 있다.
75) 하지만 비록 그것이 감각에서 느껴지는 쾌와 불쾌의 만족 감정이기는 하지만, 도덕적 감정은 이성적 만족이라는 점에서 그 발생 원인에 있어서 엄격히 구분된다.

아니라 인식 행위 이전에 (이미 도덕적·이성적 존재이기 때문에 도덕적 이성에서) 자동적 내지는 자발적으로 산출되는 감정임을 뜻한다. 칸트의 용어처럼 신이나 천사와 같이 순 이성적인 존재의 관점이 아니라 유한한 이성적 존재 즉 인간적 관점에서 말한다면, 인간이 도덕적 존재인 한, 칸트의 도덕적 감정은 본유적 감정이다.

칸트는 다음과 같이 적고 있다: "도덕적 감정이 없으면 인간이 아니다. 왜냐하면 한 인간이 이런 감정(Empfindung)에 대한 감수성을 온전히 결여하고 있으면 그는 도덕적으로 죽은 자일 것이며, 또 (의학적 용어로 말해서) 도덕적 생명력이 이런 감정을 더 이상 불러일으키지 못한다면 인간성은 (말하자면, 화학법칙에 의해서) 단순한 동물성으로 전락해서 다른 자연적 존재들의 집단들과 돌이킬 수 없도록 섞여 버리고 말 것이다." (VIII:531) 결국 칸트의 이 같은 진술의 진의는 우리의 행위가 의무의 법칙에 일치하거나 충돌한다는 의식에서 생기는 쾌와 불쾌를 느끼는 감수성인 도덕적 감정이 인간 존재에게 없을 수 없다는 것이다. 그래서 이런 감정의 계발은, 말의 의미가 그렇듯이, 존재하지 않는 것을 비로소 존재하게 하는 것이 아니라, 있는 것이 온전히 발휘될 수 있도록 해주는 것일 뿐이다.

4) 감수성/민감성과 경향성의 동기

이상과 같은 도덕적 감정에 대한 해명과 관련해서 이 이외의 여타의 감정에 대한 칸트의 입장도 살펴보아야 한다. 우선 칸트에게 도덕적 감정은 그것이 감정인 한, 이 감정이 일어날 수 있는 주관적 조건이나 상태가 선행되어야 한다. 그런데 앞서 지적한 바와 같이 칸트 스스로 이런 일이 일어날 수 있다는 것을 헤아릴 수 없는 경탄의 대상이라 표현하고 있듯이, 이것은 감정이라는 점에서 감성적인 것이면서 동시에 감정 아닌 것으로부터 생겨나는 것이기에 감성화될 수 있는 그런 것이어 한다. 칸트의 용법에 따르면, 이런 상태에 해당하는 것이 감수성(민감성 또는 감수적 감정)이다. 또 그것이 이성적 감정인 한 동정심과 같은 여타의 감수성과도 구별된다.

칸트는 "우리가 진리에 대해서 그런 것처럼 (도덕적) 선과 악에 대해서도 하나의 특수한 감각(Sinn)을 갖고 있지 않다고 사람들이 종종 이런 식으로 말하기는 하지만, 오히려 우리는 자유로운 선택의지가 실천적인 순수이성(그리고 그 법칙)에 의해서 움직이도록 하는 감수성을 갖고 있는데, 그것이 우리가 도덕적 감정이라고 말하는 바로 그것이다." (VIII:531)라고 밝히고 있다. 하지만 이 같은 관계에서 결코 간과해서는 안 되는 것은 이런 도덕적 감정을 느끼는 쾌와 불쾌의 감정은 감각적 만족에서 오는 쾌와 불쾌의 감정이 아니라, 의무감에 따른 행위가 우리의 감성에 영향을 미쳐서 느끼게 되는 일종의 이성적 만족이라는 것이다. 비록 논리적으로는 형용상의 모순이긴 하지만 이 도덕적 감정의 존재는 그 기원이 이성에 있으면서 동시에 우리의 이성과 감정이 근본적으로 소통하며 교감을 갖는 근본적인 통로가 있다는 것을 시사한다.

그런데 위와 같은 칸트의 도덕적 감정과 감수성에 관한 설명에서 우리가 지나치게 감수성(민감성)을 강조하다보면, 마치 칸트가 감수성(민감성)을 갖지 않으면 안 된다거나 감수성의 강화가 곧 도덕성의 강화로 자연스럽게 이어지는 듯 오해할 소지가 있다. 우리가 덕 윤리학의 비판과 관련해서 감정에 대한 칸트의 견해를 이해하려 할 때 가장 경계하고 조심해야 할 부분이 바로 이 점이다. 칸트는 분명히 말하고 있는데, 감수성은 인간에게 자연스럽게 주어지는 것이며, 따라서 우리에게 있지도 않은 감수성을 '개발'하는 것이 아니라 이미 있는 것을 그것이 잘 드러나도록 '계발'하고 '강화'해야 하는 그런 것이다. 그리고 또 '동시에' 그것은 오로지 도덕적 행위를 위한 감수성의 계발과 강화인 것이지, 무조건적으로 감수성을 계발한다고 해서 그것이 곧 도덕적 동기로 사용되거나 도덕적 행위를 낳게 되는 것은 결코 아니다.

감수성이나 민감성 또는 이에 속할 수 있는 다양한 감정들은 그것만으로는 어떤 도덕적 가치도 갖지 못한다. 그러므로 중요한 것은 우리가 감수성을 무조건적으로 또는 임의적으로 계발하는 것은 칸트적 입장에서는 극히 경계해야 할 일이다. 어떤 감수성의 과도함이 때로는 극악한 행동을 낳을 수도 있기 때문이다. 이는 칸트가 "우리 안에 있는 동정심과 같은 자연적 감정을 계발할 간접적 의무"(VIII:595)를 강조할 때도 그 같은 감정이 이성적·도덕적 원칙에 따라야 하는 "이성적 존재이면서 동시에 이성적 동물이기도 한 인간"의 (의무이기 때문에 해야 하는) 행위를 보다 용이하게 해주기 때문이다.(VIII:593-5) 또 칸트가 그것에 그 이상의 도덕적 가치를 부여하지 않으려 하는 것도 선의지를 제외한 지성, 재치, 판단력 및 그 밖의 정신의 재능, 그리고 또 기질의 속성이라 할 용기, 결단성, 강인성 등에 도덕적으로 중립적인 가치를 부여하면서 그것의 그릇된 사용을 경계하는 이유와 조금도 다르지 않다.(VII:18)

감수성 문제와 관련해서 칸트주의자 코스가드가 칸트의 동기 개념을 세 가지로 구분하는 설명이 도움이 된다.[76] 칸트는 세 가지 종류의 동기, 즉 옳기 때문에 옳은 것을 행하는 '의무의 동기', 그것을 하는 것이 기쁜 일이기 때문에 하는 '직접적인 경향성의 동기', 자기이익(이기심의 충족)과 같이 더 궁극적인 목적에 대한 수단으로서 하게 되는 '간접적인 경향성의 동기'가 그것이다. 칸트는 첫 번째 경우만이 도덕적 가치를 갖는 동기로 인정한다. 그리고 나머지 경향성의 동기들은 모두 우리 자신의 즐거움을 위해 행해진 것으로서 전혀 도덕적 가치를 갖지 못한다. 하지만 결정적으로 중요한 것은 세 번째 간접적인 경향성의 동기에서 하는 행위의 전형적인 경우가 행복한 자선가의 사례와 함께 제시되고 있는 또 다른 사례인 오직 자기 이익 때문에 손님에게 친절을 베푸는 상인의 예라면,

---

76) 크리스틴 M. 코스가드, 『목적의 왕국』, 120-3 참조.

두 번째 직접적인 경향성의 동기에서 하게 되는 행위들 중의 하나가 바로 동정심에서 하는 행위라는 점이다.

그런데 칸트는 동정심 있는 사람을 "인도주의자"(Menschenfreundes), 곧 인류의 친구라고 부르고 있을 만큼 이에 각별한 의미를 부여하고 있으며, 코스가드는 칸트의 동정심이 갖는 이 같은 의의를 적극적으로 표현해서 "타인의 인격 속의 인간성에 의해 고무된 자극으로서의 도덕성의 환영[幻影]"[77]이라 말하기까지 한다. 그럼에도 이처럼 칸트가 자기이익의 경향성에서 하는 행위와 분명히 구별되는 동정심 역시 의무에서 하는 행위의 도덕적 가치를 갖지 못한다고 보는 것은 그것이 자의성과 임의성으로부터 자유롭지 못하며, 따라서 도덕적 행위의 필연성을 낳지는 못하기 때문이다. 다시 말해 타인을 도와야 할 때, 동정심에서 그것을 하는 행위가 언제나 필연성을 갖는 행위로 표현되는 것은 아니며, 때에 따라서는 과도하게 혹은 불필요하게 혹은 결과적으로는 비도덕적으로 사용될 수도 있기 때문이다.[78]

칸트 자신이 실제로 보여주고 있듯이 동정심과 같은 감수적 감정의 기능과 역할에 대한 적극적인 옹호에도 불구하고, 그의 다음과 같은 진술은 이에 대한 자신의 입장을 보다 분명하게 나타내고 있다. 즉, "도덕적 감정, 양심, 이웃사랑, 자기 자신에 대한 존경(자기존중)과 같은 도덕적 자질들을 결여하고 있는 사람이 이 같은 자질들을 획득해야 할 의무는 없으며, 그것을 가져야 할 구속성 또한 없다. 왜냐하면 그것들은 도덕성의 객관적 조건이 아니라 의무 개념에

---

77) 같은 글, 123.

78) 도덕적 행위의 우연성이 아니라 필연성을 강조하고 있는 감정에 대한 이 같은 통찰을 고려하지 않고 단순히 형식적 동기만을 인정하고 타고난 자비심 같은 행위의 동기를 인정하지 않는다는 일방적인 칸트 해석은 기질과 성격 그리고 덕에 대해서도 객관적인 평가를 불가능하게 한다. 이런 경우에 대해서는 G. Trianosky, "Natural Affection and Responsibility for Character: A Critique of Kantian Views of the Virtues", 93-109. 그리고 이 같은 오류는 칸트 비판을 시도하는 덕 윤리학에서 적지 않게 발견된다.

대한 감수성[수용성]의 주관적 조건으로서 도덕성의 기초에 놓여 있기 때문이다." (VIII:530) 이 진술에서 우리가 가장 눈여겨봐야 할 대목은 상술한 감정과 관련한 설명에서 그것이 '의무 개념'과의 관계에서 다루어지고 있다는 사실이다. 그리고 앞서 강조했듯이 인간은 이미 이 같은 자질을 타고 난다.

칸트는 만일 그것이 무디어졌거나 제 기능을 하지 못할 경우에 그것을 바로잡을 필요가 있다는 의미에서의 계발을 강조하고 있을 뿐이다. 역으로 그만큼 칸트는 이 같은 감정에 대해서 중요한 의미와 가치를 부여하고 있기도 한 것이다. 그러나 감수성과 관련한 모든 긍정적 해석과 평가에도 불구하고 감정(감수성) 또는 경향성에서 하려는 혹은 하게 되는 행위의 동기, 즉 경향성(감수성)의 동기는 행위의 필연성을 지니는 (도덕적인) "이성의 정당성을 입증해주는 원천이 아니며,"[79] 따라서 결코 도덕적 동기가 아니다. 그러므로 칸트의 입장을 전체적으로 고려할 때, 저 '행복한 자선가'의 사례에서의 칸트는 동정심과 같은 감수성, 즉 경향성과 같은 감성적 동기의 존재나 역할을, 그것이 긍정적인 것이든 부정적인 것이든, 과소평가하고 있는 것이 아니며, 또한 그렇다고 과대평가해서도 안 된다.

이상과 같은 진술이 함의하듯이 우리가 발견할 수 있고 또 강조할 수 있는 것은 칸트는 처음부터 감정의 가치를 적극적으로 인정하고 있지만, 그것이 도덕적 가치를 갖기 위해서는 오직 선의지 혹은 도덕법칙에 일치하는 도덕적 구속력과 결합되어야 한다는 것이다. 그리고 감정적 동기가 행위의 도덕적 동기가 아닌 도덕적 행위의 동기가 될 수 있다는 점에 주목하지만 그 자체는 도덕적 동기가 아니며, 따라서 감정 자체의 도덕적 측면은 부인한다는 것이 정확한 평가라 할 수 있다. 때문에 감수성의 계발이란 이미 있는 것의 강화인 것이지 없는 것

---

79) A. Reath, "Kant's Theory of Moral Sensibility. Respect for Moral Law and the Influence of Inclination", 301.

을 새로 만드는 창조는 아니며, 또 도덕적 행위를 위해 올바로 사용되도록 하기 위해서는 언제나 그것은 "실천이성과 그 법칙을 통해 작용하는 자유로운 선택의지의 감수성"(VIII:531)이어야 한다. 그것이 칸트가 말하는 감정에 대한 올바른 이해이다.

'행복한 자선가'의 예에 등장하는 동정심 같은 감정은 분명 감수성의 표현이며 그것이 도덕적 행위에서 충분히 중요한 역할을 할 수 있지만 그 자체만으로는 독립적인 도덕적 가치를 갖지 못한다. 따라서 칸트가 동정심의 계발을 간접적 의무로, 또 동정심에 근거한 동기가 도덕적 행위를 도울 수 있다고 한 주장이 곧 그것이 직접적인 도덕적 동기가 된다는 것을 의미하는 것은 아니다. 이 말의 정확한 의미는 그러한 감정 자체는 어떠한 경우에도 도덕적 동기가 될 수 없지만, 도덕적 행위의 선택과 실행에서 그것은 그 행위를 보다 쉽고 가능하게 해줄 수 있다는 것으로 제한되어야 한다. 그러므로 동정심과 같은 마음의 경향성도 존재하는 것인 한 "그것이 적절히 제한될 수 있으면,"[80] 도덕적 행위에 도움이 될 수 있는 것은 분명하며, 칸트의 고유한 견해에 의하면, 인간은 그러한 의미에서 도덕적 존재이다. 칸트가 '행복한 자선가'의 예를 보다 강한 부정적 제한을 둔 가정법 문장으로 서술하고 있는 것도 이를 방증해주는 근거라고 할 수 있다. 동정심이 있는 자선가와 동정심이 없는 자선가, 이 두 경우에 의무이기 때문에 하려는 행위는 전자의 경우가 후자보다 훨씬 더 적은 저항과 유혹을 이겨내며 선택될 수 있을 것이다.

칸트가 강조하듯이 그리고 그의 빛나는 통찰에도 불구하고 "타인의 기쁨과 고통의 상태에 대한 쾌·불쾌의 감성적 감정"(VIII:593)으로서의 동정심과 같은 감수성은 분명 도덕적 행위의 선택에 중요한 역할을 하지만, 동정심 자체는 하나의 순수한 도덕적 감정이나 행위 선택의 도덕적 이유로서 고유한 독립적인 가

---

80) 같은 글, 294.

치를 지닐 수는 없다. 그것이 아니라면 칸트의 선의지에 기초한 이성주의적 도덕이론은 뿌리부터 흔들리게 될 것이다. 따라서 우리는 칸트의 도덕철학에서 감수성과 감정의 역할을 적극적으로 인정하되 그것이 덕 윤리학에서 하는 도덕적 동기와 같은 역할을 기대해서는 안 된다는 것을 분명히 해두어야 한다.

칸트에게 자연이 이성적 동물인 인간의 본성에 심어 놓은 감수적인 감정들은 언제나 도덕적 행위를 보다 수월하게 할 수 있는 조력자의 역할로 한정되어야 하며, 나아가 그것이 결코 도덕적 행위를 방해하는 장애물이 되지 않도록 하기 위해서는 언제나 도덕적 의지와 관련해서 평가되어야 한다. 가령 "동정심을 능동적이며 이성적인 자비심을 촉진시키기 위한 수단으로 사용하는 것은 조건적이기는 하지만 하나의 특수한 의무이다." (VIII:593)라고 강조하고 있듯이 '이성적 자비심'이라는 표현에는 이 같은 칸트의 생각이 잘 드러나 있다. 그렇다면 칸트가 말하는 이성적 자비심이란 무엇인가? 우선 여기서 칸트는 동정심을 자신의 도덕적 관점에 기대어 매우 제한적이며 부정적으로 이해하고 있어 보인다. 왜냐하면 동정심 혹은 자비심 자체에는 보편적 공감을 느끼는 긍정적이며 능동적인 감정 요소가 포함되어 있지 않은가 하는 것이다. 다시 말하면 그 자체가 이미 이성적 자비심이라 할 수 있다. 그렇다면 동정심이나 자비심이 칸트가 의도하는 것처럼 보편적 승인 혹은 도덕적 동기가 되지 못하게 하는 것은 이런 감정 자체가 아니라 이런 감정을 잘못 발휘하거나 왜곡하는 또 다른 감정, 이를테면 이기적 경향성과 같은 감정에 예속되기 때문이 아닌가! 말하자면 동정심이나 자비심은 자기애와 같은 이기적 감정과는 구별되는, 이른바 질적 차이가 있는 감정이다. 다만 우리가 문제 삼아야 하는 것은 이렇게 그 자체로 도덕적 가치를 갖는 이성적 감정이 적용되어야 할 대상의 선택이다. 그런 감정의 잘못된 발휘, 여기에 이러한 감정 사용의 도덕성이 평가받아야 하며, 칸트의 정언명법은 이런 감정의 존재를 전제한 상태에서 적용되어야 한다. 그러므로 칸트적 도덕성은 그와 같은 감정 사용 혹은 적용의 보편적 승인에서 그에 준하는 행위의 도덕성을 평가받아야 하는 것으로 수정 내지는 변형되어야 한다. 만일 칸트의 말대로 우리가 이성적 자비심을 가져야 하는 것은 그 행위가 응당 그러한 도덕적 대우를 받아야 하는 대상을 위해 동기지어졌는가를, 즉 행위의 도덕성을 객관적 보편성에 부합할 수 있는 주관적 동기에서 찾아야 하는 것이라면, 이와 같은 방식에는 이미 주관과 객관, 형식과 내용의 불일치 가능성이 애초부터 개입해 있게 되는데, 그 원인은 이와 같은 1) 그 자체로 도덕적 가치를 갖는 이성적 감정의 존재, 그리고 2) 도덕적 행위의 대상 자체의 질적 차이에 대한 고려의 부재 등과 같은 근본 문제가 칸트의 윤리적 견해에서는 고려되지 못하지 때문이다.

5) 칸트적 윤리학과 이성적 감정들

칸트의 감정에 대한 이해는 근본적으로 덕 윤리학의 감정과 다르다. 덕 윤리학은 도덕적 행위에서 감정이 근본적인 역할을 하며 또 그것이 인간의 도덕성 및 성품의 형성에 있어서 매우 중요한 부분을 차지한다고 보는 반면, 칸트는 감정의 중요성을 인정하면서도 그것이 도덕적 행위에 미치는 부정적 영향을 강조한다. 그리고 이 같은 이해의 차이를 낳게 되는 근본적인 이유는 덕 윤리학은 감정을 개인의 욕구나 관심과 함께 도덕적 행위에서 일차적인 요소로 생각하지만, 칸트에게는 그렇지 않기 때문이다. 즉, 도덕성에 대한 상이한 이해를 갖고 있다.

도덕적 행위와 판단에서 감정의 지위와 역할이 서로 다르기 때문에 감정과 관련한 도덕적 성품의 계발과 형성에 있어서 덕 개념에 대한 칸트의 이해가 일반적으로 옹호되는 덕 윤리학과는 전혀 다른 입장을 갖는 것은 당연하다. 주지하듯이 칸트에게 도덕법칙(정언명법)은 우리의 행위를 인도하고 평가하는 형식적 원칙들이다. 또한 정언명법의 정식들로부터 하위의 도덕적 원칙들이나 규칙들의 타당성이 평가된다. 그리고 이 같은 정언적 명령이나 원칙들 및 규칙들은 다양한 개별적인 행위들의 동기와 도덕성을 평가하는 척도와 준거로서의 지위를 갖는다. 때문에 칸트에게 도덕적 동기의 문제는 처음부터 "도덕법칙에 대한 인식과 별개로 작용하는 어떤 욕구나 감정에 대한 것이 아니다."[81] 그런데 칸트가 보기에 인간이 마땅히 해야 할 도덕적 의무들은 경향성이나 감정적 유혹으로 이해 저항 없이 실행되기가 쉽지 않다. 인간은 경향성의 지배를 받는 존재이면서 동시에 나약한 의지의 소유자이기 때문에 너무나 자주 도덕적 의무를 거스르며 감성적 경향성의 유혹에 넘어간다.

칸트의 윤리학은 근본적으로 감정의 역할을 의무와 대립하는 경향성의 측면에서, 다시 말해 감정의 부정적 역할을 지나치게 강조하고 있다. 인간의 존엄성을 실현해야 할 도덕법칙이 그러한 판단의 대상과 관계 맺고 있는 인간적 감정이 미치는 적극적 역할을 배제한다면, 인간 존엄성의 정식은 내용을 갖지 못하며, 결국에는 자살의 경우와 같이 이율배반적 결론에 봉착하게 된다. 물론 이 중에서 칸트처럼 일방적으로 자살금지의 원칙을 고수함으로써, 즉 인간의 존엄성을 특정한 방식으로 이해함으로써 하나의 선택을 정당화할 수 있다. 그러나 이는 더욱 심각한 문제를 낳는다. 즉, 이성적 욕구를 일으키는 감정적 동기의 적극적 지위를 무시함으로써 형식만을 지닌 도덕법칙을 낳고, 실제로는 현실적인 윤리적 문제들에 대한 행위지침을 제시하는데 무력할 수 있기 때문이다. 가령, 동정심이나 사랑에는 인간의 도덕적 행위를 가능하게 하는 실질적인 동기가 내재해 있으며, 따라서 그것은 그 사람이 어떤 사람인지, 어떤 성품을 지녔는지, 그 사람을 위해서 베풀어야 할 사랑이나 동정심의 발휘는 어떠해야 하는지가 중요한 것이며, 종국에는 인간의 존엄성의 실질적 내용과 가치가 무엇인지, 그것을 어떻게 실현해야 하는지를 고민해야 한다. 단지 그 같은 감정 자체가 잘못 행사

---

81) 박찬구, 「덕 윤리와 칸트 윤리」, 20.

될 수 있다고 해서 그것이 갖는 인간적 가치 자체를 도덕판단과 분리시켜서는 안 된다. 그때에만 우리는 형식과 내용을 함께 지닌 실질적인 도덕법칙을 도덕적 행위의 원리로 삼을 수 있다. 이를테면 자살금지 혹은 찬성 여부를 결정해야 하는 문제에 직면해서도 인간적 가치와 존엄성에 부합하는 현실적인 도덕적 선택을 할 수 있게 될 것이다.

이성적 존재자이기 때문에 인간은 존엄성을 갖는 존재이며, 또 그에 준거해서 보편법칙의 정식처럼 무조건적인 도덕적 타당성을 요구하는 것은 실질적인 도덕적 추론을 불가능하게 만들며, 칸트가 해결하고자 한 바 있는 순수이성의 이율배반의 함정에서 똑같이 빠져나올 수 없게 된다. 나는 도덕적 가치 및 실질적 내용을 갖는 도덕적 동기가 존재하며, 또한 동시에 이 동기는 정언명법의 보편성 테스트를 통과해야만 도덕적 행위로서의 자격을 갖는다고 주장한다. 이를 위해서 나는 칸트의 정언명법 역시 무차별적인 형식적 보편성이 아니라 실질적 내용과 대상의 개별성을 고려한 제한적인 범주적 보편성을 행위의 도덕성을 평가하는 척도로 삼아야 한다고 생각한다. 가령, 내가 실질적인 도덕적 내용을 갖는 이성적 감정 혹은 공감 감정으로 생각하는 인간 존엄성, 사랑, 우정, 용기, 정의 등은 그 자체로 실질적인 도덕적 가치를 가지며, 행위의 도덕적 동기다. 그러나 이들 공감적 감정들이 그대로 도덕적 감정이 되는 것은 아니다. 그것의 잘못된 사용과 적용은 언제나 가능한 일이기 때문이다. 또 죽음을 앞둔 말기 암환자와 실의에 빠진 실직자에게도 차별적으로 그 대상에 맞게 적용되어야 한다. 그러므로 그에 따른 행위의 도덕성은 제한적인 범주적 보편성으로서 정언명법의 도덕성 테스트를 통과할 수 있어야 한다. 이 두 가지 조건이 '칸트의 윤리학'에 수용되어야 하며, 따라서 모종의 변형을 피할 수 없다. 이러한 수정 변형된 '칸트적 윤리학'에서 인간 존엄성의 경우는 인간 일반이 아니라 한 인간의 삶의 가치에 적용되어야 하며, 따라서 모든 사람에게 무조건적으로 혹은 맹목적으로 실천되어야 하는 것은 아니다. 이에 따르면, 누구나가 아니라 죽음을 눈 앞에 둔 사람의 회피할 수 없는 극심한 고통을 줄여주기 위한 존엄사는 정언명법의 테스트를 통과할 것이며, 자신에게 주어질 처벌을 모면하기 위해서 저지르는 자살은 그렇지 못할 것이다.

6. 덕과 덕감정

1) 덕 윤리학과 덕 이론

아리스토텔레스 윤리학의 부활을 외치며 덕 윤리학의 등장과 성장을 이끌었던 앤스콤에 의해서 '근대 도덕철학에 대한 진단과 평가'가 시도된 이래로 칸트의 윤리학에 대한 덕 윤리학의 도전 역시 다양한 방식으로 진행되어 왔다. 이에 따르면, 칸트 윤리학은 행위자에게서 감정의 역할을 배제하고 있으며, 또한 지나치게 엄격한 규칙중심주의, 개인이 처한 상황의 특수성에 대한 경시, 그리고 자아, 자유, 행위 개념들에 대한 납득하기 어려운 형이상학적 접근, 과도한 개인주의, 의무와 권리에 대한 집착 등을 포함해서 특히 덕 개념에 대한 적절한 설명이 불가능한 이론이다.[82] 이 같은 비판을 관통하고 있는 핵심은 칸트 윤리학이 행위 중심의 법칙주의적 의무 윤리라는 것으로 모아진다.

이렇게 칸트의 윤리학을 비판하기 위해 그들이 들고 나온 이론적 무기의 주요 원천은 성품(character)의 덕과 감정의 역할을 중시하는 아리스토텔레스의 덕

---

[82] 이러한 비판들 중 주목할 만한 것들로는 다음의 저서들을 들 수 있다. A. MacInTyre, *After Virtue: A Study in Moral Theory*; M. Sandel, *Liberalism and the Limits of Justice*; L. W. Blum, *Friendship, Altruism and Morality*. 이에 대해서는 Onora O'neill, "Kant's Ethics", 77.

윤리학이었다. 그러나 현대의 덕 윤리학자들은 비단 아리스토텔레스만이 아니라 아퀴나스를 포함해 흄이나 니체와 같은 다양한 덕윤리적 전통들의 인정을 통해 보다 독자적인 덕 윤리학을 정초하려고 시도하고 있는데,[83] 그런 점에서 현대 덕 윤리학의 외연은 상당히 넓은 편이다. 심지어는 아리스토텔레스의 윤리학이 덕 윤리학의 전형적인 경우에 속하는지에 대해서도 적지 않은 이견이 제기되기도 한다. 하지만 어떤 경우든 덕 윤리학은 직간접적으로 아리스토텔레스의 윤리학을 포함해 그가 정립한 덕 개념 내지는 덕 이론으로부터 자유롭지 못하다.

그런데 아리스토텔레스의 윤리학에 대한 문제제기는 칸트 윤리학의 경우에도 그대로 적용될 수 있다.[84] 즉, 칸트의 윤리학을 의무 윤리나 덕 윤리 어느 하나에만 귀속시키거나 어느 한 쪽을 다른 한 쪽에 일방적으로 환원 내지는 종속시키는 것이 과연 칸트의 도덕철학에 대한 적확한 접근법이 될 수 있는지 물을 수 있다. 그러나 슬롯이 옳게 지적했듯이, 칸트에게도 덕 이론이 존재한다고 해서 그것이 곧 칸트에게도 덕 윤리학이 존재한다고 속단할 수는 없다.[85] 만일 누군가가 덕 윤리학을 말한다면, 아마 그것은 일반적으로 도덕적 행위에서 덕 내지는 덕스러운 성품 자체에 본질적인 가치를 부여하며, 또 덕은 그에 따른 어떤 감정을 수반한다는 것, 그리고 그 감정 역시 본질적인 가치를 갖는다는 점 등에 대해

83) 그동안 직간접으로 덕 윤리학의 위상을 높이는데 기여해왔거나 기여하고 있는 대표적인 인물들인 안스콤(G. E. M. Anscomb), 풋(P. Foot), 머독(Murdoch), 윌리엄스(B. Williams), 맥킨타이어(A. MacIntyre), 맥도웰(McDowell), 너스바움(M. Nussbaum), 슬롯(Slote), 허스트하우스(R. Hursthouse)를 비롯해 울프(S. Wolf), 바이어(A. Baier), 코스가드(Ch. Korsgaard), 허만(B. Herman), 스완튼(Ch. Swanton) 등에 이르기까지 현대 덕 윤리학자들은 직간접으로 아리스토텔레스의 윤리학에 대한 해석을 그들 논의의 중심에 두어 왔다. 때문에 이로부터 덕 윤리학 고유의 정체성을 놓고 벌어지는 설전도 역시 이에 대한 평가와 밀접하게 연관되어 있다.

84) 아리스토텔레스와 칸트의 윤리학의 성격을 한 가지 견해로만 한정지어 규정할 수 없음을 설득력 있게 보여주는 대표적인 경우로는 M. Nussbaum, "Virtue Ethics: A Misleading Category", 163-201.

85) M. Slote, *From Morality to Virtue*, 89.

서 원칙적으로 의견 일치를 보이고 있기 때문일 것이다. 또한 그것은 동시에 여타의 윤리적 입장들과 근본적인 차별성을 갖는다는 것을 의미할 것이다. 즉, 그것은 단순히 특정한 윤리적 입장에 기초해서 논의되는 이차적 내지는 부차적 지위를 갖는 덕 이론에 그치는 것이 아니라 모든 도덕적 행위와 평가 일반의 철학적 기초와 원리로서 지위를 갖는다는 것을 의미할 것이다.

주지하듯이 칸트의 윤리학에도 덕 윤리학이 전면에 내세우는 덕윤리적 요소들, 특히 덕과 성품 및 감정이 갖는 의미와 역할에 대한 풍부한 논의들, 한마디로 덕 이론이 존재한다. 그런데 일반적 평가에 따른다면, 칸트 윤리학의 근본 성격을 의무 윤리라는 관점에서 덕 윤리학과 대치시키거나 혹은 덕윤리적 요소를 의무 윤리에 종속시키는 해석, 즉 덕 이론은 있지만 덕 윤리학은 아니라고 단정하는 것이 자연스럽다. 하지만 이 점은 좀 더 규명될 필요가 있다고 생각된다. 저와 같은 해석과 평가는 오히려 일정한 방식으로 정립된 덕윤리적 관점에서는 유의미할지는 몰라도 칸트적 시각에서는 오해의 소지가 있다. 왜냐하면 칸트의 의무론적 윤리는 그 성격이 대체로 그가 철학적으로 도덕성을 정초하고 정당화하는 작업과 관련해서 확립된 것이므로 애초부터 도덕 심리학이나 응용윤리학적 주제로 볼 수 있는 덕, 성품 같은 덕윤리적 요소 자체가 우선적인 관심의 대상이 될 수 없었다.

그러나 이와 같은 칸트의 철학적 정당화 작업에서 등장하는 선의지, 성품, 기질, 경향성, 감정 등과 같은 개념은 이미 일정한 의미를 부여받은 채 전제되고 있다고 보아야 하는 것이 옳다. 만일 그렇다면, 칸트의 윤리적 견해를 의무 윤리와 덕 윤리 같은 이분법적인 구도 아래서 저울질 하는 것 역시도 이미 하나의 편향된 시각이라 할 수 있을 것이다.

아리스토텔레스 윤리의 현대적 부활이라 할 수 있는 덕 윤리학에서는 일반적으로 감정은 그 자체로는 덕이 아니면서도 덕스러운 행위를 구성하는 근본적인 요소로서 덕과 밀접한 관계를 맺고 있다. 나는 이와 같은 덕과 감정의 독특한 관계를 '덕감정'(virtue emotion)이라는 개념으로 표현한다. 이러한 덕 윤리학의 덕감정은 특정한 행위를 낳는 도덕적 동기로서 작용하며, 그런 점에서 실천력을 갖는 도덕적 감정이라 할 수 있다. 그리고 이에 따른 행위 역시 도덕적 행위로서 평가된다. 반면에 칸트의 윤리학에서는 법칙에 대한 존경심으로서의 도덕적 감정을 제외한 모든 감정은 어떠한 경우에도 도덕적 동기가 될 수 없다. 하지만 이 예외적인 감정인 도덕적 감정 역시 덕 윤리학에서 하듯이 결코 행위의 도덕성을 판정하는 객관적인 척도가 될 수는 없다. 그러나 도덕적 감정 이외에 넓은 의미에서 칸트의 덕 윤리에도 덕감정에 포함될 수 있는 감정들이 존재하는데, 타인에 대한 의무와 관련해서 덕이 실현된 상태에서 생기게 되는 타인에 대한 사랑이나 존경과 같은 감정들이 그것이다. 하지만 칸트에게는 이 역시 덕을 실천한 후에 갖게 되는 결과로서의 감정일 뿐이다.

칸트의 윤리학에서 행위의 도덕성의 척도는 언제나 의지의 굳셈으로서 덕의 영역에 존재한다. 이와 같은 덕과 의지의 관계를 덕감정과 대조해서 '덕의지'(virtue will; Tugendwille)라 부를 수 있을 것이다. 덕 윤리학의 덕감정이 감정 윤리를 포함한다면, 칸트의 덕의지는 그의 의무 윤리의 근본 성격을 반영한다. 이하에서는 칸트의 윤리학을 덕의지와 덕의무에 기초해서 조명함으로써 덕감정을 강조하는 덕 윤리학과의 차이점과 유사점을 좀 더 분명히 할 것이다. 이를 통해 덕 윤리학과 비교되는 칸트의 덕 이론에 대한 이해를 한층 더 높일 수 있을 뿐만 아니라, 무엇보다도 도덕적 행위 평가에서 덕감정에 의존하는 덕 윤리학보다 덕의지에 의존하는 칸트 윤리학이 지닌 강점 또한 보다 분명히 보여줄 수 있다.

2) 아리스토텔레스와 덕감정

칸트는 행위의 도덕성을 다루는 윤리학적 논의에서 덕 윤리학과는 전혀 다른 방식으로 덕과 감정의 문제에 접근한다. 통상 덕 윤리학은 감정의 도덕적 중요성을 강조하는데, 특히 감정의 역할에 대해서 칸트의 의무론 및 그의 도덕적 동기론보다 훨씬 더 우월한 설명력을 제공한다고 주장한다. 그들은 행위자가 구체적인 상황에서 덕스러운 행위를 했거나 혹은 하지 못했을 때, 그로 인해서 갖게 되는 즐거움이나 후회, 번민과 같은 감정에 주목하는데, 이러한 사태야말로 덕과 감정이 긴밀히 결합되어 있다는 증거가 되며, 도덕적 행위의 실천력을 설명하거나 강화하는데 중요한 역할을 한다는 점을 강조한다.

덕 윤리학에 따르면, 1) 덕과 악덕은 도덕적으로 중요하며, 2) 덕과 악덕은 어떤 행위를 이끌거나 감정을 느끼게 하는 성품의 성향이다.[86] 이 점은 일반적으로 아리스토텔레스가 『니코마코스 윤리학』에서 덕은 의지적 행위와 감정 모두에 관계한다고 누누이 강조하고 있는 바이기도 하다.[87] 행위의 실행에서 감정을 느끼는 성품의 성향은 곧 덕스러운 행위를 하는 성품의 성향과 함께 결합되어 있다는 주장, 즉 덕감정의 존재에 대한 주장이야말로 아리스토텔레스적 덕 윤리학의 가장 두드러진 특징들 중의 하나일 것이다.

그렇다면 만일 동정심 내지는 자비심이 없는 사람이라면 그/그녀는 자비의 덕에서 하는 행위 혹은 자비심으로부터 할 수 있는 덕스러운 행위를 하지 못하

---

86) R. Hursthouse, *On Virtue Ethics*, 108.

87) Aristotle, *The Nicomachean Ethics*, Bk II, Ch. 5. 다른 여러 곳에서도 되풀이해서 강조하고 있지만, 제2권의 제5장에 따르면, 덕은 감정(feeling)도 능력(capacity)도 아닌 영혼의 어떤 상태(hexis; states), 즉 성품임을 정의하면서, 좋은 성품의 표현으로서의 중용의 감정(나쁜 성품의 표현으로서의 악덕의 감정, 즉 지나치게 성내거나 거의 성을 내지 않는 처신과 좋은 성품의 표현으로서의 덕의 감정, 즉 그 둘 사이에서 이루어지는 중용으로서의 성마름(anger)의 처신을 통해 덕과 감정의 연관성을 강조하고 있다.

며, 그 역도 참인가? 이때 동정심 내지는 자비심은 어떤 감정인가? 이러한 물음에 대한 답변은 덕 윤리학과 칸트의 덕 윤리에서의 차이점을 규명하는데 중요한 단초가 될 것이다.

덕과 감정의 관계에 대한 아리스토텔레스의 견해 역시 다양하고 광범위한 해석들을 낳고 있는 만큼 단순화하기는 쉽지 않은데, 현대의 덕 윤리학자들과 아리스토텔레스의 관계가 다소 복잡한 양상을 띠고 있는 것도 이와 무관하지 않다. 우선 아리스토텔레스에게 덕은 기본적으로 마음(영혼)의 움직임을 나타내는 감정과 달리 마음이 일정한 방식으로 취하고 있는 자세, 즉 그의 용어로는 성격의 "일정한 상태(hexis; state)"로서 성품(혹은 품성상태)을 의미한다.[88] 덕은 다양하게 있을 수 있으므로 모든 덕들은 이 품성상태의 한 특성들, 즉 성품 특성들(character-traits)이다.

아리스토텔레스는 이 성품을 마음의 "일정한 성질(quality)"[89] 내지는 단순한 경향성(tendency) 혹은 "성향(disposition)"[90]과도 다른 것으로 보고 있다. 이를 뒷받침해주는 증거로서 그가 학예(skill)의 경우와 비교하며 설명하고 있는 대목을 들 수 있다.[91] 이에 의하면, 학예의 경우 그에 의해서 만들어진 결과에는 그 안에 좋은 것을 가지고 있기 때문에 그것은 단지 그와 같은 일정한 성질을 가지고 있기만 하면 된다. 반면에 덕에 따라서 이루어진 행위를 올바르거나 절제 있는 행위로 만들어 주는 것은 학예처럼 단순히 일정한 성질을 갖는 것만으로는 반드시 그렇게 행해진다고 할 수 없으며, 이를 위해서는 행위자가 행위 할 때 어떤 일정한 (품성)상태에 있지 않으면 안 된다. 그런 점에서 그것은 그저 성향이기만 해서는 안 되며, 그 이상의 것이어야 한다. 따라서 이렇게 일정한 '상태'에 있는 성품

---

88) *The Nicomachean Ethics*, 1106b.

89) *The Nicomachean Ethics*, 1105a.

90) *The Nicomachean Ethics*, 1106a-1106b.

91) *The Nicomachean Ethics*, 1105a-1105b.

또는 성품 특성을 보다 엄밀히 규정한다면, 그것은 일정한 성향 내지는 단순한 성향과 구분하여 '적절한 방식으로 특정한 행위에로 이끄는 성향' 또는 '특정한 행위에로 이끄는 성향이면서도 그 행위를 적절한 방식으로 추동하거나 저항하는 힘도 지니는 성향'이라 할 수 있을 것이다.

아리스토텔레스는 '일정한 상태'에 있다는 것을 충족시켜 주는 조건으로 세 가지를 제시하는데, "지식의 소유, 다른 것이 아닌 바로 그 행위 자체 때문에 하는 합리적 선택, 확고부동한 성품"[92]이 그것이다. 그러면서 동시에 이 세 가지 조건 중에서 지식의 소유는 덕을 갖기 위한 조건으로서는 거의 혹은 아무런 비중도 갖지 못하지만, 다른 두 조건은 적지 않은, 심지어는 절대적인 비중을 갖는다는 점을 강조하고 있다. 그리고 이 성품은 또한 욕망, 성냄, 공포, 자신감, 질투, 사랑, 증오, 갈망, 경쟁심, 연민, 그리고 일반적으로 쾌락이나 고통을 수반하는 감정 등과의 관계에서 행위자가 잘 처신하거나 잘못 처신하거나 하게 되는 품성 상태이다.

이처럼 덕과 감정의 관계에 나타나 있듯이 이 세 가지 조건들의 결합은 이미 단순히 성품이기만 한 것이 아니라 좋은 성품을 의미하는 '좋은 상태'와 그렇지 않은 상태, 즉 덕과 악덕에 대한 구분과 밀접한 관계를 맺고 있다. 아리스토텔레스는 좋은 상태로서의 덕을 지나침(악덕)과 모자람(악덕)이 없는 상태, 즉 중용 (the mean)으로 정의한다. 아리스토텔레스는 이런 의미의 덕을 "우리와 관계하는 중용에서 성립하며 그리고 이성에 의해서 결정되는 합리적 선택을 수반하는 성품"[93]으로 정의한다. 특히 이 점에서는 이성적 욕망을 추구하는 합리적 선택을 포함하는 아리스토텔레스의 덕은 준칙에 따른 의무를 실천하려는 이성적 판단을 포함하는 칸트의 덕과 공통점을 보인다.[94] 그러나 여기에 감정의 문제가 끼어

---

92) *The Nicomachean Ethics*, 1105a.

93) *The Nicomachean Ethics*, 1106b-1107a.

94) J. Grenberg, *Kant and the Ethics of Humility. A Story of Dependence, Corruption, and*

들면 양자 사이에는 넘을 수 없는 차이가 생기게 된다.

그런데 덕과 감정의 특별한 관계에도 불구하고 아리스토텔레스에게 있어서는 어떤 감정들에 대해서는 그것을 하나의 독립적인 감정으로서 볼 수 없으며, 따라서 항상 덕스럽다고 말할 수가 없다. 즉, 어떤 감정들의 경우에 그것은 그 자체만으로는 덕도 악덕도 아니다. 따라서 도덕적 칭찬이나 비난(좋음이나 나쁨)의 대상은 분노나 공포를 느끼는 감정 자체가 될 수 없다. 오히려 누군가가 그 같은 감정을 어떤 일정한 방식으로 느끼느냐에 따라 감정에 대한 평가가 좌우된다. 그리고 그 방식이 덕 또는 악덕으로 평가되고 이에 의해서 칭찬 또는 비난을 받게 된다. 이것이 바로 내가 말하는 덕감정이다. 이렇게 되면 아리스토텔레스가 말하는 덕스러운 행위에는 (어떤 행동이 요구되는 상황에서 하게 될 행위에서 그리 큰 비중을 차지하지 못하는 지식의 요소를 제외하면) 이성적 내지는 합리적 선택, 확고부동한 성격 그리고 감정, 이 세 요소가 함께 관여하는데, 이때의 감정은 언제나 하나의 불변하는 일정한 의미를 갖는 단순한 수동적인 감정이 아니다.

덕스러운 행위에는 덕스러운 감정이 표현되고 그 반대의 행위에는 역시 그에 적합한 감정이 표현되어야 한다는 점에 주목하면, 그런 감정은 능동적 감정이라 할 수 있다. 이것은 아리스토텔레스가 특히 강조하는 행위와 감정에서의 중용과 관계하는데,[95] 이를 그가 성품 특성의 세 가지 조건으로 들고 있는 것 중의 하나인 합리적 내지는 이성적 선택의 요소를 고려하여 그 고유한 의미를 살려서 규정한다면, 이러한 능동적 감정으로서의 덕감정은 이성적 감정이라고 규정할 수 있다.[96] 이런 의미의 아리스토텔레스의 덕감정은 덕 윤리학자들이 자주 강조하듯이 그 자체로 본질적인 도덕적 가치를 갖는다. 또한 모든 감정이 덕감

Virtue, 82.

95) R. Kraut, *Aristotle on the Human Good*, 328, 333.

96) 이와 같은 방식의 평가와 접근에 대해서는 다음을 참조. R. Hursthouse, *On Virtue Ethics*, 108-13.

정이 아니듯이 일부 감정은 덕이 아니며, 따라서 중용도 없다.

예를 들어 파렴치, 질투, 간음, 절도, 살인 등은 덕이 아니며 그 자체로 나쁜 감정들이다. 그러면 아리스토텔레스에게는 중용으로서 표현되는 덕감정 혹은 악덕감정 이외에도 언제나 나쁜 감정이 존재한다고 할 수 있다. 반면에 덕감정 은 유덕한 행위자가 갖게 되는, 또 가져야만 하는 도덕적 감정으로서, 그런 감정 은 후천적으로 습관을 통해 형성된 이성적 감정이라 할 수 있다. 이 덕감정 내지 는 이성적인 도덕적 감정에는 이미 분별하고 판단하며 동시에 어떤 일정한 행동 에로 이끄는 품성상태가 포함되어 있다. 이런 점에 주목하면, 아리스토텔레스의 이성적 감정은 인식적이면서 동시에 실천적인 개념이라 할 수 있다. 여기에는 무엇이 좋고 나쁘고, 옳고 그른지를 이성적으로 판단하는 인식적 요소와 그 자 체에 이미 행위를 특정한 실천으로 이끄는 힘으로 작용하는 일정한 방식의 성품 특성이 포함되어 있다.

3) 덕, 선의지, 덕의지

살펴본 바와 같이 아리스토텔레스의 윤리학에서 덕은 그 자체가 감정이 아 니면서도 감정과 특별한 관계를 갖는다. 그러나 이러한 덕감정이 칸트 윤리학 에서는 전혀 다른 방식으로 관계한다. 그 이유는 칸트의 덕은 무엇보다도 감정 으로부터 전적으로 독립해 있는 의지와 관계하기 때문이다. 덕 개념에 대한 칸 트의 정의는 간단명료하다. 그리고 그 모든 것은 언제나 '의지' 또는 '도덕적 의 지'와의 관계 아래서 규정되고 있다. 칸트는 덕을 단적으로 "의지의 도덕적 굳 셈"(VIII:537), "자신의 의무를 준수하는 인간 의지의 도덕적 굳셈"(VIII:537), "의 무를 준수하는 인간의 준칙의 굳셈"(VIII:525) 등으로 규정한다. 또한 덕은 "인간 적 도덕성의 최고 단계"(VIII:513)로서 "유한한 실천이성이 실현할 수 있는 최고의 것"(VII:144)이다.

한 마디로 칸트에게 덕은 "도덕적 요구에 대립하는 경향성을 지배하는 현실적 능력"[97]으로서의 덕의지다. 이 같은 간결한 규정 속에 칸트 덕 개념의 모든 것이 들어 있다. 그리고 이 덕의지에서 의무와 덕을 불가분의 관계로 연결해주고 있는 의지, 즉 의무를 이행하는 도덕적 의지, 군센 의지 또는 도덕적 주체의 덕의지에서의 의지는 선의지다. 선의지가 덕의지의 뿌리라면, 덕의지는 결실을 거둘 수 있는 선의지의 현실적 실천력이다.

칸트에게 선의지는 경향성이나 욕구와 같은 자연적 본성이 아니라 인간의 도덕적 본성이자 도덕적 소질이며, 자유의지와 함께 선험적으로 존재하며, 선험적으로 발견되는 것이다. 이 선의지는 그저 단순히 무엇을 할 수 있는 소질이나 능력이기만 한 것이 아니라 '의무에 따라서' 행위 하려는 의지의 특성이다. 하지만 경향성으로부터 완전히 자유롭지 못한 인간은 선의지와 같은 도덕적 능력이나 소질이 있다고 해서 바로 이를 실행할 수 있는 실천력 또한 갖고 있는 것은 아니다. 선의지와 덕이 서로 별개의 것이 아니면서도 선의지에게 덕이 요구되는 것도 인간의 이러한 불완전성에서 기인한다. 그리고 인간은 불완전한 존재이기 때문에 인간인 것이다. 이 같은 불완전성은 인간이 도덕적 이성과 경향성 간의 갈등에서 전적으로 자유롭지 못하다는 것을 의미한다. 때문에 인간이 지닐 수 있는 덕 역시 결코 완전한 것일 수 없다. 아무리 강인한 덕을 소유한다 하더라도 그것은 언제나 불완전한 인간의 덕일 뿐이다.

칸트는 분명하고도 단호한 어조로 "언제든 인간이 있을 수 있는 도덕적 상태는 덕, 즉 투쟁 중에 있는 도덕적 심정이지, 의지가 완전한 순수한 심정을 소유하고 있다고 생각되는 신성성이 아니다."(VII:207)라고 말하고 있다. 덕의 관점에서 보면, 선의지는 상대적으로 덕의 결여 혹은 결핍일 수는 있어도 결코 악이

---

97) H. Allison, *Kant's Theory of Freedom*, 163.

나 악덕은 아닌 것이다.

　유한한 인간의 선의지는 근본적으로 도덕적 행위의 가능성은 갖고 있지만, 그 자체만으로 도덕적 의무를 능히 실행할 수 있는 힘을 갖고 있는 것은 아니다. 이를 위해서는 그만한 힘을 지녀야만 한다. 말하자면, 의무에 따른 행위를 하려면 이에 반하는 경향성의 저항이나 유혹에 굴하지 않고 온전히 의무에 따라서 행위 할 수 있는 힘을 가져야 하며, 그 저항의 크기가 크면 클수록 그에 비례하는 더 큰 힘을 지녀야 한다. 개념적으로 선의지는 의무에 따른 행위를 하려는 동기를 갖는 의지에 대한 표현이지 힘의 크기에 대한 표현은 아니다. 의지가 갖는 동기에서 하려는 행위가 실제로 실행되려면 그 의지는 자연적 경향성에서 기인하는 다양한 저항이나 유혹으로부터 벗어나서 도덕적 실천을 낳을 수 있는 그런 의지가 되어야 한다. 이런 의지력 내지는 강한 힘을 갖추고 있는 의지가 바로 칸트가 말하는 덕이다. 즉, 저항이나 유혹에 굴하지 않는 선의지가 곧 덕 또는 덕의지인 것이다. 이 덕의지는 도덕적 소질이기는 하나 각종 유혹에 굴복할 수도 있는 나약한 의지와 달리 이 같은 유혹에 저항하며 의무를 실행할 수 있는 굳센 의지로서 "유한한 이성적 존재자들의 변하지 않는 확고함"(VII:143)을 지닌다.

　무엇보다도 칸트적 의미에서의 덕을 갖추기 위해서는 인간 의지의 나약함을 극복하려는 힘이 요구된다. 또 의무를 이행하려는 노력과 용기가 필요하다.(VIII:537) 물론 칸트가 선의지를 말할 때 언제나 인간 의지의 나약함을 직접적으로 염두에 두고 있는 것은 아니다. 단지 개념적으로 선의지는 의지 자체의 도덕성을 규정하는 도덕적 존재의 능력으로 표현된다. 하지만 그것이 경향성과 대립할 경우 그 선의지가 약하거나 강하거나 하는 정도에 따라 의무의 이행 즉 도덕적 행위의 가능성은 달라진다. 그러나 인간의 자연적 성장이 말해주듯이 유한한 존재로서의 인간이라면 누구나 경향성의 유혹에 굴복하는 나약함 또한 지니고 있기에 덕의지를 인위적인 노력으로 더욱 굳세게 만들 필요가 있는데, 그것이 곧 칸트가 말하는 인간이 지녀야할 것으로서의 덕의무이다. 다시 말해서 덕의지는 도덕적 행위를 실천에 옮길 확고함을 갖춘 의지를 가리키며, 따라서 이같은 덕의지를 가져야 하는 것은 도덕적 행위자의 의무인 것이다.

이와 같은 선의지와 덕, 그리고 덕의지와 덕의무는 모두가 하나의 동일한 의지에 뿌리를 두고 있다. 덕이 덕의지로서 비도덕적 행위에의 온갖 유혹을 이겨내고 도덕적 의지의 굳센 실천력이라면 그것은 곧 선의지의 실제적 구현에 다름아니다. 그런데 이 선의지는 인간의 도덕적 소질이라고 해서 필요할 때마다 언제나 필연적으로 발휘되는 도덕적 힘이 아니기에 그저 단순한 잠재적 능력으로아무런 실천력도 갖지 못하는 무력한 것으로 머물고 말 수도 있다. 칸트가 선의지의 계발을 거듭 강조하고 있는 것도 이 때문이다. 다시 말해 인간적 차원에서는 선의지의 지속적인 계발과 이에 따른 덕의 소유가 의무가 된다. 이 점에서 선의지와 덕의 본질적인 연관성과 차이점이 잘 드러난다.

선의지가 선험적인 도덕성이라면, 이 선험적 의지를 후천적인 연습과 습관을 통해 도덕적 의무를 실행할 수 있는 덕의지로 만들어야 하므로, 덕은 후천적인 도덕성이라 할 수 있겠다. 이와 같이 덕과 행위의 관계를 고려하면, 칸트가 "인간이 자신의 경향성에 의해서 만들어내는 방해물의 크기를 통해서 굳셈의 정도를 평가할 수 있다."(VIII:537)고 하듯이, 도덕적 행위의 실천 가능성도 이러한 의지의 능력의 강도에 비례할 수밖에 없다. 그리고 그 척도가 되는 것이 바로도덕적 의지의 굳셈으로서의 덕인 것이다.

4) 덕의무와 덕감정

그렇다면 이처럼 선의지가 도덕적 의지로서 갖게 되는 구체적인 실천력, 즉덕이란 실질적으로 어떻게 소유할 수 있는가? 칸트에 의하면 어떤 행위가 갖게 되는 도덕성은 단적으로 "무엇 때문에 했는가?" (VII:288)하는 동인에 의해 좌우된다. 그러므로 도덕성은 도덕적 동기 즉 선의지 위에서 출발해야 한다. 그리고 그것이 경향성의 저항을 물리치고 행위로서 나타나려면 저항의 강도에 따라서 그에 준하는 굳센 도덕적 의지의 힘 즉 덕이 요구된다. 경향성의 유혹이 세면 셀수록 이를 물리칠 수 있는 덕의 굳셈도 더 강해야 한다. 이렇게 저항에 비례하는 만큼의 덕이 요구된다는 사실 자체가 곧 인간 도덕성의 불완전성을 보여주는 것이며, 이를 극복하는 가운데 행위의 도덕성 역시 구현될 수 있다는 것을 의미한다. 그러므로 행위의 도덕성이 덕을 통해 실천되기 위해서는 나약한 도덕적 소질의 소유자, 도덕적으로 타락한 사람, 도덕적 교양이 없는 사람 등을 덕의지의 소유자로 만들어 한다. 칸트는 이들을 도덕적 선의 궤도로 이끌기 위해서는 우선 도덕적 동인이 완전히 사람의 마음 안에 자리 잡도록 하지 않으면 안 된다는 점을 강조하는데, 이를 가능하게 하는 구체적인 방법이 앞에서 언급한 도덕적 수양이다. [98]

이와 같이 칸트가 말하는 덕의지의 소유 내지는 덕성 형성 방법은 한편으로는 감성적 욕구에 지배되는 내적인 장애를 제거하고, 다른 한편으로는 "인간 안에 있는 선의지라는 근원적 소질을 계발" 하는 것을 겨냥한다고 할 수 있다.(VIII:576) 칸트의 관점에서는 인간은 도덕적이기 위해서는 덕의 소유자가 되어야 하며, 또한 우리 인간은 도덕적 존재이므로 인간은 마땅히 그러한 덕을 소유하지 않으면 안 된다. 그러므로 인간에게는 덕의 소유가 의무가 아닐 수 없다. 이른바 의무 윤리로서 칸트 윤리학의 또 하나의 근간이 되는 "동시에 의무인 목적" (VIII:512) 즉 '의지가 목적으로 삼아야 하는 의무' 로 정의되는 덕의무가 정립

---

98) 다시 언급하면, 칸트는 의인들의 본보기를 사례로 하여 가장 유효한 영향을 심성에 미치게 하는 '의무 존중 내지는 자각의 방법' (VII:293-4) 혹은 "의무로서의 의무의 순수한 법칙 중에 내재해 있는 동기의 힘을 생생하게 느끼도록 하는 것," (VII:296) "우리들의 내면에 있는 법칙으로서의 양심" (XII:756)을 우리들의 행위에 적용시키도록 하는 것, 더 나아가 이를 "습관으로 삼는 것" (VII:297)을 통해 도덕적 굳셈으로서의 덕을 굳건히 하는 길을 제시한다.

된다. 이처럼 덕의무의 덕은 인간이 마땅히 지녀야 할 것이기에 일종의 도덕적 강제의 성격을 갖는다고 할 수 있다.(VIII:522) 특히 칸트의 덕의무는 행위의 도덕성을 평가하는 정언명법의 형식성에 비교하면 그러한 행위의 도덕성을 낳을 수 있는 내면적 조건과 관계한다. 즉, 덕을 소유함으로써만 실제로 도덕적 행위를 할 수 있는 실질적인 구속력을 갖는 조건이다. 칸트에 의하면, 이러한 "덕은 단순한 소질(Ferigkeit)이 아니고, 도덕적으로 선한 행위를 설명하고 평가할 수 있는, 오랜 기간에 걸쳐 연습을 통해 획득된 습관(Gewohnheit)이다." (VIII:513) 그리고 "감성적으로 저항하는 일체의 동기를 극복하는 덕의 능력은 획득되어야만 하는 굳센 어떤 것이며, 이를 통해 도덕적 동기(법칙의 표상)는 우리 안에 있는 순수한 이성법칙의 존엄함이, 그러나 동시에 연습을 통해 고양된다." (VIII:528) 이렇게 고양된 의지, 덕의지는 끊임없는 도덕적 의무를 실천하면서 더욱 강해지게 되며, 이렇게 강해진 의지는 자기 자신에 대한 의무에 저항하는 경향성의 유혹을 물리치는 더 큰 힘으로 작용할 뿐만 아니라 이 경향성을 능히 제압하면서 타인에 대한 의무까지도 능히 행할 수 있는 실천력을 갖게 된다. 그런 점에서 칸트에게는 도덕적 삶이란 기본적으로 아리스토텔레스처럼 중용이나 조화가 아닌 경향성과 싸워야 하는 투쟁의 문제이며, 마찬가지로 실천적 지혜도, 정의도, 절제도 아니다.[99] 때문에 칸트에게는 용기와 같은 도덕적 굳셈으로 표현되는 덕 자체가 곧 결과적으로는 참된 지혜 또는 철학적 지혜인 셈이다.

그렇다면 덕의무의 주체로서의 덕의지는 감정, 특히 아리스토텔레스적 덕 윤리학에서의 덕감정과는 어떤 차이를 갖는가? 먼저 칸트의 덕의지는 아리스토텔레스의 덕 성품과 비교되는데, 전자는 덕의무를 수반하지만, 후자는 덕감정을 수반한다. 아리스토텔레스가 탁월성으로서의 덕을 성품 내지는 품성상태로 정의할 때, 그가 강조하고 있듯이, 이 덕 성품은 그 기능을 우연히 한두 번이 아니

---

99) O. O'Neill, "Kant's Virtues", 84.

라 언제나 탁월하게 발휘할 수 있으려면 지속성과 안정성을 가져야 하며,[100] 이는 제2의 본성으로서 후천적인 습관을 통해 연마되어야 한다. 그런데 앞서 지적했듯이 이 같은 덕 성품에는 기본적으로 그에 일치하는 덕감정 역시 수반된다. 습관을 통해 만들어지는 제2의 본성으로서 덕 성품의 형성에는 이미 습관화 과정에서 갖게 되는 관련 감정도 역시 동시에 수반하게 되는데, 다양한 상황이나 기회가 주어졌을 경우 그에 적합한 판단은 그와 관계하는 적합한 감정과 함께할 것이기 때문이다.

아리스토텔레스의 중용이론에 따를 경우, 많은 경우 하나의 행위가 요구되는 상황에서의 이성적 판단(또는 합리적 선택)과 성품이 지닌 특정한 덕감정은 역시 상호 수반관계에 있다고 말할 수 있을 것이다. 아리스토텔레스는 공포, 쾌락과 고통, 성냄과 관계하는 감정과 관련하여 습관을 통해 형성될 수 있는 성품으로 각각 중용의 덕(용기, 절제, 온화)과 과부족의 악덕(만용/비겁, 무절제/무감각, 성마름/목석같음)을 제시한다. 예를 들면 정의로운 유덕한 행위에는 그에 적합한 정의감이 동반되며, 마찬가지로 정의감은 정의로운 행위를 낳고, 정의가 요구되는 판단에는 그에 따른 정의감도 함께 하게 된다.

그러면 과연 아리스토텔레스가 말하는 이런 덕감정들은 어디에 그리고 어떻게 존재하는가? 가령 용기가 중용의 덕으로서 발휘되어야 하는 상황은 무수히 많을 수 있다. 반복된 행위로 인해 습득하게 되는 용기의 덕은 동시에 용기가 발휘되어야 하는 상황에 대한 인식적 판단을 요구하는데, 덕감정은 이 같은 다양한 상황마다 그에 적합한 용기에 수반되는 감정일 것이다. 하지만 우리는 덕과 감정 간의 이 같은 수반 관계를 확인할 객관적인 방도를 갖고 있다고 말하기 어려우며, 더욱이 이와 같이 감정이 처해 있는 상황은 또한 덕스러운 행위자의 합리적 선택과 덕감정 사이에 있을 수 있는 소위 '나약한 의지'(akrasia)의 문제까지

---

100) *The Nicomachean Ethics*, 1100b.

개입되면 사정은 더욱 복잡해진다. 그리고 이처럼 단일한 상황에서 덕과 감정의 상호 수반 관계와 반응을 일의적으로 확정할 수 없을 정도라면, 다양한 감정들 각각의 경우에 대해서는 사정은 더욱 곤란해질 것이다. 그럴 경우 아리스토텔레스의 덕감정은 그의 덕 윤리학에서 감정이 차지하는 비중과 역할의 중요함에도 불구하고 그 위치는 상당히 애매하거나 불확실해지게 된다. 왜냐하면 만일 어떤 덕 성품에 의거해서 이루어진 덕스러운 행위에 수반하는 감정이 그 자체로 그 행위에서 고유하게 활동하는 감정인지 아닌지에 대해서 재차 추가적인 판단을 고려해야 한다면, 그런 감정이 하는 역할이란 행위의 도덕성을 낳는 행위자의 유덕함을 인지하는 것을 더욱 어렵게 할 공산이 클 것이기 때문이다. 아리스토텔레스만이 아니라 덕의 우선성을 내세우는 현대 덕 윤리학의 경우도 이 문제를 해결하기는 어려워 보인다.

　반면에 원칙과 목적을 우선시 하는 칸트의 의무 윤리에서는 덕과 감정 사이에 이와 같은 문제가 발생할 가능성이 거의 없다. 칸트는 법칙에 대한 존경심으로서의 도덕적 감정과 같은 덕감정에 대해서 행위의 도덕적 동기로서 인정하면서도 그것을 행위의 도덕성을 평가하는 척도로 삼는 것은 배제하기 때문이다. 게다가 덕의무로서의 타인에 대한 의무와 관련해서 덕이 실현된 상태에서는 타인에 대한 사랑이나 존경과 같은 감정이 나타나는데(VIII:584),[101] 이런 덕감정도 언제나 덕에 뒤따르거나 덕에 의존적이며, 그에 대한 도덕적 평가 또한 전적으로 정언명법의 몫이다.

　그러나 아리스토텔레스가 추구하는 완전한 행복을, 그의 주장을 십분 수용해서, 덕에 일치하는 영혼의 활동으로서의 철학적 활동에서 찾는다면, 덕과 감정의 불협화음은 일정한 수준에 이르면 해소될 수도 있다. 가령, 일정한 수준에 이르게 되면 자연스럽게 말과 하나가 되어 능숙한 행위가 가능해지는 말타기의 경

---

101) 크리스틴 M. 코스가드, 『목적의 왕국』, 299.

우와 비슷하게 철학적 지혜를 통해 자동적으로 해결될 수도 있을 것이기 때문이다. 그러나 그와 같은 최종인 완벽한 삶에 도달하기까지 현실적 수준의 행복한 삶은 실천적 추론과 이를 감정과 행위를 통해서 표현하는 것이어야 하는 한,[102] 순수 사유, 합리적 숙고, 감정의 이성적 지배에서 중용의 덕과 관련한 감정의 역할과 지위에 대한 문제로부터 자유롭지 못하기는 마찬가지다. 이 같은 처지에 놓여 있는 인간에게 덕은 의무요 목표인 바, 언제나 경향성(감정)과의 갈등 속에 놓여 있을 수밖에 없기에 인간은 결코 완전한 덕에 이르지 못한다고 생각하는 칸트와 좋은 대조를 이룬다.

5) 덕과 감정

덕의무와 덕감정, 덕과 의무, 그리고 덕과 감정의 관계에서 칸트의 입장은 분명하다. 그 이유는 칸트는 감정이 행위의 도덕적 동기가 되는 경우와 단순히 행위의 동기가 되는 경우를 아주 명백하게 구분하기 때문이다. 칸트의 도덕이론에서 감정은 크게 두 종류로 분류할 수 있다. 하나는 아리스토텔레스와 대조를 이루는 넓은 의미의 덕감정으로서 법칙에 대한 존경심과 덕스러운 행위의 결과로서 주어지는 감정들이 이에 속한다. 다른 하나는 덕감정을 제외한 감정들, 즉 감성적 감정들로서 경향성에 근거를 둔 일체의 감정들이 이에 속한다. 이를테면 동정심이나 자비심 같은 감정들도 이에 포함된다. 그러나 사랑이나 우정 또는 동정심이나 자비심처럼 도덕적 행위의 가능성을 높이거나 수월하게 해주는 감정이나 혹은 그 반대로 경향성에 이끌려 도덕적 실천을 어렵게 하는 일체의 감정은 모두 '행위의 동기'는 될 수 있어도 '도덕적 동기'가 될 수는 없다. 오히려 이런 감정들은 도덕적 행위 수행에 방해가 되지 못하게 하거나 도움이 되도

---

102) R. Kraut, *Aristotle on the Human Good*, 321.

록 순화되어야 할 필요가 있는데, 덕이 그 같은 힘을 더 크게 지니면 지닐수록 덕의지는 그만큼 경향성에 휘둘리는 감정의 영향으로 자유로워지게 된다. 이 점에 주목하면, 아리스토텔레스의 덕감정은 덕과 감정이 상호 수반하는 관계인 반면, 칸트의 경우에는 철저한 종속 관계라고 할 수 있다.

칸트적 의미에서 굳센 의지가 가질 수 있는 덕감정은 아리스토텔레스의 덕감정과는 전혀 다르다. 전체적으로 칸트의 덕감정에서 감정은 행위의 도덕성을 규정하지 못하며, 기껏해야 행위의 주관적 동기로서 작용할 수 있을 뿐이다. 반면에 아리스토텔레스의 덕감정은 그 자체가 행위의 도덕성을 규정하는 도덕적 동기로 작용한다. 따라서 이 경우에 감정은 그 자체만으로도 도덕적 자격을 갖는다. 칸트는 도덕적 감정과 같은 덕감정은 아니지만, 덕이 실현된 상태에서는 타인에 대한 사랑과 존중과 같은 감정이 나타난다고 생각하는데, 이런 것도 일종의 덕감정이라 할 수 있다. 이런 감정들은 도덕적 행위의 직접적인 구체적 실현 여부와는 상관이 없는 도덕적 감정과 달리, 반드시 도덕적 행위를 직접적으로 실천한 결과로서 주어지는 것들이라는 점에서 차이가 있다. 그러므로 법칙에 대한 존경심으로서 도덕적 감정을 제외하면 칸트의 덕감정은 어떠한 경우에도 도덕적 행위의 원인과 동기가 아니라 결과로서 주어지는 것이며, 그 역은 결코 될 수 없다. 이것은 아리스토텔레스 및 덕 윤리학에서 강조하는 덕과 감정의 관계와 전적으로 다르다.

행위와의 관계에서 칸트와 아리스토테렐스의 감정은 그것이 도덕적 행위를 낳는 역할에 있어서는 상이한 지위를 갖는데, 이는 근본적으로 도덕적 행위의 주체로서 인간에 대한 상이한 이해에서 기인한다고 할 수 있다. 아리스토텔레스의 인간은 이성적 인간으로서 감정이 구체적 역할을 하는 하나의 현실적 통일체로 파악되고 있지만, 칸트의 인간은 이성적 존재자로 감정이 구체적인 도덕적 내용을 갖지 못한다. 때문에 감정의 지위와 역할을 적극적으로 인식하고 있는 아리스토텔레스에게 도덕이 현실적 인간의 실천 규범이라면, 이성과 감정을 분리하여 감정의 소극적 내지는 부정적 지위와 역할을 강조하는 칸트에게 도덕 은 이성적 존재자의 실천 규범이다.

7. 이성 도덕과 감정 도덕

1) 칸트와 흄

칸트와 흄에 따르면, 보편적 도덕판단을 내릴 때 우리는 불변하는 고정된 도 덕적 기준에 따라서 그렇게 한다. 그렇다면 도덕판단의 보편적 관점은 어떻게 가능한가? 이성주의자 칸트와 경험주의자 흄은 보편성과 객관성에 대한 이해 방 식은 달랐지만 그들 모두 원칙적으로 행위의 도덕성을 판정하는 도덕판단은 불 변하는 도덕적 기준에 입각한 보편적 관점 아래서 이루어진다고 주장했다. 칸트 는 이성 도덕의 입장에서 법칙수립적인 도덕적 이성 혹은 도덕적 의지의 법칙을 통해서, 그리고 흄은 감정 도덕의 입장에서 인간의 자연적 경향성으로서 공감 혹은 자비심과 같은 인간애의 도덕 감정을 통해서 그것이 가능함을 보여주려 했 다. 그런 점에서 이성 도덕과 감정 도덕, 합리주의와 경험주의, 형식주의와 회의 주의와 같이 서로 대립되는 평가를 받고 있으면서도 도덕판단과 도덕적 추론의 성격에 대해서 칸트와 흄은 공통점을 지니고 있다.[103]

이하에서 나는 '일반적인 도덕적 관점'을 포함하는 인간적 도덕성의 이해는 단순히 흄이 주목하고 있는 "반성적 자세(reflective stance)"[104] 혹은 반성을 통한

---

103) Elizabeth S. Radcliffe, "Kantian Tunes on a Humean Instrument: Why Hume is not Really a Skeptic About Practical Reasoning", 247-70.

104) Elizabeth S. Radcliffe, "Kantian Tunes on a Humean Instrument: Why Hume is not

'공감적 감정의 교정'이나, 칸트가 내세우는 순수한 이성적 법칙과 원리만으로는 불가능하며, 그것은 칸트의 실천이성의 관점을 수용하면서 도덕적 의지 혹은 도덕적 이성이 감정과 맺고 있는 본질적인 내재적 작용과 연관을 포함하는 것이어야 한다고 주장한다. 그것은 곧 감정 자체에 도덕성을 낳는 질적 내용이 포함되어 있으며, 이러한 가치 감정에 주목해야만 칸트의 도덕법칙의 형식성도 내용을 갖게 되며, 또 그 질적 내용에 도덕판단 역시 제약되어야 한다는 것을 의미한다. 또 그것은 도덕판단의 적용 대상이 갖는 감정적 요소가 우리의 도덕판단을 제약하며, 따라서 정언명법의 타당성과 적용 가능성은 대상 자체가 지니고 있는 가치 내용과 상관적이어야 하며, 이는 곧 정언명법의 적용이 무차별적 보편타당성이 아니라 특정한 처지 놓인 사람과 같이 구체적 대상과 내용을 갖는 대상 상관적 타당성이어야 한다는 것을 의미한다.

2) 칸트의 이성 도덕과 흄의 감정 도덕

도덕판단이 객관적이기 위해서는 옳고 그름, 좋고 나쁨 등 도덕판단의 기준이 특정한 한 개인 혹은 일부의 주관적 판단에 제약되지 않는 독립적으로 존재하는 것이어야 한다. 그리고 그것이 또한 보편적이기 위해서는 어느 한 개인이나 특정한 사람들만이 아닌 모든 사람에게 타당해야 한다. 이와 같은 조건이 함의하듯이 객관성과 보편성에 대한 요구는 어느 한 특정한 사람이나 집단의 관점에서 독립해서 동일한 조건의 모든 사람에게 타당해야 한다는 것이다.

칸트의 이성 도덕은 행위의 도덕성을 판정하는 도덕 원칙은 어떤 경우에도 감정에 기초해서는 안 된다. 만일 도덕판단의 근거를 감정에 둘 경우 그것은 행위의 구속력을 낳는 도덕적 필연성과 객관적 보편성을 갖지 못하기 때문이다.

Really a Skeptic About Practical Reasoning," 263.

이렇듯 칸트에게 감정은 행위의 도덕성에서 철저하게 배제된다. 실제로 엄밀한 의미에서 정언명법으로 정식화되는 도덕법칙 즉 형식적으로 규정된 순수한 도덕적 이성이 존재한다는 것을 증명하고 있는 『도덕형이상학 정초』와 달리 『실천이성비판』은 '경험적 실천이성 비판 혹은 순수한 실천이성의 잘못된 경험적 사용에 대한 비판'이다. 칸트에게 실천이성은 도덕적 이성 혹은 도덕적 의지와 동일한 의미를 갖는데, 경험적 실천이성 비판이란 곧 도덕적 의지의 실천적 사용에 있어서 그러한 의지가 잘못 사용되는 경우를 검토함으로써 올바른 이성 사용이 어떤 것인지를 보여주려는 것이다. 이때 칸트가 가장 경계하는 것이 바로 실천이성의 도덕적 사용에서 비도덕적인 것들이 행위의 도덕적 동기로 사용되는 것이며, 그 중에서 가장 대표적인 것들이 일체의 감정적 요소들이다.

그러나 칸트의 이성 도덕은 감정에 대해서 이중적 입장을 취한다. 왜냐하면 감정은 한편으로는 도덕성을 정초하는 토대 작업에서는 철저하게 배제되지만, 다른 한편으로는 구체적인 도덕적 실천 행위에서는 제한적이기는 하지만 행위자 관점에서는 적극적으로 고려되기 때문이다. 칸트의 감정에 대한 견해를 따르면, 감정의 종류를 두 가지로 나눌 수 있는데, 하나는 도덕적 감정이며, 다른 하나는 도덕 감정 이외의 감정들이다. 전자는 법칙에 대한 존경심과 같이 의무에서 행하는 동기의 도덕성으로서 이성법칙이 감성에 영향을 미친 결과로서 생겨나는 감정이며, 후자는 엄밀히 말해서 도덕과 무관한 감정들이다. 하지만 후자의 감정들 중에는 '행위의 도덕적 동기'가 될 수는 없지만 '도덕적 행위의 동기'는 될 수 있는 그런 감정들이 존재하는데, 바로 이 때문에 칸트는 이런 감정들의 중요성을 강조한다.

이 후자의 감정들, 이른바 비도덕적 감정들도 이런 점에서 다시 두 가지로 구분할 수 있다. 하나는 그 자체로는 도덕과 무관한 감정이지만 도덕적 행위를 위해서는 중요한 감정들이다. 칸트가 들고 있는 대표적인 감정들로는 감성의 존적 감각으로서 특정 감정을 느낄 수 있는 감각의 특성이라 할 수 있는 감수성 (Empfänglichkeit)의 구체적 표현인 동정심, 자비심, 연민, 명예심 등을 들 수 있다. 다른 하나는 도덕적 행위에 전혀 기여하는 바가 없거나 일상적 의미에서 오히려 행위의 나쁜 동기가 되는 본능적이며 충동적인 이기적 감정들이다. 칸트적 어법에 따른다면, 전자를 긍정적인 감정들, 후자를 부정적인 감정들이라 부를 수 있겠다. 그러나 이것들은 모두 칸트의 고유한 의미에서 경향성(Neigung)에 속하는 감정들이다. 경향성에 속하는 감정들이라 함은 이런 감정들은 어떤 감정이든 그 자체만으로는 결코 '행위의 도덕적 동기'가 될 수 없는, 비도덕적인 것들이다. 이 중에서 긍정적 감정들은 도덕적 행위를 선택하고 실천하는데 중요한 기여를 할 수 있는 감정들인데, 칸트의 표현을 빌리면, "실천이성과 그 법칙을 통해 작용하는 자유로운 선택의지의 감수성"(VIII:531)을 작용케 함으로써 행위의 도덕성을 낳는데 기여한다. 이러한 칸트의 긍정적인 감정들은 흄의 도덕 감정론에서는 도덕적 감정들이다.

흄의 감정 도덕은 칸트가 간 길과 정반대 방향으로 나아간다. 흄은 전통적인 이성 중심의 윤리를 전면적으로 그리고 원천적으로 거부한다. "이성은 정념의 노예이다."(T:415)라는 강력한 선언처럼 흄은 이성과 감정의 관계에서 철저하게 감정 중심의 도덕을 내놓는다. 흄에 따르면, 도덕감이 하는 도덕적 승인이나 불승인 등의 도덕판단에서 이성은 도덕적 행위의 최종 결정권자가 아니다. 흄은 "이성과 취미의 분명한 경계와 직무는 쉽게 확인된다. 전자는 참과 거짓의 지식을 전해주며, 후자는 미와 추, 덕과 악덕의 감정을 부여한다."(E:88)고 말한다. 이성은 도덕판단에서 사실적 지식이나 사실 관계에 관한 추론적 결과에만 관여하는 2차적 역할을 담당한다. 가령, '흡연은 건강을 해친다.' 혹은 '흡연은 주변에 있는 타인의 건강을 해친다.' 와 같은 사실 판단의 경우에 여기에는 담배 성분이 보여주는 일련의 신체적 반응과 같은 사실에 대해서 이성이 하는 판단이 포함되어 있다. 그러나 이러한 사실에 관한 판단만으로는 금연을 해야겠다는 도덕판단 및 도덕적 실천이 이루어지는 않는다. 그것이 실제로 일어나려면 우리의 마음에 쾌락과 고통에 대한 반성 인상으로부터 도덕적 시인이나 부인의 감정이 생겨야 하며, 그때야 비로소 그것은 도덕적 실천을 낳을 수 있는 도덕판단이 된다.

그런데 흄은 그 자체가 도덕적 정념인 도덕감이 갖는 시인이나 부인의 감정 과 같은 도덕판단에는 언제나 보편적 관점 즉 "변함없는 일반적 관점들" 이 포 함되어 있다고 주장한다.(T:581-2) 먼저 이 도덕적 시인의 감정판단은 칸트의 것 과 같은 객관적 필연성이 아니라 행위자에게 '유용한' (useful) 성질 및 다른 사람 에게 '호감을 주는' (agreeable) 성질에 대한 판단이며(T:588),[105] 그리고 이런 특정 한 사태와 관계하는 개별적인 감정판단을 보편판단으로 만들어주는 것이 공감 (sympathy)이다. 흄이 말하는 공감 역시 하나의 감정인데 이는 우리의 감정판단 을 보편 판단으로 만들어준다는 점에서 인간 본성에서 발견되는 가장 강력한 도 덕적 토대가 된다. 이는 우리의 본성에서 작동하고 있는 일종의 도덕적 심리 기 제라 할 수 있다. 우리가 동정심, 자비심, 연민 등과 같은 감정을 통해서 타인과 기쁨이나 슬픔을 함께 느낄 수 있는 것도 이 공감의 작용 덕분이다. 그러므로 흄 에게 이 공감의 원리는 곧 보편적인 도덕성의 원리다. 다시 말해서 쾌락과 고통 에 대한 반응인 도덕적 시인/부인과 같은 도덕감이 한 개인이 갖게 되는 근원적 직감이면서 하나의 개별적도덕판단과 관계한다면, 공감은 개인을 뛰어 넘어 모 든 사람과 함께 하는 보편적인 시인/부인의 감정이자, 흄이 말하는도덕판단의 보편적 관점을 가능하게 해주는 근원 감정이다. (T:618-9)[106] 그리고 유용하거나

---

105) Elizabeth S. Radcliffe, "Kantian Tunes on a Humean Instrument: Why Hume is not Really a Skeptic About Practical Reasoning," 264.

106) 흄이 제시하고 있는 공감의 작용방식을 간단하게 요약해보면 다음과 같다: 우리가 최초 에 어떠한 사람의 행위를 통해서 어떤 정념의 결과를 지각하게 되면, 그 결과로부터 그 원인으로 진행해서 내 안에서 그 정념에 해당하는 매우 생생한 관념을 형성하게 되고, 이 로부터 그 관념은 곧 내가 느끼는 정념 자체로 전환된다. 이렇게 해서 나는 그가 느끼는

호감을 주는 "윤리적 덕들에 대한 우리의 승인은 공감으로부터 즉각적으로, 본능적으로 일어난다."[107] 이런 반응은 발생적으로 인간 본성의 자연적 경향성의 표현이면서 또한 인간의 자연적이면서 보편적인 감정이기도 하다. 흄은『인성론』에서는 자비심을 동정심과 같은 하나의 특수한 감정으로 보지만,『도덕원리연구』에서는 그 자체가 공감의 원리와 대등한 것으로 해석한다. 이렇게 인간 본성에서 발견되는 공감에 기초해서 우리의 의식적 도덕판단에 "불변적 일반 기준"(T:603)이라는 관점이 작용하게 된다.

그러나 공감만으로는 이 같은 보편적 관점은 지속적으로 유지될 수 없다. 흄 스스로 밝히고 있듯이 공감의 감정은 자신과 친하거나 가까운 사람일수록 더 강해지며, 모르거나 멀리 떨어진 사람일수록 약하게 작동하는 경향이 있기 때문이다.(E:49) 이러한 공감의 가변성과 편파성을 해소하기 위해서 흄은 반성적 상상력에 의한 '공감의 교정(correcting)'이라는 장치를 도입한다. 이런 과정을 통해서 자연적 덕으로서의 공감은 인위적인 공평한 덕으로 바뀌며, 최종적으로 보편적 관점을 유지하게 된다는 것이다. 하지만 이런 교정만으로 어떻게 그러한 보편적 관점이 유지될 수 있는지가 여전히 문제로 남는다.

3) 실천이성과 감정, 의지와 공감

칸트의 이성 도덕과 흄의 감정 도덕은 모두 보편적 도덕판단이 존재하며, 그것이 실제로 행위의 도덕성을 평가하는 도덕판단의 특징이라고 주장한다. 칸트는 이를 실천이성, 즉 도덕적 이성 혹은 도덕적 의지의 원리를 통해서, 그리고 흄은 공감의 원리를 통해서 그렇게 했다. 보편판단의 도덕적 토대가 되는 흄의 공

정념과 유사한 정념을 느끼게 된다.

107) V. Kruse, *Hume's Philosophy in his Principal Work, A Treatise of Human Nature and In his Essays*, 62-3.

감은 자연적 감정으로서, 그것이 안고 있는 가변성과 편파성은 불변하는 일반적 관점의 유지를 위해 상상력에 의한 "반성"(reflection)을 통해서 교정이라는 절차를 필요로 한다.(T:582-3) 하지만 이런 교정 절차란 구체적으로 어떤 것이며, 과연 보편적 관점을 유지시켜 줄 수 있는가? 흄의 감정도덕론에서 공감의 교정에 작용하는 반성 개념의 역할을 조명해주고 있는 양선이의 평가처럼 반성과 상상력에 의해 이루어지는 공감의 교정, 그리고 이를 통해 도덕판단의 보편적 관점을 갖게 됨으로써 설사 흄의 반성 개념이 이성주의자들이 말하는 논증적 추론을 하는 능력이 아니라 꾸준히 형성된 습관을 바탕으로 갖게 된 느낌에 대한 2차적 반추 능력이라고 하더라도,[108] 그것만으로 보편적 관점이 지속적으로 유지된다고 보기 어렵다.

자비심의 경우를 좀 더 면밀히 검토해보자.[109] 흄에게 만일 자비심이 근원적인 보편적 감정이면서 동시에 그 자체로 보편적 도덕판단으로서 평가 작용을 하는 감정이라고 한다면, 우리는 다음과 같이 물을 수 있다. 도덕감처럼 도덕적 분별력을 갖는 자비심이 발휘될 때 이러한 감정판단이 보편적 도덕판단이 될 수 있도록 해주는 것은 자비심 자체 인지, 다시 말해 아니면 공감의 교정과 같은 2차적인 반성적 절차가 필요한지, 그리고 또 그것으로 충분한지 등 자비심의 감정 작용에서 무엇이 일어나고 있는지가 설명되어야 한다. 하지만 흄은 그것을 보여주

---

108) 양선이, 「흄의 도덕 감정론에 나타난 반성개념의 역할과 도덕 감정의 합리성 문제」.

109) 흄은 『도덕원리연구』에서 자비심을 일반적 자비심과 특수한 자비심으로 구분한다: "자비심은 자연적으로 두 가지 종류, 즉 일반적 자비심과 특수한 자비심으로 분류된다. 전자는 당사자에 대해서 어떤 친애나 친분이나 존경심도 없음에도 단지 그 사람에게 일반적 공감을 느끼거나 혹은 그 사람의 고통에 대해서 동정심 같은 것을 느끼는 경우다. 후자의 자비심은 덕에 대한 여론, 즉 우리에게 행해진 봉사나 어떤 특수한 친분에 토대를 두고 있다. 이 두 감정은 인간의 본성 안에 실재하는 것으로 받아들여져야 한다. 그러나 그것들이 자기애에 대한 훌륭한 고찰을 통해 해결될 지 여부는 중요한 문제라기보다는 어려운 문제다. 전자의 감정, 즉 일반적 자비심, 혹은 인간애, 혹은 공감의 감정을 앞으로 자주 다룰 기회를 갖게 될 것인데, 나는 이것을 어떤 다른 증명도 없이 일반적인 경험으로부터 실재하는 것이라고 가정한다." (E:90n60) 이 글에서 보편적도덕판단과 관계하는 자비심은 흄의 이 저서의 인용은 "E"로 줄임.

지 못했다. 실제로 다음과 같은 사건 E를 생각해보자.

밤늦게 귀가한 20대 청년 C는 어두운 빈 방에서 물건을 훔치고 있는 50대 강도 B를 발견하자 폭력을 사용하여 제압했다. 일반인 A는 폭력을 동반한 과도한 제압으로 인해 B를 식물인간 상태에 빠뜨린 C에게 실형이 선고된 보도를 듣게 된다. 그런데 A는 B가 도둑 행각을 벌일 수밖에 없었던 참으로 딱한 처지에 대해서 듣게 되자 전보다 더 큰 동정심이 생겨서 그를 돕고 싶거나 불쌍히 여기는 마음과 함께 C의 대처가 너무 심했다는 생각도 하게 된다. 그러다 이번에는 반대로 당시 도둑이 든 그 방에 C의 어머니가 계신다고 생각한 A가 너무 황급한 나머지 어머니를 보호하기 위해서 B를 격하게 제압하다 그리 되었다는 것을 알고는 실형을 선고받은 A를 동정하게 된다. 그리고 아무리 처지가 어려워도 그런 짓을 해서는 안 된다며 B에게 큰 분노를 느꼈다.

흄의 공감 이론이나 자비심의 원리에 따를 경우, 우리는 사건 E에 대한 보편적 도덕판단을 내리기가 쉽지 않다. 우리는 B 혹은 C의 입장에 대해서 공감할 수 있으며, 또 양자 모두와 관련해서 자비심이 발휘되는 것도 느낄 수 있다. 그러나 보편적 도덕판단이 일관되게 유지된다고 하기는 어렵다. 이 예에서 보듯이 개별적 상황에서 개별적 판단으로서 작용하는 공감이나 자비심의 보편적 관점은 수시로 바뀔 수 있다. 한 번은 B에게, 또 한 번은 C에게 쏠릴 수 있다. 더욱이 공감의 기제 아래 도덕적 시인의 감정을 일으키는 덕들 즉 특수한 도덕적 성질들에 대한 개별적 도덕판단들이 보편적 관점 아래서 객관적 판단이 되기 위해서는 사회적 내지는 공적 유용성의 측면에서도 최소한 일정 기간 동안 그러한 판단들을 유지할 수 있는 불변하는 기준이 마련되어 있어야 한다.

그러나 이러한 상대적 혹은 사회적 객관성조차도 사건 E에서 보듯이 보편적 관점의 변경 가능성 아래서는 그 또한 장담할 수 없다. 흄의 덕의 목록에는 '우리 자신에게 유용한 성질들'(분별력, 주의력, 진취성, 근면, 검소, 절약, 강직, 양식), '다른 사람에게 유용한 성질들'(자비심, 정의, 성실), '우리 자신에게 호감을 주는 성질들'(쾌활, 품격, 용기, 침착), '다른 사람에게 호감을 주는 성질들'(친절, 겸손, 관대) 등이 포함되는데,(E:51-72) 이들 덕들은 공감이나 인간애와 같은 도덕성의 원리 내지는 근본 감정과 결합해서 보편적 관점의 도덕판단으로 확대된다. 하지만 흄의 생각과는 반대로 앞서 예시한 바 있는 자비심의 사례를 통해서 알 수 있듯이 단순히 감정이기만 하면서 또한 반성적 교정만을 허용하는 공감의 가변성과 편파성은 불변하는 고정된 도덕적 기준에 따라서 내리려 하는 보편적 도덕판단에의 요구와 양립하기 어렵다.

그런데 위의 예를 통해서 우리가 주목해야 할 것은 흄이 간과했듯이 실제로 A의 자비심이 B와 C의 판단에서 실질적으로 발휘되는 판단은 단순한 감정적 반응이 아니라 인식적 가치 판단이면서 의지적 욕구를 포함한다. 왜냐하면 동일한 감정이 하나의 판단에서 다른 하나의 판단으로 변경 가능하다는 것은 그와 같은 판단에 이미 가치 판단이 포함되어 있다는 것을 의미하며, 또한 우리는 그와 같은 판단이 변함없이 유지되기를 동시에 의욕하고 있어야 한다. 그렇지 않다면 우리는 그러한 판단을 하면서도 그 각각의 판단이 다른 가치를 갖거나 다른 구속력을 갖는 도덕판단이라는 것을 스스로 부정하는 것이 될 것이기 때문이다. 그러므로 흄이 간과했지만 그 역시 이 점을 부분적으로는 분명히 인지하고 있었다고 생각된다.

도덕감에 기초를 두고 있는 흄의 도덕적 공감은, 도덕적 분별력의 표현이면서 반성적 상상력을 통한 공감의 교정을 필요로 한다는 생각이 함의하듯이, 이미 다른 감정판단을 욕구하고 있는 판단임에 분명하다. 이는 한편으로는 흄을, 다른 해석의 여지가 있지만, 도덕적 인지주의자로 볼 수 있는 대목이다. 강한 인지주의 입장에 따르면, 감정은 평가적 판단이라는 명제적 사고를 포함한다.[110] 그러나 더 나아가 또한 다른 한편으로는 이제 우리는 보편적 도덕판단의 가능성은 흄이 생각한 것처럼 인식적 가치평가 판단만으로는 불충분하다는 것도 알게 되었다. 즉, 자비심에 기초한 A의 B와 C에 대한 판단에 있어서 판단 1에서 판단 2로의 이행에는 인식적 판단 이상의 요인, 즉 다른 감정판단의 선택을 가능하게 하는 의지적 요소가 추가되어야 한다. 보편적 도덕판단이 유지되기 위해서는 판단 1과 판단 2 또는 추가적인 판단들을 묶어 주거나 그들 중에서 어떤 하나를 선택하는 것이 가능해야 하며, 이러한 선택적 판단이 가능하려면 능동적 감정과 같은 의지적 요소가 있어야 하기 때문이다. 그렇지 않다면 원망이나 의도와 같은 것을 포함하는 판단은 단순히 논리적이거나 형식적인 추론의 결과로서 감정에 덧붙어 있는 부산물에 불과한 것이라 해야 하며, 보편적 도덕판단 역시 일시적인 감정적 변화의 반영에 그치게 될 것이다.

따라서 도덕적 분별력으로서 공감이나 자비심이 하는 감정판단에는 엄밀한 의미에서 순전히 인식적 감정판단만이 관계하는 것이 아니라 가치판단, 의지적 감정판단이 함께 작용하고 있다고 보아야 한다. 이처럼 도덕적 감정은 "판단, 원망, 의도가 함께 작용하고 있는 복합체"라 할 수 있다.[111] 흄은 자신의 통찰을 이 지점까지 밀고 나아가지 못했다.

칸트 역시 흄과 정반대의 관점에서 감정이 보편적 도덕판단에서 하는 역할을 충분히 고려하지 못하고 있어 보인다. 칸트에게 도덕적 감정은 법칙에 대한 존경심과 같은 감정 즉 의무에 대한 존중에서 비롯된 동기 이외에는 어떠한 감정도 그 자체로는 도덕적 동기가 될 수 없다. 그 좋은 예로 의무가 아니라 동정심에서 타인에게 자선을 베푸는 사람의 경우를 들 수 있다.(VII:23-6) 이 사례는 칸

---

110) 양선이, 「감정진리와 감정의 적절성 문제에 대한 고찰」, 136.

111) Robert C. Solomon, "Emotionen, Gedanken und Gefühle: Emotionen als Beteiligung an der Welt", in *Philosophie der Gefühle*, (Hg.) Döring, Sabine A., 148.

트가 객관적으로 보편타당한 도덕성의 원리로서 의무의 법칙을 정당화하기 위해서 도입한 것이다. 칸트에게 경향성에서 비롯되는 감수적 감정들은 어떤 경우에도 도덕법칙의 동기가 될 수 없다. 도덕법칙은 일체의 감정적 요소들을 배제한 도덕적 의지의 순 형식적 규정이다. 그러면서도 우리의 행위에 대한 구속력을 갖는 보편적 실천법칙이다.

그런데 우리가 도덕적 행위를 하려면 왜 그런 행위를 해야 하는지를 느끼거나 알고 있어야 한다는 것이 앞서 전제되어야 할 것이다. 말하자면 우리는 처음부터 아무런 실제적인 자극 내지는 경향성과의 충돌이나 반응 없이 혹은 우정이나 조건 없는 희생처럼 그 자체로 가치를 갖는 감정을 갖지 않고서 오로지 의무에 대한 존중만으로 그 행위를 왜 하려고 하며, 또 해야 하는지 알 수 없다. 따라서 절대적으로 타당한 보편법칙이 어떻게 발견 가능하며 동시에 행위의 구속력까지 가질 수 있는지와 관련해서 제일 먼저 우리에게 나타나는 것은 법칙 혹은 법칙의 형식이 아니다. 아예 처음부터 맹목적으로 의무에서 하는(aus Pflicht) 행위만이 도덕적 행위이므로 무조건적으로 그렇게 해야 한다는 것을 자동적으로 알게 된다고 말할 수는 없기 때문이다. 법칙과 의무를 매개해 주는 감정, 즉 그 자체로 도덕적 가치를 갖는 실질적인 감정적 동기가 필요하다. 나는 인간 존재에게서 특수하게 발견되는 이성적 공감과 같은 능력이 그와 같은 역할을 한다고 생각한다.

칸트 역시 선의지의 존재를 증명하기 위해서 "의무 개념이 선의지의 개념을 자신 속에 포함하고 있다"(VII:22)고 주장할 때 그것이 이기적 동기를 낳는 경향성과 상충하기에 우리가 의무의식을 가질 수 있는 것임을 밝히고 있으므로 이로부터 이성적 공감 같은 매개적 감정을 예상하고 있다고 추정할 수 있다. 다만 칸트의 문제는 도덕적 관점에서 의무와 경향성 혹은 이성과 감정을 원리적으로 전혀 대립적이며 상극적인 성향이거나 기껏해야 도덕적 의무 이행을 수월하게 해주는 역할 정도로 파악하고 있다는 데서 생긴다. 이는 감정과 같은 요소를 포함하는 어떤 법칙도 그 순수성을 훼손시키며, 따라서 도덕을 개인의 이기적 준칙들 아래에 놓이게 하는 용인할 수 없는 결과를 초래한다는 가정과 믿음에서 비롯된 것이다. 도덕법칙의 순수성을 증명하기 위해서 칸트는 심지어 다음과 같이 말한다: "법칙이 어떻게 자신에 대해서 그리고 직접적으로 의지의 규정 근거가 될 수 있느냐(이는 모든 도덕성에 본질적인 것이다) 하는 것은 인간의 이성으로는 풀 수 없는 문제이며, 이는 자유의지가 어떻게 가능한가 하는 문제가 그러한 것과 같다." (VII:192)

그렇다면 경향성의 감정은 도덕법칙이 갖는 규범적 정당성과 관련해서 선의지를 의식 내지는 자각할 수 있도록 단지 부정적 계기로서만 작용하는 것인가? 만일 그렇다면, 칸트는 이기적 감정들과 이타적 감정들을 어떻게 구별할 수 있는지, 그리고 그 각각의 감정들이 우리의 도덕적 행위와 관련해서 어떤 작용을 하는지 혹은 구별 없이 모두 배제되어야 하는지 설명해야 한다. 그러므로 도덕판단에서 인간의 경향성 혹은 감성에서 기인하며, 부정적이든 혹은 긍정적이든 행위의 실질적 동기로서 작용하는 감정의 역할에 대해서 좀 더 충분히 고려했어야 했다. 그럼에도 칸트는 '행위의 도덕적 동기가 아니라 도덕적 행위의 동기'로서 긍정적인 감정들이 하는 역할들을 강조하면서도 너무 성급히 도덕적 이성의 법칙으로서 도덕법칙과 정언명법을 정당화하는 데로 나아갔다.

4) 보편적 관점과 도덕적 이성

행위의 구속력을 갖는 도덕판단의 보편적 관점이 가능하기 위해서는 감정과 의지 및 이성의 내재적 작용 관계가 올바로 파악되어야 한다. 이러한 판단 작용과 관련해서 개별적 도덕판단과 보편적 도덕판단을 구분할 필요가 있다. 흄의 공감의 원리로부터는 보편적 도덕판단의 가능성을 증명할 수 없었는데, 그가 말하는 도덕판단의 보편적 관점은 일시적이거나 제한적 의미에서만 허용된다. 더욱이 흄은 의지에 능동적 힘을 부여하지 않기 때문에 의지와 무관한 개별적 도덕판단은 우리의 정념을 통제할 수 없으며, 공감 역시 편파성의 제약을 받는 이상, 이러한 조건에서 성립하는 보편적 관점은 유지되기 어려우며, 더욱이 보편적인 행위 구속력을 가질 수도 없다. 다시 말해서 공감 혹은 자비심의 보편성은 그것이 문자적 의미에서 단순한 감정이기만 하다면 보편적 관점의 허용 및 유지를 불가능하게 만든다.

　이제 보편적 관점의 가능한 대안은 흄이 인지하고 있었으나 충분히 통찰하지 못한 공감이나 자비심의 경우처럼 감정에 함께 작용하고 있는 인식적 의지판단에 주목하는 것이다. 앞서 든 예에서와 같이 자비심은 그저 단순한 감정이 아니다. 자비심에 따른 판단 1과 판단 2는 이미 인식적 평가 작용과 이에 수반되는 감정의 변이를 체험하고 있는 판단이다. 이러한 감정 변이에서 작용하는 힘은 판단 1과 판단 2를 구별해주는 것은 평가적인 의지적 요소일 수밖에 없다. 그렇지 않으면 그것은 단순히 수동적으로 느끼기만 하는 심리적 반응 그 이상도 이하도 아니게 된다. 따라서 흄이 간과했지만 반성적 교정을 수반하는 공감적 감정은 실제로 감정과 의지의 작용을 함께 수반하는 인식적 의지판단이라는 것을 함의한다. 그렇지 않다면 그것은 형식적인 반성에 그치고 말 뿐이다. 흄이 공감을 교정하는 반성의 개념을 '꾸준히 형성된 습관을 바탕으로 갖게 된 느낌에 대한 2차적 반추 능력'으로 파악했을 때, 이미 그것이 단순히 느끼는 것이기만 한 것이 아니라 인식적 평가판단 및 느끼는 힘 즉 의지 작용을 포함한다는 것을 분명히 했어야 했다. 그러나 흄은 이 지점까지 나가지 못했기 때문에 보편적 도덕판단의 가능성을 증명하는데 실패했다.

　그러나 다른 한편으로 이것만으로는 여전히 그것이 개별적 도덕판단일 수는 있어도 보편적 도덕판단이라고 주장하기 어렵다. 공감이 인식적 의지 판단이라고 하더라도 그것이 개별 판단이 아니라 보편 판단이 되기 위해서는 상황 변화에 따른 판단 1과 판단 2의 도덕성을 판별해줄 일반적 기준이 존재해야 하는데, 흄에서는 그것이 원천적으로 불가능해 보인다. 흄의 교정된 공감이 보편판단의 역할을 할 수 있는 것은 다른 상황과 조건의 변화를 반영하는 판단 2가 등장하기 전까지에 국한될 것이기 때문이다.

반대로 칸트가 감정을 이성 도덕에서 완전히 배제한 한 가지 이유도 이 점에서 찾을 수 있다. 이른바 인간애나 자비심과 같은 도덕적 감정들은 흄에게는 인간적 가치를 갖는 감정들이지만 칸트에게 이런 감정들은 그 자체로는 도덕적 감정들이 아니다. 인간의 존엄성을 증거 하는 칸트의 도덕성은 이런 감정과는 무관한 것이다. 하지만 칸트는 도덕판단의 실질적 동기가 되는 감정의 고유한 작용과 역할을 과소하게, 그리고 형식적인 법칙적 이성을 너무 과도하게 평가하고 있다. 이제 칸트가 간과한 면이 있는 감정이 의지적 감정 혹은 감정적 의지로서 도덕판단에 어떻게 작용하는지 살펴보자.

의지적 감정에 대해서 그것이 최초에 작용하는 계기는 단순한 감정이라고 할 수도 있다. 그런데 자비심 같은 감정의 경우, 앞의 사례에서 보듯이 이는 인식적 의지와 함께 작용한다. 이를테면 일반인 A는 B 혹은 C에게서 측은지심 같은 것을 느낄 때 이미 이를 다른 감정과 구별되는 판단을 하고 있는 것이며, 그러한 판단은 동시에 단순히 수동적 감정이 아닌 능동적 감정 즉 감정적 욕구의 동기로 존재한다. 이 둘을 분리시킬 수 없는 것은 능동적 감정 자체가 이미 하나의 자극하는 힘이며, 따라서 의지적 욕구로서 행위를 일으키는 잠재적 힘이 되기 때문이다. 또한 이러한 의지적 욕구는 의지적 감정이면서 동시에 실천적 이성감정이라 할 수 있는데, 그 자체가 이미 도덕적 구별을 포함하는 인식적 판단이면서 동시에 어떤 행동을 욕구하는 판단을 포함하고 있기 때문이다. 하지만 이 경우에도 흄의 경우와 마찬가지로 여전히 일반인 A의 판단은 개별적 도덕판단이지 보편적 도덕판단은 아니다. 그는 B 혹은 C에 대해서 다른 처지나 상황에 부합하는 감정을 느끼는 것이므로 각기 판단의 내용은 다르며, 또 언제든 달라질 수 있다는 것을 실제로 보여주고 있기 때문이다.

그런데 칸트를 충실히 따를 경우 자비심의 감정에 의해서 그렇게 느끼거나 판단하는 것만으로는 그것은 아직 아무런 도덕판단도 아니다. 참된 도덕판단은 감정의 개입이 차단된 보편판단이기 때문에 칸트는 감정적 동기와 도덕적 동기를 구분해야 했었는데, 전자가 경향성에 근거를 둔 것이라면 후자는 도덕법칙을 동기로 삼는다. 결국 이렇게 단순한 구분으로 인해 칸트는 어떤 감정들은 도덕적 동기가 될 수 있으며, 그리고 나아가 도덕법칙이 어떻게 도덕적 행위의 기준과 원칙이 될 수 있는지를 설득력 있게 보여주는 길로 나아가지 못하게 된다. 단적으로 우리는 여전히 도덕법칙이 왜 도덕적 행위의 동기가 되거나 또 동기로 삼아야 하는지를 물을 수 있다.

나는 왜 그래야만 하는가? 왜 나의 행동이 도덕법칙에 따르고자 의욕하거나 원해야 하는가? 이런 물음에 법칙 자신이 먼저 대답을 줄 수는 없다. 왜냐하면 자신의 행위가 보편적인 도덕법칙에 일치하기를 행위자 자신이 원하거나 의욕하지 않으면서도 그것이 나의 행위에 대해서 구속력을 가질 수는 없으며, 만일 갖게 된다면, 그것은 자신의 의지와는 전혀 관계없는 강제적인 것일 수밖에 없을 것이기 때문이다. 이러한 사실로부터 우리는 만일 이렇게 도덕법칙에 일치하는 행위를 의욕하는 행위자가 있다면, 그것은 의지 자신일 수밖에 없다고 추론할 수 있는데, 그러한 의지가 바로 칸트가 말하는 실천이성 혹은 도덕적 의지 혹은 도덕적 이성이다.

그러나 문제는 이 도덕적 이성이 처음부터 제 홀로 형식적인 보편적 도덕 법칙을 의욕하고 또 그에 따르고자 원할 수 없다는 사실이다. 이러한 도덕적 행위를 촉발하는 그런 동기가 선행해야 하며, 그것 없이는 도덕적 의무와 같은 것은 무의미한 요구가 될 것이다. 바로 그와 같은 역할과 계기가 되는 근원적 동기가 바로 감정 혹은 더 정확히 말해서 흄의 감정 도덕이 그 문턱에서 넘어서지 못했던 도덕적 감정 혹은 의지적 감정이다. 그런데 흄이든 칸트든 비록 이런 감정이 인간의 보편적 감정이라고 하더라도 그 자체만으로는 행위의 보편적 도덕성을 낳는 것은 아니다. 그러한 감정의 보편성이 도덕적 동기를 제공해 준다고 해도 이로부터 법칙의 보편성마저 생기는 것은 아니기 때문이다. 우리는 이 점에서는 칸트가 옳았다고 생각한다. 앞서 흄의 공감과 관련하여 살펴본 자비심의 경우가 보여주듯이 보편적 감정은 개별적 도덕판단의 원천이 될 수는 있어도, 그것만으로 자동으로 보편적 도덕판단이 되는 것은 아니기 때문이다. 칸트의 주장대로 보편적 도덕법칙 혹은 도덕판단이 존재한다면 그것은 도덕적 감정과 함께 작용하는 도덕적 이성과 같은 자율적 의지를 통해서만 가능하다. 그리고 이 의지는 감정 작용과의 연관성 아래서만 구속력을 가질 수 있다. 이때 비로서 행위의 도덕성을 판정할 수 있는 것이 바로 감정 상관적인 의지 작용의 일반화로서 칸트의 정언명법이다. 따라서 이 정언명법은 그 같은 의지를 갖게 만들었던 특정한 대상, 즉 감정 내용을 갖는 대상에 한정되어야 한다. 그런데 칸트는 이러한 이성과 감정 양자의 관계를 전혀 이질적인 것으로 분리시킴으로써 그 길로 나아갈 수 없었다. 칸트의 도덕적 이성의 법칙은 처음부터 무조건적으로 주어지거나 발견되는 것이 아니라 감정 상관적 대상과 관계 맺음으로써 비로소 구체화될 수 있으며, 또 그래야만 한다. 달리 말하면 자비심과 같은 이성적 감정에 이미 보편적 도덕판단에 대한 요구가 작용하고 있으며, 이는 자비심을 느끼게 하는 대상(사람)에 한정해서 이루어지는 것이며, 이를 떠나서는 법칙적 구속력은 불가능하다. 이 길을 칸트는 생각할 수 없었기 때문에 도덕법칙의 자기 존재 증명이라 할 수 있는 이성적 존재자의 실천이성의 보편적 관점을 정당화해야 하는 어려운 길로 나아가야 했다.

　이렇게 자비심 같은 보편적 감정이 단순한 감정이 아니라 도덕(의지)적 감정 혹은 이성적 감정이며, 그리고 이러한 감정을 갖는 개인이 자신의 특수한 개별적 의지를 보편적으로 사용하고자 의욕하는 의지가 다름 아닌 보편적인 도덕적 의지 혹은 도덕적 이성인 것이다. 그러므로 이성과 감정, 의지와 이성적 동기를 촉발하는 대상의 상관성이 도덕적 내용을 갖는 법칙을 가능하게 해준다. 그리고 이 때의 개별의지와 보편의지는 별개의 것이 아니라 감정 대상과의 관계 아래서, 오직 그 관계에서 특수한 의지에 본래적으로 존재하는 의지 자신의 반성 즉 보편적인 도덕적 관점이 보태어진 것일 뿐이다. 그것이 바로 칸트가 말하는 순수한 실천이성, 이성적 존재자의 도덕적 이성이다. 칸트로 하여금 이 같은 사실, 즉 도덕적 및 이성적 감정의 법칙 연관성을 간과하게 만든 것은 감정적인 것들을 포함하는 감정판단들은 모두가 개별적인 경험적 도덕판단이어서 도저히 법칙이 될 수 없는 주관적 원리에 불과한 것이라는 가정에서 기인하는 것으로 보인다. 그러나 칸트는 그 자체로 보편적인 도덕적 가치를 갖는 감정과 그렇지 않은 감정을 구별했어야 했다.

　지금까지 살펴본 바와 같이 감정과 의지가 함께 작용하는 판단들이 실제로 특수한 경우에 적용될 때는 모두가 개별적 도덕판단인데, 이들 개별적 판단들이 대립하거나 갈등을 일으키고 있는 상황에서 요구되는 것이 보편적 도덕판단이다. 그와 같은 역할을 하는 것이 칸트의 도덕적 이성이다. 그것은 일반인 A의 경우처럼 우리의 모든 도덕적 판단은 이미 도덕적 분별을 포함하는 작용이기 때문에 만일 B와 C에 대해서 발휘되는 자비심에 대해서 제3의 판단이 요구될 때, 이 때 요구되는 것이 행위의 형식적 규정으로서의 보편판단이다. 또한 이 판단에는 이성적 감정으로서 자비심을 통해 일깨워진 보편적이고자 하는 의지적 욕구와 함께 작용하고 있다. 이때의 의지적 욕구가 바로 보편적 도덕판단을 가능하게 하는 칸트의 도덕적 이성 또는 도덕적 의지 혹은 실천이성이다. 그러나 자비심이나 우정 같은 감정에 근거를 둔 개별 판단들은 잘못 사용될 수 있으며, 이 때문에 보편적 도덕판단이 되기 위해서는 정언명법의 시험을 통과해야 한다. 그리고 그 자비심은 모든 경우에 무차별적으로 발휘되어야 하는 것이 아니라 그 같은 자비심을 느끼게 하는 대상에 대한 도덕판단에 제한되어야 한다. 이 경우 칸트의 정언명법은 모든 시대와 대상을 초월하는 보편법칙이 아니라 각자의 것은 각자의 것으로 대우할 것을, 같은 것을 같게 대우할 것을 요구하는 정의의 원칙처럼 범주적 타당성을 갖는 보편법칙으로 수정되어야 한다. 그런 점에서 우리가 생각하는 도덕성은 칸트와 흄 사이 어디쯤인가에 위치한다.

◆ 제6장 ◆

Ethics of Kant

실천이성과
도덕적 선

1. 실천이성과 최고선 - 도덕성과 행복

칸트에게 도덕적 선, 특히 최고의 도덕적 선으로서 최고선은 실천이성의 대상이자 궁극목적이다. 그런데 칸트는 이 최고선을 언제나 도덕법칙과의 관계에서 규정한다. 그것은 도덕적 이성이 스스로 욕망하는 선이기 때문이다. 그에 따르면, 도덕법칙은 자유의 원리에 따라 의지를 규정하는 유일한 근거이자 동시에 "최고선과 그 실현 혹은 촉진을 목적으로 삼게 하는 유일한 근거" (VII:237)이다. 이 도덕법칙에 의해서 행위의 필연성이 규정되는 의지가 곧 선의지로서 실천이성, 즉 도덕적 이성이라는 것이 이성적 존재자의 의지의 본질이다. 때문에 이 도덕법칙은 "세계에서 최고의 가능한 선을 나의 모든 행동의 최후의 대상으로 삼을 것" (VII:261)을 명령하는데, 그것은 동시에 이성 자신이 욕망하는 도덕적 만족에 다름 아니다. 이처럼 이성 그 자신, 같은 말이지만, 도덕적 이성 혹은 실천이성의 자기규정으로서 "도덕법칙은 최고선의 개념 중에 이미 포함되어 있고 또 함께 생각되어 있다." (VII:238) 이것이 끊임없이 도덕법칙이 현실에서 행복이라는 이름 아래 실현될 것을 요구하는 실천이성의 궁극 목적으로서 최고선의 이념이다.

그러나 불행하게도 현실 속에 있는 인간은 동시에 경향성에 이끌려 자신의 주관적 만족으로서 행복을 추구하는 존재다.(VII:32, 150) 그런데 이렇게 도덕성에 근원을 둔 이성의 법칙적 욕구와 경향성의 만족으로서 행복이라는 현실적 욕구, 이 둘 모두를 욕망하기에 실천이성은 제 스스로 이러한 도덕성 또는 덕과 행복의 일치를 추구한다. 하지만 실천이성이 원하고 욕망하는 행복은 감성적 만족으로서의 행복을 성취할 수 없다. 왜냐하면 감성적 욕구의 만족으로서 행복은 이미 도덕성과 일치될 수 없음은 자명한 것이기 때문이다. 이렇게 칸트의 실천이성은 이미 자체 내에 도덕법칙(도덕성)과 행복이라는 상호 이질적인 두 요소의 종합과 합치라는 불가능한 이념을 갖고 있다.

그렇다면 이런 일은 도대체 왜 발생하는가? 왜 실천이성은 실현할 수 없는 목표를 욕망하고 있는가? 표면적으로 볼 때, 이는 명백히 모순이다. 그러나 이러한 욕망에 매몰되어 있는 이성은 자신을 오인한 것이다. 기본적으로 도덕성과 행복을 모두 욕망하는 이성은 경험적 실천이성이다. 이 둘의 관계를 바로잡는 일, 그것이 또한 칸트의 윤리학이 목표로 하고 있는 가장 중요한 과제다. 전통적인 윤리학은 모두 이 점을 제대로 포착하지 못했기 때문에, 칸트에 의하면, 그 모두가 타율 도덕이다. 선의지라는 도덕적 의지로서 그리고 도덕성의 최상 원리의 원천으로서 순수한 실천이성이 존재한다는 사실, 우리가 그것을 통찰하고 발견해내고, 그것의 실천과 실현 가능성을 제시하는 것이야말로 윤리학자 내지는 도덕철학자의 사명이다.

칸트의 윤리학과 실천철학은 이처럼 실천이성이 자신의 욕망을 실현하는 방식, 즉 도덕법칙을 낳는 이성적 존재자로서 인간의 도덕성과 감성적 존재자로서 인간의 경향성에 의해 규정되는 행복이라는 전혀 이질적인 두 요소를 처리하는 방식에 의해 특징지어진다. 옳음과 좋음의 일치로서 도덕적 선을 규정하는 칸트적 방식으로서 최고선 이론의 성패 역시 이들 관계를 어떻게 규명하느냐에 달려 있다. 경험적 관점에서 이성과 경향성, 도덕법칙과 행복, 옳음과 좋음은 대부분의 경우에 서로 대립하고 갈등한다. 이 때문에 경험적 실천이성의 모순(이율배반)이 발생하게 된다. 그리고 이때의 실천이성은 경험적으로 파악된 욕망이다. 형식상 이러한 두 요소들의 결합에서 초래되는 실천이성의 모순을 정식화하면 다음과 같다.(VII:243)

> O : 실천이성의 대상으로서 최고의 도덕적 선, 즉 최고선은 도덕성과 행복의 일치다.
> P : 도덕법칙의 주체로서 실천이성은 최고선의 실현을 욕망한다.
> Q : 행복을 추구하는 인간의 세계에서 최고선의 실현은 불가능하다.
> R : 그러므로 실천이성은 실현할 수 없는 것을 요구한다.

그런데 이러한 정식에는 이중의 모순이 내재한다. 하나는 위의 정식이 보여주는 것처럼 실천이성의 형식상의 논리적 모순이다. 그리고 다른 하나는 실천이성 자체의 구조적 모순이다.[1] 즉, 경험적 관점에서 전자는 하나의 주체가 동시에 상반되는 두 가지 요구를 한다는 점에서의 모순인 반면, 후자는 이러한 상반되는 요구 자체가 하나의 실천이성 자체에 내재한다는 점에서의 모순이다. 그러나 전자의 모순은 근본적으로 후자에서 기인한다는 점에서 전자의 모순의 해소

---

1) 실버 또한 최고선과 관련한 칸트의 실천철학적 변증론이 서로 모순된 세 가지 전제들로부터 출발하고 있음을 정확하게 지적하고 있다. 그 세 가지 전제는 1. 인간은 최고선에 완전히 도달하도록 도덕적으로 의무 지워져 있다. 2. 인간에게 도덕적으로 의무 지워진 것은 실현가능해야 한다. 3. 최고선의 완전한 실현은 실제로 인간에게는 불가능하다. J. R. Silber, "Immanenz und Transzendenz des höchsten Gutes bei Kant", 387. 그러나 이러한 실버의 지적은 최고선의 논리적 모순을 넘어서 구조적 모순까지 보여주지는 못하고 있다. 앞으로 언급되겠지만, 칸트의 최고선에 담긴 문제는 그것을 넘어서고 있다. 전자의 모순은 전적으로 후자로부터 기인하고 있다. 칸트에게 변증론이 필요한 것도 이 때문이다.

는 진정한 의미를 갖지 못한다. 오직 후자의 모순을 해결할 수 있을 때에만 최고선은 이성 자신의 궁극목적으로서의 가치를 가질 수 있다. 이러한 문제 때문에 베크는 최고선을 촉진하라는 의무는 존재할 수도 없으며, 따라서 최고선 개념은 어떠한 실천적 의미도 갖지 못하며, 심지어 진정한 의무일 수도 없다는 점에서 칸트 스스로 자신의 도덕이론을 손상시키고 있다고 평가한다.[2] 나아가 이러한 문제는 당연히 덕과 행복의 일치로서 최고선이라는 이상이 칸트의 자율성의 원리와도 양립할 수 없다는 반론으로 직결된다.[3] 그 밖에 고전적인 비판으로는 독일관념론 특히 헤겔의 평가를 꼽을 수 있다. 그는 칸트의 실천이성과 도덕성이 인륜적 자유로 구체화되지 못하는 추상적 형식성으로 말미암아 이념(이성)과 실재(현실)의 괴리를 극복할 수 없는 근본적인 한계를 갖고 있다고 비판했다. 이와 같은 평가들은 부분적으로는 사회변혁의 실천적 동력으로서 자유롭게 대화하는 의사소통적 이성 개념을 내세우고 있는 하버마스를 비롯해서 실천철학의 현대적 복권을 꿈꾸는 철학자들이 칸트에 대하여 "이성의 순수주의"[4]라며 비난하는 경향과도 궤를 같이 한다.

2. 실천이성의 논리적 모순과 해결

칸트 자신은 경험적 실천이성의 모순을 어떻게 '해소'하는가? 먼저 논리적 모순에 대한 해결책부터 살펴보자. 이는 덕과 행복이라는 상호 이질적인 두 요소가 어떻게 결합되어야만 이성의 요구에 부합할 수 있는가 하는 문제를 의미한다. 이를 해결하는 칸트의 전략은 우선 최고선의 개념 규정에 따른 이들의 가능

---

2) L. W. Beck, *A Commentary on Kant's Critique of Practical Reason*, 244-5.

3) A. Reath, "Two Conceptions of the Highest Good in Kant", 228 참조.

4) J. Habermas, 『현대성의 철학적 담론』, 375.

한 결합 방식들을 점검해 보는 일로부터 시작한다. 칸트에 따르면, 이들 결합 방식에는 "동일률에 의거한 분석적 혹은 논리적 결합"과 "인과율에 의거한 종합적 혹은 실재적 결합" 두 가지가 있을 수 있다.(VII:239 이하) 칸트는 분석적 결합은 덕과 행복의 결합을 "유덕하려는 노력과 행복의 이성적인 추구가 두 개의 상이한 행위가 아니라 전적으로 동일한 행위로 이해하는" 방식을 취하고, 종합적 결합은 "원인이 결과를 산출하는 것처럼 덕이 자신의 의식과는 다른 그 무엇으로서 행복을 산출하는" 방식을 취한다.

칸트는 분석적 결합의 방식을 취한 두 가지 경우를 고대 그리스의 학파들의 "행복 중심의 최고선"과 "덕 중심의 최고선"에서 찾는다. 하나는 쾌락주의를 표방했던 에피쿠로스학파와 다른 하나는 금욕주의를 표방했던 스토아학파이다. 전자는 "행복으로 이끄는 준칙을 스스로 의식하는 것이 덕", 후자는 "자신의 덕을 스스로 의식하는 것이 행복"이라는 입장을 취한다.(VII:239) 칸트의 설명에 의하면, 이들은 각각 최고선의 두 요소인 덕과 행복 양자를 서로 다른 것으로 보지 않고, 다만 동일한 것 중 어느 하나를 근본 개념으로 택하여 두 실천원리의 동일성을 다시 전자는 "감성적인 면"에서 후자는 "논리적인 면"에서 다른 하나로 환원시켰을 뿐이다.(VII:240) 그러나 이들처럼 전혀 이질적인 '행복' 개념과 '덕' 개념의 분석적 결합 방식이란, 칸트의 입장에서는, 그 성격상 근본적으로 불가능한 것이다. 칸트는 "최고선은 어떻게 실천적으로 가능한가?"라는 문제가 지금까지 미궁에 빠진 채 풀지 못할 과제로 남아 있는 것도 바로 그 같은 이유 때문이라고 생각한다.

그러면 가능한 종합적 결합에는 어떠한 것들이 있으며, 또 칸트는 이를 어떻게 비판하는가? 칸트 자신이 원인과 결과의 결합이라 부르기도 하는 종합적 결합은 어느 것을 원인으로 혹은 결과로 보느냐에 따라 두 가지 방식이 있을 수 있다. 하나는 행복의 열망이 덕의 준칙에 대한 동인으로 보는 방식 즉 행복을 덕을 낳는 원인으로 보는 방식이며, 다른 하나는 덕의 준칙이 행복을 낳는 방식 즉 덕이 행복을 낳는 원인으로 보는 방식이 그것이다. 그런데 칸트는 먼저 자신의 도덕이론에 일관되게 행복에 근거하여 덕을 산출하려는 종합에의 시도는 우리의 도덕적 행위를 경험적 제약 하에 두는 것으로서, 이처럼 "의지의 규정 근거를 자기의 행복을 찾는 요구에 두는 준칙은 전혀 도덕적이 아니며, 어떠한 덕도 수립할 수 없기 때문에 결단코 불가능하다"고 단정 짓는다.(VII:242)

아울러 후자도 일단은 '잠정적으로는' "불가능한 것"으로 상정한다. 그 까닭은 모든 실천적인 인과 결합은 "의지의 도덕적인 심정에 의거하지 않고 자연법칙의 지식 및 이를 목적에 사용하는 물리적 능력에 의거하기 때문에"(VII:242) 행복과 덕의 필연적인 결합이란 기대할 수 없다는 것이다. 따라서 물과 기름과 같이 성격상 전혀 상이한 것들의 결합을 꾀하는 데서 모순이 야기되고, "자유에 의한 원인성은 항상 감성계 외부의 예지계에서 구해져야 하기 때문에, 감성계의 사건인 경험 중에 현실적으로 주어진 행위에서 우리는 이 (지성적인, 즉 감성적으로 무제약적인 원인성과의) 결합을 기대할 수가 없다."(VII:231-2) 즉, 덕은 자유의 원리에 그리고 행복은 자연의 인과법칙의 원리에 각각 근거를 두고 있는, 말하자면 서로 다른 차원의 세계에 뿌리를 두고 있어서 동일한 세계 내의 자연적 필연성의 법칙처럼 마치 어느 하나가 다른 것의 원인인양 규정하는 것은 불가능하다는 것이다.

이것이 바로 "도덕성과 보편법칙에 따르는 행복의 결합"이 문제될 때, 실천이성이 빠지게 되는 모순에 대한 종래의 대표적인 해결 방안이었으나, 칸트에 의하면, 이들 모두 성공하지 못했다. 그런데 도덕법칙은 이미 '순수한 실천이성의 사실'로서 결코 거짓일 수가 없다. 또한 최고선은 "인간 의지의 선험적인 필연적 대상"으로서 도덕법칙을 자신의 의지의 형식적 규정으로 삼고 있는 실천이성의 당연한 요구다. 그러므로 "최고선의 불가능성은 도덕법칙의 거짓됨을 증명하는 것이다. 따라서 최고선이 실천규칙에 의해서 불가능하다면, 최고선을 촉진하기를 명령하는 도덕법칙 또한 반드시 가공적이고 헛된 공상적 목적에 기초해 있으므로 그 자신 거짓된 것이다." (VII:242-3) 이처럼 최고선은 이러한 결합을 자신의 개념 중에 포함하고 또 도덕법칙과 분리될 수 없도록 연결되고 있음은 실천이성의 사실이자 필연적 구조이다.

그렇다면 이 모순은 어떻게든 해소되지 않으면 안 된다. 즉, 어떻게 해야만 "도덕법칙의 가장 엄밀한 준수가 현세에서의 행복과 덕과의 필연적인 결합, 즉 최고선을 얻기에 충분한 결합을 기대하는 일" 이 해결될 수 있는가?(VII:242) 그렇다면 이제 남은 길은 무엇인가? 이와 관련해서 칸트에게 주어진 과제는 두 가지로 요약된다. 하나는 덕과 행복의 결합에서 생겨난 모순을 해소하는 문제이며, 다른 하나는 만일 모순이 해소될 경우 이로부터 최고선의 현실에서의 실현을 끊임없이 추구하는 실천이성의 요구가 충족될 수 있는가 하는 문제이다. 먼저 첫 번째 문제에 대한 칸트의 해결 방식부터 살펴보자.

종합적 결합과 관련하여 발생한 모순의 해소를 위해 이제 칸트는 종합적 결합 중에 일단 "불가능한 것" 으로서 '잠정적으로' 파악해 두었던 두 번째 방식에 대한 재해석을 시도함으로써 접근한다. 칸트는 이 방식이 실제로는 "조건적"으로만 불가능한 것, 거짓이라는 재해석을 가한다. 조건적으로 거짓인 경우가 발생하는 이유는 단적으로 "감성계에서의 존재를 이성적 존재자의 유일한 존재 방식으로 가정하기 때문" (VII:243)이라는 것이다. 이러한 사정은 순수 사변이성의 모순에서도 '세계 사건' 의 원인성에 관하여 자유와 자연 필연성 사이에 일어났던 모순과 다르지 않다. 사변이성에서 모순이 현상계와 가상계라는 다른 두 세계의 존재를 가정함으로써 해소되었던 것과 마찬가지로 실천이성의 모순을 해소하는 칸트의 방식도 이와 동일하게 진행된다. 말하자면 모순은 덕과 행복의 결합에서의 원인과 결과의 관계를 감성계에서의 현상들 간의 관계로만 보지 않고, 또 전혀 이질적인 그리하여 서로 결합할 수 없는 현상과 물 자체 간의 인과 관계로도 보지 않는, 도덕적 존재자가 속해 있는 예지계 내에서의 결합으로 파악함으로써 해소된다. 이것은 곧 도덕성이 결과로서의 행복의 원인이자 근거이며, 동시에 그 행복이란 것도 그 결과로서 예지적 존재자 안에 주어진 것이라는 것을 의미한다.

칸트의 견해와의 유사성에도 불구하고 아리스토텔레스를 포함한 행복주의자들이 칸트에 의해서 부정적으로 평가받는 이유도 바로 이 점에서 찾을 수 있다. 칸트에 의하면, 그들은 한결같이 유덕한 행위의 본래적인 동인을 행복에서 구하고 있기 때문이다.(VIII:505) 그러나 한편으로 아리스토텔레스는 행복으로부터 출발하면서도 칸트와 유사한 결론에 도달하고 있다. 그는 행복에 대한 인간의 열망을 경험적인 확인을 거쳐서 이것이야말로 인간이 추구하는 궁극목적으로서의 최고선으로 규정한 다음, 그러한 행복을 덕 안에서 규정하는 방식을 보여주고 있다. 이러한 덕과 행복의 관계는 칸트의 그것과 유사하다 할 수 있다. 이 점에만 국한한다면 아리스토텔레스의 행복론은 그 접근 방법의 상이에도 불구하고 칸트의 그것과 유사한 구조를 갖는다고 할 수 있다. 그러나 아리스토텔레스는 칸트와 달리 행복을 유덕한 행위의 결과로서가 아니라 그러한 행위의 특성으로서 즉 유덕한 행위 자체가 곧 행복이라는 결론에 도달하고 있다.[5] 더 나아가 아리스토텔레스는 실천적 덕(실천이성)보다 진리를 관조하는 이론적 덕(이론이성)을 우위에 둠으로써 칸트와 정반대의 곳에 위치하고 있다. 그러나 다른 한편으로는 양자 모두 최고선을 인간이 회피할 수 없는 과제이자 동시에 해결(실현)되지 않은 과제로 파악하고 있다는 점에서는 일치한다. 그런 점에서 칸트는 이미 아리스토텔레스와 전혀 다른 길로 나아가고 있다. 칸트가 말하는 최고선은

---

5) N. Fischer, "Tugend und Glückseligkeit. Zu ihrem Verhältnis bei Aristoteles und Kant", 1-2 참조.

실천이성이 그 실현을 명령하는 과제로서 주어진 이념이지, 이미 그것이 감성계에 실현된 것은 아니다. 그럼에도 기본적으로 행복이란 감성계에서 만족되지 않으면 안 되는 성격을 갖는다. 현실 세계는 예지계와 감성계의 결합으로 이루어져 있는 것이지 어느 하나만으로 존재할 수 있는 것도 존재하는 것도 아니다. 그런데 덕과 행복의 종합적 인과적 결합으로 이루어진 최고선 안에서 지향된 행복이란 감성적 존재가 자신의 주관적 경향성과 욕구의 만족을 통해서 얻게 되는, 이를테면 현실에서 부귀영화를 누릴 때 느끼게 되는 그런 행복은 아니다. 현실에서 느낄 수 있는 최고선으로서의 행복은 도덕법칙을 준수할 때 그 결과로서 감성적 존재에게 주어지는 만족감으로서의 행복 같은 것, 일종의 도덕적 감정과 유사한 만족감 같은 것이라 할 수 있다.

지금까지의 고찰의 당연한 귀결은 최고선의 개념 규정에 있어서 덕과 행복의 '결합 가능성' 즉 덕과 '덕에 비례하는 행복'의 일치는 감성계의 법칙에 의존해서는 불가능하며, 오로지 그것이 "초감성적 관계"에 속하는 것으로만 설명될 수 있다.(VII:249) 이러한 근거 위에서 모순의 비판적 해소로부터 결국 칸트는 다음과 같은 결론에 도달한다: (1) "실천 원칙들에 있어서 도덕성의 의식과 그 결과로서 이에 비례하는 행복에의 기대 사이의 자연적이고 필연적인 결합이 적어도 가능한 것으로 생각된다." (2) "행복 추구의 원칙이 도덕성을 낳을 수는 없으며, (최고선의 첫 번째 조건으로서) 최상선이 도덕성을 형성하고, 반대로 최고선의 두 번째 요소인 행복은 도덕적으로 제약된 결과로서 그러면서도 도덕성의 필연적인 결과로서 형성된다." 그리고 (3) "최고선은 행복을 도덕성 밑에 둠으로써만 실천이성의 전 대상이며, 순수실천이성은 이것이 필연적으로 가능한 것으로 생각한다. 왜냐하면 최고선을 실현하도록 가능한 모든 노력을 다하는 것은 순수한 실천이성의 명령이기 때문이다." (VII:248-9) 이로부터 경험적 실천이성의 모순의 해소가 결과한다. 이를 정식화하면 다음과 같다.

p(전제)   : 최고선은 실현되어야 한다(도덕성과 행복의 결합은 가능해야 한다).
q(소전제1) : 행복을 추구하는 노력이 덕 있는 심정의 근거를 낳는다.
r(소전제2) : 덕의 심정이 반드시 행복을 낳는다.
s(결론)   : p와 q에 의한 최고선의 실현은 불가능하다(감성계에서의 결합).
            그러나 p와 r에 의한 최고선의 실현은 가능하다(예지계에서의
            결합).

　이렇게 해서 이제 예지계에서 가능한 최고선은 이제 '덕과 덕에 비례하는 행복의 일치'로서 정의된다. 그러나 이것은 논리적 모순만을 해결한 것일 뿐이다. 더욱이 그것은 덕과 행복의 일치라는 본래의 이성적 요구의 해결이 아니라 변형된 행복, 말하자면 지성적인 것으로 변형된 만족 즉 예지계에서 실현되는 덕에 비례하는 행복이지 현실에서 얻을 수 있는 실재적 만족으로서의 행복은 아니었다. 만일 예지계에서 일어나는 지성적 만족을 감성계에서 얻어지는 (감성적) 행복과 유사한 것으로 간주한다면, 그것은 일종의 착각이나 다름없다. 이러한 일은 경험적 실천이성의 욕구라는 관점에서는 언제나 일어날 수 있는 착각이다. 이 이성은 언제나 실제적인 만족에 관심이 있기 때문이다. 반면에 예지계에서 이루어지는 최고선은 가능한 결합이지 실제적 결합은 아니었다. 따라서 현실에서의 만족을 추구하는 이성의 요구라는 점에서 이런 욕구를 지닌 실천이성 자체의 구조적 모순은 여전히 미결 상태로 남아 있는 셈이다. 그러면 칸트는 이러한 구조적 모순에 대해서는 어떻게 대응하고 있으며, 그러한 해결책은 과연 정당한가?

3. 실천이성의 구조적 모순과 해결

최고선의 실현을 욕구하는 이성, 즉 실천이성의 논리적 모순의 해소에도 불구하고 아직도 남아 있는 또 하나의 문제가 있었다. 앞에서 모색한 덕과 행복의 결합은 실재적인 것이 아니라 다만 '가능성'으로서의 결합에 불과한 것이었다. 만일 칸트의 표현처럼 상호 이질적인 덕과 행복의 직접적인 결합이 가능하다면, 그것은 "자기 모순적인 가공물"(VIII:505)에 불과한 것이다. 행복을 낳는 가능성으로서의 도덕법칙 자신은 어떠한 행복도 직접적으로 약속하지 않는다. 그러면서도 그 가능성이 실현되기를 또한 이성은 당연한 요구로서 추구하기 때문에 이제는 "도덕법칙의 가장 엄밀한 준수가 현세에서의 행복과 덕과의 필연적인 결합, 즉 최고선을 얻기에 충분한 결합을 기대하는" 것이 문제이다.

"초감성적 관계"에 의해 규정된 최고선의 실현을 촉진하는 행위 자체는 경험적 현실 세계인 감성계에 속하는 일이므로 도덕적 이성으로 실천이성은 최고선의 실현이라는 자신의 "기대"가 현실에서도 달성되기를 당연히 요구한다. 말하자면 "이성은 이성 자신과 단순히 조화를 이루는 것이 아니라 이성을 확장하는 것만이 이성의 관심에 속한다."(VII:250) 이성 자신이 우리에게 요구하는 바, 도덕적 존재로서 인간에게는 이성의 궁극목적으로서의 최고선의 이념을 현실에서 실현함이 의무이자 과제로 과해져 있는 셈이다. 한마디로 최고선은 "도덕적 소망의 목표"(VII:244)이자 "우리의 본성의 도덕적 사명"(VII:253)이기도 하다. 그러므로 초감성계에 속하는 도덕법칙은 현실에서도 실현 가능해야만 한다. 그렇지 않다면 도덕법칙은 한낱 무의미한 구호에 지나지 않을 것이다. 감성계의 사건과 전혀 무관한 그런 도덕법칙은 아무런 가치도 갖지 못한다. 그리고 현실과 어떠한 관계도 맺지 못하는 최고선은 전혀 목적적 가치를 갖지 못한다. 정말로 그런 것이라면 애초에 그것은 발견되지도 존재하지도 말았어야 한다. 그럼에도 그것이 당연히 이성의 명령으로 발견되며, 또 실현되어야 하는 가장 결정적인 이유는 어떠한 도덕적 선도 그것이 실현되어야 하고 또 될 것을 의욕하는 이성 자신의 당연한 요구이자 동시에 그러한 요구를 만족시킬 수 있고 만족시켜야 하는 유의미한 세계는 오직 단하나의 감성적 자연 세계뿐이기 때문이다. 따라서 최고선은 단순히 지성적 만족이라는 예지계에서 가능한 소극적인 즐거움에서 그 실현을 멈추는 것이 아니라 감성계에서 지속적으로 실현되어야만 비로소 자신의 고유한 관심과 요구를 충족시킬 수가 있는 것이다. 그러나 현실에서의 실현은 근본적으로 감성적 경향성과 욕구에 좌우되는 인간의 유한성, 무능력에 제약을 받는다. 그러므로 초감성적 세계에서의 덕과 행복의 결합이 감성계에서도 이루어지기 위해서는 "우리의 무능력의 보완"을 위한 무엇이 필요하다.(VII:249) 인간 자신의 힘만으로는 실현할 수 없는 '최고선의 가능 근거'를 다루는 것이 바로 자유를 포함한 '영혼 불멸'과 '신의 존재'와 관계하는 "순수실천이성의 요청(Postulat)"이다.

도덕성과 행복의 가능한 결합에 있어서 먼저 최고선의 실현은 '도덕법칙의 완전한 준수'(최상선)가 가능함을 전제로 한다. 왜냐하면 행복이 덕을 낳는 근거가 될 수는 결코 없으며, 오직 도덕법칙만이 "도덕성에 적합한 행복"을 낳을 수 있는 근거이기 때문이다.(VII:254) 따라서 이성 자신은 최고선의 최상의 조건으로서 "의지가 도덕법칙에 완전히 합치할 것"을 요구한다.(VII:252) 이러한 합치는 의무와 경향성, 감성과 이성, 형식과 내용 간에 어떠한 대립도 없는 것, 즉 도덕법칙을 생각하는 것만으로도 그것의 행함이 완성되는 것, 해야 한다는 당위의식이 전혀 필요치 않는 것에서만 가능한 요구이다. 칸트는 이것을 일러 신적인 의지에서나 볼 수 있는 "신성성(神聖性)", 즉 "감성계의 어떠한 이성적 존재자도 그 생존의 어느 순간에서도 소유할 수 없는 완전성"이라 부른다.(VII:252) 이런 이유 때문에 감성적 제약 하에 있는 유한한 존재인 인간에게 도덕법칙은

"법칙에 대한 존경" "자신의 의무에 대한 외경"을 요구하는 "의무의 법칙"이요 "도덕적 강제의 법칙"이다.(Ⅶ:204)

그렇다면 이처럼 도덕법칙은 "감성적 동기의 참여가 전혀 없는, 순전히 순수이성에 의해서만 규정되는 실천 과제"(Ⅶ:254)인 바, 실천이성이 명령하는 이것의 무조건적인 준수가 의무인 유한한 존재로서의 인간에게는 원칙적으로 불가능한 과제이다. 이것이 실현 가능할 때에만 이에 제약된 결과로서 행복과의 결합도 현실적 실현이 가능하므로 먼저 의지와 도덕법칙의 합치가 가능한 최고선의 첫 번째 근거가 문제가 된다. 그렇지 않다면 실천이성이 우리에게 명령하여 부과하는 도덕법칙이란 그 자체가 모순된 요구가 아닐 수 없다. 그러므로 실천이성은 제 스스로 의지와 도덕법칙 간의 합치로서의 최상선을 도모하지 않으면 안 된다. 그러나 "이성적이지만 유한한 존재자에게는 도덕적 완전성의 보다 낮은 단계에서 보다 높은 단계에로의 무한한 전진만이 가능하다."(Ⅶ:253) 따라서 그 가능성은 인간의 유한성에도 불구하고 합치를 향해 끊임없이 나아갈 수 있는 그 무엇이 인간에게 주어지지 않는다면 정녕 불가능한 것이 되고 만다. 따라서 이 "무한한 전진"을 보증해 줄 수 있는 그 무엇이 필요하다. 그것이 바로 영혼 불멸인 것이다. 이것은 이성 자신이 스스로에게서 구하는 "순수한 실천이성의 요청"이다. 최고선은 이 영혼 불멸의 전제 아래서만 실천적으로 실현가능한 것이다.

그러나 이 영혼불멸의 요청만으로 최고선의 실현이 죄다 보증되는 것이 아니다. 왜냐하면 최고선은 그 첫째 요소인 도덕성뿐만이 아니라 그것이 두 번째 요소인 행복과도 합치할 것을 요구하고 있으므로 완전선으로서 도덕성과 행복 간의 가능한 결합으로 파악해 두었던 예지계에서의 양자 간의 합치를 감성계에서마저도 보장해 줄 수가 있어야 한다. 그러나 감성적 제약 하에 있는 유한한 존재로서의 인간에게는 도덕법칙과 행복의 연관을 일치시킬 수 있는 필연적인 근거를 제 스스로 가질 수가 없다. 그러므로 최고선의 이념이 실현 가능하기 위해서는 "도덕성에 적합한 행복의 가능성"을 보증해 줄 근거, 즉 내가 도덕법칙을 무조건적으로 준수하기만 하면 "행복을 결과하기에 충분한 원인"(VII:255)을 제 스스로 내포하고 있는 그 무엇이 있어서 이를 보증해 줄 수 있어야만 한다. 만일 그것이 존재하지 않고 따라서 불가능하다면, 최고선의 실현을 추구하는 이성 자신의 요구는 거짓이 될 것이기 때문이다. 따라서 그러한 모든 것이 원인이자 근거일 수 있는 최고 존재자가 있어야만 한다. 그것이 바로 실천이성의 또 하나의 요청인 "신의 존재"이다.

그러나 이처럼 도덕적 필연성에서 성립하는 신의 존재는 "주관적인 요구"에 머물고 만다.(VII:256) 그것은 신이라는 최고 존재자가 있어 의무에 따른 결과에 대한 우리의 기대와 희망을 충족시켜 주리라 믿고자 하는 바람일 뿐이다. 그럼에도 이러한 신 존재의 요청은 이론이성의 관점에서는 하나의 "가설"에 속하지만 도덕법칙이 우리에게 부과하는 최고선을 실현해야 할 의무의식과 결합되어 있는 실천적 관점에서는 "신앙", 순수한 "이성 신앙"이다.(VII:257) 따라서 결국 도덕 자신은 종교를 필요로 하지 않음에도 불구하고 불가피하게 "순수실천이성의 대상이며 궁극목적인 최고선의 개념을 통하여 도덕법칙은 '모든 의무를 신적인 명령으로 인식하는 종교'에 이르게 된다."(VII:261)

4. 최고선과 도덕적 동기

칸트는 『실천이성비판』의 첫 장인 '순수실천이성의 원칙들'에서 자율도덕과 타율도덕을 구분하고 있는데, 이는 도덕성의 원리와 자기행복의 원리의 구분과 일치한다.[6) 이에 따르면, 칸트 자신의 도덕 개념 이외의 전통적인 도덕이론들은 모두가 타율 도덕으로 분류된다. 도덕성의 원리는 의지의 규정근거로서 도덕법칙과 의지의 자율을 실천적인 형식적 규정근거로 삼는 반면, 자기행복의 원리는 자기행복을 실천적인 질료적 규정근거로 삼기 때문이다. 이 후자에는 실천적 질료적 규정근거를 의지를 규정하는 원리로 삼는 일체의 이론이 해당되는데, 주관적 원리(몽테뉴, 맨드빌, 에피쿠로스, 허치슨)와 객관적 원리(볼프/스토아, 크루시우스/신학적 도덕론자) 모두가 해당된다.(5:19-41) 덧붙여 칸트는 자기행복이라는 대상(질료)이 준칙의 규정근거 및 조건이 될 수 없듯이, 타자의 행복을 '이성적 존재자의 의지의 객관'으로 삼을 수는 있어도 그것이 도덕적 행위를 가능하게 하는 의지의 규정근거가 될 수는 없음 또한 분명히 하고 있다.(5:34-5) 한마디로 의지를 규정하는 질료적 내용을 갖는 실천 규칙들은 "모두 자기행복의 원리의 주위를 맴도는"(5:34) 것이기 때문에 이를 도덕의 원리로 삼는 것은 모두 타율 도덕들이다.

의지의 규정근거가 될 수 있는 것, 이른바 칸트적 의미에서 행위의 도덕적 동기가 될 수 있는 것은 칸트에게는 "형식적인 법칙" 즉 보편적인 법칙 수립의 형식을 제공해주는 도덕법칙뿐이다.(5:64) 그리고 이 "도덕법칙은 의지의 규정근거로서 모든 우리의 경향성에 해를 입힘으로써 고통이라고 불릴 수 있는 감정을 생기게 하며,"(5:73) 이 부정적 감정에도 불구하고 법칙은 동시에 우리에게 법칙에 대한 존경심을 가져다주기 때문에 이 도덕적 감정도 주관적으로는 도덕법칙과 함께 도덕적 동기가 될 수 있다. 다시 말해서 이 존경의 감정은 오로지 "법칙의 표상"만으로 생겨나는 감정으로서 그것은 "만족으로도 고통으로도 간주될

---

6) 칸트가 『실천이성비판』에서 제시하는 '순수실천이성의 원칙'은 "너의 의지의 준칙이 항상 동시에 보편적 입법의 원리로서 타당할 수 있도록 행위하라."이다.(5:30) 이것을 칸트는 『도덕형이상학 정초』에서는 유일한 정언명법의 정식으로서 "너의 준칙이 보편법칙이 되기를 네가 동시에 의욕할 수 있는 그러한 준칙에 따라서만 행위하라."(4:421)로 표현한 바 있다.

수 없는 것이다."(5:80) 이처럼 감성과 결합해 있는 이성적 존재자에게서 일어나는 "도덕법칙에 대한 존경심은 유일한 그리고 의심의 여지없는 도덕적 동기이다."(5:34-5) 이렇게 도덕법칙이 의지를 규정하는 객관적 동기라면, 이 존경심으로서의 도덕적 감정은, 칸트에 의하면, 유일한 주관적 동기다. 이 감정은 도덕적 의지에 미친 결과로서 주어진 것이기 때문에 의지를 규정하는 근거로서만 존재하는 것이지 어떠한 객관도 지향하지 않는다. 오히려 칸트에게 의무란 "법칙에 대한 존경심에서 하는 행위의 필연성"이면서 또한 "마지못해 취해진 목적으로의 강요"(6:386)인 것이다. 그러므로 "도덕법칙에 앞서 의지의 객관으로 제시하는 일체의 것이 실천이성의 최상 조건인 도덕법칙에 의한 의지의 규정근거에서 배제된다."(5:74) 때로는 칸트는 최고선이 의지의 규정근거가 될 수 있는 듯이 말하기도 한다. 칸트는 말하기를,

> 최고선 개념 중에 도덕법칙이 최상 조건으로서 이미 포함되어 있다면, 이때 최고선은 순전히 순수의지의 객관일 뿐만 아니라, 최고선의 개념과 우리의 실천이성에 의해 가능한 최고선의 실존에 대한 표상도 동시에 순수의지의 규정근거일 것이다. 왜냐하면 이 경우 최고선 개념 중에 이미 포함되어 있고, 함께 사유된 도덕법칙만이 자율 원리에 따라 실제로 의지를 규정하지, 어떤 다른 대상이 의지를 규정하지는 않기 때문이다.(5:109-10/ VI: 237-8)

칸트의 이 같은 진술 속에는 오히려 의지를 규정하는 도덕적 동기의 조건과 자격이 분명하게 나타나 있다. 실제로 칸트의 최고선 개념은 『실천이성비판』만이 아니라 『순수이성비판』, 『판단력비판』, 『이성의 한계 안에서의 종교』 등을 비롯한 정치적 및 역사철학적 내용을 담은 저작들에서 광범위하게 언급되고 있다. 이들 저서에서 최고선은 다양하게 규정되고 있는데, 이에 대한 칸트의 주장을

검토해 봄으로써 최고선이 양자 모두에게 의지의 규정근거가 될 수 있는지 여부를 온전히 비교할 수 있다.

칸트에게 실천이성의 대상이자 목적으로서 최고선은 그 정당성이 예지계에서 성립하는 것이기에 현실에서 부단히 실현을 촉진하고 추구해야하는 하나의 도덕적 이상이라 할 수 있다. 왜냐하면 칸트에게 인간 및 그 본성은 유한한 존재로서 제약되어 있기 때문이다. 이 같은 칸트적 사고는 실천이성의 이율배반의 해소에 결정적인 차이를 낳는다. 외형적으로만 보면 덕에 중점을 두고 있는 칸트의 덕복일치로서의 최고선은 행복에 중점을 두고 있는 에피쿠로스 학파와 달리 스토아적이다. 그런 점에서 칸트적 의미에서 도덕적 행복은 전형적으로 스토아 학파의 것이다. 그럼에도 이들은 도덕적 의무를 그들이 예상하는 행복을 가져다주리라는 이유에서 수행하며, 무엇보다도 그것을 현실적 목적으로 간주한다. 그런데 칸트에 의하면, 이러한 그들의 태도는 인간 본성의 모든 한계를 뛰어넘는 이해, 즉 "인간의 도덕적 능력의 과대평가"(4:127-8, 133)에 의존하고 있다.[7] 칸트가 덕복일치를 예지계에서 가능한 사건으로 상정하는 것은 곧 그가 인간의 도덕적 능력의 한계, 또는 인간 본성의 불완전성을 깊이 인식한 결과라 할 수 있다. 그 결과 칸트의 최고선은 현상계에서의 '덕'과 '경향성 충족으로서 행복'의 일치가 아니라 예지계에서 이루어지는 '덕에 비례하는 행복'을 포함하는 '덕과 덕에 비례하는 행복의 일치'로서 재정립된다. 그러므로 최고선이 의지의 규정근거가 될 수 있는 길은 이렇게 예지계의 차원에서 정립된 최고선이거나 도덕법칙에 철저히 종속되어 있는 '경향성 충족으로서 행복'을 포함하는 최고선이다. 이때의 덕과 행복은 덕에 절대적인 순위를 두어야 하며, 칸트가 최고선을 의지의 규정근거가 될 수 있다고 한 것도 덕과 행복의 '순서'와 함께 '거리'에 대한 인식

---

7) J. Grenberg, *Kant and the Ethics of Humility*, 21.

을 전제하는 제한된 조건 아래서이다.[8]

　칸트의 도덕성과 행복의 일치로서의 최고선 개념은 그의 철학에서 한 개인의 인격의 차원으로부터 정치와 종교 및 역사의 차원에 이르기까지 다양하게 등장한다. 이러한 사정은 최고선 개념에 대해서 다양한 해석을 낳는 빌미가 되기도 했지만, 이 또한 칸트 자신이 원인 제공자라 할 수 있다. 기본적으로 최고선은 실천이성의 대상이자 목적으로서 도덕법칙의 형식성 및 행복이라는 질료적 내용을 포함한다는 점에서 당연히 종래의 최고선 개념과의 차이점이 두드러진다. 우선 칸트에게 최고선이 실현되는 혹은 되어야 하는 세계가 곧 도덕적 세계다. 그것은 하나의 세계가 그것을 구성하는 성원들로 이루어져 있다는 점에서 한 개인의 도덕적 행위 역시 도덕적 세계와 등근원적이다. 때문에 최고선은 개인과 공동체 모두의 차원에서 실현되어야 할 실천이성의 대상이면서 궁극목적이다. 칸트에 의하면, 최고선은 "순수실천이성의 대상의 무제약적 총체"(5:109)이면서 "도덕적으로 규정된 의지의 필연적인 최고 목적"(5:115)이다. 또 "순수실천이성의 궁극목적"(5:443)으로서 우리는 "한 인격에서의 최고선"의 소유와 "가능한 세계의 최고선"을 실현할 의무를 갖는다.(5:110 이하) 그러므로 "칸트의 '자기 인격에 대한 만족'은 칸트의 '덕과 결합하여 최고선을 이룰 때의 행복'이 아니다."는 논문2의 해석에 대해서는 이렇게 말할 수 있다: 칸트에게 "선과 악은 인격의 행위들에 관계되는 것이지, 인격의 감정 상태와 관계되는 것이 아니며," "그것은 단지 행위 방식과 의지의 준칙 및 선하거나 악한 사람으로서 행위하는 인격 자체이다."(5:60)는 점에서 실천이성의 대상 또는 자유에 의해 가능한 결과로서의 객관인 선과 악 중에서 최고선은 도덕법칙의 실천에서 오는 "자기 인격에 대한 만족을 낳는다."(5:118) 그리고 이것은 예지계의 차원에서 일어나는 사

---

8) 칸트의 최고선 개념이 독립적으로 의지의 규정근거가 될 수 있다는 해석에 대해서는 다음을 보라. 김종국, 「아리스토텔레스는 칸트가 비판하는 행복주의자인가?」, 111-42.

건이다. 이 지점에서 스토아 학파의 자기만족에 대한 의식과 구분되는데, 그들의 만족은 현상계에서 소유하게 될 행복을 위해서 덕의 실천을 추구했기 때문이다. 그러므로 개인적 차원에서 보면 자기 인격에 대한 만족은 덕과 결합하여 최고선을 이룰 때의 행복이다. 여기서 칸트는 최고선의 개념규정을 전통적인 행복주의자들의 그것과 차별화하고 있다. 즉, 그것은 최고선의 두 요소 중 두 번째 것인 행복을 예지계에서 이루어지는 도덕성(덕)에 제약된 조건으로서의 행복, 즉 덕에 비례하는 행복이다. 다시 말해서 칸트에게 최고선으로서의 행복은 곧 덕에 비례하는 행복을 의미한다. "도덕법칙은 그 자신만으로는 아무런 행복도 약속하지 않는다." (5:128)

칸트가 전통적 의미의 행복을 감성적/물리적/자연적 행복으로 규정하는 것도 어떤 행복이든 그것이 도덕적인 것과는 구별되며, 구별되어야 한다는 것에 있다. 칸트의 행복주의 비판은 그가 서양윤리학의 역사에서 이룩한 코페르니쿠스적 혁명과도 맞닿아 있다. 칸트의 자율도덕은 그 도덕적 동기에서 일체의 질료적 대상 혹은 목적을 배제하는 순 형식적인 의지의 자율 법칙만을 도덕성의 척도로 승인하는 윤리이기 때문이다. 최고선이 의지의 규정근거일 수 있는 것도 그 전제조건이 도덕법칙을 포함하기 때문이다. 그리고 "도덕법칙이 순수의지의 유일한 규정근거" (5:109)라는 원칙은 바뀌지 않는다. 칸트가 행복 개념의 의미변경 즉 '경향성 충족으로서의 행복'을 예지계에서 일어나는 '덕에 비례하는 행복'으로 바꾸어 놓을 때도 최고선이 의지의 규정근거가 될 수 있는 것은 따라서 '덕과 비례하는 행복'과 '덕'의 결합으로 표상된 최고선이다. 이 경우에만 최고선은 의지의 규정근거일 수 있다. 그러므로 이렇게 의미변경을 겪기 이전의 최고선은 원칙적으로 의지의 규정근거가 될 수 없다. 오로지 그것이 가능한 것은 일차적으로 "도덕법칙이 그 자체로 입증되고 의지의 직접적인 규정근거로 확증된 다음에야 대상으로 표상될 수 있을 뿐이다." (5:64) 다시 말해서 도덕법칙에 조건적으로 제약되어 있는 행복, 즉 덕에 비례하는 행복이라는 결과가 최고선의 두 번째 요소로 이해될 때에만 최고선은 덕복일치로서 의지의 규정근거가 될 수 있다. 이 또한 그것이 의지가 이미 도덕법칙에 의해서 규정되고 있기 때문이다. 결국 의지를 규정하는 근거로서 도덕법칙이 없으면 최고선은 의지의 규정근거가 될 수 없다는 것과 같은 말이다. 어떤 경우에도 칸트에게 의지 규정에 앞서는 즉 도덕법칙에 선행하는 최고선은 의지의 규정근거가 될 수 없으며, 그것이 가능한 것은 "결과로서의 목적에 대한 표상"(6:4)일 때만 가능하다. 그러므로 실천이성의 대상/객관/목적으로서 최고선은 준칙의 근거로서 의지 규정에 앞서는 표상이 아니라, 결과로서 일어나는 목적과 관계하며, 그것이 도덕법칙에 종속될 때뿐이다. 칸트는 다음과 같이 적고 있다:

도덕은 그 자신을 위해서 의지 규정에 앞서 선행되어야 하는 목적의 표상을 필요로 하지 않는다. 즉, 법칙에 따라서 채택되는 준칙의 근거로서의 목적이 아니라 그 결과로서의 목적에 대해서는 필연적 관계를 갖는다는 것이 정말로 있을 수 있다. 왜냐하면 의지 규정은 결코 어떠한 결과도 없이 존재할 수는 없기 때문에 일체의 목적 관계도 없다면 인간 안에서는 어떤 의지 규정도 일어날 수 없기 때문이다. 그러한 결과의 표상은 선택의지의 규정근거에서나 의도에 선행하는 목적에서나 의지가 법칙을 통하여 어떤 목적에로 규정되는 결과로 받아들여질 수 있지 않으면 안 된다.(6:4)

그리고 바로 이어서,

어떻게 행동해야 하는지는 주어져 있지만, 무엇을 위해 행동해야 하는지가 주어져 있지 않을 때 인간은 만족할 수가 없다. 도덕은 올바른 실천을 위해서 아무런 목적도 필요로 하지 않으며, 자유 사용 일반의 형식적 조건을 내포하는 법칙만으로 충분하다. 그러나 도덕으로부터 목적이 생긴다. … 그 목적은 이 세상에서의 최고선이라는 이념이다. 즉 이 최고선이라는 목적은 우리가 가져야 할 모든 목적들의 형식적 조건(의무)과 그에 제약된 모든 목적들의 피제약자(의무의 수행과 합치하는 행복)를 함께 자기 안에 결합하여 포함하는 대상의 이념이다. … 그러나 여기서 가장 중요한 것은 이 이념이 도덕에서 생기는 것이지 도덕의 근거는 아니라는 것이다. 목적은 그것이 목적이 되기 위하여 이미 도덕적 기초를 전제하는 것이다. (6:4-5)

이는 덕과 행복에 대한 칸트 자신의 고유한 이해방식을 보여주고 있다. 칸트는 단적으로 "에피쿠로스 학파에 따르면, 덕 개념은 자기 자신의 행복을 촉진하라는 준칙 안에 있었다. 반면에 스토아 학파에 따르면 행복의 감정은 이미 자기의 덕에 대한 의식에 포함되어 있었다." (5:112)고 말한다. 전자의 덕은 행복을 달성하기 위한 도구적 성격을 갖지만, 후자의 경우는 덕의 준수와 실행이 자동적으로 행복을 낳는다는 것인데, 칸트는 이들 모두와 다른 덕과 행복의 개념을 제시하고 있다. 이는 칸트가 옳음을 도덕적 선으로 이해하는 이유와 밀접한 관련이 있다. 칸트에게 도덕적 선은 선의지와 함께 도덕법칙 자체다. 칸트는 이와 같은 관점은 고대의 아리스토텔레스의 것과 비교된다. 가령 아리스토텔레스에게 그 자체로 최고의 좋음으로 상정되는 행복은 칸트에게는 도덕적 선이 아니다. 우리는 단적으로 일반적 관점에서 칸트적 의미에서 행복한 사람이 아리스토텔레스적 의미에서도 행복한 사람인지 물을 수 있다. 또 칸트적 의미에서 비도덕적인 사람이 아리스토텔레스적 의미에서 필연적으로 불행한 사람인지 물을 수 있다. 우리는 둘 모두에는 분명한 차이가 있다. 그러므로 칸트와 아리스토텔레스에게 도덕적 선에 대한 이해는 기본적으로 인간 본성에 대한 이해에 비례하는 만큼의 차이가 있다. 엄밀히 말해서 칸트는 현상계에 속해 있는 인간적 관점에서 볼 때 덕과 행복 사이에 놓인 거리를 한편으로는 더 이상 좁힐 수 없는 갈등 관계로 파악하고 있는데, 이는 전적으로 인간 본성에는 이성과 경향성 사이에 결코 극복할 수 없는 거리가 있다는 인간이해를 반영한다. 그러나 다른 한편으로 칸트는 예지계에 속해 있는 도덕적 관점에서 덕에 비례하는 결과로서의 행복을 발견함으로써 그 거리를 좁힐 수 있는 하나의 실천적 이상으로 최고선을 제시했다. 반면에 아리스토텔레스는 칸트가 자연본성에 있어서는 하나의 조건적 선에 불과하며 도덕적으로 제약되어야 할 선(좋음)으로 파악한 행복을 인간의 이성적 본성에 적합한 방식으로 성취될 수 있는 것으로 파악했다.[9] 그들이 서로 다른 길을 갈 수밖에 없었던 것은 근본적으로 덕과 행복 각각에 대한 서로 다른 이해에 기초하고 있기 때문이다. 인간적 본성에서 의지 자체의 좋음을 내세우는 아리스토텔레스는 개인적 의지를 통해서 실현될 수 있는 객관적 좋음을 발견함으로써,[10] 인간의 본성적 좋음과 목적적 활동성이 갖는 덕과 감정의 내밀한 관계에 주목할 수 있었으며, 이를 통해 현실에서의 덕과 행복의 결합 가능성을 가치 있는 삶의 목표로 제시하는 길로 나아갈 수 있었다.

그러나 칸트는 도덕적 동기에서 감정을 철저히 배제시켰다. 도덕법칙과 법칙에 대한 존경심만이 의지를 규정하는 근거가 될 수 있으며, 최고선은 도덕법칙 아래 종속된 행복, 즉 덕과 덕에 비례하는 행복의 결합이라는 조건 아래서만 의지의 규정근거가 될 수 있다. 그런데 우리의 행위가 이와 같은 도덕법칙과 최고선에 대한 칸트적 이해에 제약된다면 과연 우리는 상호 인격적 존중이나 인간 존엄성과 같은 가치를 이해하고 또 이를 위해 충분히 동기부여될 수 있는가? 칸트는 실질적으로 이런 가치 감정이 갖는 의의를 충분히 인식하고 있었지만, 그

---

9) Cooper John, *Reason and Human Good in Aristotle*, 89 - 143.

10) Allen W. Wood, *Kant's Ethical Theory*, 161-2.

것을 의지의 형식적 제약 아래 둠으로써 의지와 감정의 관계를 근본적으로 분리시켜 놓고 있으며, 즉 법칙적 형식과 질료적 내용을 분리시켜 놓음으로써 인간적 가치에 대해서 하나의 통일된 이해에 이르지 못하고 있다. 그 모든 것이 칸트의 도덕성과 최고선에 대한 이해에 반영되어 있다. 반면에 아리스토텔레스 역시 의지와 감정의 분리불가능한 관계에 진정으로 주목했음에도 불구하고 도덕적 행위에 요구되는 도덕적 관점을 제시하는데 한계를 보이고 있다. 그것은 칸트가 이성적 인간에게 요구하는 공평성, 형평성, 불편부당성, 공정성, 평등과 같은 가치들은 언제나 우리의 도덕적 관점을 지배하는 가치들인 바, 아리스토텔레스는 이러한 가치들을 좋음 혹은 좋은 삶 즉 행복을 위해 필요한 것으로 한정함으로서 도덕적 구속력을 갖는 도덕적 관점을 좋음을 추구하는 인간 본성의 목적론에 종속시켰다. 나는 이성적 인간에게 요구되는 도덕적 관점은 보편적 가치들을 도덕성의 척도로 삼는 것이어야 하는데, 그것은 이성적 공감과 같이 이성과 감정의 공유된 가치들이어야 한다고 생각한다. 그 경우에만 그것은 의지를 규정하는 도덕적 동기가 될 수 있는 것으로서 형식과 내용의 분리를 극복할 수 있으며, 따라서 동기력과 실천력을 동시에 지니는 도덕적 구속력을 갖는다고 생각한다.

5. 도덕적 행복

전통적 의미의 최고선에 대한 의미 변경을 시도한 칸트는 자신의 논리에 따라서 새롭게 정의된 덕과 '덕에 비례하는 행복'의 일치로서의 최고선에 대한 정의를 고려해서 행복이란 말을 독립적인 이성의 목적으로 사용하는 것을 거부한다. 칸트에게 행복이란 기본적으로 감성적 존재자의 경향성과 관련하여 정의되는 것이기 때문이다. 이러한 이유에서 칸트는 덕복일치 즉 '덕과 덕에 비례하는 행복의 일치'로서의 최고선을 덕 의식에 반드시 수반하는 행복과 유사한 것을 가리키는 "자기만족"(Selbstzufriedenheit) 또는 "어떠한 특수 감정에도 기인하지 않는 지성적(intellektuell)이라 부를 수도 있는 만족"으로 표현한다.(VII:247)[11] 또 "자신의 인격에 대한 만족"(Zufriedenheit mit seiner Person)으로 표현하기도 하는데, 때로는 경향성이나 욕구로부터 전혀 독립적인 것은 아니지만 이들의 영향으로부터 해방되어 있을 경우에 얻게 되는 "정복(淨福)"(Seligkeit)과도 비슷하며, 심지어 그 근원에 있어서 최고 존재자(신)에게만 귀속시킬 수 있는 자족(Selbstgenugsamkeit)과도 비슷한 것이라고 한다.(VII:248)

칸트는 때로는 『도덕형이상학』의 「덕이론」에서 자연이 가져다주는 것에 대한 만족으로서의 자연적(physisch) 행복과 구분하여 "그의 인격과 그 자신의 도덕적 태도가 갖는 만족"으로서의 "도덕적 행복"으로 정의하기도 하면서 (VIII:517) 이 용어의 사용을 제한적으로만 허용하고 있다. 특히 '자신의 정직성에 대한 의식에서 행복을 느끼는 것'으로서 이러한 행복을 "느끼는 방식"에 한정해서 '도덕적 행복'이라는 표현을 허용하는 태도를 취하고 있는데(6:387-8), 여기서 알 수 있듯이 칸트는 의무와 관련해서 자기 자신의 경우에는 인간성에 속하는 완전성, 타인의 경우에는 다른 사람들의 행복을 위한 덕의무의 이행에 대해서 이 말의 사용을 허용하고 있다. 이처럼 칸트가 이 용어의 사용을 제한하는 것은 도덕적 행복이라는 표현이 전통적 언어 사용법에 따르면 뒤쪽에 즉 '행복'이라는 말에 방점이 놓인 말이기 때문이다. 즉, 칸트가 생각하는 모든 전통적 의

---

11) 여기서 "자기만족"이란 말의 본뜻은 "아무런 부족함도 의식하지 않는 자기 존재에 대한 소극적인 만족(Wohlgefallen)"(VII:246)의 의미를 갖는다. 그리고 칸트는 "지성적 만족"을 "감성적(ästhetische) 만족"과 구분지어 표현하고 있지만, 감성적 만족이라는 말 자체가 부당한 표현이라고 생각한다. 왜냐하면 '만족'이라는 말 자체가, 칸트에 의하면, "아무런 부족함도 의식하지 않는."(VII:246)는 뜻을 포함하나 감성적인 것에서 얻어지는 만족이란 늘 부족함이 남게 되는 상태이기 때문이다. 따라서 이는 단순히 지성적 만족의 의미를 분명히 하고자 한 의도에서 나온 것임을 암시하고 있다.

미의 행복은 감성적 내지는 물리적 혹은 자연적 행복뿐이기 때문이다. 그러므로 '도덕적'이라는 말을 행복과 결합해서 쓴다는 것은 모순적이다. 더욱이 이와 같은 방식의 행복 이해는 결정적으로 "경험적 원인들"에 의거하지 않으면서 "의무를 행했다고 의식할 때, 자신이 영혼의 안정과 만족의 상태에 있음"과 관계한다는 점에서 칸트적 의미에서 '도덕적'이지만, 근본적으로 "의무의 개념이 직접적으로 의지를 규정하는 것이 아니라, 오직 예견된 행복에 의해서만 의무를 행하려고 한다."(6:377)는 것이 문제가 된다. 이는 결국 자신에게 감성적 행복을 가져다 줄 것이라고 생각하는 것을 자기의 의무로 수행하려 하는 것이기 때문이다.(6:378)

칸트가 도덕적 행복이란 말을 꺼려했듯이 자기만족, 지복, 정복이라는 말도 실제로는 그것이 곧바로 최고선의 실현으로서 행복과 동일한 의미가 아니라 비유적인 표현이다. 오히려 덕에 비례하는 행복 이외에 다른 말로는 대체불가능하다는 것이 적절할 것이다. 실제로 덕을 원인으로 하며, 그 결과로서 덕에 비례하는 행복을 표현할 때도 칸트는 단정적인 표현을 쓰기 보다는 "정복(淨福)이라 일컬을 수는 없지만,… 정복과 비슷하다" 혹은 "자기만족과 유사하다"와 같은 소극적 표현을 쓴다.(5:118) 이에 나는 새롭게 정의된 칸트의 최고선, 실현된 최고선을 대체하는 의미로서 다소 오해의 여지가 있는 '도덕적 행복'이라는 용어를 사용하고 싶다. 나는 최고선의 한 요소로서 덕에 비례하는 행복을 '예지계에서의 도덕적 행복' 혹은 실천이성의 목적을 추구하는 행위의 결과, 즉 최고선의 실현이 이루어지는 내용적 규정에 초점을 맞추면, 이를 도덕적 행복이라고 표현해도 무방하다고 생각한다. 왜냐하면 그 경우 최고선은 예지계에서의 "덕과 행복의 필연적 결합"(5:113), 예지계에서의 덕과 도덕적 행복의 결합 내지는 일치로서 최고선, 즉 덕에 제약된 도덕적 행복이 될 것이기 때문이다. 나아가 이렇게 할 경우 우리는 최고선과 관련해서 감성적 행복과 도덕적 행복이라는 두 종류의 행복을 구분할 수 있으며, 후자의 도덕적 행복은 예지계에서의 행복의 의미를 가질 수 있게 된다. 칸트가 실천이성의 이율배반을 통해서 해소하려 했던 덕과 행복의 모순적 결합, 즉 현상계에서의 덕과 행복의 일치에 머물렀던 에피쿠로스 학파와 스토아 학파의 대립을 해소하면서 예지계에서의 도덕적 행복이라고 부를 수 있다면, 이는 최고선의 내용 규정을 드러낼 수 있는 유용한 표현이 될 수도 있다. 칸트의 최고선을 대체할 수 있는 용어로서 칸트가 자주 사용하는 덕에 비례하는 행복 혹은 행복할 자격 있음보다 간결한 용어로서 도덕적 행복이 무난할 수 있다는 생각이다.

칸트는 감성적 존재자의 관점에서가 아니라 이성적 존재자의 관점에서 행복을 다음과 같이 규정한다. "행복은 자신의 모든 삶에 있어서 모든 것을 뜻대로 이룰 수 있는 현실에서의 이성적 존재자의 상태이며, 따라서 행복은 자연이 이성적 존재자의 전 목적, 즉 이성적 존재자의 의지의 본질적인 규정 근거에 합치하는 것에 의존한다." (VII:255) 곧 최고선은 이런 의미에서의 행복과 덕의 결합을 꾀하는 것이므로, 그 자체가 이미 현실적으로 존재하는 감성적 경향성에서의 행복이 아니라 도덕적으로 감성화 되어야 할 행복에의 실현을 추구하는 것이 된다. 말하자면 "선의지의 확립을 최고의 실천적 사명으로 하는 이성은 이 의도를 달성했을 때, 그의 독특한 방식에서 오는 어떤 만족, 즉 이성만이 규정하는 목적의 수행에서 오는 만족을 느낄 수가 있다." (VII:22)는 것이다. 이러한 행복은 행복을 얻고자 하는 동기에서 도덕적으로 행위하는 것이 아니라 우리가 자신의 의지 또는 자유가 도덕법칙에 따라 행위하는 가운데에서 자연적으로 얻어지는 결과로서 주어지는 것, 즉 "도덕적 자유 자신의 힘으로부터" [12] 결과하는 것이다. 앞서 지적했듯이 이러한 만족은 칸트의 도덕적 감정과도 유사하다. [13] 따라서 도

---

12) K. Düsing, "Das Problem des höchsten Gutes in Kants praktischer Philosophie", 20.
13) 이처럼 최고선과 도덕적 감정의 밀접한 연관성에도 불구하고 칸트가 이를 주제적으로 다루고 있지 못한 것은 칸트 철학의 아쉬운 점이다. 왜냐하면 행위의 주체 측에서 선험적 감

덕적 행위로부터 결과할 수 있는 목적들의 완전한 전체를 의미하는 실천이성의 무제약적 대상으로서의 최고선이란 "도덕적 행복" 즉 마땅히 해야 할 도덕적 행위를 했다는 사실만으로도 충분한 (자기)만족을 얻게 되는 지속적인 상태, (정언명법에 따른) 도덕적 실천을 통해서 얻어지는 삶의 만족(행복), 덕에 상응하는 행복을 누리는 상태로서의 완전성의 도덕적 이상, 그리고 무엇보다도 도덕법칙에 따른 "자유의 도덕적 사용"[14]으로부터 당연히 결과하는 것, 한마디로 도덕성의 최고 형태를 의미한다.

6. 도덕적 필연성과 실천적 필연성

칸트에게 도덕적 선으로서의 행복은 이미 도덕성에 제약된 행복이다. 다시 말해서 칸트에게 도덕법칙만이 행위의 유일한 도덕적 동기이며, 행복은 어떠한 경우에도 도덕적 행위의 동기가 될 수 없다. 그리고 이 두 이질적인 요소는 전혀 다른 이성적 및 감성적 기원을 갖는다. 칸트의 실천이성의 이율배반에 대한 독법과 해법을 둘러싸고 제기된 많은 비판들도 직간접적으로 이와 관련이 있다. 가령, 라인하르트는 신의 현존을 근거짓는 시도로서 또는 우리가 실제로 신의 현존에 대한 신앙에 도달하는 방법에 대한 학설로서의 칸트의 요청이론 그 자체가 의미하는 것이 무엇인지, 어떤 의의가 있는지 반문하면서, 세 가지 부정적인 답변을 제시한다. 먼저 그러한 요구만으로는 도덕법칙의 실현이 보장되지는 않으며, 따라서 이는 어떤 실재적인 토대도 지니고 있지 못한 칸트의 독단적인 주

정으로 발견되는 이러한 내적 만족에 주목하였더라면 그의 실천철학은 더욱 풍부한 내용을 갖게 되었을 것이기 때문이다. 이는 도덕원리의 근거를 감정을 배제한 이성적인 것에서 구하려는 칸트의 강한 집착의 결과이다.

14) A. Reath, "Two Conceptions of the Highest Good in Kant", 218.

장에 불과하며, 두 번째로 행복과 불행의 부정의한 분배로부터는 모든 인간에 있어서 신에 대한 신앙이 반드시 결과하지 않으며, 오히려 현실이 보여주는 많은 부정의한 상태야말로 신이 존재하지 않는다는 것을 증명해 준다는 것이다. 그리고 마지막으로 근본적으로 행복의 부정의한 분배로 인해 곤경에 빠져 있는 인간은, 그가 신에 대한 신앙을 정말로 늘 갖고 있지 않을 경우에, 반드시 시선을 신에게로 돌리는 것은 아니기 때문에, 이런 식으로는 절대로 신의 현존을 보증하지 못한다는 것이다.[15] 이와 유사한 맥락에서 도덕법칙의 무제약적 강제력이 실천이성 자체에 근거하면서 동시에 다시 최고선의 실현을 위하여 신의 존재를 요청한다는 것은 양자의 관계가 부자연스럽고 간접적일 뿐이라는 지적도 설득력이 있다.[16]

이렇게 칸트 철학의 해석의 역사에서 칸트가 최고선에 도덕성과 전혀 화합할 수 없는 행복이라는 요소를 끌어들인 것에 대해서 많은 논란이 제기되어 왔다. 가령, 그린은 도덕성이란 순전히 자율적인 이성적 의지의 관심인 바 최고선에 행복을 도입한 것은 모순이라고 비판한다.[17] 또 파울젠은 행복을 도덕적 이상에 도입한 것은 『실천이성비판』을 내적인 모순에 빠지게 만들었음을 지적하고 있다.[18] 베크도 칸트의 최고선 개념과 이에 따른 신 존재에 대한 도덕적 논증이 오류임을 지적하면서 최고선 개념에 행복이 들어설 자리가 없다고 주장한다.

베크의 칸트 해석을 젤딘의 분석에 따라 다음과 같이 재구성해 볼 수 있다[19]: 1) 도덕법칙은 최고선의 촉진을 명령한다.[20] 2) 이성은 최고선의 촉진을 명령하

---

15) W. Reinhard, *Über das Verhältnis von Sittlichkeit und Religion bei Kant, unter besonderer Berücksichtigung des Opus postumum und der Vorlesung über Ethik*, 13-4.

16) 신옥희, 「칸트에 있어서 근본악과 신 - 『종교론』에 나타난 도덕적 신 존재 증명-」, 276.

17) T. M. Greene, "The Historical Context and Religious Significance of Kant's Religion", lxiif.

18) F. Paulsen, *Immanuel kant: Sein Leben und seine Lehre*, 318.

19) M.-B. Zeldin, "The Summum Bonum, the Moral Law, and the Existence of God", 43-4.

20) L. W. Beck, *A Commentary on Kant's Critique of Practical Reason*, 261.

기 때문에, 만일 그것이 가능하지 않다면, 도덕법칙은 공허하고 헛된 것이 되고
말 것이다.[21] 칸트가 최고선의 가능성의 존재 조건을 요청해야만 한 것도 이러한
이유 때문이다.[22] 3) 인간의 유한한 본성 때문에 최고선에의 희망은 그가 의무를
행하는 필연적 동기이다.[23] 베크는 이러한 칸트의 논증을 평가하면서 최고선을
촉진하라는 명령이 정언명법의 어떠한 정식에서도 발견되지 않으며, 만일 정언
명법에 포함되어야 하거나 함축되어 있다고 한다면, 그럴 경우 도덕성 개념 이
외에는 어떤 것도 포함될 수가 없으므로 최고선은 행복 개념을 포함할 수 없다
고 결론을 내린다.[24] 심지어 코헨은 칸트의 도덕철학의 근본원리가 그대로 유지
되려면 최고선 이론은 완전히 거부되지 않으면 안 된다고까지 주장한다.[25] 이들
은 다 같이 최고선 이론이 칸트의 도덕원리가 갖는 근본 성격에 모순되거나 양
립 불가능함을 비판의 논거로 삼고 있다.

그러나 이러한 비판들은 적중한 것이라 보기 어렵다. 우리가 칸트의 견해를
논리적인 측면에서만 접근할 경우 위와 같은 지적은 일견 타당해 보이지만, 충
분한 것은 못된다. 가령 베크가 정언명법의 어떠한 정식에서도 최고선을 촉진
하라는 명령을 발견할 수 없다는 주장은 우리가 정언명법의 정식들 중 자율성의
원리라 부른 정식에서는 목적의 왕국에 속하는 "모든 이성적 존재자의 의지는
보편적으로 입법하는 의지"로서 등장한다는 것을 놓치고 있다. 이 목적의 왕국
은『순수이성비판』에서 "도덕법칙에 합치하는 세계로서의 도덕적 세계"의 이념
과 동일한 의미를 갖는다. 따라서 이미 이 세계 또는 왕국은 최고선과 관계한다.
이러한 이유에서 젤딘은 베크의 비판을 물리치고 있다.[26] 그러나 이러한 반론도

---

21) 같은 글, 244, 254, 274, 및 255 각주 17.

22) 같은 글, 253-4.

23) 같은 글, 243.

24) 같은 글, 244.

25) H. Cohen, *Kants Begründung der Ethik*, 353.

26) M.-B. Zeldin, "The Summum Bonum, the Moral Law, and the Existence of God," 49.

여전히 문제가 있다. 정언명법 자체가 최고선의 촉진을 또는 목적의 왕국의 실현을 명령할 수는 없다. 그 명령의 주체는 행복에의 만족을 요구하는 인간이 소유하고 있는 또 하나의 능력으로서의 도덕적 실천이성이다. 그러므로 칸트의 요청 역시 도덕법칙의 필연성으로부터 요구되는 것이지 실천적 필연성으로부터는 아니다. 이에 칸트는 최고선을 인간의 노력에 의해 도달해야 할 역사적 과제로 보고 있다.

말하자면, 칸트의 최고선 이론은 실천이성 자체의 도덕적 요구로부터 정당성을 갖는다. 즉, 그것은 현실적인 상황으로부터의 논증이 아니라, 현실이 그렇지 못하기 때문에 더 더욱 그러한 존재가 있어야 한다는 논증에 가깝다. 칸트가 말하는 도덕적 인간이란 도덕법칙의 명령을 의무로 받아들이고 그것이 현실과 역사 속에서 실현되도록 노력하는 사람을 가리킨다. 그러므로 우리가 정말로 문제 삼아야 하는 것은 '왜 이성은 최고선 안에 서로 실재적으로 결합될 수 없는 상이한 요소를 도입함으로써 이런 결과를 자초하는가?' 하는 것이다. 아마 칸트의 유일한 답변은 '그것은 순수한 자율적 이성의 고유한 관심을 지배하는 하나의 사실이기 때문이다.'라고 말할 것이다. 그리고 동시에 이상과 같은 문제와 관련해서 무엇보다도 우리가 간과해서는 안 되는 것은 칸트는 행위의 동기와 행위의 목적을 명백히 구분하고 있다는 점이다. 그런데 목적은 대상 혹은 내용을 가져야 하는데, 칸트는 이 동기와 목적을 분리시켜 놓고 있는 것이 문제다. 칸트가 이성은 순수한 실천이성의 대상으로서 무제약적 전체를 의지의 규정 근거로서가 아니라, 이 근거가 (도덕법칙에서) 주어졌더라도, 최고선의 이름 아래서 구한다고 말한 점에 주목해야만 한다.(VII:235) 즉, 이성 자신이 행복을 포함하는 최고선을 행위의 목적으로서 요구하며, 그 실현을 욕구한다는 것이다. 이는 정언명법의 형식과 내용의 불일치라는 문제의 지평과 구조적 유사성을 드러내고 있는데, 이는 마치 이성의 실천적 욕망이 도덕적 요구에 제약되어 있기에 이성의 운명처럼, 혹은 인간 본성의 나약함이나 어둠 속에서 그나마 포기할 수 없는 작은 희망에 모든 것을 걸고 있는 듯, 한편으로는 이성의 사실로서의 도덕법칙과 다른 한편으로는 이성의 본질적인 관심과 목적 및 그 실현을 촉구하는 최고선을 향한 이성의 요구가 직면하고 있는 본래적인 불일치와 유사하다. 이 같은 결말은 이미 이성적 존재자의 개념에서 출발하고 있는 칸트 윤리학의 근본 기획에 내재되어 있는 문제로 보아야 한다.

우리가 칸트를 따라서 정당하게 주장할 수 있는 것은 칸트 견해의 결함과 문제는 이성 자신이 행복 또는 도덕법칙에 따른 행복과의 결합을 원하는 것으로 이해하고 있는 그의 실천철학의 토대, 나아가 칸트적 이성의 구조적 특성에 있는 것이지 최고선 이론 자체 나아가 그의 요청 이론 자체에 있는 것은 아니라는 것이다. 칸트에 충실한다면, 그것은 그 자신의 통찰에 근거하고 있는 인간 이성의 운명이자 조건이다. 그런 점에서 우리는 최고선 이론을 포함한 칸트의 윤리 이론을 올바로 이해하기 위해서는 그의 인간의 본성과 역사철학에 관한 이론을 중요하게 고려해야 한다.[27] 우리는 칸트가 최고선에 행복을 끌어들인 것이 모순이며 오류라고 말해야 하는 것이 아니라 전혀 이질적인 요소를 함께 요구하는 칸트의 이성 개념과 인간의 본성에 대한 통찰로부터 필연적으로 결과하는 모순이라고 말해야 한다.[28] 그리고 최고선과 관련한 칸트의 도덕적 증명들이 비록 일관적이긴 해도, 그러한 증명들은 인위적이며 따라서 어떠한 확신도 낳을 수 없

---

27) A. W. Wood, *Kant's Ethical Thought*, 334. 우드는 이 저서에서 이 같은 점에 초점을 맞추면서 칸트의 도덕적 실천철학적 사고의 성격과 특징들을 규명하고 있다.

28) 이러한 문제를 김진 교수는 도덕법칙 위주의 형식주의 윤리학, 자연 법칙과 도덕법칙의 구조의 상이성, 근본악을 설정하는 기독교적 가치관과 세계관, 계몽주의 사상과 철학적 낙천주의 등으로부터 기인하는 것으로 파악하고 이를 칸트의 요청적 선구조라는 틀 아래서 조망하고 있다. 김진, 『철학과 요청』, 133; 『칸트와 선험화용론』, 107. 이러한 해석은 칸트가 요청이라는 해법을 통해 논리적 모순 해소에 몰두하면서까지 지속적으로 왜 그러한 구조적 모순을 근본적으로 해소하지 않고 있는지에 대한 하나의 유력한 대안적 견해로 평가할 수 있다. 그러나 이같은 해석이 설득력이 있다고 해도 칸트의 문제를 해소할 수는 없어 보인다.

다는 웹의 지적은 설득력을 지닌다.[29] 하지만 역으로 그것은 오히려 칸트가 도덕
법칙의 확실성에 얼마나 집착하고 있는지를 반증해 준다. 칸트의 이러한 확신이
얼마만큼 일관되게 고수되고 있는가는 그가『판단력비판』에서 최고선을 비판적
관점에서 도덕적 목적론과 결합시키려고 하는 해명에서뿐만이 아니라 그 실현
가능성을 정치적·종교적 차원과 결합하려는 시도에 의해서도 입증된다.

정치와 종교가 갖는 역사성을 고려한다면, 실천이성이 추구하는 최고선은
현실적 인간에게는 역사적 과제이자 그 자체로 역사적 이념이다. 또 이성적 존
재자의 도덕법칙과 최고선의 관계를 고려하면, 정언명법은 현실 속에 있는 인간
의 초역사적인 도덕성의 척도다. 이 둘의 결합은 인간이 어떤 역사를 추구해야
하는지 알려준다. 그것은 도덕적 행복이 유지 증대되는 역사이며, 그 결과는 도
덕적 문화의 구현이다. 그러나 정언명법의 도덕적 요구가 범주적 차이의 담지
자로서 개별 인간들 및 그 행위 각각에 제약되지 않는 초역사적, 무차별적 명령
이라면, 이는 현실에 존재하는 구체적인 인간을 위한 것이 아니라 이념으로서만
존재하는 인간을 위한 것, 현실에는 존재하지 않는 이성적 존재자만을 위한 것,
따라서 모두를 위한 것도 그 누구를 위한 것도 아닌 것이 될 수 있다.

---

29) C. C. J. Webb, *Kant's Philosophy of Religion*, 65 이하; A. W. Wood, *Kant's Moral Religion*, 33 참조.

7. 도덕적 선과 도덕적 문화

1) 도덕성의 원리와 자기애의 원리

칸트는 도덕원리의 종류, 즉 의지의 가능한 두 가지 규정 근거를 크게 도덕성의 원리와 자신의 행복을 추구하는 자기애의 원리로 구분한다. 이 양자는 서로 대립하는 것으로서 "도덕성의 원리의 정반대는 자기행복의 원리를 의지의 규정 근거로 삼는 것이다." (VII:146) 그리고 그것이 실현되기를 바라는 "욕구능력의 객관(실질)을 의지의 규정 근거로 전제하는 모든 실천원리는 전부가 경험적이며, 결코 실천법칙들을 내줄 수 없다." (VII:127) 따라서 모든 실질적인 실천원리는 그 자체로는 전부가 동일한 종류이며, 칸트는 이를 "자기애 또는 자기행복의 보편적 원리" (VII:128)에 포함시킨다. 이렇게 칸트에 의하면, 도덕이란 그 성격에 있어서 행복과는 무관한 것이다. 따라서 행복을 도덕의 기초로 삼는 것 자체가 도덕을 부정하는 결과를 초래한다. "덕의 본래적인 모습을 본다는 것은 도덕성을 모든 감각적인 것의 혼합이나 보상 혹은 자기애의 불순한 장식으로부터 벗겨내 보이는 것 이외의 다른 것이 아니다." (VII:58 각주) 즉 "행위의 실천적 필연성을 행복 촉진의 수단" (VII:45)으로 생각하는 것은 정언명법이 아닌 가언명법에 속한다. 그러므로 "도덕법칙은 자기행복의 원리와는 전혀 다른 어떤 것이다." (VII:150)

칸트는 종래의 모든 도덕이론들은 한결같이 도덕원리의 규정 근거를, 그것이 주관적인 것이든 객관적인 것이든, 행복의 원리에 좌우되는 실질에 두어왔기 때문에, 즉 의지의 규정 근거를 선행하는 목적이나 대상에 두는 타율적 실천원리에 의존하고 있기 때문에, 그리고 의지의 규정 근거로 받아들인 의지의 객관(실질)은 언제나 경험적이기 때문에 도덕론 및 의무에 대한 순수한 이성 원리로 사용될 수 없다고 생각한다. 칸트에 의하면, "(이미 증명되었듯이) 실질적 원리는 최상의 도덕법칙으로는 전혀 맞지 않기 때문에, 정언명법 즉 (행위들을 의무이게 하는) 실천법칙에 알맞는, 그리고 일반적으로 또한 인간의 의지에 적용할 때나 이를 판정하거나 규정할 때 도덕성의 원리에 알맞는 유일 가능한 원리는 우리의 준칙에 의해서 가능한 보편적 입법의 형식만을 의지의 최상의 그리고 직접적인 규정 근거로 삼아야 하는 순수 이성의 형식적 실천원리이라야 한다." (VII:154-5)

그런데 칸트에 있어서 순수 이성이 실천적이라 함은 곧 "순수이성이 모든 경험적인 것에서 독립하여 독자적으로 의지를 규정할 수 있다." (VII:155)는 것을 뜻한다. 그러므로 그것은 곧 실천이성 즉 의지가 자율임을 뜻하며, 다름 아닌 이 "자율의 법칙이 도덕법칙이다." (VII:157) 그리고 이 도덕법칙에 의해서 이성은 자신이 실천적임을 증명해 보이고 있는 것이다. 칸트는 이러한 비판적 검토를 거쳐서 "자신의 욕구와 경향성의 전체적인 만족" (VII:32)으로 총괄되는 행복에 의해서는 도덕원리의 객관성과 보편성은 결코 마련될 수 없다고 선언한다. 유한한 이성적 존재자들이 만족과 고통에 관한 그들 감정의 객관들이라고 가정해야 할 것에 관해서 서로 일치한다 하더라도 이 같은 자기애라는 행복의 원리에 근거한 일치는 단지 우연한 것에 불과하므로 이제 더 이상 실천법칙이라 부를 수 없다는 것이다. 이러한 것은 주관적 필연성만을 가질 뿐이지 "모든 법칙에서 생각되는 필연성, 즉 선험적 근거들에서 생기는 객관적 필연성을 갖지 못한다." (VII:134)

그러나 칸트는 도덕의 원리로서 행복주의는 강력하게 비판하지만, 그렇다고 행복 자체가 인간에게서 차지하는 가치와 의의마저 무시하지는 않는다. 행복이 도덕적 원리로서의 자격을 지닐 수 없으며, 따라서 다만 도덕성의 원리와 비교할 때에만 이차적인 고려의 대상이 될 뿐, 행복은 칸트 자신에 의해서 여전히 인간 본성의 중요한 실천적 관심사로서 부각되어 있다. 오히려 행복 또한 인간의 자연 필연적 본성이 추구하는 목표로서 이성이 자신의 능력을 통하여 실현하고자 한다는 것을 인정하고 있다. (VII:44-5, 62-3, 133, 217-8) 다만 그것이 인간의 본래적 가치를 지니지 못한다는 점에서 도덕성의 원리에서 배척당하고 있는 것이다. 이를 종합해 보면 결국 한 개체로서의 인간은 도덕적 존재이면서 동시에 행복을 추구하는 존재이다. 『도덕형이상학』에서는 자기의 도덕적 완전성만이 아니라 타인의 행복도 "동시에 의무가 되는 목적"(VIII:515-6)임을 밝히고 있다. 그러므로 칸트는 도덕의 원리로서의 행복주의를 비판하는 것이지, 그렇다고 행복 자체를 부정하는 것은 결코 아니다. 칸트가 강조하는 것은 다만 "도덕적 심성을 가진 사람이라면 행복이 인간이 추구해야 할 최고 목표가 되어서는 안 된다는 것뿐이다."[30] 오히려 그는 "어떻게 하면 우리는 정말로 행복할 수 있는가?"라는 근본적인 실천적 물음에 그의 모든 도덕적 해결에의 노력을 경주하고 있다고 해도 과언이 아니다. 따라서 칸트 자신의 도덕적 견해에 기초하여 의미부여된 행복이란 역으로 행복이란 무엇인가에 대한 칸트적 답변인 것이다. 그러면 칸트가 제시한 답변이란 구체적으로 어떤 것인가? 칸트에게 행복이란 인간의 자연적 경향성의 목표이며, 따라서 "자신의 행복을 확보하는 것은 (적어도 간접적으로는) 의무"(VII:25)이기 때문에 도덕적 의무를 이행하기 위한 하나의 간접적인 조건으로서 적절한 제한 하에서는 적극적 가치를 갖는다. 이와 같이 행복은 도덕적 측면에서 이중적인 지위를 갖는다. 한편으로는 경향성에 입각한 만족으로서의 행복은 도덕적 가치를 갖지 못하나, 다른 한편으로는 인간의 도덕적 의무의 실천을 위해서는 무시될 수 없다. 물리적 조건의 제약을 받는 인간에게 감성적 만족과 제약이 동시에 적절히 이루어지지 않으면 도덕적 행위란 실천적 차원에서는 불가능한 것이기 때문이다. 칸트의 이러한 시각은 그의 도덕적 문화론에 그대로 반영되어 나타난다.

---

30) 김영철, 『윤리학』, 111.

칸트는 비판철학의 성과에 기초하여 한편으로는 행복주의를 거부하며, 다른 한편으로는 인간의 본성에서 행복이 갖는 고유한 의미와 지위를 새롭게 조명한다. 행복은 아리스토텔레스 이래 전통적으로 인간의 최고의 실천적 목표로서의 지위를 누려온 개념이다. 그러나 칸트는 이러한 행복 개념의 전통적인 지위에 근본적인 수정을 가한다. 칸트에게서도 행복은 최고선의 한 요소로서 여전히 그 가치를 인정받고 있다. 그러나 예지계에서 실현되는 자기만족으로서의 도덕적 행복이 아니라 실천이성이 욕망하는 현실의 감성적 행복은 더 이상 그 자체만으로는 최고의 실천적 가치를 갖지 못한다. 이성은 그러한 행복은 결코 만족도 충족도 될 수 없다는 것을 깨닫는다. 이제 이성은 형용상의 모순처럼 들리는 도덕적 행복과 유사한 만족, 즉 도덕적 의무가 낳는 만족으로서 행복만이 도덕성에 합치하는 행복, '덕에 비례하는 행복'으로 전도된다. 그러면 왜 감성적 행복은 인생의 진정한 최고의 가치와 지위를 누릴 수 없는가? 칸트는 어떤 이유에서 행복에 대해서 이러한 가치 평가를 할 수 있었는가? 칸트는 다음과 같이 말한다.

목적을 의욕하는 사람은 또한 (이성에 적합하게 필연적으로) 이를 위해 자신의 힘이 미치는 유일한 수단도 의욕한다. 그렇지만 행복의 개념은 규정되지 않는 개념이어서, 사람들이 저마다 행복에 도달하기를 원한다 할지라도 그가 본래 무엇을 원하고 의욕하는지 결코 확실하게 결정하거나 그리고 자기모순 없이 말할 수가 없다는 사실은 불행한 일이다. 그 원인은 행복의 개념에 속하는 모든 요소가 죄다 경험적이라는데, 즉 경험으로부터 빌려와야 한다는데 있으며, 또 그럼에도 행복의 이념을 위해서는 절대적 전체 즉 나의 현재 및 미래의 모든 상태에 있어서 만족의 극대치가 요구된다는데 있다. 그런데 아무리 최고의 통찰력과 모든 능력을 겸비한 자라 해도 유한한 존재자가 자신이 이 세상에서 본래 의욕하는 것에 대한 일정한 개념을 형성한다는 것은 불가능하다. (VII:47)

주지하듯이, 칸트에 의하면, 감성적 "행복은 우리의 모든 경향성의 만족이다."(B834/A806) 그리고 이 "행복이라는 개념은 인간이 자신의 본능에서 추상해낸, 따라서 그 자신 안에 있는 동물성으로부터 이끌어낸 개념이 아니라, 단지 경험적 조건들 아래서 그에 적합하게 만들려고 하는 어떤 상태에 대한 이념에 불과하다. 인간은 상상력 및 감관에 연루되어 있는 지성에 의해서 매우 여러 가지 방식으로 이 이념을 자기 스스로 입안한다."(X:388) 따라서 행복은 참다운 의미에서 어떤 명령도 내리는 것이 불가능하다. 단적으로 "행복은 이성이 갖는 이상(Ideal)이 아니라 단지 경험적 근거에서 기인하는 상상력이 갖는 이상이다."(VII:48) 그러므로 행복은 이성에 의해서도 추구되기도 하지만, 기본적으로 경험적 요소에 근거하기 때문에 사람마다 이념의 내용 규정 즉 행복의 개념 규정은 다를 수밖에 없으며, 심지어 한 개인에 있어서도 자주 변경될 수도 있는 그런 것이다. 결국 행위의 보편적·필연적 원리일 수 없다.

인간이 행복을 추구한다는 것은 인간의 자연 본성에서 비롯한 것이긴 하나 이러한 본성은 "소유와 향락에 있어서는 어디에선가 멈춘다거나 만족하게 되는 것이 아니기 때문에"(X:388) 인생의 진정한 가치를 지닐 수 없다. 그리고 이러한 사실은 인간을 창조한 자연이 자신의 최종 목적인 인간에게 행복과 같이 만족이나 도달할 수 없는 목표를 부여한다거나, 모든 인간에게 보편적인 행위의 원리를 부여하지 않음으로서 자신의 궁극 의도의 달성을 불가능하게 할 리가 없다는 논리에 의해서 뒷받침된다. 즉, 칸트에 의하면, 행복과 같은 자연적 이성이 추구하는 목적을 위해 인간이 존재한다면 이는 자연 스스로가 인간에게 자기 발원적인 도덕적 이성을 부여한 목적과 모순된다.[31] 따라서 칸트는 인간에게 도덕적 이성을 부여한 자연이 의도하는 궁극 목적이란 마땅히 도덕적 목적이어야 한다고

---

31) 칸트 철학에서의 자연 개념의 변천사와 그 의미에 대해서는 다음 글을 참조. 맹주만, 「칸트와 헤겔의 자연 개념」, 187-207; 박필배, 「칸트 목적론과 헤겔」, 157-70.

주장한다.

행복을 도덕성의 원리를 구성하는 데에서 철저하게 배제하려는 이러한 태도는 칸트가 철학의 구분과 관련하여 실천철학의 영역을 규정지을 때 가장 강하게 표출되고 있다. 심지어 칸트는 "행복을 목적으로 하는 경향성의 제어와 격정의 억제조차도 실천철학에 귀속되어서는 안 되며"(X:80), "경향성은 그것이 좋은 종류의 것이든 아니든 간에 맹목적이요 노예적이다."(VII:248)라고까지 말한다. 더욱이 "행복의 열망에 있어서는 합법칙성의 형식이 아니라, 오직 실질만이 문제이며, 즉 내가 법칙을 준수할 때 얼마만큼의 만족을 기대할 수 있는지가 문제이기 때문에"(VII:134) 행복은 욕구능력인 의지의 규정 근거를 "쾌와 불쾌의 감정"(VII:134)에 두는 그런 것이다. 이런 생각은 다음과 같은 구절에서 절정에 달한다. 즉, "실제로 우리는 어떤 계발된 이성이 인생을 즐기고 행복을 누리려는 의도에서 노력하면 할수록 인간은 참된 만족에서 멀어진다는 것을 알게 된다."(VII:20-1) 때문에 칸트는 심지어는 "선의지는 행복을 누릴 자격을 갖기 위한 필요불가결한 조건이다."(VII:18)라고 말한다.

이렇게 도덕성과 완전히 구별되는 행복 개념에 대해서 뒤징은 『순수이성비판』을 포함한 칸트의 1770년대와 1780년대 초반의 『단편들』(Reflexionen)에서의 행복 개념과 그의 나중의 행복 개념 사이에는 명백한 차이가 있다고 주장한다.[32] 그에 의하면, 칸트는 『단편들』에서는 행복이 일반적으로 자유로운 선택의지와의 일치에만 근거를 둘 수 있는 것으로, 즉 경험적으로 전혀 제약되지 않는 지성적인 행복으로서 물리적 또는 경험적 행복과 분명히 구분하고 있다는 점에 주목하고 있다. 그리고 진정한 행복이란 우연적인 것에 지배받는 자연적 열망, 충동, 욕망의 만족과 같은 물리적 행복이 아니라 최고선 안에서 얻어지는 도덕성의 필연적 결과로서 '지성계에서의 행복'이어야만 한다는 칸트의 견해를 강조하고 있

---

32) K. Düsing, "Das Problem des höchsten Gutes in Kants praktischer Philosophie", 23-7.

다. 여기서는 정복으로서의 선험적 행복과 최고선 개념에 고유한 도덕적 자기 만족이 접목되어 있어서, 도덕적 자기만족은 도덕적 목적의 실현을 위한 동기이며, 그리고 정복은 도덕적 세계에서의 지성적 행복의 완성으로서 도덕적 실행을 위해 노력하는 희망의 대상이다. 따라서 이러한 맥락에서의 행복은 명백히 감성적 행복과 구분되는 지성적 행복이라는 것이다.

뒤징에 따르면, 지성적 행복의 개념에서 칸트는 두 가지 전통을 소화해내고 있다. 하나는 예지적 세계에서의 행복 개념을 갖고서 정복(지복)에 대한 기독교 학설을 이끌어내고 있으며, 다른 하나는 비경험적 행복을 도덕적 자기만족으로 규정함으로써 스토아학파의 행복 개념에로 복귀하고 있다는 점이다.[33] 『순수이성비판』(B834, 837, 842/A806, 809, 814)에서도 견지되고 있는 이러한 견해가, 뒤징에 의하면, 『실천이성비판』의 「변증론」에서 그리 체계적으로 정돈되고 있지는 않지만 도덕적 자기만족을 위한 실행의 의미가 분명하게 해명되고 있다.[34] 즉 여기서 자기만족은 행복 자체가 아니라 "행복과의 유비" 즉 도덕법칙에 의한 의지의 규정으로부터만 일어나는 "희열" 또는 "쾌적"의 감정과 같은 것으로 언급한다는 것이다. 그런데 이러한 의미는 도덕적 자기만족에 대한 초기의 고찰을 분명히 그대로 이어가고는 있지만, 그 이후에 최고선의 해명과 관련하여 다루어지고 있는 자기만족으로서의 지성적 행복은 체계적인 의미를 상실하게 되고 다만 도덕적 동기로서 이해되고 있으며, 『실천이성비판』에서 도덕적 동기의 문제는 오히려 존경의 감정(도덕적 감정)에 의해서 해결되고 있다. 따라서 초기의 최고선 이론의 필연적인 구성 요소로서는 더 이상 아니지만, 그럼에도 칸트는 도덕적 자기의식의 증거로 분명히 선험적 행복 또는 도덕적 자기만족을 시종 고수하고 있다. 따라서 뒤징의 견해를 종합해 볼 때, 최고선의 구성 요소로서의 행복은 초기

---

33) 같은 글, 25.
34) 같은 글, 26.

의 견해에서는 분명한 지성적 개념으로 사용되고 있지만, 『실천이성비판』에서는 기본적으로 경험적 개념으로 따라서 자기만족은 간접적으로 행복 개념과의 유비를 통해서만 규정되고 있다고 할 수 있다.

　그러나 실제로 칸트가 생전에 출간한 저술들에서 행복이 기본적으로 감성적인 것에 속하는 것임을 부인한 흔적은 찾아보기 어렵다. 그것은 뒤징의 주장처럼 『실천이성비판』의 「변증론」에서 명확하게 반영되고 있다. 여기서는 도덕법칙에 따른 행위의 결과로서의 행복과 감성적 행복을 분명히 구분하고 있다. 그리고 전자를 칸트는 행복이라는 말 자체와는 부합하지 않는다고 말함으로써, 앞서 언급한 바와 같이 행복과 유비적으로 도덕적 자기만족, 지성적 만족 등과 같은 표현으로 대신하고자 한다. 물론 뒤징도 그것을 부인하지는 않는다. 그러나 문제가 되는 것은 그의 비판철학 체계의 이정표인 『순수이성비판』에서 칸트가 최고선의 구성 요소로서의 행복을 어떻게 규정하고 있는지 여부이다. 즉, 『순수이성비판』을 통해서 확립한 실천철학의 출발점을 중심으로 볼 때, 칸트의 이러한 구분은 일관적이라고 보아야 한다. 이에 대한 평가는 해당 부분을 다시 검토해 봄으로써 분명해 질 것이다. 그리고 그 결과 뒤징이 말하는 것처럼 행복 개념의 두 가지 의미가 이미 『순수이성비판』에서도 등장하고 있지만, 문제는 그 용어의 직접적인 등장이 아니라 그 쓰임에 주목하지 않으면 안 된다. 이에 따라 최고선의 한 요소로서의 행복의 성격도 분명해질 수 있다고 본다. 칸트는 『순수이성비판』에서 최고선과 관련하여 행복 개념에 대해서 다음과 같은 의미부여를 하고 있다. 실천적 관심의 대상인 행복은 기본적으로 감성 내지는 감능의 제약을 받는 것으로서 직접적으로 도덕법칙과 관계하는 것이 아니다.

　행복이라는 것은 우리의 모든 경향성의 만족이다. … 행복이라는 동인에서 성립하는 실천법칙을 나는 실용적(영리의 규칙)이라 부른다. 그러나 행복을 누릴 자격이 있음(Würdigkeit, glücklich zu sein) 이외에 다른 어떠한 동인도 가지지 않는 것을 도덕적(도덕법칙)이라 부른다.(B834/A806)

그 결과가 행복과 어떠한 관계를 갖는가 하는 문제는 세계의 사물의 본성에서나 또는 행동 자체의 인과성 및 그것의 도덕성과의 관계에서 결정되는 것이 아니다. … 행복은 오직 도덕법칙에 따라서 명령하는 최고의 이성이 동시에 원인으로서 자연의 근저에 놓이는 경우에만 희망할 수 있다.(B838/A810)

그러나 다른 한편으로,

이성에 따르는 도덕원리가 그 실천적 사용에 있어서 필연적이듯이 각자가 한 행동에 비례하는 응분의 행복을 기대할 이유가 있다는 것, 따라서 도덕성의 체계가 행복의 체계와 불가분적으로 그러나 오직 순수이성의 이념에서만 결합된다고 가정하는 것 또한 이성의 이론적 사용에 있어서 필연적이다.(B837/A809)

나는 도덕적으로 가장 완전한 의지가 세계에서의 모든 행복의 원인인 최고의 정복과 결부한 그런 지성(Intelligenz)의 이념이 도덕성(행복을 누릴 자격 있음)과 긴밀한 관계에 있을 때 그것을 최고선의 이상이라 부른다. 그러므로 순수이성은 근원적인 최고선의 이상에서만 파생적인 최고선 즉 예지적 혹은 도덕적 세계의 두 가지 요소[도덕성과 행복]의 실천적으로 필연적인 결합의 근거를 발견할 수 있다. 그런데 감능은 현상계 이외에 아무것도 우리에게 제공하지 못하지만, 우리는 이성에 의하여 우리가 필연적으로 그러한 세계에 속한다고 표상하지 않을 수 없기 때문에, 그리고 감성계는 그러한 결합을 우리에게 제시하지 못하기 때문에, 우리는 감성계에서의 우리의 행위의 결과인 도덕적 세계를 우리에 대한 미래의 세계라고 가정하지 않을 수 없다.(B838-9/A810-1)

　　이러한 언급에서 우리는 행복의 의미가 두 가지로 사용되고 있음을 알 수 있다. 여기서 이미 우리는『실천이성비판』에서 문제시되는 실천이성의 이율배반의 대강을 접할 수 있다. 예지계에서의 행복과 감성계에서의 행복의 문제가 그것이다. 즉, 우리는 도덕성과 행복의 일치를 요구하지만 감성계에서는 그러한 일치가 이루어질 수 없으며, 그것이 가능한 것은 예지계에서 뿐이다. 그러나 그것은 감성계에서 실현되는 즉 도덕화된 감성계에서의 행복도 요구한다. 따라서 실제로 칸트가 사용하는 행복이란 용어 자체는 기본적으로 경험적 감성적이면서도 동시에 지성적인 것과도 관계한다고 보아야 한다. 다만 인간적 이성의 요구와 관계하는 행복의 기본적인 개념 규정은 감성적 의미를 갖기 때문에 나중에 칸트는 행복이란 용어를 직접적으로 사용하기보다는 비유적으로만 사용하려 했다고 보는 것이 타당할 것이다. 그 단적인 예가 "행복을 누릴 자격 있음"(Würdigkeit, glücklich zu sein)이라는 표현이다.

　　"행복을 누릴 자격 있음"이란 행복을 요구하는 이성적 존재자의 행위가 도덕성과 합치할 경우에만 얻어지는 것을 의미한다. 이 표현은 요구되고 있는 감성적 행복과의 차이를 반영한다. 따라서 최고선의 한 요소로서 상정된 행복은 경험적인 것이지만, 그것이 도덕성과 관계하는 최고선에 부합하기 위해서는 행복할만한 가치 있음, 즉『실천이성비판』에서의 표현을 빌리자면 지성적 만족이어야 한다는 뜻으로 보아야 할 것이다. 이러한 해석은 "이성적 존재자의 도덕성과 정확히 조화를 이룸으로써 누릴 자격을 갖는 행복이라야 세계의 최고선이 된다."(B842/A814)는 말에 그대로 반영되어 있다. 이미 여기에는 칸트의 최고선 개념에 관한 이후의 논의의 성격이 그대로 압축되어 있다. 그 의미를 추적해 보면 이렇다.

　유한한 이성적 존재자로서의 인간은 자신의 경험적 내지는 감성적 행복을 요구한다. 그러나 다른 한편으로 도덕적 이성은 도덕성에 따른 또는 이와 합치하는 것만이 진정으로 행복을 누릴 자격이 있다는 것을 일러준다. 이러한 도덕성과 행복의 합치로서의 최고선은 예지계에서만 얻을 수 있는 것이며 현실 세계에서는 도달할 수 없는 것이다. 그럼에도 이성 자신은 그것이 동시에 현실에서도 얻어질 것을 요구한다. 말하자면 실천이성의 궁극 목적으로서 상정된 최고선은 이성이 자신의 목적으로 상정한 것이지만, 이성의 자연 본성이 요구하는 행복은 그것과 거리가 멀다. 즉, 지성적 행복만이 그러한 최고선에 부합할 수 있다. 그러나 동시에 인간적 이성의 행복에의 요구가 충족되기 위해서는 감성계에서도 그것이 실현되어야만 한다. 따라서 우리는 최고선에 상정된 행복은 기본적으로 경험적 의미를 갖지만, 그것이 최고선에 부합하기 위해서는 지성적 의미일 경우에만 가능하고 보아야 하며, 나아가 그러한 지성적 의미로서의 행복은 감성계에서도 실현될 수 있어야만, 즉 경험적 의미와도 일치되어야만 완전한 의미에서 행복에의 요구가 충족될 수 있다고 결론 내릴 수 있다. 그러나 이것은 이미 어떤 불일치를 내포하고 있는 것으로 보인다. 즉, 이성이 궁극 목적으로 상정하는 최고선과 그 구성 요소 사이에는 불일치할 수밖에 없는 간극이 존재한다. 이 간극을 메우기 위해서 감성적 행복은 지성적 행복으로 탈바꿈하지만 감성적 행복마저 요구하는 인간 이성의 본래적인 요구와는 여전히 일치하지 못한다는 점이 바로 그것이다. 이러한 문제는 그대로 『실천이성비판』에서 재연된다.

2) 문화의 진보와 도덕적 목적

칸트에 의하면, 문화에는 진보의 단계들이 존재한다. 칸트는 문화의 진보를 자연 속에서 펼쳐지는 인간의 실천적 행위를 통해서 점차적으로 도덕적 목적을 실현해 나가는 부단한 노력의 산물로 파악한다. 그러나 그것은 다음 단계를 위한 일보 후퇴의 일그러진 모습일 수도 있다. 그러나 칸트는 자신의 시대가 그러한 진보를 향해 나아가고 있다고 믿었다.

그렇다면 과연 문화란 무엇인가? 지금까지 이에 답하기 위한 많은 다양한 논의와 규정들이 시도되어왔다. 그 말의 어원적 의미를 염두에 둘 때 가장 포괄적인 의미에서 문화란 '인간의 주체적 활동과 실천을 통한 인간적 가치의 표출과 직접 간접으로 관계하는 것들의 총체적 구현'이라 정의할 수 있을 것이다. 이런 관점에 서면 그것이 인간적 가치들을 얼마만큼 실현하고 있는가 하는 잣대로 문화의 진보를 평가해 볼 수 있을 것이다. 그러나 이에 동의한다 하더라도 이는 또한 무엇이 진정으로 인간적 가치들인지, 또 문화에 과연 진보란 존재하는지, 그 때 진보란 어떤 방식으로 이루어지는 것인지, 나아가 현대 문화가 진보 혹은 퇴보의 길을 걸어가고 있다는 것을 어떻게 알 수 있는지에 대해서도 답해야 한다.[35] 그리고 설사 이런 문제들에 의견일치를 보더라도 최종적으로 문화적 차이를 어떤 잣대로 어떻게 이해하고 평가할 것인지에 대해서도 답하지 않으면 안된다. 이는 포괄적으로 문화 보편주의와 문화 상대주의 논쟁, 그리고 이를 다시

---

35) 문화의 정의와 그 의미를 분석하고, 다시 이를 진보 혹은 진화라는 관점에서 조명하고 있는 글로는 다음을 보라. 박이문, 「문화는 진화하는가, 진보하는가」, 11-31. 이 글에서 박이문은 문화란 어떤 특정 시점에서 진보 또는 퇴보라는 평가를 내릴 수 있는 대상이며, 따라서 '오늘'이라는 현재적 관점에서 보면 문화는 진보하고 있다고 평가할 수 있지만 지금과 같은 환경파괴가 지속되고 그것이 미래 세대에게 악영향을 미치게 된다면 그 때에는 오늘의 진보나 번영은 퇴보나 쇠퇴로 평가될 수도 있다고 주장한다.

역사적 관점에서 평가하는 문제들을 포함한다.[36]

그러나 문화 전쟁이라는 표현까지도 거침없이 구사되고 있는 오늘날 우리는 앞서 언급한 물음들에 답할 새도 없이 우리는 또 다른 새로운 문화 현상과 다양한 가치들을 경험하고 있다. 이런 상황에서도 우리는 그러한 문화들이 자아내는 다양한 가치 잉여물들을 평가하기 위해서 여러 가지 잣대를 사용한다. 그 중에서도 그러한 문화 가치들이 과연 인간의 행복에 얼마나 기여하고 있는지가 중요한 관건이 된다. 왜냐하면 문화란 결국 문화의 주체이자 대상이기도 한 인간이 추구하고 향유하는 그 무엇이고, 최종적으로는 그것이 인간에게 얼마만큼의 행복을 가져다주는 지로 귀착될 수 있기 때문이다. 이런 맥락에서 우리는 행복지수이라는 정량평가를 시도하기도 한다. 그렇다면 오늘날과 같은 대중 문화의 홍수 속에서 문화적 가치의 잉여물로서의 행복이라는 척도로 우리는 과연 문화의 진보를 말할 수 있는가? 또 행복의 내용을 구성하는 다양한 인간적 가치들은 전적으로 비례 관계에 있다고 말할 수 있는가? 우리는 문화의 진보를 어떤 잣대를 갖고 평가해야 하는가?

지난날 계몽주의 시대의 정상에 서 있었던 칸트는 문화를 도덕성의 이념이라는 차원에서 조망하고 있다. 문화적 진보의 최종 단계와 목표를 인간이 이성적 능력을 최대한 발휘하여 도덕적 자유를 실현하는 것으로 보았던 칸트는 『보편사의 이념』(1784)에서 분명한 어조로 학문과 예술을 통해 인류가 문화화(kultiviert), 문명화(zivilisiert) 되었으며, 아직 미숙한 상태이긴 하지만 이미 어느 정도 도덕화

---

36) 점증하는 국가간 경제 활동 및 이에 수반되는 문화적 갈등 해결을 위한 다양한 논쟁적 논의들에 대해서는 다음을 참조. H. Steinmann & A. G. Scherer (Hg.), *Zwischen Universalismus und Relativismus. Philosophische Grundlagenprobleme des interkulturellen Managements*, Frankfurt am Main: Suhrkamp, 1998. 특히 그 중에서 이성이 문화적 갈등 해결의 척도가 될 수 있는지, 아니면 이성에 대한 이해 자체가 이미 문화적 맥락에 좌우되는 것인지를 고찰하고 있는 의미 있는 논의는 주목할 만하다. F. Kambartel, "Vernunft: Kriterium oder Kultur? Zur Definierbarkeit des Vernünftigen," 같은 글, 88-105.

(moralisiert) 되었다고 진단하고 있다.(XI:44)[37] 하지만 반면에 칸트와 동시대의 인물이자 그에 버금가는 선구적 혜안을 지닌 루소는 그의 『학문예술론』에서 르네상스 이래의 학문과 예술의 발달은 도구적 이성만을 조장하여 근대사회의 도덕적 퇴보와 부패에 기여하였다는 충격적인 평가를 내렸다.[38] 그럼에도 단순한 물질적 풍요나 이에 수반하는 정신적 풍요만으로는 인간에게 진정한 행복을 가져다 줄 수 없다고 본 점에서 그들은 일치했다.

철학적 관점에서 볼 때, 문화 이해의 정당성을 둘러싼 문화 보편주의와 문화 상대주의 양 진영 간의 갈등의 핵심에는 각 문화가 갖는 특수한 규범들과 가치 관념들의 다양성에 하나의 통일된 이성관이 전제될 수 있는가, 즉 보편적 타당성이 적용될 수 있는가 하는 문제가 놓여 있다. 이에 대한 철학적 입장은 다양하지만, 크게 두 진영으로 구분지을 수 있는데, 통일성을 강조하는 칸트적 전통에 가담하는 진영과 역사와 삶의 형식의 다양성을 되살리려고 하는 포스트모던적 입장에 서 있는 진영이 그것이다.[39] 그러나 전자의 경우에도 칸트와 그 옹호자들을 구분할 경우, 칸트의 고유한 입장은 그가 단순한 이성적 합리성의 보편타당성을 넘어 그 중심에 도덕적 이성 즉 도덕성의 추구와 실현이라는 실천적 이념을 위치시키고 있다는 점에 있다. 칸트의 문화철학과 도덕적 문화론의 성격과 특징을 정확하게 이해하는 관건은 바로 이 도덕성의 이념이 어떤 의미를 갖는지를 올바로 해명하는 데 달려 있다고 할 수 있다. 그렇다면 칸트는 어떻게 문화의 가치와 의의를 도덕성의 이념에 기초해서 평가할 수 있었던 것일까? 소위

---

37) 또 다른 글 『계몽』에서도 "'우리는 지금 계몽된 시대에 살고 있는가?'라고 누군가가 묻는다면, 그 대답은 다음과 같다. '아니다. 그렇지만 계몽의 시대에 살고 있다.'"(XI:59)라고 쓰고 있다.

38) J. J. Rousseau, *A Discourse on the Moral Effects of the Arts and Sciences*, 150, 157-8 및 part II 참조.

39) H. Steinmann & A. G. Scherer, 같은 글, p. 47; J. Habermas, "Die Einheit der Vernunft in der Vielfalt ihrer Stimmen", 153.

인간이 추구해 온 다양한 문화적 성취를 행복이 아니라 도덕성의 이념이라는 관점에서 조망 및 평가하는 칸트의 도덕적 문화론의 고유한 성격은 『판단력비판』이 보여주는 체계적 접근 이전에 일차적으로 그가 자신의 비판철학을 확립하면서 이전에 견지하고 있었던 행복주의에 대한 극복을 통해서 그 철학적 기초가 마련되었다고 할 수 있다. 더욱이 『판단력비판』은 칸트의 체계구상에 있어서 이론철학과 실천철학의 연결고리로 기획된 저서로서(X:Einl.),[40] 그 중에서도 특히 문화 개념은 그의 철학 체계의 두 축인 자연개념과 자유개념, 그리고 작게는 실천철학적 관점에서 그 각각의 성격을 특징짓는 행복과 도덕성 두 개념의 올바른 관계 설정을 풀어 가는 매개 역할을 하는 중요한 위치를 차지한다. 자연 세계에 실현된 인간의 의지적 노력의 산물이 역사적 공간으로서의 문화를 통해서 나타나고 그것은 곧 어떤 식으로든 양자의 종합과 통일의 결정체이기 때문이다.[41] 그리고 칸트는 특히 이러한 문화의 최종 목적을 도덕적 자유의 당위적 실현이라는 요구로 파악하고 있다. 이러한 맥락에서 비판철학의 최대의 성과를 인간과 세계 그리고 역사에 대한 도덕적 조망을 통해 비로소 실천적 문제들에 대한 올바른 독법과 해법을 제시할 수 있는 기초를 마련했다는 데서 찾을 수도 있다. 칸트는 자신의 주요 저작들, 특히 『실천이성비판』을 통해서 당시에 유행하던 행복주의의 결함을 엄정한 비판적 도덕철학의 기초 위에서 날카롭게 해부하고 있다.

---

40) G. Krämling, *Die systembildende Rolle von Aesthetik und Kulturphilosophie bei Kant*, 36-49 참조.

41) 칸트의 철학 체계에서 문화 개념이 차지하는 비중과 역할에 대해서는 다음을 참조. 박필배, 「칸트 비판 철학에서 문화 개념」, pp.178-80. 또 이 문제와 직결되어 있는 칸트의 자연에 대한 목적론적 사고가 갖는 체계내적 역할과 발견술적 및 사태분석적인 기능 그리고 그 결과로서 나타나는 자연 속에서의 인간의 위상에 대해서는 다음을 보라. 김양현, 「칸트의 목적론적 자연관에 나타난 인간중심주의」, 97-118.

3) 도덕적 선과 도덕 교육

칸트에게 인간의 행복 추구는 인간의 자연적 경향성에 기초한다. 하지만 이러한 경향성은 도덕적 이성의 통제를 벗어나 끊임없이 도덕성과 행복의 관계를 전도시키는 현상으로 이어진다. 이로 인해 감성적 행복과 지성적 행복의 일치 불일치 문제가 여전한 과제로 남아 있다. 칸트는 인간은 자연이 부여한 도덕적 소질을 계발하고 이를 실현할 의무가 있다고 보았으며, 문화란 그에게 곧 이러한 목적을 실현해 가려는 인간의 인위적 노력의 산물이요 집적이다. 그리고 이러한 과정에서 얻어지고 향유될 수 있는 행복이야말로 진정한 가치를 지닐 수 있다고 보고 있다. 이러한 의미의 행복은 도덕적 행위의 결과로서 얻어지는 부산물이며, 그것이 바로 덕에 비례하는 행복으로서 '예지계에서 도달할 수 있는 도덕적 행복'이다. 반면 도덕적 행위 가능성의 물질적 조건으로서의 감성적 내지는 경험적 행복은 결코 만족될 수 없으며, 다만 도덕성과 도덕적 행복 달성을 위한 보다 나은 여건으로서의 기능만을 갖는다. 이런 여건 조성이 인간을 더욱 그리고 필연적으로 도덕적으로 만드는 것은 아니다. 설사 인간을 보다 도덕적으로 만들어 준다고 해도 그것은 다만 우연적인 것에 불과하다. 칸트가 말하는 도덕적 행복은 오로지 그러한 결과를 가져다주는 행위의 도덕성에 의해서만 성취할 수 있는 성질의 것이다. 그리고 감성적 및 물리적 행복은 이러한 도덕적 행복의 유지와 증대의 현실적 조건이라 할 수 있다. 그러므로 현실에서의 최고선의 부단한 실현을 꿈꾸는 이성은 현실의 물질적 토대의 개선 또한 추구한다. 도덕적 행복의 보다 나은 성취로서의 문화의 진보 또한 이러한 가치의 실현 정도에 의해서 평가되어야 한다. 이런 의미에서 칸트가 말하는 문화란 "자연 속에 내재된 유기적 힘에 의해서 이루어진 것이 아니라, 인간 자신이 스스로 만든 것으로 의지와 정신의 형성체이다. 결국 인간은 문화를 통해 자연적 상태에서 자유의 상태로 이행하게 된다."[42] 따라서 칸트에게 문화의 진보는 곧 그것이 얼마나 도덕적인가에 달려 있다. 그러면 칸트는 어떤 논리에 의거하여 이러한 결론에 도달하게 되었을까? 이는 인간의 본성, 특히 인간에게 이성이 부여되어 있는 이유에 대한 칸트의 독특한 사고에서 연유한다.

칸트의 도덕적 문화론의 진수는 그가 인간을 이성적 존재로, 또 이성의 본질을 도덕성 혹은 도덕적 주체성에 있는 것으로 본다는 사실에서 찾을 수 있다. 칸트는 다음과 같이 말한다.

> 이성의 참된 사명은 결코 다른 의도를 위한 수단으로서가 아니라 그 자체에 있어서 선의지를 이끌어내는 것이어야 한다. 이를 위해서는 절대적으로 이성이 필요했던 것이다.(VII:22)

여기서 칸트는 현상적 의미의 기계적 자연이 아니라 예지적 의미의 목적론적 자연이 인간에게 이성을 부여한 이유를 선의지 즉 도덕적 이성을 이끌어내기 위한 것이었음을 확신에 찬 어조로 말하고 있다. 칸트는 비록 도덕적 소질을 자연이 부여했지만, 그것의 계발과 실현 여부는 인간이 자력으로 일구어내야 할 목표이며, 그것이 곧 문화의 진정한 가치요 정수라고 주장한다. 칸트는『판단력비판』중에서도 특히 "인간의 행복과 인간의 문화"라는 주제 아래서 이 문제를 집중적으로 다루고 있다.(X:387 이하) 여기서 우리는 칸트가 "행복"과 "문화"를 대립적으로 비교, 검토하고 있다는 점에 주목해야 한다.

앞서 살펴본 바와 같이 칸트는 행복주의를 거부하면서 행복이 행위의 도덕적 원리가 될 수 없을 비판철학적 토대 위에서 전개했었다. 하지만 이제 행복은 행위의 도덕적 목적 또한 될 수 없음을 분명히 한다. 칸트가 말하는 (실천)이성의

---

42) 박필배, 「칸트 비판 철학에서 문화 개념」, 185.

최종 목적과 궁극목적, 즉 인간 이성에 부여된 도덕적 목적이란 기본적으로 이성 자신의 본성에서 기인하면서도 동시에 도덕법칙에 따라서 실현되어야 한다. 만일 행복의 추구가 그러한 목적이라면 도덕법칙이 이성의 명령으로서 주어진다는 것 자체가 모순을 초래한다.

칸트가 이미 『도덕형이상학 정초』에서 강조하고 있듯이 행복이란 결코 직접적으로 명령될 수도 그리고 도달할 수도 없는 것이다. 더욱이 타고난 자연적 조건을 볼 때 자연은 인간에게 다른 동물들 보다 더 많은 은혜를 베풀어 준 것도 아니며, 동물에게 해주는 것처럼 보호해 주지도 않을 뿐만 아니라, 오히려 자기 고뇌나 인류 파멸에까지 몰아넣는 자연적 소질마저 부여하였다는 것이 칸트의 생각이다. 그러므로 우리의 외부의 자연이 아무리 자비롭다 할지라도 그리고 자연의 목적이 우리 인류의 행복에 향해 있어 은혜로운 자연에 의해서 설사 만족을 얻을 수 있다 하더라도 인간은 이를 받아들이지도 못할 것이라고 본다. 또 만일 자연의 의도가 그런 것이었다면 자연이 인간이라는 한 존재자가 행복이라는 목적을 수행하기 위해서 이성과 의지를 소유하고 발휘하도록 계획했다는 것은 오히려 자연의 의도를 신뢰할 수 없게 만드는, 다시 말해 자연이 그 준비 면에서 대단히 서툴렀다는 얘기가 된다고 하여 행복이 결코 이성의 목적, 나아가 문화의 목적이 될 수 없음을 분명히 하고 있다.(VII:20)

물론 칸트는 이성적 존재자로서의 인간의 행복이 왜 자연의 최종 목적이어서는 안 되는가를 아프리오리하게 통찰할 수는 없다고 말한다. 다만 행복의 결과는 자연의 기계론에 의해서 충분히 설명 가능하기 때문에 경험적 증거를 들어 밝힐 수는 있다. 그러나 자연에 대해서는 단적으로 무조건적 원리요, 우리의 행위를 규정하는 초감성적 원리요, 목적들의 서열에 있어서 유일한 가능 원리인 도덕성과 이 도덕성에 종속되는 인과성, 즉 목적에 따르는 인과성은 자연 원인에 의해서는 절대로 불가능하다. 따라서 칸트는 인간에게 도덕적 이성이 부여되어 있는 한 행복이 자연의 최종 목적이라는 것은 이러한 이성의 사실 즉 인간 자신의 내면적인 도덕법칙의 존재에 의해서 불가능한 것임을 들어 설명하고 있다. 그러나 행복 또한 인간의 자연적 이성이 소망하는 것이기도 하므로 이러한 행복을 칸트는 도덕적 행위의 결과로서 거기에 부수되는 것에 불과한 것으로 보아야 한다고 생각한다.

이어서 칸트는 또 하나의 진정한 가능성을 인간의 문화에서 찾는다. 칸트가 말하는 인간의 문화는 인간이 자신 속에 갖고 있는 "자연을 (외적으로도 내적으로도) 사용할 수 있는 온갖 목적에 대한 유능성(Tauglichkeit)과 숙련성 Geschicklichkeit)"(X:387)에 의해 산출되는 자연의 목적을 의미한다. 여기서 숙련성을 칸트는 유능성의 가장 중요한 조건으로 보기도 하므로 인간의 문화란 곧 자유로운 이성적 존재자로서 인간 자신의 유능성의 발휘를 뜻한다고 할 수 있다. 그리고 이러한 유능성이란 "자기 스스로 목적을 세우고 또 (자기의 목적 규정에 있어서는 자연에 의존하지 않고) 자연을 자기의 자유로운 목적 일반의 준칙에 알맞도록 수단으로 사용하는"(X:389) 능력과 소질을 가리킨다. 그러므로 칸트는 자연이 그런 유능성을 인간에게 부여했다는 점에서, 자연을 사용하여 인간 스스로 달성해 가는 그러한 "문화만이 인류에 관한 한 자연에 부여할 이유가 있는 최종 목적일 수 있다."(X:389-90)고 말한다. 그러나 칸트는 여기서 더 나아가 그렇다고 모든 문화가 자연의 최종 목적이 되기에 충분한 것은 아니라고 생각한다.

인간의 욕망과 충동을 합리적 조정과 선택 및 통제를 통해서 삶의 만족과 행복을 도모하는 것은, 칸트에 의하면, 도덕적 삶을 위한 중요한 조건은 되어도 그 자체가 문화의 목표가 될 수 없다. 또한 이성의 목적에 따르는 문화의 진보의 최종 단계는 더 이상 자연 안에서 발견되는 행복이나 욕구 충족과 같은 자연적 목적의 촉진과 실현이 아니다. 왜냐하면 인간의 도덕성에서 찾을 수 있는 궁극 목적은 무조건적 목적이며, 이는 곧 자연이 충분히 실현할 수 있고 그 이념에 따라 산출할 수 있는 목적이 아니기 때문에, 그리고 그 어떤 것도 그것의 규정 근거가 자연 자신 속에서 발견되는 것이면 그 규정 근거는 언제나 다시 제약되어 있는 법이요, 자연 (감각적 존재자로서의) 가운데에는 그렇지 않은 것이란 아무것도 없기 때문이다.(X:394) 따라서 칸트는 자연이 인간에게 도덕성을 부여한 바로 그 이유에 의해서 인간의 감성적 자연(본성)이 아닌 도덕적 자연(본성)의 실현이야말로 문화의 최종 목표이어야 하며, 자연의 감추어진 의도도 바로 여기에 있다고 보고 있다. 이렇게 이해된 칸트의 도덕적 문화는 곧 도덕화된 인간을 넘어 도덕화된 자연을 지향하고 있다고 할 수 있다. 그러므로 칸트적 의미에서 문화란 최종적으로 인간과 자연의 도덕적 통일을 목적으로 하는 인간의 역사적 업적이다. 이렇게 볼 때 칸트가 『판단력비판』에서 목적론적 원리를 도입하여 실천적 의도의 비판적 문화철학을 위한 인식론적 전제를 마련하고, 나아가 문화를 확장된 포괄적인 목적론적 자연 개념 위에서 조망하고 있는 것도 결국에는 문화 개념을 통해 이론적 이성사용으로부터 실천적 이성사용으로의 이행이라는 체계를 완성하려는 구상의 일환이었다는 것이 더욱 분명해진다.[43]

칸트에 의하면, 인류 역사의 목적은 "도덕으로부터 생긴다." (VIII:651) 그리고 도덕적 인간 역시 역사적 존재이다. 따라서 인간이 이 땅에서 일구어내야 할 도덕적 문화 역시 그 역사적 과정 속에서 자신의 소질을 계발하고 실현하려는 의도적 노력을 통해 실현될 수 있다. 다시 말해 인간이 도덕적 문화를 이룩하기 위해서는 도덕적 성숙이 필요하며, 또 이를 위해서는 다시 자신이 소유하고 있는 근원적인 소질을 계발하고 연마하는 인위적인 노력이 반드시 요구된다. 칸트에 의하면 이러한 인간의 인위적인 노력을 담당하는 분야가 바로 교육이다. 칸트는 일련의 교육 과정을 자연적 교육의 소극적 과정으로서 동물과 공

---

43) G. Krämling, *Die systembildende Rolle von Aesthetik und Kulturphilosophie bei Kant*, 135 이하 및 141.

유하는 양육(Wartung; Verpflegung; Unterhaltung)으로부터 시작하여, 동물성을 인간성으로 변화시키는 최초의 단계인 훈육(Disziplin; Zucht), 그리고 어떤 목적 달성을 위한 능력을 도야하는 적극적이고 체계적인 교육 활동에 의해서 이루어지는 육성(Kultur), 이를 사회 생활에 적용하는 능력을 키우는 개화(Zivilisierung)를 거쳐 최종적으로 그 자체로서 내면적인 가치를 지닌 인격적 도야로서의 도덕화(Moralisierung)의 단계를 밟는 것으로 구분하고 있다.(XII:706-7) 다음과 같은 단정적 표현은 칸트의 교육관의 면모를 간명하게 묘사하고 있다.

> 인간은 [다른] 인간들과 함께 하나의 사회 속에서 존재하도록, 그리고 그 사회에서 예술과 학문에 의해서 자기를 육성하고, 개화하며 또 도덕화하도록 그의 이성에 의해서 결정되어 있다. 또한 인간이 행복이라고 부르는 안일과 환락의 유혹에 수동적으로 몸을 맡기려는 동물적 성향이 아무리 강하더라도, 오히려 활발하게 인간 본성의 야만성에 달라붙어 있는 방해와 싸우면서 인간성을 존엄하게 만들도록 결정되어 있다.(XII:678)

그러나 칸트는 역사적 진보로서의 도덕적 문화의 실현이 단순히 개인적 차원에서 이루어지는 교육을 통해서만 가능하다고 보지는 않았다. 개인의 내면적 성숙과 주로 관계하는 도덕 교육을 넘어서 칸트는 인간을 역사적 존재로 파악하고 이와 함께 학문과 예술의 진보는 물론이고 무엇보다도 인간 사회의 정치적 성숙을 강조한다. 이처럼 교육을 통한 도덕적 소질의 계발과 도덕적 의미를 부여받은 학문과 예술, 정치 등의 상호 협력과 유대를 통한 발전이야말로 칸트가 말하는 인간적 가치들의 총체적 구현으로서의 도덕적 문화론의 지향점이다.

4) 행복 문화와 도덕 문화

　칸트는 한편으로 자신의 비판철학을 통해 이성의 능력에 제한을 가하고 한계를 설정하면서도 다른 한편으로 그 이전의 서양철학적 전통과 비교했을 때 전과 비교할 수 없을 만큼의 강력한 위상을 인간의 이성에다 부여했다. 도덕적 이성이 바로 그것이다. 칸트의 도덕적 문화론은 곧 도덕적 이성의 실천과 도덕적 자유의 실현을 추구하며, 그것이 구현된 상태를 문화의 완성으로 파악한다. 이를 위해 칸트는 비판철학을 통해 행복주의를 경계하는 도덕철학을 수립했고, 이러한 토대 위에서 한편으로는 자연 스스로가 인간에게 부여한 도덕적 이성과 다른 한편으로는 인간이 자신의 유능성을 통해서 성취하게 될 자기완성을 도덕적 문화라는 개념틀 속에서 통일시키고 있다. 그리고 그 안에서 행복에 대한 우리의 일상적 통념을 역전시키는 사고를 수행했다. 그렇다고 칸트가 인간의 행복을 경시한 것은 아니었다. 오히려 칸트는 행복이란 그것이 충분히 도덕적 기초 위에서 얻어지고 향유될 경우에만 진정으로 인간의 삶을 가치 있게 해줄 수 있으며, 그것이 곧 인류가 달성해야 할 도덕적 문화의 척도가 되어야 한다고 믿었다. 그리고 문화의 도덕적 진보를 위해서는 인류의 도덕화 역시 외부적으로는 학문과 예술을 포함한 정치적 진보와 병행되어야 하며, 실제로 자연의 섭리와 인간의 역사적 행보는 이러한 길을 걸어가고 있다고 믿었다.

　오늘날에도 행복이 과연 인간의 도덕성과 관계가 있는지, 그리고 있다면 어느 정도의 관계가 있는지 묻는 것은 여전히 의미 있는 작업이다. 무엇이 행복인지에 대한 다양한 편차가 존재하는 것 못지않게 도덕이 무엇인지에 대한 의견 차이도 상당하다. 동시에 인류가 걸어온 역사적 문화들과 그 구체적 양상에 대한 평가 또한 아주 다양하다. 때문에 우리가 어떤 행복을 추구하고 어떤 문화적 성취를 거두어야 하는지, 어떤 문화가 보다 더 도덕적인지, 그리고 이를 판정할 수 있는 구체적 기준들은 무엇인지 단정을 내리기란 쉽지 않다.

칸트 역시 인간은 행복을 추구할 자유가 있음을 강조한다. 각 개인은 자신의 최상의 행복을 추구할 자유로운 권리를 갖는다. 그러나 칸트는 행복이란 개인마다 상이한 경험적인 여건에 의존하는 것이어서 각 개인이 추구하는 행복의 내용과 방식을 규제할 어떠한 보편타당한 원칙이란 있을 수 없음을 분명히 하고 있다. 행복이란 개인의 자유로운 선택과 추구의 대상이며, 그에 따라 행복의 척도도 개인마다 다르다. 그리고 그에 따른 문화적 가치 평가도 다르다. 그러나 칸트는 이러한 행복이 다양한 사람들에 의해서 다양하게 추구되고 또 그래서 그 나름의 가치와 의미를 가지려면, 무릇 그것은 도덕적 문화라는 공간 속에서 향유될 수 있는 것이어야 한다는 것을 역설하고 있다. 이런 점에서 칸트는 행복 문화란 진정으로 도덕 문화를 통해서만 그것이 겨냥하고 있는 현실적 가치를 잃지 않을 수 있음을 우리에게 일러 주고 있다고 할 수 있다. 이러한 칸트의 경고는 지극히 자기중심적인 행복만을 향해 줄달음치는 오늘의 우리에게 그 같은 행복이라도 제대로 향유하기 위해서는 무엇을 고민해야 하는지를 진지하게 성찰할 기회를 제공해 준다.

◆ 제7장 ◆

Ethics of Kant

정치적 선과
정치공동체

ETHICS
OF
KANT

1. 도덕적 선과 정치적 선

칸트 철학의 가장 광범위한 목표가 정치적인 것이라는 주장은 많은 연구들에 의해서 폭넓은 지지를 받고 있을 만큼 이제는 전혀 새로운 것이 아니다.[1] 그런데 이러한 주장을 받아들이려 할 경우에 경계해야 할 것은 도덕적 원리를 정치철학적 주제에 일방적 내지는 획일적으로 적용하는 방식이다. 기본적으로 칸트는 정치적 원리를 다른 문제들의 해결에서처럼 일관되게 도덕적 기초 위에서 조망하고 있다. 그러나 다른 한편으로 정치공동체의 도덕성을 평가하고, 정치적 원리를 정당화하는 칸트의 시도는 정치 공간의 특수성으로부터 요구되는 새로운 개념에 의존한다. 정치적 문제들에 접근하는 칸트적 전략의 고유성도 같은

1) S. Neiman, *The Unity of Reason: Rereading Kant*, 116. 그 밖에도 이러한 견해는 H. Arendt, *Lectures on Kant's Political Philosophy*; H. Saner, *Kant's Political Thought*; R. J. Sullivan, *An Introduction to Kant's Ethics*; R. L. Verkely, *Freedom and the End of Reason: On the Moral Foundation of Kant's Critical Philosophy*; Y. Yovel, *Kant and the Philosophy of History*. 다른 한편으로 바이저 같은 이는 18세기 후반의 모든 독일 철학이 정치적 목적과 관련하여 대부분의 논의가 이루어지고 있다고 평가하기도 한다. F. Beiser, *Enlightenment, Revolution, and Romanticism*, viii.

맥락에서 이해할 수 있다. 도덕원리와 정치원리 모두 도덕적 관점에 입각해 있지만, 도덕적 원리는 도덕적이고자 하는 행위자의 도덕성(Moralität)을 평가하기 위한 기준을 제시하는 반면에, 정치적 원리는 타산적이고자 하는 행위자의 적법성(Legalität)과 관계한다.

칸트에게 실천이성이 요구하는 도덕성과 행복의 일치로서 최고의 도덕적 선은 우리 모두가 의도적으로 그리고 공동으로 노력함으로써 실현해야 할 행위의 목표요, 사회적 · 정치적 이상이며, 도덕적 · 종교적 이상이다. 또 인간이 만들어가야 할 "미래의 도덕적 총체성"을 의미한다.[2] 그런데 우리에게 정치적 원리가 필요하다는 것은 도덕적 원리가 현실에 그대로 적용될 수 없기 때문이다. 그렇지 않다면 별도의 정치 원리란 불필요할 것이다.

칸트의 정치철학적 사유의 단초는 『순수이성비판』에 아주 간단명료하게 기술되어 있다. 즉, "법(Gesetz)은 자유가 자신과 전반적으로 일치하는 조건에 따라서 우리의 자유를 제한하는 것에 불과하다." (B358) 또 "각 개인의 자유가 타인의 자유와 공존할 수 있도록 법에 의한 최대의 인간적 자유의 헌법(최대의 행복을 위한 헌법이 아니다. 왜냐하면 행복은 저절로 따라오는 것이기 때문이다)은 적어도 단지 한 국가의 헌법의 초안이 되어야 할 뿐만 아니라 또 모든 법에 있어서도 기초가 되어야 하는 하나의 필연적 이념이다." (B373)

그러나 『보편사의 이념』(1784)이나 『계몽』(1784) 등 일부 저술을 제외한다면, 칸트의 정치철학적 저술들은 대부분 프랑스 혁명 이후에 이루어지고 있다. 이것은 혁명의 동기와 배경을 이루는 도덕적 힘이 정치에 미치는 영향을 직접적으로 체험함으로써, 칸트의 정치에 대한 관심이 어느 정도 프랑스 혁명을 통해서 보다 강화되고 있음을 시사한다. 그럼에도 칸트는 민중이 주도하는 혁명을 통한 문제 해결 자체에 대해서는 우호적인 입장을 취하지는 않았다. 무엇보다도 칸트

---

2) Y. Yovel, *Kant and the Philosophy of History*, 178-81 참조.

는 절대 군주제로부터 입헌 민주적 군주제 또는 공화적 체제에로의 이행은 "위로부터의 개혁"을 통해서 이루어져야 정당한 것으로 보고 있다.[3] 이러한 칸트의 자세는 그의 정치 철학에 그대로 반영되고 있다.

칸트는 최고의 정치적 선이란 정치적 공동체의 수립을 통해서만 달성될 수 있다고 생각한다. 인간의 정치적 행위는 그 자체가 사회적 행위로서 이익들간의 갈등을 초래하는 다수의 인간들의 상호 관계를 반영하며, 따라서 그것은 한 개인의 노력만이 아니라 모든 이의 공동의 노력과 협력이 필수적으로 요구되기 때문이다. 또한 정의로운 정치공동체의 건설은 그가 가장 이상적인 사회로 설정한 윤리공동체를 현실화시켜 줄 수 있는 관건이라고 생각했다. 특히 칸트가 정치공동체의 도덕성을 가늠하고 정의로운 사회 건설의 초석을 다지기 위해 사상사적으로 전에 없던 독특한 전략을 구사한다. 그러한 전략의 중심에 놓여 있는 것이 바로 칸트의 "원초적 계약(ein ursprüngliche Kontrakt, contractus originarius)" 개념이다. 이 '원초적 계약'은 그 이전의 정치 철학자들과의 결정적인 차이이자 칸트의 정치 이론의 핵심적인 개념이다.[4] 칸트는 이 개념을 국가의 성립과 사회 계약 및 개인들 간의 계약, 정치적 권리, 형벌 제도, 결혼 제도 등을 설명하는데 적용한다.

---

3) A. Model, *Metaphysik und reflektierende Urteilskraft bei Kant*, 2-3.
4) 원초적 계약이 칸트의 정치철학에서 차지하는 비중과 역할에 대한 포괄적 이해를 위해서는 다음의 글을 참조. 김석수, 「실천철학에서 칸트와 롤스의 관계에 대한 비교 분석」, 115-42, 특히 121-33.

2. 사회계약론과 원초적 계약

근대 사회계약론적 전통에서 인간의 권리와 자유의 권리의 불가양도성의 이념이라는 실질적인 변화가 홉스에 반대하는 로크와 루소로부터 유래하였지만, 칸트의 공헌은 사회계약론의 간단명료한 논증 방식을 제시하였으며, 특히 방법론적으로 사회계약의 이론적 기초를 확립하고 해명한 데 있다.[5] 계약 개념의 방법적인 지위를 충분히 해명할 수도 없었던 선행자들과는 달리 칸트는 이를 확실히 하였던 것이다.

칸트가 원초적 계약 혹은 사회 계약에 관한 자신의 견해를 처음으로 적극적으로 표명한 것은 "이론상으로는 옳지만, 실제에서는 쓸모가 없다"라는 부제가 달려 있는『속언(俗言)』(1793)에서이며,『도덕형이상학』(1797) 중의「법론」에서는 좀 더 체계적으로 그리고 다양하게 사용된다. 또『영구평화론』(1795)에서는 분명한 의도를 갖고 이 개념을 적용하고 있다. 그러나 1784년에 출간된『이념』,『계몽』등에서도 상술한 저서들과 같은 맥락의 정치철학적 사유가 펼쳐지고 있음을 볼 때, 전비판기의 편지글이나 자연법 강의 등에 나타나 있듯이 이미 이 주제에 대한 성찰이 오래 전에 진행되고 있었다는 것을 짐작케 한다. 그럼에도 비록 정치 철학을 포함하여 칸트의 법철학 연구에서 빚어지는 난점들이 칸트 철학에 대한 올바른 이해, 특히 법론의 비판철학적 성격 규명과 맞물려 있다 하더라도,[6] 이 개념에 대한 논증적 탐구는 다른 경우와 마찬가지로 확신에 찬 어조로 자신의 철학에 대한 자부심과 긍지를 뽐내고 있는『순수 이성 비판』의 세계를 거점으로 이루어져야 한다.

칸트는 마키아벨리, 자연법 학파의 이론가들, 홉스, 로크, 흄, 루소 등과 같은

---

5) O. Höffe, *Ethik und Politik*, 206 참조.
6) G.-W. Küsters, *Kants Rechtsphilosophie*, 6 이하 참조.

많은 정치 사상가들의 정치적 이념을 흡수했거나 비판했다. 그 중에서도 홉스만이 유독 칸트의 직접적인 공격의 대상으로 거론되었다. 칸트가 실제로 이름까지 거론하며 반대 의사를 분명히 하고 있는 곳이 다름 아닌 『속언』의 제2절인 '홉스에 반대하여'라는 부제가 달려 있는 "정치적 권리에 있어서의 이론과 실제"의 부분이다.[7] 그러나 칸트와 홉스는 많은 점에서 서로 다르긴 하지만, 질서와 평화 유지를 위한 법과 통치권의 보호와 불가분성을 옹호하는 보수적 태도를 취한다는 점에서는 대체로 일치한다. 가령 칸트는 국민의 정부에 대한 저항권을 기본적으로 인정하지 않는다. 이는 단적으로 독재자를 살해하는 행위를 범죄로 간주하는 칸트의 태도에서 가장 잘 드러난다.(Ⅷ:440-2 각주) 다만 칸트는 정부나 군주에 대한 국민의 비판을 통한 통치권자 스스로의 개혁을 유도함으로써 잘못된 법의 개혁이 이루어지도록 해야 한다는 견해를 피력한다. 이러한 태도는 기본적으로 그의 사회계약론의 근본 성격에서 기인한다.

선행 정치 이론가들과 마찬가지로 칸트는 무정부 사회로서의 자연 상태와 정치적 권위에 의해 유지되는 시민사회를 구분한다. 그러나 국가 성립의 정당성을 논증하는 방식을 크게 역사적, 사실적인 관점과 도덕적, 예지적인 관점으로 구분할 때, 칸트가 저들과 근본적으로 다른 점은 자연 상태(무정부 상태)로부터 시민사회(국가)에로의 이행은 후자의 관점에서, 그것도, 명료하고 확실한 언어와 논리로 접근한다는 것이다.[8] 이러한 관점이야말로 칸트를 이전의 사회계약론자들과 구분하게 되는 분기점이다. 또한 기본적으로 칸트는 자연 상태에 대한 홉스, 로크, 루소 등의 설명과 견해를 달리한다. 가령 칸트는 자연 상태가 어떤 상태였을 것인지를 상상할 것을 우리에게 제안하고는, 이러한 조건 하에서 가정된

---

7) 그러나 실제로 이 부분에서도 칸트는 많은 점에 있어서 홉스와 문제 의식을 같이 한다. 인간 본성에 관한 차이를 제외할 경우 칸트와 홉스를 실제로 구분시켜 주는 가장 중요한 점은 동일한 문제를 철학적으로 정당화하는 논증방식의 차이에서 나타난다.

8) 칸트의 사회계약이론의 독창성에 절대적으로 기여한 선구적 사상가로는 루소를 꼽을 수 있다. 이에 대해서는 다음을 보라. 맹주만, 「칸트와 루소의 공동체론」, 258-304.

경험들을 기초로 하여 국가의 기원과 정치적 의무에 대한 이론을 전개하고 있는 선행자들에 대해서 반대 입장을 분명히 한다. 즉,

> 외적인 강제적 입법이 출현하기 이전에 사람들이 폭력을 행하며 사악함으로 인해 서로 싸우며 살아간다는 것을 경험을 통해서 알게 되는 것은 아니다. 그러므로 그 같은 사실이 반드시 공적인 법적 강제를 필요로 하는 것은 아니다. 오히려 사람들은 온순하며 정의롭게 행동한다고 생각할 수도 있다. 모름지기 공적인 법적 강제의 필요성은 어떤 사실(Faktum)이 아니라 이성의 선험적 이념에서 기인한다. (VIII:430)

홉스는 자연 상태와 전쟁 상태를 동일한 것으로 취급하고, 로크는 홉스의 주장을 반대하여 자연 상태가 안정된 상태와는 거리가 멀긴 해도 전쟁 상태는 아니라고 생각한다. 루소는 홉스와 정반대의 위치에 서서 자연 상태를 인간이 아무런 외적 방해도 받지 않은 상태로 생각한다. 칸트는 이들 입장의 공통점을 자연 상태에 대한 경험적 생생함과 사실성에 입각한 기술이라고 믿는다. 칸트가 이들을 비판하면서 이들과 반대편에 서는 것도 이들이 국가의 기원에 대해 취하고 있는 실재론적 입장이다. 칸트가 보기에 자연 상태에 대한 (비록 추정적이더라도) 사실적 진술들은 언제나 경험의 산물이다. 그런데 칸트에 의하면, 경험은 우연적인 것들과 관계하기 때문에 이런 것들은 정녕 (도덕적 정당성을 갖는) 사실이어야만 하는 것이 무엇인지를 가르쳐 줄 수가 없으며, 단지 임의의 한 지점에서 가능한 사실이 무엇인지 일러줄 뿐이다. 즉, 인간과 사회에 대한 경험적 분석만으로는 정치적 원리 및 그 정당성을 평가해야 하는 정치 철학의 중심 문제에 대답할 수가 없다는 것이다. 이런 이유 때문에 칸트는 홉스와의 부분적인 일치에도 불구하고 전혀 다른 관점에서 새로운 논증 방식을 도입한다.

칸트가 말하는 자연 상태란 단지 법적 질서가 어느 정도 어떤 식으로 이에 의존하는지를 보여주기 위한, 특히 타인에 대한 우리의 법적 의무들의 도덕적 정당성을 해명하기 위한 논리적 장치이다. 홉스나 로크가 인간의 생명이나 재산에 대한 항구적인 위협으로부터 벗어나려는 필요 때문이라는 일종의 공리주의적 증명을 채택한 반면에, 칸트는 사회 계약이 역사적 사실이라는 것을 부인함으로써 "공동체의 필요성에 대한 도덕적 증명을 제시한 최초의 근대 정치 이론가" [9]로 등장하고 있다.

칸트 역시 홉스식의 논리를 따라 자연 상태로부터 소위 시민사회에로의 이행 과정에서 법이 요구된다고 본다. 그러나 국가의 성립 근거와 마찬가지로 법 또한 국가의 성격으로부터 필연적으로 결과한다. 말하자면, 법은 국가의 성립과 존립을 위해 필연적으로 요구되는 것, 즉 국가라는 전제로부터 논리적으로 추론된다. [10] 칸트에 따르면 법(Recht)이란 "그 밑에서 어떤 사람의 선택 의지가 다른 사람의 선택 의지와 자유의 보편적인 법칙에 따라서 함께 통일될 수 있는 조건들의 총괄 개념"이다.(VIII:337) 결국 "다른 모든 사람들의 자유와의 합의를 조건으로 한 각 개인의 자유의 제한"(XI:144)을 의미하며, 그것은 국가의 성립과 동시에 발생하는 이성의 필연적 요구이다. 다만 국가의 성립이 논리적으로 법의 존재에 선행한다. 이러한 관계는 계약 자체의 성격에서 결과한다. 즉, 국가의 성립

---

9) S. Neiman, *The Unity of Reason: Rereading Kant*, 118.

10) 이 글에서는 칸트의 도덕 철학은 물론 정치철학과 법철학에서 중요한 의미를 갖는 Recht 용어를 문맥에 따라서 '법' '정의' '권리' 등 다양하게 번역, 사용하였다. 무엇보다도 칸트는 Recht를 여러 가지 뜻으로 사용하면서도 특히 그것의 실증적 타당성이나 정치적 권위를 별도로 입증할 필요가 없는 아프리오리한 성격을 강조하는 의미로 사용하는 경향이 있다. 이 경우 Recht는 실정법이 아닌 법 일반의 도덕적 측면을 강조하거나 실천이성의 아프리오리한 원리로서 다루어지고 있다. '법', '정의' '권리'라는 표현도 이런 점에 초점을 맞추어 맥락에 따라서 선택되었다. 반면에 '법칙' '법'으로 번역, 사용된 Gesetz는 도덕법칙, 자연법칙, 특정한 법이나 법규 등에 폭넓게 사용된다. 어원학적으로 Gesetz라는 단어는 설치하다, 정하다, 입안하다의 뜻의 동사 setzen과 관련되어 있으므로 Gesetz는 누군가에 의해, 가령 입법가에 의해서 설정된 것, 혹은 입안된 것을 함축한다. 실제로 칸트의 자율 도덕의 원칙이 이런 의미의 Gesetz 위에 세워져 있다.

을 정당화하는 사회 계약으로부터 법적 장치가 요구된다. 그리고 계약에 의해 성립하는 법이란 "보편적 자유를 보증하는 것"이어야 하고, 따라서 단순한 자유의 제한이 아니라 "자유의 유지를 위한 아프리오리하게 주어진 보편적 의지도 규정한다."[11]

여기서 칸트가 말하는 법 자체는 각종 실정법의 원천이자 근간이 되는 일종의 이념, 즉 경험과는 무관한 자유의 이념과 관계한다. 그리고 이러한 이념으로서의 법은 보편적 의지를 완전히 구현한 것이어야 한다. 이러한 전제로부터 미루어볼 때, 사회 계약에 의거한 법과 국가의 이념이란 현재형이 아니라 진행형이며, 실현되어야 할 과제요 이상이다. 이는 동시에 국가의 도덕적 정당성은 그것이 암묵적 동의나 어떤 다른 이유에 근거하든지 간에, 모든 국가 구성원의 보편적 의지에 합치하는 그러한 이념을 추구해야 하며, 그것이 달성될 때까지 현실의 국가란 불완전한 것, 따라서 완전한 도덕적 정당성을 갖지 못한다는 것을 의미한다.

사회 계약을 매개로 한 국가와 법의 관계는 인간이 갖는 두 가지 조건에 근거한다. 하나는 자유로운 존재로서의 인간이 자기 이익을 추구함에 있어서 필연적으로 발생하게 되는 이익들간의 충돌이다. 다른 하나는 인간이 도덕적 존재라는 점이다. 이러한 조건들로부터 칸트적 의미에서 우리가 왜 국가와 법을 필요로 하는지에 대한 해답을 얻을 수 있다. 칸트의 가장 기본적인 답변은 사람들은 항상 이기주의적으로 행동하려는 경향, 즉 타인에게 손실을 끼치는 영향이 예상되더라도 항상 그들 자신에게 이익이 되는 것을 원하는 경향이 있기 때문이라는 것이다. 사회 안에서 이루어지는 상호 이익의 정당한 추구를 보장하고 또 보호해 주어야 한다는 점에서 어떤 방식으로든 강제가 필요하다. 그러나 도덕적 존재로서의 인간은 기본적으로 자율적인 내적 강제에 의해서 의무를 자기 스스로

---

11) 임혁재, 「칸트의 국가론에 대한 음미」, 221.

수행할 수 있는 존재이긴 하지만, 이러한 "의무 수행을 방해하는 마음 속의 장애물이요 (때로는 강력하게) 반항하는 힘들"(VIII:509)인 자연적 경향성들로 인하여 이를 전적으로 자신에게 맡길 수만은 없으며, 불가피하게 타율적인 외적 강제를 수반하게 된다. 그렇지 않다면 의무는 이익과의 충돌에 있어서 효력을 갖지 못하며, 또 갖더라도 임의적이어서 상호 간의 신뢰를 보장할 길이 없다. 따라서 자신에게 속해 있다고 생각한 것을 자신의 권력이 아닌 외부의 권력, 즉 법이라는 효과적인 장치에 의해서 자신의 안전을 지켜야 한다. 이를 위해서는 모든 것에 앞서 하나의 정치공동체로서의 시민사회에 들어가야 한다.(VIII:430, XI:153) 그리고 이를 위한 필요한 장치가 바로 원초적 계약의 논리이다.

다른 한편으로 칸트는 자연 상태도 일종의 사회임을 인정하면서, 이를 상대적으로 시민사회와 구분짓는다. 시민사회가 공법에 의해서 "재산의 소유를 보장해 주는 사회"(VIII:350)라면, 자연 상태에서의 법을 칸트는 사법(das Privatrecht)이라 부른다. 그리고 전쟁과 폭력이 지배하는 자연 상태를 인간의 타고난 자유의 권리와 양립할 수 없는 것으로 간주하며, 이러한 상태에 놓여 있는 많은 사람들을 인위적으로 정의가 존재하는 하나의 사회 집단으로 결합시켜 주는 역할을 하는 것을 칸트는 계약이라 부른다.(XI:143) 이 계약에 의해서 비로소 개인은 각자의 권리를 다른 모든 침해로부터 보호받을 수 있게 된다.

칸트는 이러한 계약의 종류를 크게 두 가지로 구분한다. 하나는 공동체 안에서 이루어지는 계약이며, 다른 하나는 공동체 자체의 성립을 수립하는 계약, 즉 국가를 수립하는 계약이다. 후자가 바로 칸트가 원초적 계약, 혹은 사회 계약 내지는 시민사회 계약이라고 부르는 그것이다. 원초적 계약을 칸트는 다음과 같이 정의한다:

그것에 의해서 국민이 스스로 국가를 구성하는 행위, 좀 더 정확하게 말해서 오직 그것에 의해서만 국가의 합법성이 인정될 수 있는 그러한 행위의 이념이 원초적 계약이며, 이에 의해서 모든 국민은 그들의 외적인 자유를 포기하고 자신들을 공동체의 일원, 즉 국가로서 간주된 국민의 일원으로서의 지위를 곧 다시 인수하게 된다.(VIII:434)

원초적 계약은 사실상 확실한 (실천적) 현실성을 지닌 이성의 단순한 이념이다. 왜냐하면 모든 입법가들이 법을 제정함에 있어 그 법이 전 국민의 통일된 의지로부터 나온 것처럼 제정하게 해주고, 모든 신민은 그가 시민인 한, 마치 그가 그러한 의지에 합의했던 것처럼 간주되기 때문이다. 말하자면 그것은 모든 공법의 적법성의 시금석이다.(XI:153)

칸트에 의하면, 이 사회 계약 혹은 원초적 계약이야말로 "완전히 합법적인 시민사회와 공동체의 수립"의 기초가 될 수 있으며, "각 개인의 특수한 사적 의지를 공동의 공적 의지로 결합" 시킬 수 있다.(XI:153) 또한 동시에 국가는 언제나 개별적인 구성원들의 자유의지의 실행을 통해서 생겨나는 것으로 간주되어야 한다.(XI:144-5) 이런 점에서 볼 때, 칸트가 자연상태설을 도입한 것은 시민 국가의 역사적 기원을 설명하기 위한 것이 아니라, 개인의 다양한 권리와 의무의 논리적 기초를 제시하기 위한 것이었음을 알 수 있다.[12]

요약해 보면, 칸트의 계약은 자연 상태를 역사상 존재하였던 시대로 상정하여 이로부터 국가의 성립과 법적 장치가 발생하게 되는 역사적 사건이 아니다. 사회 계약 혹은 원초적 계약이란 가능적이든 사실적이든 전혀 경험적 개념이 아니다. "확실하고도 아프리오리한 표준 척도"(XI:155)로서 그것은 하나의 순수한 이성적 개념이며, 뿐만 아니라 이론적 개념이 아니라 실천적 개념이며, 하나의 비판적 규범적 개념이다. 그것은 공법의 적법성을 판단하는 기준을 의미하지,

---

12) J. Ladd, Introduction to Kant, *The Metaphysical Element of Justice*, xxii.

실증적 타당성을 판단하거나 공공의 복지에 적합한지를 판단하는 기준을 의미하지는 않는다. 이처럼 칸트에게 있어서 사회를 성립시켜주는 계약이란 역사적 실재가 아니라 국가의 성립과 법적 제도의 정당성을 근거짓는 "이성의 단순한 이념" 또는 "도덕적 이상" [13]이며, 방법론적으로는 일종의 "논리적 구성물" [14]이다. 이와 같은 계약 개념의 이성적인 지위로부터 칸트의 계약 이론의 여타의 요소들이 도출된다.

칸트에 의하면, 사회 구성원의 생활을 보호하거나 노동 분업, 재산 보장, 행복 추구가 국가의 제일 목적이 아니다. 결코 자연적 생존을 보장하기 위해서 국가가 필요한 것은 아니다. 오히려 국가가 요구되는 근본적인 이유는 인간의 반사회적 사회성에 있다. 도덕과 정치의 관계에 대한 칸트의 논리는 사회의 다른 구성원과 적절한 관계가 전제되어야만 인간이 자신의 자유로운 주체성을 옹호하고 현실적 제약을 넘어선 도덕적 삶의 영위가 가능하다는 사고에 기초하여 이루어지고 있다. 칸트가 계약 개념을 역사적 사실은 전혀 고려하지 않은 채 이처럼 이성적, 도덕적, 예지적 차원에서 설정한 또 하나의 이유는 그렇게 함으로써 한 공동체 안에서의 개인들간에 이루어지는 경험적 차원의 계약 행위에서 발생하는 난점을 피할 수 있기 때문이다. 가령 칸트는 개인들간의 계약 행위를 "한 사람이 자신의 것을 다른 사람에게 이전하는 두 사람간에 합의된 선택 의지의 행위" (VIII:383)로 정의한다. 따라서 현실에서 이루어지는 계약의 성사는 계약의 주체인 "쌍방의 의지의 통일" (VIII:384)을 필요로 한다. 그런데 쌍방 간의 계약의 약속 및 승인의 행위는 동시 발생적이어야 함에도 불구하고 현실적으로는 그렇게 되지 않는다. 시간상의 불일치는 당사자들이 애초의 그들간의 계약을 철회하거나 유보할 수 있는 상황을 발생시키기 때문에 계약은 그 자체가 지향하는 이

---

13) S. Neiman, *The Unity of Reason: Rereading Kant*, 119.
14) 임혁재, 「칸트의 국가론에 대한 음미」, 225.

념을 실현할 수가 없게 되어버리고 만다. 즉, 이런 상황이 한 사회 내에서 경험적 사실로서만 고려될 경우 상당한 문제들이 일어나게 된다.

칸트는 이러한 경험적 차원의 문제를 극복할 수 있는 유일한 길은 "계약을 통한 취득 개념의 선험적 연역"뿐이라고 말한다.(VIII:384) 이 연역의 기초가 되는 것이 다름 아닌 원초적 계약의 이념이다. 이때야 비로소 계약 주체의 의지의 자유는 도덕적 이상을 좇아 추구해 나갈 수 있고 자연적 감정적 구속으로부터 해방되는 근거가 된다. 즉, 이러한 계약의 존중을 유효하게 만들기 위해서 칸트는 공동 소유에 기반을 둔 원초적 공동체라는 예지적 혹은 도덕적 이념에서 계약의 약속과 승인의 동시 발생을 정당화하는 근거를 이끌어 내고자 한다.

> 토지 및 이와 함께 이에 딸린 사물들에 대한 원초적 공동체(ursprüngliche Gemeinschaft)는 객관적(법률적-실천적) 실재성을 지닌 이념이며, 하나의 가공물인 원시적 공동체(uranfängliche Gemeinschaft, communio primaeva)와는 전적으로 구분된다. 왜냐하면 이러한 원시 공동체는 일종의 계약에 입각해서 그리고 그 결과로서 생겨났을 것이기 때문이다.(VIII:359-60)

말하자면, 전적으로 자유롭고 독립적인 두 당사자들의 계약 행위를 정당한 것으로 간주하려면 재산의 공동 소유권에 기초를 두고 있는 사회의 이념 및 그 실현 가능성을 입증해 줄 수 있는 일반 의지가 전제되어야 한다는 것이다. 이처럼 사회 계약의 이념은 단지 법을 판정하기 위한 그리고 동시에 국가의 완전한 영속을 가능케 하는 원리들을 판정하기 위한 척도의 구실을 한다. 따라서 이런 의미의 사회 계약 혹은 원초적 계약은 공동체 성립의 필요성과 정당성을 가늠하는 실천 이성(정치적 이성)의 아프리오리한 도덕적 이념으로 작용한다.

칸트의 사회 계약은 홉스처럼 개인적-실용주의적인 척도를 갖는 것도 아니며, 또 투쟁 상태를 극복하여 모든 개인들의 행복을 가능하게 해주는 절대 군주에 의해서 보장되는 평화와 질서의 수립을 뜻하는 것이 아니라, 실천 이성의 개념과 결합한 무조건적 요구로서 순수한 이성적인 척도만을 가지며, 따라서 순수한 이성적 질서를 추구한다. 우리는 이러한 이성의 이념을 국가 구성의 사실적 역사적 기원이 아니라, 사회 구성원들간의 갈등 해결의 실질적 척도를 제공하는 가능한 정의의 원리들의 도덕적 원천으로 이해해야 한다. 이런 이유에서 칸트에게 국가는 도덕적 인격체 또는 자유의 주체로 간주되기도 한다.

3. 정의의 원칙과 정언명법

칸트의 사회 계약의 논리 또는 원초적 계약의 정신은 근본적으로 그의 도덕 철학 및 정치 철학의 근간을 이루고 있는 자율적·도덕적 주체로서의 인간 개개인의 존엄성에 뿌리를 두고 있다. 이 존엄성이 인간에게 하나의 본질적인 가치를 부여하는데, 이로부터 인간의 모든 여타의 권리들이 따라나온다. 이처럼 도덕적 자유의 개념 속에 함축되어 있는 인간 존엄성에 대한 구상으로부터 칸트는 인간의 시민적 정치적 자유에 관한 모든 것을 도출한다. 칸트에게 이 자유는 인간이 마땅히 누려야 할 정당한 요구이다. 그러나 현실적으로 이러한 자유에 제한이 가해져야 하고 강제가 뒤따라야 한다면 그것은 그럴 수밖에 없는 도덕적 정당성을 지녀야 한다. 바로 이 자유의 합법적인 제한의 정당성을 가늠하는 원칙으로 제시된 것이 다름 아닌 칸트가 공동체를 구성하는 사회 계약, 즉 정치공동체의 정당 근거로서 제시한 원초적 계약의 이념이다. 가령 원초적 계약의 이념에서만 보자면, "계약을 체결하는 것은 홉스에 있어서는 그렇게 함으로써 모든 사람의 여건이 더 나아지기 때문인 반면에, 칸트에 있어서는 그것이 실천 이성[의 요구]에 일치하는 것이며, 인격체로서, 권리의 주체로서 인간들 상호 간의 승인에 일치하기 때문이다." [15)]

"선택 의지에 의한 자유의 제한을 강제" (XI:144)라 부르는 칸트에게 있어서 법은 강제적 질서로 간주되며, 정의(Recht)는 무엇을 합법적인 강제로 하고, 무엇을 불법적인 강제로 규정할 것인지를, 즉 정의의 원리 자체가 강제의 합법적 사용과 불법적 사용을 결정한다. 따라서 칸트가 말하는 사회 계약은 "강제법칙(Zwangsgesetz) 하에서의 자유로운 인간들 사이의 관계로서의 시민 헌법" (XI:145)을 확립시켜 주는 "최고의 기초" (XI:153)가 된다. 칸트는 이러한 기초로부터 헌법과 입법기관, 행정부 등의 국가의 구성 요소들을 도출해 낸다. 그리고 이 "정의의 법칙 하에서의 다수의 통합체" (VIII:431)로서의 국가가 실현해야 할 이념을 칸트는 인간의 자유와 평등, 그리고 독립으로 파악하며, 이로부터 사회 내의 모든 하위의 가치들이 정당화된다.(XI:145-53) 즉, 넓은 의미에서 칸트의 사회 계약은 그 자체가 정의의 도덕적 정당성을 가늠하는 원천이다.

이러한 정의(법)의 원리는 근본적으로 도덕성의 원리와 성격을 달리한다. 칸트가 정식화하여 제시하는 국가의 도덕적 정당성의 평가 척도로서의 법(정의)의 보편적 원리(Allgemeines Prinzip des Rechts)는 다음과 같다: "모든 행위는 그 자체 또는 그 준칙에 있어서 각자의 선택 의지의 자유가 보편 법칙에 따라서 모든 사람의 자유와 양립할 수 있는 경우에는 옳은 것이다." (VIII:337) 칸트는 이 원리를 다시 정언명법의 형식을 빌려 "보편적 정의의 법칙" 이라는 이름을 붙여 "너의 선택 의지의 자유로운 사용이 보편 법칙에 따라서 모든 사람의 자유와 양립할 수 있도록 외적으로 행위하라." 로 표현한다.(VIII:338) 따라서 도덕이론에 있어서의 정언명법이 준칙에 따른 행위의 도덕성 여부를 가늠하는 최고의 평가 기준이라면, 정치 이론에 있어서의 원초적 계약은 정의의 보편적 원리의 이념이

---

15) O. Höffe, *Ethik und Politik*, 211.

며, 동시에 정의의 원리는 정언명법에 준하는 국가의 공법의 도덕적 정당성을 가늠하는 최고의 기준이다. 그러므로 자연 상태를 극복하기 위한 시민적 권위체 또는 국가의 수립의 도덕적 정당성을 가늠하는 법의 보편적 원리는, 칸트에 의하면, 모든 정치 기구와 정치 체제에 의해서 승인되어야 하고 존중되어야 하는 원리로서의 지위를 갖는다.

칸트는 도덕 철학의 내용을 두 가지 방식으로 구분하는데, 하나는 의무를 확립하는 입법의 유형에 의한 구분이며, 다른 하나는 우리에게 의무를 부과하는 제한의 종류에 의한 구분이다.(VIII:323-6, 347-50) 칸트는 전자를 동기의 종류에 관련하여 각각 "법률적 입법"과 "윤리적 입법"으로 구분하고, 후자는 법적 의무와 윤리적 의무들 간의 구분으로서 이들 의무를 "타인에 대한 완전한 의무들", "타인에 대한 불완전한 의무들", "자신에 대한 완전한 의무들", "자신에 대한 불완전한 의무들"의 넷으로 구분한다. 이 중에서 칸트가 "외적" 혹은 "법률적" 입법이라 부르는 것은 다른 사람에 의해서 이를테면 강제나 강제의 위협을 가하는 정치적 권위에 의해서 의무를 행하는 것이다. 이는 외적인 강제의 사용을 수반하고 필요한 것을 나로 하여금 하게 만드는 동기와 관련되어 있다.

이에 반하여 "내적" 혹은 "윤리적" 입법이라 부르는 것은, 그것이 의무이기 때문에 단순히 나의 의무를 행하는 것이며, 그 경우 의무의 이념이 나의 유일한 동기이다. 나에게 강제를 행사하는 것은 외부에 있는 것이 아니라 나 자신이다. 말하자면 법률적 입법은 행위의 강제적인 규약과 관계하는 반면에 윤리적 입법은 행위의 자발적인 규약과 관계한다.(VIII:326)

법과 도덕의 차이를 자유의 의미와 관련지어 비교해 보면, 법이 제공하는 자유는 벌린이 주장하는 것처럼 정언명법이 요구하는 이성적 의지의 자유로서의 적극적인 자유가 아니라 소극적인 자유에 지나지 않는다.[16] 즉, 그것은 일정한

---

16) I. Berlin, *Four Essays on Liberty*, 153.

방식으로 행동하는 자유가 아니라 다만 그렇게 행동하는 것이 타인의 자유를 해치지 않는다면 우리가 어떠한 방식으로 행동하고 싶어하든지 방해받지 않는 자유에 지나지 않는다. 그러므로 칸트에 의하면, 법적으로 옳은 것과 유덕하다는 것이 반드시 동일한 것은 아니다. 비록 우리가 유덕하게 행동하는 것이 적법하게 행동하는 것이라 하더라도, 법의 원리에는 일치하지만 유덕하게 행동하는 것은 아닐 수도 있기 때문이다.

두 번째 구분은 법적 의무와 윤리적 의무들 간의 구분에 의한 것으로서『도덕형이상학』의「법론」은 법적 의무의 구분을 토대로 하여 '공법'과 '사법'으로 구성되어 있으며, 칸트는 여기서 '타인에 대한 완전한 의무'를 법적 의무라 부른다. 그런데 그레고(Gregor)같은 사람은 칸트가 법적 의무도 윤리적 의무와 마찬가지로 정언명법으로부터 추론하고 있다고 생각한다. 즉, "『도덕형이상학』은 최고의 도덕원리로부터 특수한 의무들에로 거꾸로 급작스레 내려간 것이 아니라, 오히려 그것은 이 원리의 체계적 적용이며, 의무들이 단계적으로 정언명법으로부터 추론될 수 있는 기준들에 대한 끈기 있는 탐색을 함축하고 있는 하나의 절차이다"[17]라고 단정한다.

말하자면, 칸트의 정치적 원리들은 그의 도덕 철학의 결론들이 사회에 적용된다는 것을 예증하기 위한 것이며, 따라서 윤리적 의무와 법률적 의무 모두가 정언명법으로부터 추론된 것이라고 주장한다.[18] 이렇게 볼 수 있는 소지는 물론 다분히 있다. 실제로 칸트는 의무 일반을 "이성의 정언명법 하에서의 자유로운 행위의 필연성"(VIII:327)으로 파악하고 있으며, 모든 의무를 간접적으로는 윤리적인 것으로 본다.(VIII:326)

그러나 그 원리와 조건에 있어서 정언명법이 적용될 수 있는 이상적인 상황

---

17) M. J. Gregor, *Laws of Freedom*, xi.

18) H. Williams, *Kant's Political Philosophy*, 59-60 참조.

에서는 모든 의무들이 도덕법칙에 정합적일 수가 있다. 그렇다고 해서 도덕적 원리와 정치적 원리의 관계가 반드시 종속적인 관계이어야 하는 것은 아니다. 다시 말해 모든 의무의 유일한 법정이 정언명법이어야 하는 것은 아니다. 경험적 현실이라는 한 사회 내의 개인들 간의 상호적 의무들은 필연적으로 정언명법의 범위를 넘어서야 한다. 도덕적 행위에 따른 정언명법과 그 형식에 있어서는 동일한 방식을 취하고 있다고 하더라도, 정치적 행위와 조건의 상이함을 전제로 하는 정의의 원리는 내용상 및 성격상 다를 수밖에 없기 때문이다. 칸트가 정의의 원리를 정언명법의 형식을 빌러 제시하면서도 "외적으로"라는 말을 곁들인 이 이유, 그리고 윤리적 의무와 법적 의무를 엄격하게 구분하는 취지 또한 염두에 두어야 한다.

칸트는 『도덕형이상학』 서론에서 자유의 법칙을 자연 법칙과 구분하여 도덕법칙이라 부른다. 자유의 사용 일반을 규제하고 평가하는 최고 원칙으로서의 도덕법칙은 따라서 형식적으로는 내적이든 외적이든 모든 자유의 사용에 적용된다. 그런데 문제는 정의의 법칙(Gesetz) 자체는 도덕법칙으로부터 곧바로 도출될 수 없다는 데 있다. 칸트는 이 문제를 법 혹은 정 개념에 대한 천착을 선행시키는 방식으로 풀어나가고 있다. 때문에 이 법 개념의 올바른 독법은 국가론, 나아가 궁극적으로는 원초적 계약에 의존하지 않을 수가 없다. 따라서 포괄적으로는 인간은 행위 일반의 법칙으로서의 도덕법칙 및 정언명법의 규제를 받아야 하기 때문에 - 칸트에게서는 정치적 행위를 포함한 어떠한 행위도 도덕적 제약과 요구에서 완전히 벗어날 수 없다. - 정의의 원리 또한 형식적으로는 정언명법의 한 사례일 수 있으나, 그의 법 개념은 이런 해석을 획일적으로 적용하는 것을 거부한다.

만일 퀴스터스의 지적처럼 법론 해석을 좌우하는 결정적인 문제가 칸트가 도덕형이상학에서 의도한 계획을 충분히 완수하지 못한 것이기보다는 실천이성비판의 체계적 귀결에 따른 것이라고 가정하면, [19] 정의의 원리에 대한 정언명법의 위상에 대한 해명은 법론의 비판철학적 성격을 결정짓는데 아주 중요한 논거가 될 수 있을 것이다.

칸트는 자유의 법칙이 단순히 외적 행위와 그 합법칙성에만 관계하는 것을 법률적(juridisch), 행위의 규정 근거인 것을 윤리적(ethisch)이라 부른다. 또 전자와의 일치를 행위의 적법성, 후자와의 일치를 도덕성을 갖는 것으로 규정한다.(VIII:318) 넓은 의미에서 자유의 법칙은 법률적 법칙과 윤리적 법칙을 포함한다. 그러나 법률적 법칙은 그것이 사회 계약으로부터 즉 합리적인 존재자들 상호 간의 계약에 의해서 성립한다는 점에서 정언명법으로부터 직접적으로 추론될 수가 없다. 그것은 행위 주체들간의 도덕적 합의(계약)로부터 결과한다. 가능하다 하더라도, 그것은 다만 정언명법의 형식적 적용에 불과하다.

칸트에 있어서 도덕은 행위의 개인적인 기본 신조 혹은 태도 표명인 준칙과 관계하는 반면에, 사회 계약으로부터 귀결되는 법과 정치는 행위의 심적 상태와는 무관한 상이한 인간들의 외적인 행위 및 합법칙적인 규율과 관계가 있다. 따라서 정언명법과 법(정의)의 원리의 관계를 마치 후자가 전자로부터의 추론되는 종속적인 관계로 단순화시켜서는 안 된다. 칸트가 인간을 도덕적 존재로 파악하고 더불어 사회 계약을 도덕적 전망에서 바라본다는 것이 곧 그 계약을 정언명법에 준하여 도출해낸다는 뜻은 아니다.

칸트식의 논리에 의하면 정언명법이 실천 이성의 자기 인식을 통하여 파악되는 것으로서 준칙의 도덕성 여부를 가늠하는 최고의 평가 기준인 것과 같이, 사회 계약이란 오로지 국가 안에서 이루어질 각 개인들의 사회적 행위의 적법성을 평가하는 최종적인 척도의 구실을 하는 실천 이성의 규범적 이념이며, 다양한 사회의 정치적 원리들의 원천이다. 즉 정치적 차원의 정언명법이 곧 칸트의

---

19) G.-W. Küsters, *Kants Rechtsphilosophie*, 7-8.

정의의 원리, 또는 법의 보편적 원리라 할 수 있다. 다시 말해 이러한 차원의 사회 계약의 논리는 정언명법으로부터 도출되는 것이 아니라 오히려 그 자체가 정언명법과 대등한 지위를 갖는다. 따라서 이미 그 자체가 정의의 원칙이자 정치의 기본 규범인 것이다.[20]

칸트의 사회 계약은 경험적인 개념이 아니라 순수한 이성적 개념이며, 따라서 인간의 본성에 대한 경험적인 기본 가정으로부터는 추론되지 않는 아프리오리한 실천 이성의 이념에 상응한다. 또한 원초적 계약이나 정의의 원리는 정언명법으로부터 추론되는 것이 아니라 그 자체가 전혀 다른 성격의 정언명법을 결과하는 하나의 이념과 원칙이다. 말하자면 정의의 원리와 정언명법은 양자는 각각 실천 이성의 규범적 이념들이다. 즉, 원초적 계약과 적법성의 명법으로서의 법의 보편적 원리의 관계는 도덕법칙과 도덕성의 명법으로서의 정언명법의 관계와 유사하다고 할 수 있다.

4. 대의제 공화주의

칸트에 있어서 국가란 "법의 통치 하에서의 다수의 인간들의 결합체"(VIII:431)이다. 그리고 그러한 국가의 도덕적 정당성은 자유로운 의지들의 합의와 동의라는 이성의 원리에 근거한다. 그러면 진행형으로서의 원초적 계약의 이념에 따라 정당화될 수 있는 정치공동체의 모습은 무엇인가? 칸트는 "자연이 해결을 강요하는 인류의 가장 큰 문제는 보편적으로 법이 지배하는 시민사회의 건설이다," 즉 "자유가 외적인 법률 하에서" 상호 보장되는 "정당한 시민적 정치 체제가 인류를 위한 자연의 최고 과제임에 틀림없다"고 말한다.(XI:39) 이러

---

20) O. Höffe, *Ethik und Politik*, 207.

한 이상적인 정치적 공동체의 기본 구조와 정당성을 모색하고 있는 칸트의 국가론은 "대의주의적 통치 방식 속에서만 공화적 정치체제가 가능하다." (XI:208)고 밝히고 있듯이 도덕적 자유가 구현된 대의제(das repräsentative System)에 기초한 공화적 정치체제(die republikanische Verfassung)를 그 이상으로 삼는다. 칸트에 의하면, 이것이야말로 "원초적 계약의 이념으로부터 도출될 수 있으며 그리고 한 국민의 모든 법률상의 입법을 근거짓는 유일한 체제"요, 법의 이념에 합치하는 "모든 형태의 시민적 헌법의 원초적인 토대"가 될 수 있다고 생각한다.(XI:204) 우리가 여기서 주목해야 할 것은 칸트가 이러한 체제를 옹호하는 이유이다.

우선 칸트는 헤겔처럼 시민사회와 국가를 구분하지 않는다. 칸트는 개인으로서의 시민이 국가에 대해서 의무를 갖게 되는 상태를 자연 상태와 대비하여 법적 지위를 획득한 "시민적 상태"라 명명한다. 이때 칸트의 경우에 시민적 상태와 국가는 상반된 관점으로부터 바라본 동일한 관계를 가리킨다. 국가는 전체로서의 사회의 관점에서 바라본 관계를, 그리고 시민적 상태 또는 시민사회는 개인의 관점에서 바라본 관계를 뜻한다.(VIII:429) 시민사회와 국가를 엄격하게 구분하는 헤겔과는 달리 칸트는 이처럼 양자 간의 관계를 불분명한 채로 남겨두고 말지만, 그럼에도 이는 칸트에게 있어서 그 나름의 중요한 의미를 갖는다.

칸트가 보기에 국가와 시민사회는 실천적인 목적에 있어서는 결국 동일한 것을 추구한다. 또 칸트는 국가를 개인들의 이익 추구에 구체적으로 개입하는 주체로서가 아니라 개인들의 사적 이익을 정당하게 추구할 수 있게 해주는 주체로 간주한다. 이러한 태도는 근본적으로 칸트가 일반 의지를 시민사회와 분리된 독립된 힘으로 보지 않고, 일반 의지의 표현으로서의 국가의 권위를 자유로운 주체들의 합의와 동의에 기초하고 있는 것으로 보는 데서 비롯된다.[21] 이처럼 국가의 성립 근거와 도덕적 정당성을 평가하는데 역점을 둠으로써 칸트는 인간의

---

21) H. Williams, *Kant's Political Philosophy*, 163-5.

현실적 욕구가 빚어내는 구체적인 사회적·정치적 갈등과 분쟁 자체를 진지하게 들여다보는데 소홀하게 된다.

다시 말해 칸트는 당시의 시민사회가 갖는 경제 논리 및 사회적으로 분출되기 시작한 욕망 체계에 충분히 주목하지 못했으며, 또 이익(이윤)을 추구하는 사회 구성원들 간의 분쟁이 현실 국가의 정당성에 미치는 영향을 과소평가하고 있었다. 더 나아가 이러한 현실 인식은 칸트로 하여금 시민사회 내지는 정치공동체를 경제적 토대 위에서 바라보지 못하고 오직 그것을 정당화하는 정치철학적 논리에 치중케 하는 근본 원인이 되었다고 할 수 있다. 그러나 앞서 지적한 바와 같이 우리가 그러한 결함과 약점에도 불구하고 칸트에 주목하지 않을 수 없는 것은 국가의 정당성을 확립하는 방법론적인 측면이 갖는 논리적 명료성이다.

그러면 어떠한 국가가 도덕적 정당성을 갖는가? 칸트에 의하면 국가에 권리를 부여해 주는 유일한 원리는 이성이다.(XI:164) 그러면 이러한 이성적 기준에 합치하는 국가 또는 사회의 기본 구조는 어떠한 것인가? 칸트가 이러한 도덕적·이성적 이념이라는 기준과 조건을 충족시킬 수는 사회의 기본 구조로 생각한 것이 바로 삼권분립에 입각해 있는 공화적 정치 체제이다.[22] 그 이유는 그러한 체제야말로 도덕적 이념에 합치하는 모든 이상 국가 내지는 정부가 갖추어야 할 기본 원리(자유, 평등, 독립)를 가장 잘 실현할 수 있다고 보기 때문이다. 자유, 평등, 독립 이 세 가지 원리는 그대로 도덕적 존재로서의 인간으로부터 추론된 것이다. 다른 한편으로 이 원리는 근대의 정치적 이념을 그대로 수용한 것이라 할수 있다. 하지만 칸트의 공적은 그의 도덕이론이 보여주듯이 이러한 이념에 그나름의 철학적 기초를 제공했다는 점에서 찾을 수 있다.

---

22) 국가(공화적 정치 체제)의 기본 구조를 삼권분립에 입각해야 한다는 하는 칸트의 생각은 그가 이성능력을 이성, 지성, 판단력 세 가지로 구분한 것과도 비교된다(A. Model, *Metaphysik und reflektierende Urteilskraft bei Kant*, 16). 이성 능력은 입법부, 지성 능력은 행정부, 판단력은 사법부에 각각 해당한다고 볼 수 있다.

칸트에 의하면 "원초적 계약의 정신은 정부의 형태를 이 이념에 합치하도록, 따라서 정부를 점차적으로 그리고 지속적으로 변모시키도록 관계 당국에 책무를 부여한다." (VIII:464) 따라서 어떠한 경우에도 한 국가 내에서의 인간의 "모든 권리(Recht)는 법(Gesetz)에 의존" (XI:150)하기 때문에 이러한 권리를 보호해 줄 수 있는 법을 소유한 국가만이 도덕적 정당성을 갖는다. 모든 국가는 이러한 이유에서 그것을 실현해야 할 의무를 갖는다. 칸트는 국가의 의무란 오직 이러한 것에만 국한되어야 한다고 생각한다. 또한 국가는 "타인의 자유와 공존할 수 있는 유사한 목적을 추구하여 타인의 자유에 (즉 타인의 권리에) 피해를 입히지 않는 한에서는 누구나 자신의 행복을 그 자신이 알맞다고 생각하는 방식대로 추구해도 좋은" (XI:204) 권리를 결코 침해해서는 안 된다. 따라서 칸트에 있어서 시민법의 가장 기본적인 기능은 개인의 권리를 인정하는 것이 아니라 의무를 규정하는 데 있다.[23]

행복이란 개인마다 상이한 경험적인 여건에 의존한다. 그 때문에 각 개인은 자기의 최상의 행복을 추구하게 되고 - 물론 행복을 추구할 자유가 있다 - 법에 의해서 행복을 추구하는 방식과 내용을 규제할 어떠한 보편타당한 원칙도 있을 수가 없다. 무엇보다도 국가의 임무는 모든 사람의 자유와 안전을 보장해 주고 그와 동시에 그들의 자유를 부당하게 제한하는 것을 허용해서는 안 되는 것을 임무로 삼아야 한다. 칸트에 의하면, 이상적인 국가란 무조건적으로 복지 국가를 지향하는 것이 아니다. 복지 국가는 자유를 보장해야 하는 임무가 침해받지 않는 한도 내에서만 존재해야 한다. 따라서 국가의 (가장 중요한) 사회적 책무는 "국민을 그들의 의지를 거슬러 가면서까지 행복하게 해주려는 데 있는 것이 아니라, 단지 공동체의 존재를 유지하려는 데에 있는 것이다." (XI:155)

다시 말해서 칸트에 의하면, 국가에게는 시민의 행복을 직접적으로 촉진해

---

23) R. J. Sullivan, *An Introduction to Kant's Ethics*, 11.

야 하는 의무란 주어져 있지 않다. 또한 행복이란 삶에 대한 주관적인 만족, 즉 각 개인의 상이한 경험적 여건에 의존한다. 따라서 국가는 자신의 자유를 안전하게 보호하기 위해서 결합한 개인들의 공동체이기 때문에, 개인의 자유를 부당하게 제한해서도 안 된다. 각 개인은 자신의 최상의 행복을 추구할 자유로운 권리를 갖는다. 이러한 개인의 권리는 그 누구도 심지어 국가도 최선을 다해 보호하지 않으면 안 된다. 다만 자력으로 삶을 영위할 수 없는 사람들에 대해서만 국가는 그들이 국가의 구성원이라는 점에서 자기 보존이 가능한 한도 내에서 그들을 돌보아야 한다. 칸트에 있어서 그 이상을 넘어서서 이루어지는 사회사업은 도덕적 의무인 것이지 법과 국가의 임무에 속하는 것이 아니다. 이러한 맥락에서 보자면 고전적 자유주의 진영에 가담하고 있는 칸트의 정치철학적 입장은 역으로 그들에게 가해지는 비판을 고스란히 떠맡게 될 공산이 크다. 우리에게 남은 과제는 그 부담의 공과와 경중을 정확하게 저울질 해보는 일이 될 것이다.

제8장

Ethics of Kant

종교적 선과
윤리공동체

ETHICS
OF
KANT

1. 정치적 선과 종교적 선

이성은 자신의 힘으로 실현할 수 없는 최고의 선, 즉 도덕법칙과 행복의 조화와 통일을 명령한다. 그 당위성은 이성 자신의 입장에서는 필연적인 것이지만, 그것은 일종의 지성적 만족에 머무는 것이다. 더구나 이러한 만족도 끊임없는 감성 측의 욕구로부터 완전히 자유롭지 못하다. 현실적으로는 그것은 도달할 수 없는 지고한 목표에 지나지 않는다. 그럼에도 이성은 그것의 실현을 요구한다. 사회적 존재로서 이의 지속적 실천을 위한 정치적 노력과 함께 상호 공동의 도덕적 노력을 촉진할 수 있는 공동체로서 칸트는 윤리공동체의 건설을 주장한다. 이 윤리공동체는 지상에서 실현할 최고선의 세계로서 도덕적 선이 달성될 수 있다는 믿음, 즉 도덕적 신앙 위에 건설될 공동체다. 그런 점에서 그것은 곧 이성 종교에 바탕을 둔 종교적 선의 실현을 목적으로 하는 공동체다. 그런데 칸트는 이에 앞서 정의로운 정치공동체가 먼저 수립되어야 한다고 강조한다. 이는 인간적 삶의 환경이 정의롭지 못하면 내적인 도덕적 성숙을 기약하기가 어렵기 있기 때문이다. 말하자면, 인간은 본성상 자신의 자연적 욕구충족의 합리적 만족이 우선되어야 하며, 이를 통해서야 비로소 도덕적 성숙도 촉진되기 때문이다. 한마디로 생존이 도덕적 만족의 조건이기 때문이다.

그러면 왜 인간은 도덕적 의무의 지속적인 이행과 이를 통한 도덕적 및 지성적 만족에 이르지 못하는가? 무릇 평범한 인간의 내면에서도 뚜렷하게 자각되는 도덕적 의무의식이야말로 인간 본성의 징표임에도 불구하고 그것은 거의 불가능한 도덕적 목적으로 남는가? 칸트에 의하면, 그것은 인간의 한계, 즉 인간 의지의 나약함 때문이다. 이로 인해 도덕적 요구는 언제나 실제로는 행위를 인도하는 실천력을 별로 갖지 못한다. 다음의 칸트의 지적과 고백은 그의 실천철학에 가해지는 비판들의 잘잘못을 객관적으로 평가할 수 있게 해주는 저울추의 역할을 한다.

> 시대마다 [순수한 의무에서 행위 할] 그런 심정이 인간 행위 안에 실재한다는 것을 부인하고 모든 행동을 다소간 세련된 자기애의 표현으로 간주하는 철학자들이 있었다. … 그러나 그들은 그것 때문에 도덕성 개념의 정당성을 의심하지는 않았고 오히려 인간 본성의 유약함과 순수하지 못함을 지극히 유감스러워 했다. … 인간의 본성은 그렇게 존경할 만한 이념을 자신의 규정으로 삼을 수 있을 만큼 충분히 고상하지만 그러나 한편으로 이를 실천하기에는 너무 약하다. (VII:33-4)

우리는 여기서 의지의 나약함을 근본적으로 "행위자가 수행할 수 있고 동시에 수행해야 한다는 것을 알고 있는 행위를 수행하지 못하는 것"[1]으로 정의할 수 있다. 이와 같이 도덕성의 확고한 명령에 대한 실천적 의지의 나약함은 그대로 도덕적 인간의 근본특징이자 한계를 대변한다. 더욱이 최고선의 모순을 해결하기 위해서 칸트가 보여준 시도는 지성적 만족이라는 행복 개념에 대한 의미

---

1) A. Brodie/E. M. Pybus, "Kant and Weakness of Will", 406.

변경을 통해서만 해결 가능한 것에 지나지 않았다. 그러나 인간의 본성이 요구하는 감성적 행복에의 열망은 칸트가 도덕성과 행복의 통일로서 설정한 지성적 자기만족에 그치지 않는다. 그러므로 결국 칸트는 최고선에 도덕성과는 이질적인 성격을 갖는 행복이라는 요소를 도입하면서, 현실적 행복에 대한 인간의 열망을 개인의 우연적 소망으로 치부하고 도덕적 행복의 만족으로 변질시킬 수밖에 없었다. 하지만 이 또한 인간 의지의 나약함으로 인해 그것의 온전한 실현을 보장할 수 없는 것으로 이해하고 있다. 한마디로 칸트는 최고선의 실현을 명령하는 의무의 필연성을 논증하는 데 성공하지 못하고 있다고 할 수 있다.[2] 차라리 그것은 이성이 잘못 착각한 목적이라 할 수 있다.

그러나 칸트 자신은 그렇게 생각하지 않았다. 왜냐하면 그것은 논리에 우선하는 부인할 수 없는 '이성의 사실'이기 때문이다. 인간 이성이 생각하는 진정한 행복이란 본래가 도덕적 행복이지 현실의 감성적 행복은 아니라는 사실, 그리고 그런 현실적 행복 역시 사실 아무리 해도 완전히 만족될 수 없는 것이라는 사실, 칸트는 이것을 우리에게 각인시키고 있다. 또한 그의 영혼불멸과 신존재 요청은 이런 딜레마를 해결하기 위한 하나의 방책이었던 것이다. 결국 최고선의 지속적 실현을 불가능하게 하는 요인은 감성적 욕구로서 경향성의 유혹을 물리치지 못하는 인간 의지의 나약함에 있기 때문에 칸트는 이 문제의 가능한 해결책을 마련하는데 몰두하게 된다.

칸트가 마련한 최고선의 실현이란 예지계에서만 가능한 하나의 이념에 불과하지만 어떠한 경우든 그것의 가능한 모습은 현상계에서 구체적으로 드러나지 않으면 안 된다. 그러나 인간적 관점에서는 도덕성과 행복의 완전한 일치란

---

2) 칸트가 최고선에 대한 의무의 필연성을 설명하는데 실패했음을 지적하는 논의들에 대해서는 다음을 참조: L. W. Beck, *A Commentary on Kant's Critique of Practical Reason*, 244-5; J. Guttman, *Kants Gottesbegriff in seiner positiven Entwicklung*, 65; J. R. Silber, "Kant's Conception of the highest Good", 469-92; G. Simmel, *Kant*, 127.

불가능한 것이며, 따라서 우리가 추구할 수 있는 가능한 목적은 덕에 비례하는 행복을 가져올 최상의 조건을 형성하는 것이다. 그 일차적 과제는 정의로운 정치공동체를 수립하는 것이었으며, 다음으로는 이를 바탕으로 윤리공동체를 건설하는 것이다. 따라서 정치공동체든 윤리공동체든 사회정치적 조건의 성숙에 절대적으로 의존하는 것이란 점에서 최고선의 실현 가능성은 이중적으로 조건적이다. 왜냐하면 인간은 완전한 의미에서의 도덕적 존재가 아니기 때문에 인간적 관점에서 실현 가능한 최고선이란 인간의 불완전함을 보완해 줄 정치 체제와 제도에 의존할 수밖에 없으며, 또한 이를 통해 내면적 성숙도 기할 수 있기 때문이다.

우리는 이러한 점을 감안하여 요청이론과 종교의존적 해결책은 "신학적 의미"를, 그리고 정치적 해결은 "세속적 또는 정치적 의미"를 가지며,[3] 이를 각각 위로부터의 해결책과 아래로부터의 해결책으로 부를 수 있다. 리쓰에 의하면, 칸트의 견해에 있어서 보다 본질적인 것은 이성의 열망의 현실적 구현으로서 세속적 내지는 정치적 차원이다. 그 이유는 실제로 칸트가 추구한 도덕성과 행복의 통일 내지는 조화 가능성 증명에 대한 많은 반론과 비판의 표적이 되고 있는

---

3) A. Reath, "Two Conceptions of the Highest Good in Kant", 216 참조. 이러한 구분을 통해서 우리는 칸트의 최고선 개념에 대한 학자들의 해석과 관련한 견해 차이를 조명해 볼 수가 있다. 리쓰에 의하면, 칸트의 최고선 개념을 둘싸고 벌어지는 논쟁은 대체로 반박하는 진영과 옹호하는 진영으로 구분할 수 있다. 전자는 최고선 개념이 그의 도덕 이론과 양립하기 어려우며, 심지어는 그의 이론 속에서 폐기시켜야 한다고까지 말한다. 그 결정적인 이유는 칸트가 최고선의 촉진과 실현을 말하면서 그것이 인간의 자력으로는 도달할 수 없는 이상이며, 또 가능한 실현은 현실이 아닌 다른 내세적인 세계에서나 가능한 것으로 보고 있다는 사실이다. 더욱이 이러한 내세관이 칸트의 도덕 이론의 나머지 부분들과 어떻게 통합될 수 있는지를 이해하기란 쉽지가 않기 때문이다. 그리고 실제로 칸트의 저술들 속에서 이러한 언급들이 발견되고 있다. 이들의 반박은 대체로 최고선 개념이 갖는 신학적 의미에 집중되어 있다. 그러나 동시에 칸트의 저술들 안에는 이러한 난점들에 저촉되지 않는 언급들도 빈번히 등장하고 있기 때문에 후자의 진영에 속하는 동정적인 옹호자들은 칸트의 저서들 속에서 발견되는 문제들을 묵과한 채 그 개념을 받아들이려 하고 있다(A. Reath, 같은 글, 215-6). 그러나 리쓰는 단적으로 칸트의 최고선 개념을 옹호하면서 이상과 같은 상반되는 견해들 모두가 적절치 못한 것이며, 상호 간에 의견 일치를 볼 수 있는 건전한 해석을 시도한다.

것은 그것의 신학적 의미인 바, 이 신학적 의미는 도덕법칙으로부터 자연스럽게 귀결되지 않으며, 오히려 도덕법칙으로부터 도출될 수 있는 실천적 해결책은 정치적 선의 구현이라는 세속적 의미라는 점에서 이것이 칸트가 진정으로 의도한 것이며, 게다가 중요성에 있어서도 더욱 강력한 견해라는 것이다. 어떤 점에서 이러한 세속적 의미는 주로 신학적 의미에 가해지는 반론들로부터도 견딜 수 있는 장점을 지닌다. 더욱이 『순수이성비판』과 『실천이성비판』 등 상대적으로 초기의 저작들에서는 주로 신학적 의미가 두드러지며, 『판단력비판』과 후기 저작들에서는 세속적 및 정치적 의미가 지배적으로 되고 있다는 점에서 칸트의 사고 속에서 신학적 의미가 완전히 사리지는 것은 아니지만 점차 세속적 의미에로의 전개와 이행이 이루어지고 있다는 것이 그 증거가 될 수 있다.[4]

그러나 나는 이 점에 있어서 리쓰와 견해를 달리한다. 논자는 칸트의 진정한 의도가 정치적인 것과 관련되어 있기는 하지만, 칸트의 체계 내에서 신학적 의미는 정치적 의미의 배경적 조건을 형성하고 있으며, 결국 정치적 의미에까지 영향을 미친다는 점에서 칸트의 견해는 여전히 체계적 논리적 일관성을 유지하지 못하고 있으며, 또 반론에서 벗어나기가 어렵다고 본다. 이러한 약점을 매울 수 있는 유일한 통로는 그의 도덕적 목적론뿐이다. 그러니 이 또한 하나의 규제적 이념이라는 점에서 상술한 해석들이 보여주는 문제들을 일소하지는 못한다. 다만 정치적 의미가 독립적으로 성립할 수 있으려면, 우리는 칸트에게서 도덕적 목적론을 제거하는 결단을 내리지 않으면 안 된다. 그렇게 할 경우에도 여전히 그것이 칸트의 진정한 의도라고 말할 수 있을까?

나는 칸트의 진정한 의도 여부와 상관 없이 정치적인 것의 독립적인 지위를 정당화할 수 있는 체계의 논리적 구조를 제시하는 데에는 실패했다고 평가한다. 다만 우리는 그러한 의도가 갖는 적극적인 의의를 발전적으로 수용하거나 살

---

4) 같은 글, 216, 221, 225-57.

릴 수 있을 뿐이다. 그 때의 그것은 일단 '칸트의 것'이 아니라 '칸트적인 것'이다. 따라서 리쓰가 "덕과 행복의 비례는 칸트의 [도덕법칙을 구성하는] 근본 원칙으로부터의 이탈을 의미한다."[5]고 평가한 것은 칸트의 최고선이 무엇보다도 도덕법칙에 기초한 이념이란 점에서 옳지만, 그렇다고 해서 최고선 개념이 칸트의 실천철학 내에서 자신의 지위를 상실하는 것은 아니다. 문제는 칸트 철학 자체가 안고 있는 구조적 모순의 결과로부터 비롯된다. 왜냐하면 최고선의 촉진은 다름 아닌 이성 자신의 관심에 근거를 둔 이념이므로, 우리는 오히려 하나의 통일체로서의 이성이 도덕법칙에 의거하면서도 도덕적 행복의 지속적 실현을 어떻게 하면 가능하게 할 수 있는지를 여전히 문제 삼을 수 있기 때문이다. 이러한 체계상의 구조적 모순을 해결하기 위한 시도가 성공적이었는지의 여부가 더 중요한 것이다.

가령, 옥스터는 리쓰와 마찬가지로 『실천이성비판』에서 최고선의 두 가지 의미를 발견하고 있으면서도 리쓰와 달리 덕과 행복의 비례를 최고선의 지배적 이념으로 간주하고 있다. 그러면서도 그것이 칸트의 견해에 어울리지 않는 부적절한 이념이자 동시에 신학적 의미에 견줄 수 있는 최고선이 갖는 내세적 목적의 이념 자체가 문제성 있는 개념으로 평가한다.[6] 이러한 견해 또한 칸트의 이성 개념이 갖는 구조적 모순에서 필연적으로 결과한다는 점에까지는 도달하지 못하고 있다. 따라서 칸트 스스로 비판적인 도덕적 목적론에 입각하여 어떻게 이 문제를 해결하고 시도하고 있는가 하는 것을 충분히 고려하지 못한 당연한 결론으로 보인다.

---

5) 같은 글, 230.
6) T. Auxter, "The unimportance of Kant's highest good", 21-134.

2. 반사회적 사회성

칸트에 의하면, 인간은 "주관적으로 불완전한 이성적 존재자" (VII:43)이다. 이러한 불완전성은 인간의 감성적 본성에서 비롯된다. 칸트는 인간을 이성과 감성, 도덕성(의무)과 경향성의 결합체로 이해한다. 인간의 경향성은 의무를 거역하고 압도하고 왜곡시키기까지 하는 "유혹의 부단한 원천이며, 지속적으로 도덕적 요구에 따르려는 합리적 선택을 위협한다."[7] 심지어 이성 또한 자신의 도덕적 요구를 외면하면서까지 이러한 유혹을 충족시키기 위한 도구나 수단으로서 봉사하기도 한다. 이성이 도덕성(의무)의 요구에 따를 때 도덕적 합리성이, 그리고 이성이 감성측의 경향성의 요구에 따를 때 도구적 합리성이 결과한다. 이것은 칸트에 있어서 인간 이성의 본질적 규정이다. 이러한 인간에 대한 규정에 의하면, "인간은 전적으로 선하지도 악하지도 않다." (VIII:668) 최고선이 실현 불가능한 이상일 수밖에 없는 이유도 여기에서 찾을 수 있다. 그러나 이런 두 가지 가능성을 칸트는 단순히 비관적으로만 보지 않는다. 인간이 하나의 개체로서는 결코 최고선이라는 도덕적 이상에 도달할 수는 없다고 생각한다는 점에서 칸트의 시각은 비관적이지만, 그러나 인간이 도덕적 힘을 발휘할 수 있는 공동체를 결성함으로써 그러한 이상에 훨씬 더 가까이 다가갈 수 있다고 믿는다는 점에서는 낙관적이다.

그러나 최고선의 실현 가능성과 관련하여 역사에 대한 낙관주의적 해석은 칸트의 근본적인 견해일 수가 없다. 그것은 비판철학이 그어놓은 한계를 넘어서는 것이다. 칸트는 일체의 역사법칙주의적 해석을 차단한다. 칸트에게 있어서 그것은 확실히 인간의 몫이 아니다. 그럼에도 칸트가 이를 낙관적으로 전망할 수 있었던 것은 바로 도덕법칙의 필연성과 확실성에 뿌리를 두고 있는 인간

---

7) 임혁재, 「칸트의 윤리공동체 이론」, 171.

의 도덕적 본질에 대한 그의 확신 때문이다. 바로 이에 입각하여 칸트가 우리에게 제시한 인간의 몫은 최고선의 실현 가능성에 대한 이성 신앙과 현실에서의 인간의 부단한 도덕적 - 정치적 노력이다. 그러나 이러한 가능성에는 이성적 존재로서의 인간이 아니라 모든 감성적 조건을 고려한 총체적 인간에 대한 견해가 작용하고 있다. 그러면 이처럼 칸트로 하여금 인간의 미래에 대해서 낙관적으로 전망하게끔 만든 요인은 무엇인가? 칸트는 이러한 근거를 역설적으로 인간의 자연적 사회적 본성에서 찾는다. 그러면 칸트를 낙관적으로 만들어주는 인간의 이러한 본성이란 무엇인가?

인간의 보편적 도덕성을 제외한 모든 인간적 조건들은, 칸트의 용어에 따르면, 인간학적 규정들이다. 그러므로 개념적으로 도덕적 기초 위에 세워져 있는 최고선의 규정은 어떠한 인간학적 조건에도 의존하지 않는다. "도덕형이상학은 본래 순수 도덕이며 이 순수 도덕에서는 인간학(경험적 조건)이 그 기초가 될 수 없다" (B869-70/A841-2)는 칸트의 입장은 비판철학 이래로 그의 모든 철학적 사고를 결정짓고 있다. 그럼에도 이제 인간학적 조건을 고려한다는 것은 무엇을 의미하는가?

칸트에 의하면, 인간이란 본래가 사회적 존재이며, 유적 존재로서의 인간이야말로 인간에 대한 총체적 본질 규정이다. 칸트가 순수윤리학의 정초를 시도할 때 고려한 것은 한 개인의 도덕성이었다. 그것은 이미 이성적 존재자로서의 모든 인간의 보편적 본질 규정을 전제로 한 것이었다. 이제는 이성적 존재자로서의 인간 규정이 아니라 이성적이면서 감성적인 인간에 대한 총체적인 규정과 그 상호 연관이 문제되고 있는 것이다. 칸트가 보기에, 인간은 사회적 존재로서 타인들과의 공동의 삶 속에서야 비로소 자신의 삶의 이상과 가치를 실현할 수 있다. 그러나 또 다른 한편으로 인간은 본래가 비사회적 존재이기도 하다. 인간은 사회라는 공동의 생활 터전을 벗어나서 혼자만의 고유한 세계를 갖고 싶어 하는 성향도 갖고 있다는 것이다. 칸트는 이러한 존재 특성을 갖는 인간의 총체적 본성을 "인간의 반사회적 사회성(die ungesellige Geselligkeit)" 즉 "끊임없이 사회를 파괴하려고 위협하는 일반적인 저항들과 결합되어 있으면서도 사회를 이루고 살려는 인간의 성향"(XI:37)으로 규정한다.

칸트는 이처럼 자신을 "사회화"하려 하고 "개별화"하려 하는 성향을 갖는 인간의 이중적 본성이야말로 인류의 역사 발전의 원동력이라고 생각한다.(XI:37-8) 즉, "(지상에서의 유일한 이성적 생명체인) 인간에 있어서 그의 이성의 사용을 지향하는 그러한 자연적 소질은 개인에서가 아니라 유 속에서만 완전히 계발될 수 있다." (XI:35) 이것은 인간의 관점에서 보자면, 인간 자신의 자력에 의해서 계발되어야 할 소질이며 또 이를 위한 노력이 요구되지만, 이러한 노력에로 유도하는 것은 인간 스스로가 의식하지 못하고 있음에도 인간 상호 간의 항쟁을 통한 자연의 의도가 그러한 결과를 가져오는 근본계기로 작용한다는 것이다. 즉, "자연이 인간들의 소질을 계발시키기 위해 사용하는 수단은, 이 항쟁이 궁극적으로 사회의 합법칙적인 질서의 원인이 되는 한에서, 사회 속에서의 인간들 상호 간의 항쟁이다." (XI:37)

이러한 칸트의 설명에서 우리는 마치 헤겔의 이성의 간계(奸計)와 유사한 자연의 보이지 않는 의도가 역사 속에서 작용하고 있다는 인상을 받는다. 심지어 칸트는 "인간은 조화로움을 원한다. 그렇지만 자연은 인류를 위해 무엇이 좋은 것인가를 더 잘 알고 있다. 그래서 자연은 불화를 원한다." (XI:37-8)고까지 말하고 있다. 다소 과장해서 말한다면, 칸트의 이런 자연과 역사의 비유적 관계는 일반적으로 가정되고 있는 것 이상으로 이를 변형 수용한 헤겔의 견해를 이해하는 데에도 상당히 유용하다고 볼 수 있다.[8]

---

8) 이러한 연관성을 상당히 강조하고 있는 경우로서는 W. A. Galston, *Kant and the Problem of History*, 5. 특히 5장 참조.

헤겔과 달리 역사의 진행과 관계하는 칸트의 자연은 합리적인 의지 없이 감춰진 설계에 따라서 작용하고 있는 것으로서 다만 인간의 폭력이나 열정 등을 수단으로 해서 진보를 야기하는 그런 것이다. 그것은 일종의 맹목적인 자연적 목적론으로서 칸트의 비판적 이성의 관점과 양립할 수 없는 견해이다. 그러나 칸트가 이러한 견해에 부분적으로 의존하고 있다는 것은 소홀히 넘길 수 없다. 이러한 맥락에서 우리는 이러한 견해를 『판단력비판』의 비판적 목적론으로서 보여주듯이 존재론적인 구속력은 갖지 않는 반성적인 목적론적 판단력의 관점에서 이해하지 않으면 안 된다.

비록 칸트가 자연의 간계와 같은 것을 언급하고 있다 하더라도 인간의 열정이나 자기 이익과 같은 반사회적 본성을 수단으로 해서는 최고선의 실현은 성취되지 않는다. 칸트가 지속적으로 강조하고 있는 것은 최고선의 실현이란 오로지 인간의 자연 소질 중에서 도덕적 소질을 통해서만 보장할 수 있다는 것이다.[9] 따라서 자연의 간계는 인간과 역사의 진보에 있어서 적극적이고 결정적인 역할을 하는 것이 아니라 다만 소극적인 계기로서의 의미를 갖는 것으로 보아야만 한다.

칸트가 말하는 인간의 도덕적 소질은 이러한 항쟁을 통해서 때가 되면 자연히 발휘되고, 따라서 그 목적 또한 이에 따라 성취되는 그런 것이 아니다. 그것은 전적으로 인간 자신이 이러한 계기를 통해서 스스로 자신의 소질을 적극적으로 계발함으로써만 가능하다. 이러한 연관 관계가 잘 드러나 있는 저서가 『인간학』과 『교육한 강의』이다. 이 양자 모두 인간에 대한 포괄적인 규정을 문제 삼고 있으며, 특히 후자는 인간의 도덕적 소질을 도덕철학에서처럼 횡적으로 또는 그 정점에 서서 다루는 것이 아니라 인간 본성의 발달이라는 종적인 점에 주목하여 고찰하고 있다.

---

9) Y. Yovel, *Kant and the Philosophy of History*, 8-9 참조.

『판단력비판』을 포함한 도덕 철학적 저술들이 인간의 도덕성에 대한 체계적 고찰을 시도하면서 인간의 외적인 또는 감성적 조건들과 관련짓는 방식이 일면적 성격을 면치 못하고 있는 반면에, 여기서는 인간을 단순히 도덕적 존재로만 보는 것이 아니라 그것이 여타의 인간적 본성과 어떻게 유기적으로 결합되어 있는지가 잘 나타나 있다.

양 저서가 공통적으로 강조하고 있는 것은 인간의 도덕적 소질은 계발되어야 하고 따라서 교육되지 않으면 안 된다는 점이다. "인간은 교육을 받지 않으면 안되는 유일한 피조물이다" (Pädagogik, 697)라는 귀절로 시작하는 『교육학 강의』에서는 "인간은 교육에 의해서만 인간이 될 수 있다. 인간이란 교육이 만들어낸 것 이외의 다른 것이 아니다." (XI:699) 그리고 『인간학』에서는 "인간은 교육을 받지 않으면 안 된다" ((XII:678)라고 단언하고 있다.

자유로운 행위자요, 이성 능력을 갖춘 동물, 도덕적 소질을 소유한 존재자로서의 인간이 이렇게 교육을 받아야 한다는 것은 무엇을 의미하는가? 그것은 단적으로 인간은 그 자연 소질에 있어서는 도덕적 존재이지만, 그것은 인간이 자연 그대로 도덕적 존재일 수 있다는 것을 의미하지 않는다. 인간이 도덕적 성숙에 이를 수 있는 것은, 비록 그러한 근원적인 소질을 소유하고 있지만, 어떤 인위적인 노력을 거치지 않고서는 불가능하다는 것을 의미한다. 그러기에 칸트는 "인간에 있어서 자연 소질의 발전은 저절로 일어나는 것이 아니기 때문에 모든 교육은 하나의 인위적인 기술이다" (XII:703)는 점을 곳곳에서 강조하고 있는 것이다.

이러한 교육 과정을 칸트는 자연적 교육의 소극적 과정으로서 동물과 공유하는 양육으로부터 시작하여, 동물성을 인간성으로 변화시키는 최초의 단계인 훈육 그리고 어떤 목적 달성을 위한 능력을 도야하는 적극적이고 체계적인 교육 활동에 의해서 이루어지는 육성, 이를 사회 생활에 적용하는 능력을 키우는 개화를 거쳐 최종적으로 그 자체로서 내면적인 가치를 지닌 인격적 도야로서의 도덕화의 단계를 밟는다.(XII:706-7) 이것은 『인간학』에서 인간의 소질을 "기술적(technische), 실용적(pragmatische), 도덕적(moralische) 소질(Anlage)"(XII:674-8)로 구분한 것을 세분한 것으로 볼 수 있다.

기술적 소질이란 "의식과 결합하여 기계적으로 물건을 사용하는 것"에, 실용적 소질은 "교묘하게 타인을 자신의 의도를 위해 이용하는 것"에, 도덕적 소질은 "법칙에 기초를 둔 자유의 원리에 따라서 자신과 타인에 대하여 행위하는 것"과 관계한다.(XII:674) 이 중에서 칸트는 도덕적이란 "품행"(Wohlverhalten)과, 실용적이란 "안녕"(Wohlbefinden)과 관계하는 것으로서 전자는 "의무의 법칙"에 관계되고, 후자는 "숙달과 영리"에 관계된다고 하여 정언명법과 가언 명법의 구분을 예시하고 있다.(XII:556) 따라서 도덕 철학에서와는 달리 넓은 의미에서 "실천적 또는 도덕적 교육이란 인간이 자유롭게 행위하는 자로 살아갈 수 있도록 인간을 도야하는 것이다." (XII:712)

이러한 점은 우리가 칸트를 이해하는데 있어서 중요한 측면을 제공한다. 넓은 의미에서 사용하고 있는 『인간학』와 『교육학 강의』에서의 자유는 도덕적 자유에 국한되지 않고, 다른 생물체와 구별하여 비록 그것이 도덕적 목적이 아니라 하더라고 모든 목적 일반을 인간 스스로가 설정할 수 있는 의미를 갖는다. 이러한 자유 개념의 폭넓은 사용을 통해서 칸트는 인간과 세계에 관한 지식으로부터 인간의 도덕적 규정에 대한 인식을 확장해 주고 있다. 따라서 인간의 실천적 영역에 대한 협소한 한계를 넘어서 도덕 철학에서 충분히 고려되고 있지 않은 인상을 받게 되는 도덕 외적인 조건들에 주목할 수가 있으며, 따라서 도덕의 최상 원리를 정당화하고자 하는 도덕 철학의 과제와 실천 철학 일반이 갖는 폭넓은 관심 영역을 연관지을 수 있는 내용들이 포착되고 있다. 그리고 칸트가 그것을 얼마나 중요시했는지를 엿볼 수 있다. 또 인간에 관한 이 같은 경험적 정보들이 도덕 철학을 포함한 실천 철학의 방향을 형성하는 데 얼만큼 기여하고 있는 지는 비단『인간학』이나『교육학 강의』뿐만 아니라 그의 역사 철학 및 정치 철학적 저술들을 통해서도 광범하게 엿볼 수 있다. 칸트는 그의『윤리학 강의』에서 "인간이 마땅히 취해야 하는 규칙을 다루는 학문이 실천 철학이며, 인간이 실제로 취하는 규칙을 다루는 학문이 인간학이다. 이들 두 학문은 밀접하게 연관되어 있으며, 도덕학은 인간학 없이는 성립할 수 없다"는 것을 강조하고 있다.[10]

그럼에도 이들 저서에서도 칸트는 궁극적으로 도덕적 소질이 인간에게서 차지하는 지위를 날카롭게 구분한다. 가령 칸트는 인간적 본성에 잠재하고 있는 동물성을 제어하는, 소위 야성을 길들이는 교육 단계인 훈육의 적극적인 의의를 "인간을 인간성의 법칙에 따르게 하고, 인간에게 법칙의 강제를 느끼게끔 만들기 시작한다"(XII:698)는 점에서 찾는다. 그러나 그러한 시작은 도덕적 육성에 이르러 준칙에 바탕을 두는 사고법을 도야하지만(XII:740), 처세지와 사교술을 포함하는 개화뿐만이 아니라 이 모든 것들은 점차로 덕에 눈을 뜨는 덕의 외양에 지나지 않으며, 인간의 도덕성은 이와는 질적으로 차원을 달리하는 것으로 규정된다. 즉, 인간만이 원칙을 그것도 도덕적 원칙을 가질 수 있으며, "자연이 인간으로부터 만들어 낸 기질적 품성"과 달리 "도덕적 품성은 인간이 자기 자신으로부터 만들어 낸 것"(XII:634)으로서 인간은 "성품을 그 때마다 획득하지 않으면 안되는"(XII:636) 존재이며, 더욱이 그러한 도덕적 성품을 갖는다는 것은 자연 그대로의 성품을 갖는 것이 아니며, 그것도 "서서히가 아니라 오직 폭발적으로"(XII:637) 자기 자신으로부터 새롭게 갱생하고 도야해야 하는 것으로 이해한다.

이러한 구분을 통해서 알 수 있듯이 우리는 한편으로 칸트가 도덕 철학에서와는 달리 인간의 도덕 외적인 조건을 지극히 중시하고 있으며, 다른 한편으로 최고선이라는 도덕적 이상을 실현하기 위한 조건은 이미 인성 발달의 여러 단계

---

10) I. Kant, *Eine Vorlesung über Ethik*, 12

를 전제하고 있다는 점이다. 그러나 여기서 우리가 주목해야 할 것은 도덕화 또는 도덕적 소질의 완성은 교육의 궁극 목표라 할 수 있지만, 그것이 내면적 가치를 갖는다는 점이다. 말하자면 그의 달성이 곧 최고선의 한 요소인 행복을 당연히 가져다는 주는 그런 것과 관계하지는 않는다는 점이다. 도덕 철학에서와 마찬가지로 인간에게 자연 소질로서 주어져 있는 것을 최대한 발휘하고 실현하는 것이 인간의 사명이라는 통찰이 여전히 밑바탕에 깔려 있다. 그리고 칸트가 상정하고 있는 교육의 단계나 소질의 계발도 이러한 점에 모아지고 있다. 칸트는『인간학』의 요지를 총괄하면서 다음과 같이 말하고 있다.

> 인간은 인간과 함께 하나의 사회 속에서 존재하며, 그 사회에서 예술 및 학문을 통하여 자기를 육성하고, 개화하며 또 도덕화하도록 그의 이성에 의해서 결정되어 있다. 그리고 인간이 행복이라고 부르는 안일과 환락의 유혹에 수동적으로 몸을 맡기고 싶은 동물적 경향이 아무리 강하더라도, 오히려 활동적으로 인간의 본성에 야만스럽게 달라붙어 있는 방해와 싸우면서 인간성을 존엄하게 만들도록 결정되어 있다.(XII:678)

자연의 의도가 현실에서의 최고선의 실현을 위한 낙관적인 전망을 갖게 해준다 하더라도, 또 인간의 행위를 근원적으로 지배하는 도덕법칙의 명령이 아무리 확고하다 하더라도 그것은 인간의 자구적인 노력 없이는 불가능하다는 것을 이처럼 인간을 총체적으로 고려하면서 강조하고 있다. 이러한 칸트의 태도는 곧바로 이성의 궁극 목적이자 도덕적 이상인 최고선의 실현은 그러한 가능성을 최대화할 수 있는 조건을 어디에서 찾아야 할 것인지를 결정짓는다. 그것의 실마리를 우리는 칸트가『이성의 한계 안에서의 종교』에서 보여 주고 있는 인간 본성에 내재해 있는 근본악으로부터 출발해서 최고의 종교적 선을 실현하는 길과 정치 철학적 저술들에서 보여주고 있는 인간의 사회적 본성으로부터 출발해서 종교적 선을 위한 외적 조건으로서 그리고 종교적 선이 의존할 수 밖에 없는 사회정치적인 조건과 토대 형성으로서 정치적 선을 실현하는 길을 통해서 음미해 볼 수 있다.

3. 인간의 본성과 근본악

칸트는 종교적 선의 문제를 근본적으로 도덕철학의 연장선에서 자신의 도덕이론을 토대로 하여 전개하려고 한다. 다음과 같은 신앙 고백에 가까운 칸트의 언급은 이들의 근본적인 차이와 필연적인 연관성을 잘 보여준다.

> 도덕적 규칙들이 동시에 나의 준칙이기 때문에 (이성이 그렇게 하기를 명령하기 때문인 것처럼) 나는 필연적으로 신의 현존과 하나의 내세적 삶을 믿게 된다. 그리고 나는 아무것도 이 신앙을 동요하게 할 수 없다는 것을 확신한다. 왜냐하면 만약 이 신앙이 흔들린다면 나 자신이 혐오스럽게 느끼지 않고서는 그에 반대할 수 없는 나의 도덕적 원칙들 자체가 무너지기 때문이다. (B856)

최고선의 도덕적 실현이란 그 자체가 실천 이성의 당연한 요구이지만 동시에 그것은 유한한 이성적 존재자의 능력으로는 달성될 수 없는 이상이었다. 아니 그것은 행복 개념에 대한 근본적 전환을 요구한다. 그럼에도 이성은 우리에게 그것을 당연히 요구하며, 또 도덕법칙이 자명한 것으로 우리에게서 발견되는한, 그것은 또 결국 달성되지 않으면 안 되는 성질의 것임에 틀림없다. 그러면 그러한 가능성은 어떻게 이해되어야 하는가?

칸트가 종교적 선의 문제를 구체적으로 다루고 있는 본격적인 저술은 1793년에 초판이 그리고 그 이듬해에 재판이 출간된『이성의 한계 안에서의 종교』로서 이는 서로 연관된 네 편의 논문으로 구성되어 있다. 이 중 첫 번째 논문은 이미 1792년에 〈베를린 월보〉(Belinische Monatschrift)에 발표되었던 것이다.[11] 그러나 곧 이어 인쇄에 들어가기로 예정되어 있던 두 번째 논문이 베를린 검열 당국에 의해서 출판 허가가 거부되었고, 이것이 계기가 되어 칸트의 신학적 저술들은 모두 쾨니히스베르크의 신학부의 사전 검열을 받도록 되자, 칸트는 이에 네 편의 논문을 한 데 묶어 결국 신학부가 아닌 철학부의 검열을 받아 출판하게 된다. 이런 곡절을 겪고서야 출판된 것이『이성의 한계 안에서의 종교』라는 저서이다. "가장 순수한 실천 이성과 종교와의 통일"[12]을 꾀하고 있는 이 저서는 괴팅겐(Göttingen)의 슈토이들린(C. F. Stäudlin)에게 보낸 1793년 5월 4일자 편지에서 칸트 스스로 이 저서의 출판을 자신의 체계적인 철학적 기획의 단순한 부가물이 아니라 그 전 기획의 통합으로까지 여기고 있다고 할 만큼 칸트 철학의 중요한 부분을 구성하고 있다.[13] 그러나 이러한 자평에도 불구하고 실제로 출판된 이 저서는 이미『순수 이성 비판』이 설정해 놓은 세 번째 물음인 "나는 무엇을 바랄 수 있는가?"에 대한 하나의 구체적인 답변이라 볼 수 있다. 따라서 이『이성의 한계 안에서의 종교』또한 여타의 주요 저작들처럼 그의 비판적 원리를 특정한 사고 영역에 적용한 것으로 보는 것이 옳다.

『이성의 한계 안에서의 종교』의 핵심 주제인 근본악에 관한 문제를 살펴보

---

11)『이성의 한계 안에서의 종교』의 첫번째 논문의 제목은 "선의 원리와 함께 내재하는 악의 원리에 관하여 또는 인간의 본성 안에 있는 근본악에 관하여"로 되어 있으나, 〈베를린 월보〉에 발표되었을 당시에는 "인간의 본성 안에 있는 근본악에 관하여"(Über das radicale Böse in der menschlichen Natur)으로만 되어 있다.

12) B. M. G. Reardon, *Kant as Philosophical Theologian*, 87.

13) 같은 글, 87 참조.

기에 앞서 저서의 서언에 담겨 있는 특징에 대해서 간단하게 짚고 넘어가 보자. 초판과 재판의 서언에서 주목할 만한 것은 이 저서에서 시도하고 있는 논의의 기본 의도와 전개 방식에 대한 태도 표명이다. 먼저 초판의 서언에 표명된 것은 도덕과 종교의 관계에 관한 칸트의 간명한 규정이다. 여기서 그는 도덕이 불가피하게 종교에 이르게 되는 이유를 간결하고도 명확하게 밝혀서 자신의 종교 철학이 도덕에 기초를 두고 있음을 분명히 해둔다.(VIII:649-52 및 특히 652-5의 각주) 즉, 종교를 전혀 필요로 하지 않는 도덕법칙으로부터 출발하지만, 자신을 확장하지 않을 수 없는 실천 이성의 요구에 의해서 자신이 궁극 목적으로 삼는 최고선의 이념이 설정되고, 이 이념의 실현 가능성의 조건으로서의 신의 존재를 통하여 종교에 이르게 되는 과정을 밝히고 있다.

그런데 실천이성의 확장이 이루어지는 것은 인간 이성의 자연적 특성 때문에 일어난다. 인간의 도덕성에 기초해 있는 "도덕은 자신의 의무를 인식하기 위해 인간 보다 높은 어떤 다른 존재의 이념을 필요로 하지 않으며, 의무를 지키기 위해 법칙 자신 이외의 다른 동기들을 필요로 하지 않음"(VIII: 649)에도 불구하고, 또 "도덕은 그 자신을 위해서는 의지 규정에 앞서야만 하는 목적의 표상을 전혀 필요로 하지 않지만,"(VIII:650), "어떻게 행동해야 할지는 알지만 무엇을 위해 행동할 것인지를 알지 못할 때 인간은 만족할 수 없다"(VIII:650)는 인간 이성의 자연 특성 때문에 실천 이성은 도덕법칙을 넘어서 자신의 본성에서 유래하는 목적을 추구하게 되는 것에로 자기 자신을 확장하지 않을 수가 없다. 그런데 "목적은 항상 애착의 대상, 다시 말하면 행동을 통해 한 사물을 소유하고자 하는 직접적인 욕망의 대상"(VIII:653 각주)인 바, 당위가 아니라 자연 본성으로부터 유래하는 모든 이성적 존재자의 주관적인 궁극 목적은 행복이므로 도덕법칙과 행복이 모두가 실현되는 객관적인 궁극 목적으로서의 최고선을 이성은 이념으로 가지 않을 수 없다. 하지만 인간은 이 양자를 이념으로서 예지계에서 지속적으로 합치시킬 능력이 부족하며, 또한 현실로서 감성계에서의 행복도 완전히 충족되지 않기에 도덕법칙의 필연성으로부터 세계 통치자로서의 전능한 도덕적 존재가 상정되지 않으면 안 되며, 따라서 결국 도덕은 종교에 도달하게 된다는 것이다.

그러나 지금까지 거듭 강조되었듯이 무엇보다 중요한 것은, 칸트의 말대로, "이 최고선의 이념이 도덕에서 산출되는 것이지 도덕의 근거는 아니며, 목적은 그것이 목적이 되기 위하여 이미 도덕적 기초를 전제한다"(VIII:651)는 점이다. 이 서언을 통해서 우리는 『실천이성비판』과 『이성의 한계 안에서의 종교』의 밀접한 연관을 파악할 수가 있다. 한마디로 실천 이성의 세계는 언제나 도덕을 기초로 하여 또 도덕과의 연관 하에 그려지고 있다는 점이 그것이다. 따라서 칸트에게는 종교는 곧 인간의 이성 속에서 발견되는 것일 경우에만, 즉 도덕적일 경우에만 참된 것이라는 등식이 성립한다. 이런 규정은 처음부터 칸트의 종교 철학의 성격이 무엇인지를 특징지어 준다.

재판의 서언에서는 논의의 전개 방식과 관련하여 도덕에 기초한 종교, 즉 이성 종교 내지는 도덕 종교를 계시 종교와의 밀접한 연관 하에서 비교적으로 확정짓고자 하고 있음을 표명한다. 즉, 저서의 제목에 담겨 있는 의도와 관련하여 "계시는 적어도 이성 종교를 자신 속에 포괄할 수 있지만, 반대로 이성 종교는 계시가 지닌 역사적 측면을 포괄할 수는 없으므로, 나는 계시를 보다 좁은 신앙 영역으로서의 이성 종교를 자신 속에 포섭하는 보다 넓은 신앙 영역으로 (서로의 밖에 위치해 있는 두 개의 원이 아니라 동심원으로) 생각할 수 있을 것이다. 이 좁은 영역 안에서 철학자는 자신을 (순전히 도덕형이상학 정초적 원리에 입각해서만) 일체의 경험을 배제해야 하는 순수한 이성의 교사로서 간주해야 한다"(VIII:659)고 말함으로써 자신이 어떤 작업을 하려고 했는지를 밝히고 있다. 그것은 곧 "이성의 한계 안에서의 종교"에 대한 철학적 고찰, 즉 "종교의 이성 체계는 도덕적 - 실천적 의도에 있어서는 자주적이며, (일체의 경험적인 것을 배제한 후에 남게 되는) 도덕형이상학 정초적 이성 개념으로서 이러한 관계에서만 발생하는 본래적 종교를 위해서는 충분함"(VIII:659)을 증명하는 작업이다. 이를 위해서 칸트는 자신이 먼저 이성 종교에 관해서 직접적으로 논증하는 방식이 아니라, 역사적 체계로서의 계시로부터 출발하여 이를 도덕적 개념들과 비교적으로 고찰함으로써 참된 종교란 "종교의 순수한 이성 체계"(VIII:659)에로 귀착되는 것임을 보이는 방식을 취하고 있음을 알려 주고 있다. 그러면 이제『이성의 한계 안에서의 종교』에 나타난 근본악 개념에 대한 칸트의 견해들을 구체적으로 살펴보도록 하자.

칸트 철학 내에서 뿐만이 아니라 당시 칸트를 추종하던 사람들에게도 하나의 충격적인 사건으로 비난과 주목을 함께 받았던『이성의 한계 안에서의 종교』에 제시된 '근본악'(das radikale Böse)의 문제를 칸트는 자유(의지)의 개념과 관련하여 다루고 있다. 이러한 고찰은 단적으로 이 저서가 도덕법칙과 관련하여 실천적 자유의 근거를 확립한『실천이성비판』의 이론적 토대 위에서 이루어지고 있음을 보여준다. 이는 곧 근본악을 기독교적 의미에서의 원죄와 동일시할 수 없다는 것을 의미한다.

이 논문에서 칸트는 인간의 본성 안에는 선의 원리 이외에 악의 원리도 내재해 있다는 주장을 정립한다. 그러나 인간 본성 자체가 선하거나 악한 것이 아니라 인간의 본성 안에 깃들어 있는 '선에의 근원적 소질'과 '악에의 성향'에서 그러하다는 것이다. 즉, 도덕적 악은 인간의 성향으로부터 유래한다는 것이다. 그러나 이 성향이 인간의 본성에 속한다는 점에서 비록 근원적인 것은 아니더라도 어느 정도 인간의 본성에 내재하는 것이라고 할 수 있다. 그렇다고 해서 인간 본성에 선재적으로 갖추어져 있는 하나의 불변적인 것은 결코 아니다. 이러한 점은 칸트가 말하는 도덕적 악을 올바로 이해하는 데 있어서 주목하지 않으면 안 되는 결정적으로 중요한 특징이다.

이러한 의미를 분명히 하기 위해서 우리는 먼저 '소질'(Anlage)과 '성향'(propensio, Hang)의 쓰임이 구별되고 있다는 점에 주목할 필요가 있다. 칸트는 인간이 갖고 있는 자연적 소질을 "생물로서의 인간의 동물성의 소질", "생물이면서 동시에 이성적 존재자로서의 인간의 인간성의 소질" 그리고 "이성적이며 동시에 책임질 능력이 있는 존재자로서의 인격성의 소질"의 세 가지로 구분하는데(VIII:672-3), 어떤 존재자의 소질을 "그 존재자에게 필요한 구성 요소이자 그 존재자를 존재하게 해주는 요소들의 결합 방식으로 이해한다. 소질들이 어떤 존재자의 가능성에 필연적으로 속해 있다면, 그것들은 근원적이다. 그러나 그 존재자가 이러한 소질들이 없이도 스스로 가능할 수 있다면, 그것은 우연적인 것이다."(VIII:675)고 규정한다.

이에 반하여 "성향은 인간에 대해서 우연적인 것으로서 경향성(Neigung)(습관적인 욕망)의 가능성의 주관적 근거"(Rel., 675-6), 또는 단순히 "쾌락의 욕구로 향하는 경향(Prädisposition)"(VIII:676 각주)이기에, 인간 스스로가 무엇을 스스로 획득하게 되거나 초래하게 되는 것이라고 생각할 수 있다. 이런 의미의 성향은 우연성을 넘어서 경향성을 가능하게 하는 주관적 상황을 특징지우므로 인간의 본래적 가능성에 필연적으로 결합되어 있는 소질과는 구별되면서도, 이런 소질들 없이도 스스로 가능할 수 있다는 의미에서 이것도 일종의 소질, "우연적 소질"이라 부를 수도 있겠다.[14] 이런 성향은 행위에 앞서 그 무엇을 자신의 주관적 근거로 선택할 수 있는 의지의 규정 근거라는 의미에서 스스로가 악한 준칙도

---

14) 이러한 "성향"이 칸트의 저술에서 중요한 의미로 사용되는 또다른 경우를 "이성의 자연 본성이 갖는 성향"(B825/A797)이라는 표현에서 찾아볼 수 있다. 이러한 쓰임은 성향의 의미를 이해하는 데 상당히 유용하다. 칸트는 인간의 자연 본성에는 '자연적 변증론'을 불가피하게 유발하는 성향이 있다고 생각한다. 말하자면, 이성이 경험적 사용 밖으로 나아가 인식의 최극단적인 한계를 벗어나려고 하는 본성만이 아니라 자신의 경향성의 만족을 위해 이성의 도덕적 요구를 경향성의 요구에 종속시키려는 강한 경향을 칸트는 "성향"이라는 말로 표현하고 있다. 이와 관련하여 우리는 "도덕적 악"이나 "근본악"이 인간 본성의 성향에서 생겨나는 것이라는 칸트의 주장을 유비적으로 이해할 수 있을 것이다.

선한 준칙도 선택할 수가 있다. 또 성향이 인간의 소질이 아니면서도 인간 자체의 특성을 결정짓고 있으므로 자연적 소질에서 '자연적'이 갖는 본래적인 의미와 마찬가지로 "자연적 경향"으로 부를 수도 있다. 그러나 "성벽[성향]이 경향성의 가능성의 주관적 근거라는 점에서 볼 때 성벽은 경향성 보다 앞서는 것이며 더욱더 생득적이라고 할 수 있다. 결국 성벽과 경향성은 불가분의 관계로서 성벽이 있는 한 경향성이 있고 경향성이 있는 한 성벽이 있게 된다." [15]

그러므로 소질이든 성향이든 다같이 인간 본성 안에 있다는 의미에서 칸트의 소질과 성향에 대한 규정을 다음과 같이 재구성해 볼 수가 있다. 인간의 근원적 소질들 중의 동물성과 인간성의 소질은 적어도 인간의 생물적 특성과 결합되어 있어서 감성적 동기에 의존한다는 점에서 도덕법칙과는 직접적으로는 무관한다. 반면에 인격성의 소질은 무조건적으로 도덕법칙을 부여하고 도덕법칙만을 자신의 행위의 동기로 삼는 이성에 근거를 두고 있으며, 나아가 도덕법칙의 준수를 적극적으로 촉진하고 책임을 질 수 있는 능력과 결합되어 있다는 점에서 '도덕적 소질'에 속한다 하겠다.

칸트에 의하면, 이러한 도덕적 소질 때문에 "모든 존재자들 중에 인간만이 도덕적 명법 또는 의무의 개념을 갖는다. 그 누구도 아닌 인간만이 '나는 원한다'와 '나는 해야만 한다'를 구분할 수 있다." [16] 그리고 이 때문에 단순히 자연적 경향성의 지배를 받기 때문에 원하는 것과 원하는 것 사이에서만 갈팡지팡하는 동물과 전적으로 구분된다. 그런 점에서 인간의 인간성 안에는 이러한 인격성이 내재되어 있다고 보아야 한다. 그리고 인격성은 인간성에서 동물적 소질을 제외한 독립적으로 파악한 인간성이라 볼 수 있다. 이 때문에 칸트는 때로는 인간성과 인격성을 동일한 의미로 구분 없이 사용하기도 한다. [17]

---

15) 김용정, 『칸트 철학 : 자연과 자유의 통일』, 299.

16) E. L. Fackenheim, "Kant and Radical Evil", 261.

17) 상술한 바와 같이 엄밀히 말해서 칸트가 사용하는 인간성과 인격성은 완전히 다른 개념이

칸트에 있어서 인간은 본성 자체가 선한 존재인 것이 아니라 근원적인 소질에 있어서 선하다는 것만을 의미할 뿐 그 이상은 아니다. 이 인간의 근원적인 선한 소질은, 자연적 소질로서 주어져 있음에도 불구하고, 인간이 선할 수도 악할 수도 있는 것은 인간의 성향에 의한 자유로운 선택 의지로부터 결과한 것이다. 말하자면 선과 마찬가지로 악은 인간의 본성 자체가 악하기 때문이 아니라, 악에의 성향이 이미 "도덕법칙을 위반할 가능성이 있는 준칙의 주관적 근거 안에" (VIII:676), 즉 자유로운 "선택 의지의 도덕적 능력에" (VIII:678-9), 그리고 "주관의 도덕성과 관련되어 있으며 따라서 자유로운 행위자로서의 주관 안에서 발견되는 것이다." (VIII:683) 즉 "의지의 악한 속성은 필연적인 것이 아니며, 자유 의지로 받아들인 나쁘고도 항구적인 원칙들의 결과이다." (VII:226) 그러므로 악은 도덕법칙을 위반할 수 있는, 즉 악에의 성향이 있는 선택 의지와 도덕법칙 사이에서 발생한다. 이들 사이에서 악이 발생한다는 것은 악이 칸트의 실천 철학 안에서 도덕적 감정처럼 분명한 자리매김 하기 곤란한 개념이라는 것을 시사한다. 페트라스가 적절히 지적하고 있듯이, '칸트의 악의 개념은 인간의 본래적 자아나 경험적 - 자연적 본성 그 어떤 곳에서도 발견되지 않는 인간의 두 세계 사이 쯤에 위치하는 것'[18]이라 규정할 수 있다.

이처럼 악은 도덕법칙 자체를 자신의 준칙의 유일한 동기로 삼아야 할 (도덕적 소질을 지닌) 인간이 (자신의 감성적 소질 때문에) 도덕법칙으로부터 이탈하여 오히려 악에의 성향이 도덕법칙에 위배되는 이기적인 감성적 동기를 도덕법칙의 준수의 최고의 조건으로 채택하기 때문에, 즉 '악은 도덕법칙을 의지의 최상의 규정 근거로 삼지 않고, 다른 동기에 의해서 대체되는, 말하자면 제약 관계의 전

다. VIII:672-3을 참조.

18) O. Petras, *Der Begriff des Bösen in Kants Kritizismus und seine Bedeutung für die Theologie*, 37.

도가 이루어지기 때문에' 발생한다.[19] 따라서 "인간이 악한 것은 다만 그가 동기를 그의 준칙 안에 채용할 때 동기들의 도덕적 질서를 전도시키는 것에 의해서인 것이다." (VIII:685) 그리고 이러한 전도를 야기시키는 주범은 바로 "그 자체를 악이라 부르지 않는 행복에의 열망"[20]을 다른 동기로서 개입시키는 인간 자신이다.

더욱이 이러한 전도에의 성향이 존재한다는 사실 그리고 그것이 인간의 선택 의지에 영향을 미침으로써 생겨나지 않을 수 없다는 점에서는 결국 인간 자신의 모든 준칙들의 최고의 주관적 근거가 부패해 있는 것이며, 따라서 그것은 인간의 자연적 성향으로서 근절시킬 수 없는 것, 이미 인간의 마음 속에 자리잡고 있는 것, 인간의 의지가 이미 "죄없는 것(res integra)이 아닌 것" (VIII:710 각주), 이미 죄를 짓게 되는 상태에 놓여 있다는 것을 함축한다. 그것이 바로 칸트가 말하는 인간의 "근본악"이다. 이것은 인간이 어쩔 수 없이 빠질 수밖에 없는 인간의 조건이며, 따라서 이러한 행복에의 열망은 당연히 인간의 자력에 의한 최고선의 실현을 불가능하게 하는 조건이기도 하다.

그렇다고 해서 이러한 악이 일종의 형이상학적 근거를 갖는다는 것은 결코 아니다. 칸트는 이러한 이해를 근본적으로 차단한다. 형이상학적 의미에서의 악이란 일종의 선재하는 우주적 원리에 의해서 주어지는 것으로서 나의 의지적 행위에 앞서 존재한다는 것을 의미한다.[21] 칸트가 말하는 도덕적 악이란 인간의 의지가 자유롭게 선택한 결과 비로소 발생하는 악이다. 따라서 논리적으로는 악의 발생은 전적으로 우리 자신의 선택에 의한 것이기 때문에 그러한 악이 발생하지 않을 수도 있다고 말할 수 있다. 이러한 맥락에서 칸트는 이 근본악이 극복 가능한 것으로 파악한다. 우선 칸트의 말을 들어보자.

---

19) R. Koppers, *Zum Begriff des Böser bei Kant*, 64.

20) 같은 글, 같은 곳.

21) E. L. Fackenheim, "Kant and Radical Evil", 266 참조.

이러한 악은 모든 준칙들의 근거를 부패시키는 것이기 때문에 근본적인 것이다. 동시에 자연적 성향이기에 인간의 힘으로는 근절시킬 수 없는 것이다. 왜냐하면 이것은 선한 준칙들을 통해서만 일어날 수가 있는데 모든 준칙들의 최상의 근거가 부패한 것으로 전제된다면 그런 일은 일어날 수 없기 때문이다. 그러나 그럼에도 악에의 성향은 자유롭게 행위하는 존재로서의 인간 안에서 발견되는 것이므로 그것의 극복은 가능한 것이다.(VIII:686)

다시 말해서 원칙적으로 악은 악에의 성향 자체로부터 나오는 것이 아니다. 만약 악이 악에의 성향으로부터 유래하는 것이라면, 그것은 인간의 의지적 선택과는 무관한 것이다. 그러므로 악은 다만 악에의 성향이 있으면서 동시에 선을 택할 수도 있는 자유(의지)로부터 나오는 것이며, 가능성으로서 인간에게 주어져 있는 것이다. 나아가 인간의 성향 자체가 도덕법칙에 강력하게 저항하려는 경향성의 주관적 근거로 작용하게 되고, 우리의 의지가 이에 굴복함으로써 악에 물들게 되었다는 데 있다.

그러면 극복이 가능하다면 어떻게 가능한 일인가? 그러려면 왜 의지가 악에의 성향에 물들고 또 굴복함으로써 결국에는 도덕적 질서의 전도가 야기되는지를 알아야만 원인 치료가 가능한 것이 아닌가. 이를 위해서 먼저 칸트는 악의 근원이 어디에 있는지부터 진단한 것이다. 그런데 그것이 자유의지의 선택에 의해서 발생한 것이라면 우리는 "그렇게 되지 않을 수 있는데도 불구하고 그러한 일이 왜 근본악이 되어야만 하는가?"라고 정당하게 물을 수 있다. 이에 대해서 칸트는 "우리의 선택 의지의 탈선, 즉 악에의 성향의 이성적 근원은 우리에게 파악 불가능한 것으로 남는다," 즉 "도덕적인 악의 최초의 발생 근거로서 파악될 수 있는 어떤 근거도 우리에게는 존재하지 않는다"는 결론을 내린다.(VIII:693) 이것은 근원의 불가지성이 곧 인간의 근본적인 조건이자 제약이요 한계임을 가리킨다.

그렇다면 이런 악의 근원의 파악 불가능성에도 불구하고 인간 자신에 의해서 가능한 것으로 이해되는 악에의 성향의 극복, 정확히 말해서 그러한 성향에 굴복하지 않는 일은 어떻게 이루어지는가? 전도된 질서를 어떻게 바로 잡을 수가 있는가? 이 가능성을 칸트는 단적으로 "선으로부터 악으로 타락하였다는 것은 악으로부터 선으로의 전향 만큼이나 이해하기 힘든 것이다. 그러므로 악으로부터 선으로 돌아갈 수 있는 가능성도 역시 반박될 수 없는 것이다." (VIII:695)라고 비유적으로 말하고 있다. 칸트에 의하면, 악의 근원의 파악 불가능성에도 불구하고 악의 극복의 가능성은 스스로 악을 초래했던 바로 그 인간이 악의 성향과 더불어 자신의 본성 안에 갖고 있는 "선에의 근원적인 소질을 자신의 힘으로 회복시키는 것" (VIII:694)에서 찾을 수밖에 없다. 이 소질은 무엇보다도 "무조건적으로 법칙을 부여하는 이성에 근거를 두고 있는 인격성의 소질" (VIII:675)로서 이미 인간의 본래적인 가능성으로 주어져 있는 것이므로, '회복'은 상실된 것을 회복하는 것이 아니라 이미 있는 것을 다시 세운다는 것을 뜻한다. 칸트는 이를 다음과 같이 말하고 있다.

우리 안에 있는 선의 근원적 소질의 회복은 상실된 선의 동기의 획득이 아니다. 왜냐하면 우리는 도덕법칙에 대한 존경을 본질로 하는 선의 동기를 결코 상실할 수는 없기 때문이다. 만일 선의 동기의 상실이 가능하다면, 우리는 그것을 결코 다시 획득하지 못하게 될 것이다. 그러므로 선에의 근원적 소질의 회복이란 우리의 모든 준칙의 최상 근거인 도덕법칙의 순수성의 복구일 뿐이다. 이 같은 회복에 의해서 도덕법칙은 다른 동기들과 결합되거나 또는 그 동기들(경향성)을 조건으로 하여 그 밑에 종속되는 것이 아니라, 자기의 완전한 순수성에서 선택 의지를 규정하는 자족적인 동기로 받아들여져야 한다. (VIII:696)

그런데 칸트에 의하면 이론적으로 이런 회복 내지는 복구는 점차적인 개선을 통해서는 일어날 수가 없다. 왜냐하면 점진적인 복구라는 말 자체가 이미 모순을 포함하고 있기 때문이다. 즉, 이미 부패해 있는 주관적 상황 자체가 의지 스스로 허용한 것이며, 이미 그렇게 될 수밖에 없었던 주체에게 다시 그것의 점진적인 극복을 용인한다는 것은 그렇게 될 수 있는 가능성 보다 그렇게 되지 않을 가능성을 더욱 많이 갖고 있다는 것을 함축하므로 불가능한 일로 보아야 하기 때문이다. 따라서 악에의 성향이 이러한 점진적인 진행에 개입해서는 끊임없이 방해함으로써 전도된 상황을 다시 역전시키지는 못한다고 보아야 한다. 이러한 이유 때문에 칸트는 인간에게 남은 유일한 가능성은 일거에 이러한 전도의 고리를 끊어버리는 길 밖에 없다고 생각한다. 오직 "인간의 심성의 혁명"(VIII:698)을 통해서만 가능하다는 것이다.

　　이처럼 새로운 창조에 버금가는 마음의 변화를 통해서만이 도덕적 질서의 전도가 바로 서게 되고, 새로운 선한 인간이 될 수 있다는 것이다. 즉,『인간학』과『교육학 강의』에서도 강조되고 있듯이 "인간의 도덕적 도야(Bildung)는 '도덕'의 개선으로부터 시작하는 것이 아니라, 오히려 사고 방식 및 성격의 기반을 변혁시키는 데에서 시작하지 않으면 안 된다"(VIII:699)고 생각한다.

　　그러나 근원적인 도덕적 소질에도 불구하고 인간의 자유 사용의 최종적인 주관적 근거가 이미 부패해 있다면 악으로부터 선으로의 전향은 불가능한 것이 아닌가. 칸트도 "인간이 그의 준칙의 근거에서 타락해 있다면 과연 어떻게 자신의 힘으로 이 혁명을 수행하여 스스로 선한 인간이 될 수 있단 말인가?"(VIII:698)라고 자문하고 있다. 이에 대해서 칸트는 도덕법칙의 준수가 이미 우리에게 의무로서 과해져 있기 때문에 의무는 그것을 할 수 있다고 명령하지만 의무의 명령을 통해서 단지 가능성으로만 확보된 회복이 곧 혁명의 달성 가능성에 대한 확신을 주지 못한다는 딜레마에 봉착한다. 말하자면 그 근본적인 가능성에도 불구하고 인간은 자력으로는 그 일을 해낼 수가 없다는 것이다. 왜냐하면 인간은 자신의 심정의 깊이를 스스로 헤아릴 수 없는 유한한 존재이므로 그에게는 자신의 준칙들의 최상의 주관적 근거가 왜 타락했는지 규명 불가능한 일이며 따라서 어찌할 수 없는 극복 불가능한 근본 상황이기 때문이다. 그러므로 결과적으로 남는 것은 상호 양립 불가능한 명제, 즉 자신의 준칙을 근원적인 도덕적 소질에 거역하여 채택하는 선택 의지의 사악성에서 출발할 수밖에 없는 인간의 삶에서 이 악에의 성향은 근절시킬 수 없는 것, 그럼에도 "악한 인간의 심성으로부터 선한 인간의 심성으로의 변화가 도덕법칙에 합당하게 그의 모든 준칙을 채용하는 최고의 내적 근거의 변화 안에서 일어나도록" (VIII:702) 부단히 이 악에의 성향과 대결하지 않으면 안 된다는 것이다. 다만 이러한 부단한 도덕적 노력을 통해서 "인간은 자기를 변화로 이끌어 가며, 스스로 힘씀으로써 근본적으로 개선된 심성에 의하여 그에게 제시된 길에 도달할 것을 희망할 수 있을" (VIII:703) 뿐이다. 바로 이 희망의 길목에서 칸트는 종교에 이르게 된다.

　이러한 과정은 마치 『실천이성비판』에서 실천이성은 자신이 추구하는 최고선의 실현을 위해서 인간의 능력을 넘어서 신의 존재를 요청함으로써 종교에 이르게 되는 것과 동일한 방식을 취한다고 볼 수 있다. 즉, 실천 이성 자신이 최고선의 실현을 자신의 정당한 요구로 지향하기 때문에 스스로 해결하지 않으면 안 되었듯이, 근본악의 경우도 마찬가지이다. 다만 『이성의 한계 안에서의 종교』에서는 최고선이 아니라 근본악을 매개로 해서 종교와 신의 존재에 도달하게 된다.

　칸트의 이러한 추론 과정은 인간과 도덕법칙의 관계로부터 정당화된다. 근본악에 처해 있는 인간의 근본 상황에도 불구하고, 도덕법칙의 준수가 인간에게는 이미 의무로 부과되어 있었다. 따라서 이로부터 선한 도덕적 소질을 발휘하여 전도된 도덕적 질서를 회복함 또한 인간의 당연한 의무임이 귀결된다. "왜냐하면 도덕법칙이 우리에게 지금 더욱 더 선한 인간이 되어야 한다고 명령한다면 우리가 그것을 할 수 있지 않으면 안 된다는 것이 불가피하게 귀결되기 때문이다." (VIII:702) 칸트에 의하면 마땅히 준수함이 의무인 인간 안에 주어진 도덕법칙의 존재는 단적으로 우리가 "도덕적 완전성을 구비한 인간" (VIII:712)임을, 즉 "전적으로 순수한 도덕적 심성의 원형인 도덕적 완전성의 이념" (VIII:713)의 실현을 의무로 자각하는 인간임을 말해 준다.

그런데 칸트는 악의 근원을 전혀 알 수 없는 것과 마찬가지로 이 이념이 어떻게 인간의 본성 안에 받아들여졌는지에 대해서도 파악할 수가 없으며, 단순히 실천 이성의 사실로서 주어져 있는, 차라리 "하늘로부터 내려와 인간성 안에 채용된" (VIII:713) 것으로 묘사하기도 한다. 그러나 역설적으로 도덕법칙을 신의 명령으로 인식하여 자신의 선한 소질을 발휘해야만 하고 아울러 악과의 투쟁을 통해 선의 원리의 승리를 달성해야만 하는 인간의 노력은 자력으로는 그 목적에 도달할 수 없다는 한계에 부딪히고 만다. 이러한 극복 불가능한 한계 상황을 자각하게 될 때, 우리는 이를 극복하고 도덕적 완전성의 이념을 성취할 수 있는 가능성을 보장해 줄 신의 존재를 요청하게 된다. 이처럼 칸트가 뜻하는 신 존재는 그것이 최고선이든 근본악이든 오로지 인간과 도덕법칙과의 관계를 통해서만 고려되고 요청되는 대상이다.

근본악과 관련한 신 존재의 도덕적 요청을 통해서 칸트는 악에의 성향을 극복하고 선하게 되는 것이 인간의 자력으로는 불가능하므로 초자연적인 신의 도움이 필요하게 된다고 주장하는 셈이다. 그렇다고 신이 존재한다고 해서 인간이 선하게 되는 것이 아니다. 칸트의 신은 도덕적 신이다. 신이 존재하기 때문에, 인간이 도덕적 존재일 수 있고, 선한 존재로 태어났고, 결국 악을 극복하고 선이 승리할 수 있게 되는 것이 아니라, 인간이 도덕법칙의 준수가 의무인 선한 도덕적 소질의 소유자이고, 이 존재자의 의지가 알 수 없는 근원에 의해 악에 물들어 있으므로, 이 악을 극복하고 선한 인간이 되어야 하는 자신의 의무를 다하기 위해 먼저 근원적인 도덕적 소질을 발휘하도록 노력함으로써 자신을 신의 도움을 받을만한 가치가 있는 존재로 만들 때에만 신의 도움을 희망할 수 있으며, 오직 그때에만 신의 존재가 의미를 갖게 되는 그런 것이다.

그런데 선한 인간이 되기 위한 노력은 선한 도덕적 소질을 발전시키는 것에 의해서만 이루어지는 것이 아니다. 선한 도덕적 소질을 발전시킨다는 것은 이미 인간의 심성을 부패시켜 놓은 악에의 성향을 물치쳐야 하는 노력 없이는 이루어질 수가 없다. 이러한 인간이 자신의 도덕적 무능력을 보충해 주고, 장애물을 감소해 주고, 희망을 잃지 않도록 적극적으로 원조해 주는데 필요한 그리하여 자신의 선한 의지에 도움을 줄 신이 존재한다고 믿는 것이 바로 도덕적 신앙이자 이성 신앙이다. 이 신앙은 이러한 존재에 대한 인식을 자처하는 "독단적 신앙" 이 아니라 인식할 수는 없지만 이성 자신의 한계 안에서 그 필요를 스스로 믿어 의심치 않는 실천적 통찰에 의한 것이라는 의미에서 또한 "반성적 신앙" (VIII:704 각주)이라 부를 수 있다.

『실천이성비판』에서 이루어진 신 존재의 도덕적 증명은 직접적으로 실천 이성 자신이 요구하는 최고선의 이념을 매개로 하여 이루어졌다. 그런 의미에서 그것은 인간 전체의 관점이 아닌 일면적인 방향에서의 접근을 통한 가능성의 탐색이었다면, 『이성의 한계 안에서의 종교』에서는 인간 본성 자체에 대한 전면적인 조건을 고려한 탐색이라 할 수 있다.

그러나 『실천이성비판』이든 『이성의 한계 안에서의 종교』이든 신 존재 증명과 관련하여 직접적으로 확신할 수 있는 것은 인간과 도덕법칙과의 도덕적 관계뿐이라는 것이 밝혀진 이상, 진정한 의미에서의 신 존재 증명의 완성은 어느 한쪽만이 아닌 최고선과 근본악의 두 개념 모두에 의존하며 따라서 근본악과 최고선은 인간 본질을 결정짓는 상보적인 두 요소인 것이다. 왜냐하면 근본악의 개념을 통해서 인간 존재가 처해 있는 근본 상황과 조건이 노정되고, 이것을 극복하려는 과정에서 결국 도덕적으로 선한 소질을 소유한 인간이 최고선의 개념을 통해서 궁극적으로 도달하고자 하는 세계의 실현이 설계되기 때문이다. 인간이 처한 근본 상황과 실천 이성의 궁극 목적 모두에 신의 존재가 필연적임이 밝혀지고, 또 인간과 신과의 진정한 관계가 확립될 수 있었기에, 칸트가 주장하는 인간에 있어서의 종교와 신앙에 대한 참다된 이해가 귀결될 수 있었던 것이다.

4. 이성 종교와 도덕적 신앙

칸트에 따르면, 단적으로 "종교란 (주관적으로 고찰하자면) 우리의 모든 의무를 신의 명령으로 인식하는 것이다."(VIII:822) 그러므로 모든 종교는 신을 우리의 모든 책임에 대하여 보편적으로 존중되어야 하는 입법자로 간주하는 데서 성립한다. 칸트는 이러한 의미의 종교를 다시 그것의 '최초의 근원 및 내적 가능성'을 기준으로 하여 "자연 종교"(die natürliche Religion)와 "계시 종교"(die geoffenbarte Religion)로 분류하여, 자연 종교는 "어떤 것을 신의 명령으로 승인하기 전에 그것이 의무인 것을 내가 미리 알고 있지 않으면 안되는 종교"(VIII:822), 계시 종교는 "어떤 것을 나의 의무로 인정하기 위하여 그것이 신의 명령인 것을 내가 미리 알지 않으면 안 되는 종교"(VIII:822)로 각각 정의한다.

이와 같은 종교에 대한 정의를 신앙과 연관지어서 "자연 종교만을 도덕적으로 필요하다고 하는, 즉 의무라고 말하는 사람"을 일러 "합리주의자"로 부르고, 이 합리주의자 중에서 "모든 초자연적인 신의 계시의 현실을 부정하는 합리주의자"는 "자연주의자"로, "계시는 인정하면서도, 그것을 알거나 그것을 참으로 인정하는 것이 종교에 있어서 반드시 필요한 것은 아니라고 주장하는 합리주의자"는 "순수한 합리주의자"로, "계시에 대한 신앙을 종교 일반에 필수적이라고 주장하는 합리주의자"는 순수한 "초자연주의자"로 각각 규정한다.(VIII:822-3) 아울러 종교를 "외적인 전달 가능성"을 기준으로 하여 "종교에 관하여 모든 인간이 그의 이성을 통하여 설득될 수 있는 자연적 종교(die natürliche Religion)"와 "종교에 관하여 단지 (그 안에서, 그리고 그를 통하여 그들이 인도되지 않으면 안되는) 학식을 매개로 해서만 타인을 설득할 수 있는 교학적 종교"(die gelehrte Religion) 로 분류한다.(VIII:823-4)

칸트의 이러한 종교에 대한 규정과 분류는 단적으로 이성 종교(도덕 종교)와 계시 종교(역사 종교)에 대한 대비를 통해서 이루어진 것이라 할 수 있다. 칸트에 의하면 "계시는 적어도 이성 종교를 자신 속에 포괄할 수 있지만 이성 종교는 계시가 지닌 역사적 측면을 포괄할 수 없다. 그러므로 계시는 보다 좁은 신앙 영역으로서의 이성 종교를 자신 속에 포함하는 보다 넓은 신앙 영역이라고 생각할 수 있다."(VIII:659)

실제로 칸트는 양자 간의 이러한 관계를 비교적으로 고찰하는 방식을 통해서 『이성의 한계 안에서의 종교』의 논의를 이끌어 가고 있는데, 그 근본 의도는 계시 종교 혹은 역사 종교가 그 바탕에 있어서 이성 종교에 근거하고 있으며, 따라서 참다운 종교란 특정한 시공간적 사건의 발생에 제약되어 있는 역사적 사실에 근거하는 역사 종교를 넘어서 이성의 한계 안에서 인간의 도덕적 소질을 기초로 한 순수한 이성적인 도덕 종교임을 밝히려는데 있다.

아울러 더 나아가 역사적 종교들 중에 기독교가 그러한 종교의 내용을 갖추고 있다는 것을 기독교의 제반 요소들의 성격을 이성 종교와의 유비를 통해서 분석함으로써 "지금까지 존재한 모든 종교들 중에서 기독교만이 유일한 도덕 종교이다"(VIII:703)라는 해석을 내린다. 이 말은 곧 역사적 종교로서의 기독교가 그 본질에 있어서는 이성 종교를 기반으로 세워져 있으며, 따라서 기존의 기독교에 포함되어 있는 그릇된 요소들을 제거하여, 이성 종교로서의 모습을 분명히 해야 함을 비판적으로 해석하고 있는 것으로 보아야 한다. 이러한 칸트의 태도는 루소와 더불어 계몽의 시대였던 18세기에 자연 종교를 추상적으로 재구성하거나 실증(계시) 종교를 부정적으로 평가하는 일반적인 흐름 속에서 당시의 종교 사상의 파괴적인 힘을 정지시키고 계시 종교와 조화할 수 있는 자연 종교의 형태를 분명하게 제시하고자 한 최초의 인물로 평가받게 만든다.[22]

또 다른 한편으로는『이성의 한계 안에서의 종교』가 보여주듯이 그것은 오로지 도덕적 기초 위에서 철학과 종교의 상호 관계를 그 각각의 고유한 영역을 침해하지 않고서 확립함으로써 이 양자를 동시에 옹호하려는 의도를 담고 있다. 그러나 이러한 칸트의 의도 자체는 불가피하게 자신의 기독교적 전통을 어떻게 정당화하는지도 보여주고 있다. 그리고 칸트는 이를 당연한 것으로 생각한다. 그런 의미에서『이성의 한계 안에서의 종교』는 도덕적 가치와 기초 위에서 시도된 그리고 자신의 도덕 신학과의 일치점을 보여주려는 기독교 자체에 대한 일종의 재해석이기도 하다.[23]

이와 같은 종교에 대한 규정과 분류를 통해서 재차 확인할 수 있는 것은 종교에 대한 칸트의 접근도 결국 언제나 그 기초에 도덕적 요소를 기준으로 상정하고서 출발한다는 점이다. 그러기에『이성의 한계 안에서의 종교』에서도『실천이성비판』에서와 같이 순수 이성의 한계 안에서 이해되고 요구되는 종교의 기초가 바로 인간의 도덕적 소질이었던 것이다. 도덕적 요구를 만족시키기에는 부족한 그 자신의 무능력을 의식하는 이성이 그 결핍을 보충하기 위해서 자신의 한계를 넘어서 있는 이념들에로 자신을 확장할 때 비로소 종교의 세계에 발을 들여놓게 되는 것이다. 이런 까닭에 칸트에게는 참다운 종교란 곧 오로지 인간과 도덕법칙과의 관계를 기초로 한 도덕 종교 내지는 이성 종교일 수밖에 없다. 즉,

---

22) V. A. McCarthy, "Christus as Chrestus in Rousseau and Kant", 192.

23) B. M. G. Reardon, *Kant as Philosophical Theologian*, 90 참조.

"도덕 종교는 교리나 의식에 있는 것이 아니라 모든 인간의 의무를 신의 명령으로 준수하려는 마음의 심성 안에 존재하는 것이어야 한다." (VIII:740) 칸트의 다음과 같은 도덕 종교에 대한 설명은 그의 입장을 압축적으로 잘 드러내 준다.

> 도덕 종교에 있어서는 다음과 같은 사실이 근본 원칙이 된다. 더욱 더 선한 인간이 되기 위하여 각자가 자기의 힘이 미치는 만큼 최선을 다하지 않으면 안 된다는 것, 그리고 오직 자기의 타고난 소질을 묻어두지 않을 때에만, 즉 선에의 근원적 소질을 보다 선한 인간이 되기 위하여 사용하였을 때에만 인간은 그의 능력만으로는 될 수 없는 것이 보다 더 높은 도움에 의하여 보충될 것을 바랄 수 있다는 것이다. 더 나아가서 이 도움이 어디서 오는 것인지에 대하여 인간이 꼭 알 필요는 없는 것이다. (VIII:703)

> 신이 인간의 행복을 위하여 무엇을 행하는가, 또는 무엇을 행하였는가를 아는 것은 본질적인 것이 아니며 그것을 아는 것이 누구에게나 필요한 것도 아니다. 그러나 그러한 도움을 받을만한 존재가 되기 위하여 자기 자신이 무엇을 행하여야 하는가를 아는 것이 본질적이며 누구에게나 필요한 것이다. (VIII:704)

그러므로 칸트에 의하면 "참된 유일의 종교는 실천적 원리들인 (도덕) 법칙들 이외에는 아무것도 포함하지 않으며, 이 실천적 원리들의 무제약적 필연성을 의식할 수 있음으로 해서 (경험적으로가 아닌) 순수 이성에 의해서 계시된 것으로 인정하는 것이다." (VIII:838) 즉, 이성 안에 존재하는 도덕법칙에 의해 계시된 의무만을 신의 명령으로 인식하는 종교만이 진정한 종교이다. 또한 "전적으로 이성에 기초하는 순수한 종교 신앙" (VIII:777)만이 유일한 신앙, 즉 이성 신앙 내지는 도덕적 신앙인 것이다. 이 신앙은 모든 인간의 이성에게 스스로를 나타내는 것으로서 인간과 신의 도덕적 관계를 표현하는 것이다. 도덕적 가치를 지닌 신앙만이 신앙의 참다운 형태일 수 있다는 것이다. 따라서 칸트에 있어서 신앙이란 본래적 의미에서 종교와 도덕에 동시에 속하면서 도덕적 확신에서 생겨나는 도덕적 신념이다. 다음과 같은 규정은 그러한 의미를 잘 요약하고 있다.

> 신앙(행위로서가 아니라 태도로서의)은 이론적 인식이 도달할 수 없는 것을 참이라고 생각하는 데에 성립하는 이성의 도덕적 신념이다. 그러므로 신앙은 최고의 도덕적 궁극 목적의 가능성을 위한 조건으로서 필연적으로 전제되어야 하는 것을 그러한 궁극 목적에 대한 책무 때문에 참이라고 상정하는 심성의 확고부동한 원칙이다.···신앙은 어떤 의도를 촉진하는 것이 의무인 때에 그 의도의 도달에 대해서 가지는 신뢰이다. (X:439)

이러한 언급에서 엿볼 수 있듯이 칸트는 신앙이라는 개념을 단순히 한 개인이 견지하려 하는 임의의 사적, 주관적 믿음을 의미하는 것으로 사용하지 않는다. 칸트가 말하는 고유한 의미에서의 믿음이란 그 자체가 이론적 지식과 같이 공적이고 객관적인 지식의 또다른 종류를 의미한다.[24] 그리고 이러한 믿음에 근거한 신앙이야말로 필연성을 갖는 주관적 실천적 원칙에 기반한 도덕적 신앙이라 할 수 있다고 본다. 이러한 신앙의 성격을 칸트는『이성의 한계 안에서의 종교』의 네 편의 논문 각각의 말미에 첨부해 놓은「일반적 주해」에서 '은총의 작용', '기적', '비밀(신비)', '은총의 수단' 등에 대한 유비적인 해석을 가함으로써 분명하게 특징지어 놓고 있다. 이러한 유비를 통해서 칸트는 신앙에는 여러 형태들이 있으며, 또 역사적으로 있어 왔음을 제시하는 한편, 다른 한편으로는 이들 신앙이 이성 종

---

24) T. N. Ganapathy, "The Kantian Approach to Reality", 472 참조.

교의 참다운 신앙 형태로부터 이탈되고 왜곡된 요소들을 지니고 있음을 보여줌으로써 도덕적 신앙만이 참다운 신앙 형태임을 입증하고자 한다.

먼저 은총을 구하는 종교와의 비교를 통해서 지적된 것은 은총을 구하는 종교를 따르는 사람들은 한마디로 신이 모든 것을 해결해 줄 수 있다고 신앙한다는 것이다. 이를테면 신이 더욱 선한 인간이 되는 것을 요구하지 않고도 행복하게 해줄 수 있다거나 신이 인간을 더욱 선한 인간으로 만들 수 있기 때문에 인간은 이것을 간청하기만 하면 이루어진다고 생각한다. 그런데 "은총의 작용이 무엇에 의하여 일어나는지를 이론적으로 이해하는 일은 불가능한 일이다." (VIII:705 각주) 그것은 "자신의 한계를 넘어선 이성의 탈선" (VIII:704 각주)이며, 이성 종교에서는 받아들일 수가 없는 것이다.

도덕 종교는 이 은총이 어디서 오는 것인지 알 필요도 없으며, 다만 스스로가 자신의 선에의 근원적 소질을 선한 인간이 되기 위해서 사용할 때만 자기 힘으로 바랄 수 없는 선한 인간이 될 수 있으리라 희망할 수 있을 뿐이다. 칸트에 의하면 이것을 가르치고 있다는 것이 바로 기독교이며, 따라서 기독교는 그 근본에 있어서 도덕 종교라는 것이다.

두 번째 기적에 대한 신앙과 관련하여 칸트는 강경하게 "기적을 통하여 보증되는 한에 있어서만 이성에 의하여 인간의 마음 안에 본래적으로 기록되어 있는 의무의 명령에 그 권위를 인정하려고 한다면, 그것은 엄청난 정도의 도덕적 불신앙을 드러내는 것" (VIII:740-1)이라고 지적한다. 기독교가 역사적 사실에 있어서 최초에 하나의 종교로서 확립되도록 하기 위해서 기적을 유용한 수단으로 필요로 하였으나, 또 그런 의미에서 기적의 가치를 부인할 수는 없지만, 인간의 입장에서는 이 기적의 원인과 작용 법칙은 인식될 수 없는 것이다. 오히려 인간이 할 수 있는 것의 전부는 도덕적인 개심과 개선이 그 자신의 도덕적 노력에 달려 있는 것처럼 행동하는 것뿐이라는 것이다. 또 그것이 참다운 종교로서 기독교가 근본적으로 지향하고 있는 가르침이라는 것이다.

세 번째 비밀(신비)에 대한 신앙과 관련하여 칸트는 모든 종교적 신앙의 양태는 불가불 비밀의 신비와 마주치게 되지만, 그 근거는 우리의 인식에 주어지는 것이 아니라고 하면서, 인간은 다만 그 자신이 무엇을 하지 않으면 안 되는가를 인식할 뿐이며, 신이 무엇을 행하는지, 신에게는 무엇이 귀속되는지의 여부는 인간에게는 비밀로 남는다고 말한다.(VIII:806)

그리고 네 번째 은총의 수단과 관련하여 "은총을 입는 것으로부터 출발하여 덕으로 나아가는 것이 올바른 길이 아니라, 오히려 덕으로부터 출발하여 은총으로 나아가는 것이 올바른 길"(VIII:879)임에도 불구하고 종교적 의식을 은총의 수단 그 자체로 이해하는 태도를 신랄하게 비난한다. 수단이란 "어떤 것을 실현하기 위해서 인간이 자신의 힘으로 사용할 수 있는 모든 중간적 원인"(VIII:867)을 이르는데, 인간이 신의 도움을 기대하고자 할 때, 그가 의지할 수 있는 것이라고는 자신의 도덕성 밖에 없다. 왜냐하면 인간은 오직 도덕법칙만을 신의 명령으로 인식하는 것이 자신의 의무이기 때문에 자신의 도덕성에 의지하지 않고서는 신의 도움을 바랄 수 있는 길이란 달리 존재하지 않기 때문이다. 그러므로 "사람이 하늘의 도움을 받을만 하게 되기 위해서는 그의 도덕적 성질을 가능한 한 발전시키고 그에 의해서 그의 힘 안에 있지 않은 신의 마음에 드는 상태의 완성을 선사받는 성실한 노력을 하는 길밖에는 별 도리가 없다."(VIII:867) 이처럼 도덕성에 대한 신앙만이, 즉 인간과 도덕법칙과의 본질적 관계에 놓여 있는 신의 존재에 대한 도덕적 신앙만이 참다운 종교가 요구하는 태도라는 것이다.

결론적으로 우리가 신 자신에 대해서 인식할 수 있는 것은 신의 본질적 성격을 오직 도덕적 관계 전체에서 이성이 요구하는 한계 안에서만 가능한 일이며, 따라서 "우리에게 있어서 중요한 것은 신이 그 자신에게 있어서 (그의 본성에 있어서) 무엇인가를 아는 데 있는 것이 아니라, 오히려 신이 도덕적 존재로서의 우리에게 있어서 무엇인가를 아는 것이다." (VIII:806) 결국 우리는 이성의 한계 안에서만 그 진정한 의미를 가질 수 있는 도덕적 이성 종교를 통해서 근본악이 극복되리라는, 그리고 최고선이 실현되리라는 믿음을 갖게 해주는 다음과 같은 신의 존재에 대한 참된 신앙을 갖지 않으면 안 된다.

> 실천 이성의 이러한 필요에 따라서 보편적인 참된 종교 신앙은 첫째로, 전능한 천지 창조자로서의 신 즉 도덕적으로는 신성한 입법자로서의 신에 대한 신앙이다. 둘째로는 인류의 유지자, 인류의 자비로운 통치자이며 도덕적 부양자로서의 신에 대한 신앙이고, 세째로는 자기 자신의 신성한 법칙의 관리인, 즉 공정한 재판관으로서의 신에 대한 신앙인 것이다. (VIII:806-7)

우리가 이와 같은 신에 대한 신앙을 가질 수 있는 것은 오직 인류와 신과의 도덕적 관계를 통해서 뿐이다. 말하자면 인간의 도덕적 심성과 불가분하게 결합되어 있는 근본악의 극복과 최고선의 실현이 인간의 힘으로는 불가능함에도 불구하고 한편으로는 그것을 요구하고, 다른 한편으로는 그것을 향한 노력이 의무임을 자각하는 실천 이성은 그 때문에 동시에 이를 보증해 줄 최고 존재자의 존재에 대한 신앙의 문제에 도달하게 된다는 것이다.

5. 목적의 왕국과 윤리공동체

최고선의 실현은 이성의 당연한 요구이자 명령이다. 그러나 그것은 인간의 자력으로는 하나의 실현 내지는 도달 불가능한 이념에 머물고 만다. 그 때문에 도덕적 최고 존재자로서의 신 존재가 요청되지 않을 수가 없었다. 그것은 인간 이성의 한계와 도덕법칙의 필연성으로부터의 귀결이다. 칸트는 이러한 사실을 인식하지 못하게 되는 자들은 일종의 도덕적 광신에 빠지고 만다고 생각한다.

> 광신이 가장 일반적인 의미에서 인간 이성의 한계를 원칙적으로 벗어나는 것이라면, 도덕적 광신은 실천적인 순수 이성이 인간성에 설정한 한계를 벗어나는 것이다.(VII:208)

도덕과 종교의 관계에 대한 칸트적 도식은 이 같은 도덕적 광신에 빠지지 않으면서도 이 양자의 필연적 연관성을 정립한다. 그러나 최고선의 실현 가능성 여부를 떠나서 최고선을 촉진하라는 것은 (실천)이성의 명령이다. 우리는 신 존재의 도덕적 필연성으로부터 최고선이 실현되리라는 신앙을 소유할 수 있지만, 그것은 무엇보다도 인간 스스로의 최고선의 실현을 향한 부단한 노력을 전제한다.

칸트가 말하듯이 "모든 희망은 행복과 관계한다."(B833/A805) 따라서 도덕법칙의 수행을 위해서는 희망을 잃지 않는 신앙에 기초한 도덕적 종교도 결국 필연적인 것이 된다. 그리고 도덕적 동기도 도덕성의 척도에 따르는 미래의 세계에서의 행복에의 희망에 더욱 강해질 수 있다. 인간은 그러한 희망을 갖고서 스스로 도덕적 삶을 추구하지 않으면 안 된다. 칸트는 무엇보다도 이러한 노력을 공동체라는 시각에서 접근한다. 공동체를 지향하는 칸트의 관점은 『도덕형이상학 정초』에서 정언명법의 정식들을 정당화하는 시도가 이루어질 때 이미 반영되어 있었다. 특히 이 같은 시각은 목적의 왕국이라는 개념으로 표현되어 있으며, 이 점은 이미 목적 자체의 정식이 여타의 정언명법들과의 내적 연관성을 통하여 그것의 근거를 확립한 바 있다.

자기 의지의 모든 준칙을 통해 보편적으로 입법하는 존재자로 간주해야 하는 각 이성적 존재자의 개념은, 이러한 관점에서 자기 자신과 자신의 행위를 판정하기 위해서 그에게 의존하는 매우 뜻있는 개념, 즉 목적들의 왕국이라는 개념에 도달한다. 그러나 나는 이 왕국이라는 말을 서로 다른 이성적 존재자가 공동체적 법칙을 통해 체계적으로 결합된 것으로 이해한다. 그런데 법칙이란 목적을 그 보편적 타당성에 따라 규정하기 때문에, 우리가 이성적 존재자들의 인격적 차이와 그들의 모든 사적 목적들의 내용을 무시해 버린다면, 체계적으로 결합된 목적의 전체(목적 자체로서의 이성적 존재자는 물론 각 이성적 존재자가 스스로 설정할 수 있는 고유한 목적까지) 즉 목적들의 왕국을 생각할 수 있으며, 이것은 위에 설명한 원리[자율성의 원리]에 따라 가능하다.(VII:66)

이 목적의 왕국은 곧 최고선의 세계로서 이성적 존재자들의 공동체, 완전무결한 공동체, "공동체적인 모든 법칙에 의해 체계적으로 결합"(VII:66), 즉 "공동체적 객관 법칙에 의한 이성적 존재자의 체계적 결합"(VII:66), 말하자면 "현실 속에서가 아닌 죽음을 초월한 저 미래의 삶에서 발생하는 공동체" 또는 "신의 왕국"에 해당한다고 할 수 있다. 칸트는 이러한 "신의 왕국"을 "최선의 세계"(beste Welt)와 동일시함으로써 신의 왕국이라는 개념의 탈신학화를 수행하고 있다고 볼 수 있다.[25] 이러한 공동체는 이미 그 자체로 도덕법칙에 의해 지배되는 사회이며, 최고선이 실현된 사회이다. 따라서 원리적이고 형식적이다. 그러나 그것은 엄밀히 말해서 인간의 사회가 아니다. 단지 인간의 모든 자연적, 경험적 요소를 제거한 상태에서의 하나의 가상적 공동체일 뿐이다. 거기에서는 최고선이 문제되지도 않으며, 신의 존재가 요청되지도 않으며, 개념상의 이상향일 뿐이다.

---

25) F. Delekat, *Immanuel Kant : Historisch-Kritische Interpretation der Hauptschriften*, 306 참조.

칸트는 이러한 차원의 공동체 또는 세계는 인간의 힘으로는 실현할 수 없는 "실천적 이념" (VII:70 각주) 또는 현실적으로 실현 가능한 이상 사회의 모델이나 원형으로 파악한다. 칸트는 이러한 이유에서 현실적으로 실현 가능한 최선의 사회인 "도덕법칙 밑에서 형성되는 인간들의 결합체"로서의 "윤리적 사회", "윤리적-시민적 사회" 또는 "윤리공동체" (ein ethisches gemeines Wesen)(VIII:752)[26]라는 모델을 제시한다. 따라서 이 윤리공동체는 칸트가 현실적으로 언젠가 그 실현을 의욕할 수 있는 것으로 상정하는 사회, 즉 최고선의 실현을 추구하고 선의 원리가 지배하는 이상 사회라는 성격을 갖게 된다.

그러면 윤리공동체가 요구되는 이유는 무엇인가? 칸트는 윤리공동체의 건설은 단순한 착상이나 가상이 아니라 최고선의 촉진을 명령하는 "이성에 의하여 인류에게 부과된 과제요 의무" (VIII:752), 즉 인류가 실현해야 될 하나의 역사적 과제임을 강조한다. 말하자면, 이러한 공동체는 최고선의 존재로부터 필연적으로 요구된다는 것이다. 그러면 왜 또 한 개인이 아니라 인류라는 공동의 주체가 그러한 과제와 의무를 부여받아야 하는가? 인간이 유한한 존재, 이중적 본성의 소유자, 반사회적 사회성의 소유자라는 사실은 인간의 근본악이 말해주듯이 다른 한편으로는 최고선의 실현이란 인간으로서는 도달할 수 없는 하나의 이상에 불과하다는 것을 반증하는 것이 된다. 더욱이 인간이 끊임없는 악에의 유혹을 받게 되는 상황은 인간이 고립적으로 존재할 때 더욱 증가된다. 그리고 칸트는 이러한 악에의 유혹으로부터 자신을 보호하기 위해서는 선의 원리 밑에 결합하는 타인들과 공동의 협력을 통해서 보다 잘 해낼 수 있으며, 선의 승리를 위한 현실적 방안이라고 생각한다. 따라서 이러한 사실로부터 인간이 자신의 소질을 최대로 발휘할 수 있는 조건은 한 고립된 개인으로서가 아니라 선한 의지를 소

---

26) "윤리공동체" 내지는 "윤리적-시민적 사회"와 "윤리적 사회"의 차이는 "도덕법칙이 공적으로(öffentlich) 존재하는지의 여부" (VIII:752)에 달려 있다.

유한 사람들으로 형성된 하나의 공동체를 이루고 살아갈 때라는 것이 결과한다.

칸트의 견해에 따른다면, 선한 인간은 그의 의도의 선함에 관여하는 데만 그치는 것이 아니라 그의 선의지 자체가 이 세계에서의 선의 수립에도 적극적으로 관여하는 자라고 보아야 한다. 더욱이 도덕적 인간의 도덕적 관심은 그때그때마다 스스로 부과하는 특수한 목적을 추구하는 데 제한되는 것이 아니라, 이를 넘어서 의도적으로 선한 세계를 수립하고, 모든 특수한 도덕적 목적들의 근거이자 총괄인 최종적인 목적, 즉 최고선을 실현할 것을 의욕하는 자이다. 이러한 칸트의 도덕적 인간관은 지극히 중요한 관점이다.[27] 더욱이 최고선의 실현은 이성이 우리에게 명하는 하나의 실천적 필연성인 이상 인간의 입장에서는 이에 도달할 수 있는 가능한 방도를 모색하여 추구하는 것 또한 이성의 당연한 요구라 할 수 있다. 따라서 이러한 방도는 무엇보다도 한 개인의 힘보다는 "악의 방지와 선의 촉진을 목적으로 하고" "힘을 합쳐 악에 대항하고" "도덕성의 유지에 관심을 두는" 그리고 "도덕법칙에 따르고, 또 이를 목적으로 하는 공동체의 건설과 확장을 통해서만 가능할 수 있다." (VIII:752) 이러한 공동체에서만 선의 원리가 지배할 수 있다.

따라서 인간을 끊임없이 악의 지배 밑에 두려고 하는 악의 위험과 유혹은 한 개인의 힘만으로는 이러한 악의 지배에서 벗어날 수가 없다. 즉 인간은 선의 원리 밑에 힘을 합쳐 공동체를 형성하고, 공동의 선을 위하여 노력함으로써만 악과의 투쟁에서 승리할 수 있으며, 최고선의 실현에 근접할 수가 있다는 것이다. 이처럼 도덕적 절망에 굴하지 않는 자야말로 바로 칸트가 말하는 도덕적 인간이다. 그리고 이러한 노력이야말로 단순히 "인간에 대한 인간의 의무가 아니라 인류 그 자체에 대한 인류의 의무"라고 주장하면서, 칸트는 다음과 같이 설명하고 있다.

---

27) A. W. Wood, *Kant's Moral Religion*, 156 참조.

모든 종류의 이성적 존재자는 객관적으로 이성의 이념 안에서 어떤 공동체적 목적을 향하여, 즉 공동체적 선으로서의 최고선을 촉진하도록 규정되어 있다. 그러나 최고의 도덕적 선은 개체 인격이 그 자신의 도덕적 완전성을 위해 노력하는 것만을 통해서는 실현될 수 없다. 왜냐하면 그와 같은 목적을 위해서는 개체 인격들이 하나의 전체 안에서 결합하여 선한 심성을 가진 인간들의 체계를 형성하는 것이 요청되기 때문이다. 최고의 도덕적 선은 다만 이러한 체계 안에서만 그리고 그 체계의 통일에 의해서만 성취될 수가 있다.(VIII:756)

말하자면, "악의 원리의 유혹에 대항하기 위하여 단합된 보다 더 강력한 힘으로서의 하나의 [윤리적] 공동체를 도덕법칙 밑에 세우려는 각별한 계획이 행해지지 않는 한"(VIII:819) 모든 사람들이 설사 공동선을 목적으로 하는 심정을 우연히 갖게 된다 하더라도 모든 사람은 악의 원리를 서로에게 사용하려는 유혹을 끊임없이 받게 된다는 것이다.

그러나 칸트는 결정적으로 이 윤리공동체를 종교적 차원에서 실현 가능한 것으로 설정한다. 칸트는 "윤리공동체는 [지상에 건설될] 하느님 나라로서 종교를 통해서만 인간에 의해서 건설될 수 있다"(VIII:819)고 말한다. 그리고 종교에 기초한 공동체의 구체적 대안으로서 칸트는 교회를 제시한다. 칸트에 의하면, 교회는 "신적인 도덕적 입법 밑에 있는 윤리공동체"(VIII:760)로서 다시 '비가시적 교회'(die unsichtbare Kirche)와 '가시적 교회'(die sichtbare Kirche)로 구분된다.

비가시적 교회는 "가능한 경험의 대상, 즉 신의 직접적, 도덕적 세계 통치 밑에 있는 모든 의로운 인간들의 연합체의 단순한 이념으로써, 이것은 인간에 의하여 설립되어야 할 것의 원형"(VIII:760)의 역할에 해당하며, 가시적 교회는 비가시적 교회의 이념과 합치하는 세계를 지향하는 "인간들의 현실적인 결합체"(VIII:760)를 가리킨다. 그러므로 윤리공동체로서의 지상에 건설될 가시적 교회는 신의 통치 밑에 있는 비가시적 교회를 모델로 하는 것이라고 규정할 수 있다.

이러한 맥락에서 이제 "덕의 법칙 밑에서 형성되는 인간들의 결합체"(VIII:752)로서의 윤리공동체의 규정은, 동일한 의미에서, "윤리적 법칙 밑에 있는 신의 백성"(VIII:757)으로, 그리고 신의 백성의 이념은 "(인간의 제도로서의) 교회의 형식 안에서만 실현될 수 있는 것"(VIII:759)으로 확장된다. 비가시적인 교회를 모형으로 삼아 인간의 손으로 지상에 이룩할 수 있는 이러한 참된 (가시적인) 교회의 자격과 특징을 칸트는 다음과 같이 네 가지로 들고 있다.(VIII:761) 근본 원리들 위에 세워져야 하는 보편성, 교회의 성질에 있어서 도덕적 동기 이외의 어떤 다른 동기도 가지지 않는 순수성, 자유의 원리 하에 있는 교회의 대내외적 관계, 교회의 양태에 있어서의 근본 구조의 불변성 등이 그것이다. 참된 교회의 자격과 특징으로서의 이것들은 한결같이 정언명법과 마찬가지로 윤리공동체의 형식성을 대변하는 것들이다.[28]

그러면 왜 칸트는 이처럼 종교를 매개로 해서만 그같은 공동체의 건설이 가능하다고 말하고 있으며, 나아가 그 대안으로서 교회를 들고 있는가? 여기에는 윤리공동체가 요구되는 이유와 동일한 칸트의 인간에 대한 근본 이해가 작용하고 있으며, 아울러 기독교라는 종교에 대한 칸트의 고유한 태도가 반영되고 있기 때문이다.

칸트는 인간은 윤리공동체의 내적 조건으로서의 윤리적-시민적 상태 하에 있지 않는 동안에 윤리적 자연 상태 속에 있게 된다고 말한다. 여기서 윤리적-시민적 상태는 "그 안에서 인간이 강제에서, 즉 단순한 덕의 법칙 밑에서 결합하는 상태"(VIII:753)를, 그리고 "윤리적 자연 상태"(VIII:753)는 "모든 인간에 내재하

---

28) 임혁재, 「칸트의 윤리공동체 이론」, 180.

는 악에 의해 끊임없이 공격받는 상태"(VIII:755)를 각각 가리킨다.[29] 그런데 "윤리적 자연 상태는 덕의 원리들의 공적(öffentlich)이며 상호적인 투쟁의 상태이며, 내면적인 도덕 상실의 상태이므로, 자연적 인간은 가능한 한 속히 이러한 상태에서 벗어나고자 힘쓰지 않으면 안 된다."(VIII:756) 그런 점에서 인간은 언제나 이러한 자연 상태가 일소될 때까지 정도에 따라 다르지만 언제나 윤리적 자연 상태 하에 있는 것이 된다. 그러면 이러한 윤리적 자연 상태를 벗어날 수 있는 단계는 어떤 때인가?

위의 설명에 따르면, 윤리공동체는 결국 이러한 인간의 본성을 한편으로는 서로 제약하고 다른 한편으로는 서로 협심, 인도하는 한마디로 악에 대항하여 악을 점차적으로 감소시키면서 선을 추구하고 나아가 신 존재의 요청을 통하여 종국에는 최고선의 실현이 가능하리라는 도덕적 신앙을 소유한 자들의 결합체에 다름 아니라는 결론에 이른다. 이러한 윤리공동체는 선을 추구하는 어느 한 사람의 힘만으로는 불가능한 일이며 동시에 인간의 자연 본성의 한계로 말미암아 "윤리공동체의 이념은 결코 완전히 실현될 수 없는 것이다."(VIII:759)

도덕적 신앙을 소유한다는 것과 신의 존재가 요청된다는 사실 자체가 이미 최고선의 실현이 인간의 자력으로는 불가능한 이상이라는 것을 뜻한다. 그러나 동시에 윤리공동체의 실현을 위해서는 이러한 인간 자체로부터 결과하는 불가능성이 제약이 되지만, 적어도 이러한 가능성을 보다 확보하는 선결 조건은 인

---

29) 이와 같은 용어는 칸트 실천 철학의 독특한 시각을 반영한다. 소위 홉스, 로크로 이어지는 근대 사회계약론에서 등장하는 "자연 상태"는 인간의 외적인 조건과 관계한다. 따라서 법이나 규범, 제도라는 사회적 장치가 아직 성립하지 않은 소위 정치적 자연 상태를 지칭한다. 칸트 역시 이러한 상태에 대해서 이들 전통과 마찬가지로 "자연 상태"라는 말을 사용하지만, 윤리적 자연 상태와 구분하여 "법률적[정치적] 자연 상태(der juridische Naturzustand)"(VIII:753)로 명명하고 있다. 그러므로 칸트의 경우에, 자연 상태란 이미 그 자체가 인간의 두 가지 내·외적 조건과 계기를 갖는다고 할 수 있다. 이 점은 칸트의 철학이 인간의 도덕적 본성과 자연 본성을 다같이 고려하면서 전개되는 모습을 압축적으로 반영하고 있다. 그리고 이러한 관점은 그대로 그의 정치 철학에로 이어진다.

간의 편에서 보자면 그런 가능성을 위한 여건의 성숙을 필요로 한다. 칸트에 의하면, 이 윤리공동체의 실현은 인간의 자력으로는 도저히 불가능한 것이긴 하지만, 그렇다고 해서 인간에게 허락되어 있는 그것에의 점진적 도달 가능성 또한 순전히 윤리적 차원에서만 추구되어서는 안 된다. 칸트는 이러한 공동체는 현실적으로 정치적 공동체라는 성숙된 조건을 필요로 하며, 또 이와 병행해서만이 실현 가능한 이상이라고 생각한다. 말하자면, 칸트는 윤리공동체는 정치적 공동체를 토대로 해서만 존립 가능하며, 더 나아가 정치적 공동체의 성원들로 이루어지며, 이들 정치적 공동체의 성원 없이는 실현 불가능한 사회로 파악한다.(VIII:752-3) "윤리공동체는 정치적 공동체의 한 가운데에서 존립하며 더욱이 정치적 공동체의 성원들로 성립된다(사실 정치적 공동체의 기반 없이는 도대체 그것은 인간에 의하여 실현될 수 없는 것이다.)" (VIII:752-3) 그리고 "윤리공동체가 성립될 수 있으려면 모든 개인들은 하나의 공적인 입법에 종속되지 않으면 안 된다" (VIII:757)는 것이다. 따라서 윤리적 자연 상태에서 부분적으로나마 벗어난다는 것은 정치적 공동체 하에서야 비로소 이루어진다는 것을 뜻한다.

최고선의 실현이란 한 개인만의 목적이 아니라 모든 이성적 존재자로서의 인간 즉 인류의 목적이다. 더욱이, 칸트에 의하면, 앞서 살펴본 바와 같이 인간은 본래가 반사회적 사회성을 지닌 동물이다. 게다가 인간의 소질 계발은 인간 상호 간의 항쟁을 통해서야 비로소 충분히 발휘된다. 칸트에 의하면, 인간은 본래가 하나의 고립된 존재가 아니라 사회적 존재이다. 인간의 도덕적 이상 내지는 선의 실현도 한 개인의 힘이 아니라 공동체 안에서 보다 잘 실현될 수 있으며, 또 그렇게 발휘되도록 사회적 조건들이 형성되지 않으면 안 된다고 생각한다. 따라서 기본적으로 인간의 내면적 세계를 지향하는 윤리공동체는 이를 현실화할 수 있는 외적 조건으로서 다양한 제도를 포함하고 있는 사회 내지는 공동체 즉 정치공동체에 의존할 수밖에 없다는 것이다.

그러나 기본적으로 칸트의 윤리공동체와 정치공동체는 엄연히 그 성격이 다르다. 칸트에 있어서 "윤리공동체는 정치공동체에 대응하는 것이며, 도덕성이 적법성과 구별되듯이 정치공동체와 구별된다. 그리고 정치공동체가 시민들의 경험적 현존과 법률의 등장과 관계하는 반면에 윤리공동체는 시민들의 초경험적 인격성 및 도덕적 인격성과 관계한다." [30] 그러면서도 이들 양자의 상호 관계는 독립적으로 존재하는 조건이 아니라 상호 내속적 관계를 갖는다. 즉, 이 양자는 서로 별개의 것으로 각자의 외부에 존재하는 것이 아니라, 정치적 공동체가 점진적으로 성숙해 가는 과정에서 이와 비례적으로 윤리공동체의 실현 또한 보다 성숙해 간다.

그러나 최고선의 실현에 있어서 절대적인 우선권을 갖는 조건은 정치적 성숙이다. 즉, 정치적 차원에서의 도덕적 공동체의 수립이 없이는 종교적 차원의 윤리공동체의 실현 가능성이란 전혀 존재하지 않는다고 할 수 있다. 그렇다고 해서 그것이 최고선의 촉진을 위한 유일한 대안은 아니다. 어떠한 경우에도 정치적 성숙이 인간의 도덕적 성숙을, 비록 선한 행동이 법의 강제에 의해서 어느 정도 개선될 수는 있어도, 전적으로 결정짓지는 못한다.

다만 칸트가 강조하는 것은 정치적 조건의 개선 없이는 그것이 불가능하다는 것, 또한 그러한 조건이 성숙되었을 때라도 도덕적 성숙은 여전히 답보상태에 머물 수 있다는 것을 의미한다. 칸트의 관심사는 변함없이 "도덕적이기 위해서는 자유로와야 한다"는 도덕적 자유에 향해 있다. [31] 따라서 법에 의한 어떠한 강제로도 자율적인 도덕성을 결과할 수는 없다는 것이 칸트의 일관된 견해이다.

---

30) Y. Yovel, *Kant and the Philosophy of History*, 110.

31) B. M. G. Reardon, *Kant as Philosophical Theologian*, 124.

Ethics of Kant

참고문헌 · 색인

참고 문헌

1. 칸트의 저작들

Kant, I., *Kants Gesammelte Schriften*, hg. von der Preuischen Akademie der
　　Wissenschaften, Berlin und Leibzig, 1902ff.

——, *Werkausgabe in zwölf Bänden*, Herausgegeben von Wilhelm Weischedel,
　　Frankfurt am Main: Suhrkamp, 1968.

——, *Briefwechsel*, Hamburg: Felix Meiner, 1972.

——, *Eine Vorlesung über Ethik*, hg. von Gerd Gerhardt, Frankfurt am Main:
　　Fischer Taschenbuch Verlag, 1990.

——, *Lectures on philosophical theology*, trans. by A. W. Wood and G. M. Clark,
　　Conell University, 1982.

——, *Practical Philosophy*, Trans. and Ed. by Mary J. Gregor, Cambridge
　　University Press, 1996.

- 본문에서의 인용 방식과 표기 -

1) 칸트 저서의 인용에서 〈학술원판〉(*Kants Gesammelte Schriften*, hg. von der
　　Preußischen Akademie der Wissenschaften, Berlin und Leibzig, 1902ff.) 전집의 권수
　　는 아라비아 숫자로, 〈바이셰델판〉(*Immanuel Kant Werkausgabe in zwölf Bänden*,
　　hg. von Wilhelm Weischedel, Frankfurt am Main: Suhrkamp, 1968) 전집의 권수는 로
　　마 숫자로 표시하였다. 예를 들어 (3:54)는 〈학술원판〉, (V:34)는 〈바이셰델판〉
　　의 해당 권수와 면수를 나타낸다.

2) 『순수이성비판』은 〈바이셰델판〉에 따랐으며, 권수 표기 없이 관례에 따라 A(초판)와 B(재판)로 표시하였다. 표시는 B판을 기준으로 한다는 점에서 이를 앞에 두었고, A 혹은 B만 표시되어 있는 것은 A판 혹은 B판에만 있다는 것을 의미한다.

3) 칸트 저서의 인용에서 〈학술원판〉과 〈바이셰델판〉 이외의 다른 판본이나 번역본의 경우에 그 출처는 각주와 참고문헌에 직접 표기하였다.

4) 이 책에 등장하는 칸트의 주요 저서들의 한국어 표기와 약어는 다음과 같다. [ ] 안에서 아라비아 숫자는 〈학술원판〉, 로마 숫자는 〈바이셰델판〉의 권수이다.

[III·IV] : 『순수이성비판』(Kritik der reinen Vernunft, 1781/1787)

[2/II] : 『신 존재 증명』(Der einzig mögliche Beweisgrund zu einer Demonstration des Daseins Gottes, 1763)

[2/II] : 『미와 숭고』(Beobachtungen über das Gefühl des Schönen und Erhabenen, 1764)

[4/V] : 『형이상학 서설』(Prolegomena zu einer jeden künftigen Metaphysik, die als Wissenschaft wird auftreten können, 1783)

[4/VII] : 『도덕형이상학 정초』(Grundlegung zur Metaphysik der Sitten, 1785)

[5/VII] : 『실천이성비판』(Kritik der praktischen Vernunft, 1788)

[5/X] : 『판단력비판』(Kritik der Urteilskraft, 1790)

[6/VIII] : 『이성의 한계 안에서의 종교』(Die Religion innerhalb der Grenzen der bloßen Vernunft, 1793)

[6/VIII] : 『도덕형이상학』(Die Metaphysik der Sitten, 1797)

[7/XII] : 『인간학』(Anthropologie in pragmatischer Hinsicht, 1798)

[8/XI] : 『계몽』(Beantwortung der Frage: Was ist Aufklärung?, 1784)

[8/XI] : 『보편사의 이념』(Idee zu einer allgemeinen Geschichte in weltbürgerlicher Absicht, 1784)

[8/XI] : 『속언』(Über den Gemeinspruch: Das mag in der Theorie richtig sein, taugt aber nicht für die Praxis, 1793)

[8/XI] : 『영구평화론』(Zum ewigen Frieden. Ein Philosophischer Entwurf, 1795)

[8/VIII] : 『인간애에서 하는 거짓말에 대하여』(Über ein vermeintes Recht aus Menschenliebe zu lügen, 1797)

[9/VI] : 『논리학』(Logik, 1800)

[9/XII] : 『교육학』(Über Pädagogik, 1803)

[10·11·12] : 『서한집』(Kants Briefwechsel, 1749~)

[20/VI] : 『형이상학의 진보』(Welches sind die wirklichen Fortschritte, die die Metaphysik seit Leibnizens und Wolffs Zeiten in Deutschland gemacht hat?, 1804)

[27·29] : 『윤리학 강의』(Eine Vorlesung über Ethik, 1775~1785)

2. 국내 문헌

강영안, 「칸트의 초월철학과 형이상학」, 『칸트연구』 제1집, 한국칸트학회, 민음사, 1995.

권기철, 「관념론과 역사인식의 체계」, 『철학연구』 제18집, 철학연구회, 1983.

권용혁, 『이성과 사회: 실천철학 I』, 철학과현실사, 1998.

김광명, 『칸트 판단력비판 연구』, 이론과실천, 1992.

김양현, 「칸트의 목적론적 자연관에 나타난 인간중심주의」, 『철학』 제55집, 한국철학회, 1998.

김봉규, 「'판단력비판'에서의 도덕 인식과 도덕성」, 『칸트연구』 제3집, 한국칸트학회, 1997.

김상득, 「도덕적 딜레마와 도덕 실재론」, 『철학연구』 제34집, 철학연구회, 1994,

김석수, 「실천철학에서 칸트와 롤즈의 관계에 대한 비교 분석」, 『칸트연구』 제8집, 한국칸트학회, 철학과현실사, 2001.

──, 『칸트와 현대 사회 철학』, 울력, 2005.

김수배, 「칸트 윤리학에서 원칙과 사례의 갈등 -'결의론'을 중심으로-」, 『철학연구』 제73집, 철학연구회, 2006.

김영철, 『윤리학』, 동아학연사, 1982.

김용정, 『칸트 철학 : 자연과 자유의 통일』, 서광사, 1996.

김은미, 「J. S. 밀의 덕 공리주의에 관한 연구」, 중앙대학교, 2012.

김종국, 「아리스토텔레스는 칸트가 비판하는 행복주의자인가?」, 『칸트연구』, 한국칸트학회, 제39집, 2017.

노만, R., 『윤리학 강의』, 안상헌 옮김, 문원, 1994.

노영란, 「덕 윤리의 행위지침력」, 『철학연구』 제62집, 철학연구회 2003.

레비나스, M., 『윤리와 무한』, 양명수 옮김, 다산글방, 2000.

──, 『존재에서 존재자로』, 서동욱 옮김, 민음사, 2001.

롤즈, J., 『사회정의론』, 황경식 옮김, 서광사, 1991.

맥키, J. L., 『윤리학 : 옳고 그름의 탐구』, 진교훈 옮김, 서광사, 1990.

맥킨타이어, A., 『덕의 상실』, 이진우 옮김, 문예출판사, 1997.

맹주만, 「덕과 규칙, 그리고 거짓말」, 『철학탐구』 제47집, 중앙철학연구소, 2017.

──, 「칸트와 미학적 자살」, 『칸트연구』 제36집, 한국칸트학회, 2015.

──, 「칸트와 흄 - 도덕적 이성과 공감」, 『칸트연구』 제34집, 2014.

──, 「흄과 공감의 도덕성」, 『철학탐구』 제36집, 중앙철학연구소, 2014.

——, 「밀의 공리주의와 덕 윤리학」, 『철학탐구』 제30집, 중앙철학연구소, 2011.

——, 「칸트의 덕과 덕-감정」, 『칸트연구』 제28집, 한국칸트학회, 2011.

——, 「칸트와 '행복한 자선가'」, 『범한철학』 제56집, 범한철학회, 2010.

——, 「칸트의 정언명법에 대한 명제적 해석」, 『철학탐구』 제25집, 중앙철학연구소, 2009.

——, 「칸트의 실천이성의 이율배반 - 독법과 해법」, 『철학탐구』 제21집, 중앙철학연구소, 2007.

——, 「롤즈, 칸트, 그리고 구성주의」, 『칸트연구』 제20집, 한국칸트학회, 2007.

——, 「칸트와 도덕적 실재론」, 『칸트연구』 제19집, 한국칸트학회, 2007.

——, 「칸트와 선의지」, 『철학탐구』 제17집, 중앙철학연구소, 2003.

——, 「칸트의 행복주의 비판과 도덕적 문화론」, 『칸트연구』 제11집, 한국칸트학회, 2003.

——, 「원초적 계약과 정의의 원리」, 『칸트연구』 제9집, 한국칸트학회, 2002.

——, 「도덕적 감정-후설의 칸트비판」, 『칸트연구』 제7집, 한국칸트학회, 2001.

——, 「칸트와 루소의 공동체론」, 『칸트와 그의 시대』, 〈칸트 연구〉 제5집, 한국칸트학회, 1999.

——, 「칸트의 판단력비판에서의 최고선」, 『칸트연구』 제3집, 한국칸트학회, 1997.

맹주만 외, 『서양근대미학』, 창비, 2012.

——, 『서양근대종교철학』, 창비, 2015.,

문성학, 「칸트 윤리학에서 '실천이성의 사실'」, 『칸트 윤리학과 형식주의』, 경북대학교출판부, 2007.

——, 「칸트 윤리학의 네 가지 문제점」, 『칸트연구』 제13집, 한국칸트학회, 2004.

바움가르트너, H. M., 『칸트의 순수이성비판 읽기』, 임혁재·맹주만 옮김, 철학과 현실사, 2004.

박이문, 「문화는 진화하는가, 진보하는가」, 『문화의 진보에 대한 철학적 성찰』, 한국철학회편, 철학과현실사, 1998.

박정순, 「자유주의 대 공동체주의 논쟁의 방법론적 쟁점」, 『철학연구』, 제33집, 철학연구회, 1993.

박찬구, 「덕 윤리와 칸트 윤리」, 『국민윤리연구』 제57집, 국민윤리학회 2004., ──, 「도덕의 기초에 대한 허치슨과 칸트의 이해」, 『칸트와 그의 시대』, 〈칸트 연구〉 제5집, 한국칸트학회편, 철학과현실사, 1999.

박필배, 「칸트 최고선 이론의 현대적 논의」, 『칸트연구』 제10집, 한국칸트학회, 2002.

서동욱, 『차이와 타자』, 문학과지성사, 2000.

신옥희, 「칸트에 있어서 근본악과 신 -『종교론』에 나타난 도덕적 신 존재 증명-」, I. 칸트, 『이성의 한계 안에서의 종교』(신옥희 역, 이화문고(31), 이화여대 출판부, 1984), 부록 1.

아리스토텔레스, 『니코마코스 윤리학』, 최명관 옮김, 서광사 1984. ──, 『니코마코스 윤리학』, 이창우·김재홍·강상진 옮김, 이제이북스 2006.

양선이, 「흄의 도덕 감정론에 나타난 반성개념의 역할과 도덕 감정의 합리성 문제」, 『철학』 제119집, 한국철학회, 2014. ──, 「감정진리와 감정의 적절성 문제에 대한 고찰」, 『철학연구』 제49집, 고려 대학교 철학연구소, 2014.

이길우, 「현상학적 윤리학 -후설의 순수윤리학의 이념을 중심으로-」, 『현상학의 전개』, 한국현상학회 편, 양서원, 1988.

이엽, 「윤리학의 새로운 명칭으로서 도덕 형이상학과 칸트 윤리학의 근본 동기」, 『칸트와 윤리학』 〈칸트 연구〉 제2집, 한국칸트학회, 민음사, 1996.

이원봉, 「칸트의 윤리학과 감수성의 역할」, 『칸트연구』 제18집, 한국칸트학회, 2006.

임혁재, 『칸트의 철학』, 철학과 현실사, 2006.

———, 『칸트의 도덕철학 연구』, 중앙대학교, 1997.

———, 「칸트의 국가론에 대한 음미」, 『철학』 제42집, 한국철학회, 1994.

———, 「Kant에 있어서 정언명법의 존재 근거와 정형의 문제」, 중앙대학교, 1983.

존 스튜어트 밀, 『공리주의』, 이을상·김수청 옮김, 이문출판사, 2002.

질 들뢰즈, 『차이와 반복』, 김상환 옮김, 민음사, 2004.

카울바하, F., 『윤리학과 메타윤리학』, 하영석/이남원 역, 서광사, 1995.

———, 『칸트 비판철학의 형성과정과 체계』, 백종현 옮김, 서광사, 1992.

칸트, I. 『도덕 형이상학을 위한 기초 놓기』, 이원봉 옮김, 책세상, 2002.

———, 『도덕형이상학원론』, 이규호 역, 박영사, 1988.

———, 『순수이성비판』, 전원배 역, 삼성출판사, 1982.

———, 『순수이성비판』, 최재희 역, 박영사, 1972.

———, 『실용적 관점에서 본 인간학』, 이남원 옮김, UUP, 1998.

———, 『실천이성비판』, 백종현 옮김, 아카넷, 2002.

———, 『실천이성비판』, 최재희 역, 박영사, 1957, 1985.

———, 『영원한 평화를 위하여』, 이한구 역, 서광사, 1992.

———, 『이성의 한계 안에서의 종교』, 신옥희 역, 이화문고(31), 이화여대출판부, 1984.

———, 『칸트의 교육학 강의』, 조관성 옮김, 철학과현실사, 2001.

———, 『칸트의 역사철학』, 이한구 편역, 서광사, 1992.

———, 『칸트의 형이상학 강의』, 푈리츠 엮음, 이남원 옮김, UUP, 1999.

———, 『판단력비판』, 백종현 옮김, 아카넷, 2009.

——,『판단력비판』, 이석윤 역, 박영사, 1974.

코스가드, 크리스틴 M. ,『목적의 왕국』, 김양현·강현정 옮김, 철학과 현실사, 2007.

코퍼, J.,『계몽 철학: 그 이론적 토대』, 최인숙 옮김, 서광사, 1994.

하버마스, J.,『담론윤리의 해명』, 이진우 옮김, 문예출판사, 1997.

한국칸트학회 엮음,『포스트모던 칸트』, 문학과 지성사, 2006.

한정선, 「후설의 순수 윤리학에서 감정의 역할」,『현대 한국에서의 철학의 제문제』, 한 민족 철학자 대회 1991(서울), 대회보 2권 273-282쪽.

황경식, 「도덕적 구성주의 - Rawls의 도덕론을 중심으로 -」,『철학』제16호, 한국 철학회, 1981,

흄, D. ,『정념에 관하여』, 이준호 옮김, 서광사, 1996.

——,『도덕에 관하여』, 이준호 옮김, 서광사, 1998.

3. 국외 문헌

Albrecht, M., *Kants Antinomie der praktischen Vernunft*, Hildesheim/New York, 1978.

Allison, H. E., "Morality and Freedom: Kant's Reciprocity Thesis", Chadwick, F./

Cazeauk, C., ed., *Immanuel Kant* : Critical Assessments, Vol. III, London/New York: Routledge. 1992.

—, "Practical and Transcendental Freedom in the Critique of Pure Reason", *Kant-Studien* 73, 1982.

—, *Kant's Theory of Freedom*, Cambridge: Cambridge University Press, 1990.

Ameriks, K., *Kant's theory of mind*, Oxford: Clarendon Press, 1982.

Anscombe, G. E. M., "Modern Moral Philosophy", Philosophy 33 (1958).

Arendt, H., *Lectures on Kant's political philosophy*, edited and with an interpretive essay by Ronald Beiner, University of Chicago Press, 1982.

Aris, R., *History of Political Thought in Germany 1789-1815*, London: Frank Vass, 1965.

Aristotle, *The Nicomachean Ethics* (1996), Translated with by Harris Rackham. With an Introduction by Stephen Watt, Wordsworth Editions Limited 1996.

—, *The Nicomachean Ethics* (2000), Translated and edited by Roger Crisp, Cambridge University 2000.

Athanassoulis, N., "virtue ethics," *Internet Encyclopedia of Philosophy*, 2004.

Aune, B., *Kant's Theory of Morals*, Princeton/New Jersey: Princeton University Press, 1979.

Auxter, T., "The unimportance of Kant's highest good," *Journal of the History of Philosophy* 17, 1979.

Bamford, P., "The Ambiguity of Categorical Imperative," Chadwick, R. F./ Cazeauk, C. ed., *Immanuel Kant* : Critical Assessments, Vol. III, London/ New York: Routledge. 1992.

Baumgartner, H. M., *Kants "Kritik der reinen Vernunft": Anleitung zur Lektüre*, 2. durches. Aufl., Freiburg/München: Verlag Karl Alber, 1988.

—, *Kants Kritik der reinen Vernunft - Ein Grnundbuch der modernen Philosophie -*, Kluwer Academic Publishers, 1988.

Beck L. W., *A Commentary on Kant's Critique of Practical Reason*, The University of Chicago Press, 1984.

—, "Was haben wir von Kant gelernt ?," *Kant-Studien* 72, 1981.

—, *A Commentary on Kant's Critique of Practical Reason*, University of Chicago Press, 1960.

—(trans.), *Immanuel Kant. Critique of Pratical Reason*, The Liberal Arts Press, Inc., 1956.

Beiser, F., *Enlightenment, Revolution, and Romanticism*, Harvard University Press, 1992.

Berger, Fred R, Happiness, *Justice, and Freedom: The Moral and Political Philosophy of John Stuart Mill*, Berkeley: University of California Press, 1984.

Berlin, I., *Four Essays on Liberty*, Oxford University Press, 1969.

Bernhard, Jansen S. J., *Die Religionsphilosophie Kants: geschichtlich Dargestellt und kritisch-systematisch Gewürdigt*, Berlin/Bonn: Ferd. Dümmlers Verlag, 1929.

Biro, J., "Hume's New Science of the Mind," in David Norton (ed.), *The Cambridge Companion to Hume*, Cambridge: Cambridge University Press, 1993.

Bittner, R., *Moralisches Gebot oder Autonomie*, Freiburg/München: Verlag Karl Alber. 1983.

Bleicher, J., *The Hermeneutic Imagination. Outline of a positive critique of scientism and sociology*, London: Routledge & Kegan Paul, 1982.

Blocker, H. G./Smith, E. H. (ed.), *John Rawls' Theory of Social Justice: An Introduction*, Ohio University Press, 1980.

Blum, L. W., *Friendship, Altruism and Morality*, London, 1980

Böhme, G., "Kants Theorie der Gegenstandskonstitution," *Kant-Studien* 73, 1982.

Booth, W. J., "Reason and History : Kant's Other Copernican Revolution," *Kant-Studien* 74, 1983.

Brink, D. O., *Moral Realism and the Foundations of Ethics*, Cambridge University Press, 1989.

—,"Rawlsian Constructivism in Moral Theory," in *Canadian Journal of Philosophy* 17 (1987).

—,"Mill's Deliberative Utilitarianism," *Philosophy and Public Affairs*, Vol. 21, No. 1(1992).

Broad, C. D., *Five Types of Ethical Theory*, Boston: Routledge & Kegan Paul, 1930.

Brodie, A./Pybus, E. M., "Kant and Weakness of Will," *Kant-Studien* 73, 1982.

Busch, W., *Die Entstehung der kritischen Rechtsphilosophie Kants*, Berlin/New York: Walter de Gruyter, 1979.

Carlisle, Janice, *John Stuart Mill and the writing of Character*, The university of Georgia, 1991

Carnois, B., *La Coherence de la Doctrine Kantienne de la Liberte*, Editions du Seuil, Paris, 1973.

Cassirer, E., *Rousseau, Kant, Goethe*, Princeton: Princeton University Press, 1945.
—, *Kants Leben und Lehre*, Berlin, 1918.

Cassirer, H. W., *A Commentary on Kant's Critique of Judgement* (1938), New York: Barnes & Noble, 1970.

Cohen, H., *Kants Begründung der Ethik*, Berlin: Bruno Cassirer, 1910.

Coleman, F. X. J., *The Harmony of Reason : A Study in Kant's Aesthetics*, University of Pittsburgh Press, 1974.

Collins, S., *The Core of Care Ethics*, Palgrave Macmillan, 2015.

Crisp, R. and Slote, M. (ed.), *Virtue Ethics*, Oxford University Press 1997.

Crisp, R. (ed.), *Mill on Utilitarianism*, Rotledge, 1997.

Daniels, N., ed., *Reading Rawls : Critical Studies of A Theory of Justice*, New York: Basic Book, Inc., 1975.

Darwall, Stephen L., "A Defense of the Kantian Interpretation", in *Ethics* 86 (1976).

Delekat, F., *Immanuel Kant : Historisch-Kritische Interpretation der Hauptschriften*, Heidelberg: Quelle & Meyer, 1969.

Deleuze, G., *Kant's Critical Philosophy : the doctrine of the faculties*, Tomlinson, H/Habberjam, B. trans., University of Minneapolis Press, 1984.

Döring, W. O., *Das Lebenswerk Immanuel Kants*, Hamburg: Hamburger Kulturverlag, 1947.

Düsing, K., "Das Problem des höchsten Gutes in Kants praktischer Philosophie," *Kant-Studien* 62, 1971.

Eisler, R., *Kant-Lexikon*, Hildesheim, 1961.

Engstrom, S. and Whiting, J. (eds.), *Aristotle, Kant and the Stoics*, Cambridge: Cambridge University Press 1996.

Fackenheim, E. L., "Kant and Radical Evil," Chadwick, R. F./Cazeauk, C. ed., *Immanuel Kant : Critical Assessments*, Vol. III, London/New York: Routledge. 1992.

—, "Kant's Concept of History," *Kant-Studien* 48, 1957.

Feinberg, J. ed., *Moral Concepts*, Oxford University Press, 1969.

Ferreira, M. J., "Kant's Postulate: The Possibility or the Existence of God," *Kant-Studien* 74, 1983.

Fischer, N., "Tugend und Glückseligkeit. Zu ihrem Verhältnis bei Aristoteles und Kant," *Kant-Studien* 74, 1983.

Foot, P. (ed.), "Morality as a System of Hypothetical Imperatives," *Philosophical Review* 81, 1972.

Galston, W. A., *Kant and the Problem of History*, University of Chicago Press, 1975.

Ganapathy, T. N., "The Kantian Approach to Reality," *Kant-Studien* 73, 1982.

Gauthier, D., *Morals by Agreement*, Oxford: Clarendon Press, 1986.

Gerhardt, V., "Kants kopernikanische Wende," Friedrich Kaulbach zum 75. Geburtstag, *Kant-Studien* 78, 1987.

Goldman, A. H., *Moral Knowledge*, London and New York: Routledge, 1988.

Gray, J., *Liberalism*, MInneapolis: University of Minnesota Press, 1986.

Grayling, A. C. ed., *Philosophy. A Guide through the subject*, Oxford University Press, 1995.

Greene, T. M., "The Historical Context and Religious Significance of Kant's Religion," in *Religion within the Limits of Reason Alone*, tr. Theodore M. Greene/Hoyt H. Hudson, New York: Harper and Row, 1960.

Gregor, M. J., *Laws of Freedom*, Oxford: Blackwell, 1962.

Grenberg, J., *Kant and the Ethics of Humility. A Story of Dependence, Corruption, and Virtue,* Cambridge University Press, 2005.

Guttman, J., *Kants Gottesbegriff in seiner positiven Entwicklung*, Berlin, 1906.

Guyer, P., "The Possibility of the Categorical Imperative," *The Philosophical Review* 104, No. 3, 1995.

— (ed), *Kant's Groundwork of the Metaphysics of Morals, Critical Essays,*

Rowman & Littlefield Publishers, 1998.

Haardt, A., "Die Stellung des Personalitätsprinzips in der 'Grundlegung zur Metaphysik der Sitten' und in der 'Kritik der praktischen Vernunft'," in *Kant-Studien* 73, 1982.

Habermas, J., "Die Einheit der Vernunft in der Vielfalt ihrer Stimmen," in *Nachmetaphysisches Denken*, Frankfurt am Main 1988.

Hampton, J., "Contracts and Choices : Does Rawls Have a Social Contract Theory ?," *The Journal of Philosophy* 77, No. 6, June, 1980.

Harbison, W. G., "The Good Will," *Kant-Studien* 71, 1980.

Hardin, R., *David Hume : Moral and Political Theorist*, Oxford University Press, 2007.

Hardwig, J., "Action from Duty But Not in Accord with Duty," *Ethics* 93, 1983.

Hare, R. M., "Rawls' Theory of Justice," Daniels, N. ed., *Reading Rawls : Critical Studies of A Theory of Justice*, New York: Basic Book, Inc., 1975.

—, *Freedom and Reason*, Oxford University Press, 1963.

—, *Moral Thinking*, New York, 1981.

—, *The Language of Morals*, Oxford University Press, 1952.

Hegel, G. W. F., *Grundlinien der Philosophie des Rechts*, vierte Aufl., Hamburg: Meiner, 1955.

Henrich, D., "Der Begriff der sittlichen Einsicht und Kants Lehre vom Faktum der Vernunft", in *Die Gegenwart der Griechen im neuern Denken*, ed. Dieter Henrich et al., Tübingen, 1960.

Herman, B., "rules, motives, and helping action," *Philosophical Studies* 45(1984).

Hill, Thomas E. Jr., "Kantian Constructivism in *Ethics*", in Ethics 99 (1989).

Höffe, O. (hrsg.), *Immanuel Kant. Kritik der praktischen Vernunft,* Berlin: Akademie Verlag, 2002.

—, *Ethik und Politik : Grundmodelle und -probleme der praktischen Philosophie,* Frankfurt am Main: Suhrkamp, 1979.

Horn, Ch., "Wille, Willensbestimmung, Begehrungsvermögen," *Immanuel Kant. Kritik der praktischen Vernunft,* O. Höffe (hrsg.), Berlin: Akademie Verlag, 2002,

Horster, D., "Der Kantische 'methodische Solipsismus' und die Theorien von Apel und Habermas," *Kant-Studien* 73, 1982.

Hume, D., *A Treatise of Human Nature,* edited by L.A. Selby-Bigge, Oxford: Oxford University Press, 1980. [T로 표기]]

—, *An Enquiry concerning the Principles of Morals,* edited by J.B. Schneewind, Indianapolis: Hackett Publishing Company, 1983. [E로 표기]]

Hursthouse, R., *On Virtue Ethics,* Oxford University Press, 1999.

Husserl, E., *Vorlesungen über Ethik und Wertlehre 1908-1914,* hersg. von Ullrich Melle, Husserliana Bd. XXVIII, Dordrecht/Boston/London: Kluwer Academic Publishers, 1988.

John, Cooper, *Reason and Human Good in Aristotle,* Harvard University Press, Cambridge, 1975.

Jones, H. E., *Kant's Principle of Personality,* The University of Wisconsin Press, 1971.

Johnson, Oliver. A., "The Kantian Interpretation", in *Ethics* 85 (1974).

Kambartel, F., "Vernunft: Kriterium oder Kultur? Zur Definierbarkeit des Vernünftigen," in Steinmann, H. & Scherer, A. G. (Hg.), 88-105쪽.

Kaulbach, F., "Der Zusammenhang zwischen Naturphilosophie und Geschichtsphilosophie bei Kant," *Kongressbericht, II. Internationaler KantKongreß 1965,* Kölen: Kölner Universitätsverlag, 1966.

—, "Die kopernikanische Denkfigur bei Kant," *Kant-Studien* 64, 1973.

—, "Welchen Nutzen gibt Kant der Geschichtsphilosophie?," *Kant-Studien* 66, 1975.

—, *Das Prinzip Handlung in der Philosophie Kants,* Berlin/New York: Walter de Gruyter, 1978.

Kern, I., *Husserl und Kant. Eine Untersuchung über Husserls Verhältnis zu Kant und zum Neukantianismus,* Netherland: Martinus Nijhoff/Den Haag, 1964.

Konhardt, K., "Faktum der Vernunft? Zu Kants Frage nach dem 'eigentlichen Selbst' des Menschen," Prauss, G., hg., *Handlungstheorie und Transzendentalphilosophie,* Frankfurt am Main: Vittorio Klostermann, 1986.

—, *Die Einheit der Vernunft. Zum Verhältnis von theoretuscher und praktischer Vernunft in der Philosophie Immanuel Kants,* Königsstein/Taunus, 1979.

Kopper, J., *Die Stellung der 'Kritik der reinen Vernunft' in der neueren Philosophie,* Darmstadt: Wissenschaftliche Buchgesellschaft, 1984.

Koppers, R., *Zum Begriff des Böser bei Kant,* Pfaffenweiler: Centaurus Verlagsgesellschaft, 1986.

Körner, S., *Kant,* Penguin Books, 1955.

Korsgaard, Christine M., *Creating the Kingdom of Ends,* Cambridge University Press, 1996.

—, "The General Point of View: Love and Moral Approval in Hume's Ethics," in *Hume Studies* 25, 1999.

Kraft, J., *Von Husserl zu Heidegger : Kritik der phänomenologischen Philosophie,*

3. Aufl., Hamburg: Meiner, 1977.

Krämling, G., *Die systembildende Rolle von Aesthetik und Kulturphilosophie bei Kant*, Freiburg/München: Karl Alber Verlag, 1985.

Kraut, R., *Aristotle on the Human Good*, Princeton University Press, 1989.

—, "Two conception of happiness," *Philosophical Review*, Vol. 88, No. 2(1979).

Kreider, S. Evan, "Mill on Happiness," *Philosophical Papers*, Vol. 39, No. 1(2010).

Krieger, L., *The German Idea of Freedom*, Chicago University Press, 1957.

Kroner, R., *Von Kant bis Hegel*, 2 Aufl., Tübingen, 1961.

Krüger, G., *Philosophie und Moral in der kantischen Kritik*, Tübingen, 1967.

Kruse, V., *Hume's Philosophy in his Principal Work*, A Treatise of Human Nature and In his Essays. Oxford University Press, 1939.

Kukathas, C., *John Rawls. Critical Assessments of Leading Political Philosophers*, Vol. I, II, London and New York: Routledge, 2003.

Küsters, G.-W., *Kants Rechtsphilosophie*, Darmstadt: Wissenschaftliche Buchgesell- schaft, 1988.

Ladd, J., Introduction to *Kant, The Metaphysical Element of Justice*, New York: Macmillan/Liberary of Liberal Arts, 1965.

Leiser, M./Burton, M., *Liberty, Justice, and Morals*, 3rd ed., New York: Macmillan Publishing Company, 1986.

Levinas, E., "The primacy of pure practical reason," trans. by B. Billings, *Man and World* 27, Netherlands, 1994.

Levine, A., "Rawls' Kantianism," in *Social Theory and Practice* 3, No. 1, 1974.

MacBeath, A. M., "Kant on Moral Feeling," *Kant-Studien* 64, 1973.

MacIntyre, A., *A Short History of Ethics*, New York, 1966.

—, *After Virtue: A study in Moral Theory*, University of Notre Dame Press, 1981.

Mackie, J. L., *Ethics: Inventing Right and Wrong*, New York: Penguin, 1977.

Makkreel, R. A., *Imagination and interpretation in Kant : the hermeneutical import of the Critique of Judgement*, University of Chicago Press, 1990.

Manning, D., *Liberalism*, London: Dent, 1976.

Martin, G., *Immanuel Kant; Ontologie und Wissenschaftstheorie*, Berlin, 1969, 1950[1].

McCarthy, M. H., "Kant's Rejection of the Argument of Groundwork III," *Kant-Studien* 73, 1982.

McCarthy, V. A., "Christus as Chrestus in Rousseau and Kant," *Kant-Studien* 73, 1982.

McLaughlin, P., *Kants Kritik der teleologischen Urteilskraft*, Bonn: Bouvier, 1989.

McNaughton, D., *Moral Vision: An Introduction to Ethics*, Oxford/Cambridge: Blackwell, 1988,

Mill, J. S., *On Liberty*, A Forum Book, New York: Pyramid, 1966.

—, *Utilitarianism*, Oskar Piest (ed.), The Liberal Arts Press, 1957.

Model, A., *Metaphysik und reflektierende Urteilskraft bei Kant: Untersuchungen zur Transformierung des leibnizschen Monadenbegriffs in der "Kritik der Urteilskraft"*, Athenäum: Hain, 1986.

Moore, G. E., *Ethics*, Oxford University Press, 1977.

—, *Principia Ethica*, Cambridge University Press, 1956.

Müller, Wolfgang H., *Ethik als Wissenschaft und Rechtsphilosophie*, Würzburg:

Königshausen & Neumann, 1992.

Murphy, J., "The highest good as content for Kant's ethical formalism," *Kant-Studien* 56, 1965.

Neiman, S., *The Unity of Reason: Rereading Kant*, Oxford University Press, 1994.

Norman, R., *The Moral Philosophers : an introduction to ethics*, Oxford: Clarendon, 1983.

Nussbaum, Martha C., "Virtue Ethics: A Misleading Category?," *Journal of Ethics* 3(1999).

—, "Mill between Aristotle & Bentham," *Daedalus*, vol 133. 2004.

O'Neill, O, "Consistency in Action", *Universality and Morality: Essays on Ethical Universalizability*, ed. N. Potter and M. Timmons, Reidel, 1985.

—, "Kant's Ethics" in Crisp, Roger (ed.), *How Should One Live?. Essays on the Virtues*, Oxford: Clarendon, 1996

ONeill, Onora, "Consistency in Action", in Paul Guyer (ed.), *Kant's Groundwork of the Metaphysics of Morals : Critical Essays.*

Pahel, K./Schiller, M., ed., *Readings in Contemporary Ethical Theory*, New Jersey: Printice Hall, Inc., Englewood Cliffs, 1970.

Paton, H. J., *Kant's Metaphysic of Experience*, London: George Allen & Unwin, 1970.

—, *The Categorical Imperative: A Study in Kant's Moral Philosophy*, University of Chicago Press, 1948.

—, 『칸트의 도덕철학』, 김성호 옮김, 서광사, 1988.

Paulsen, F., *Immanuel kant: Sein Leben und seine Lehre,* Stuttgart: Fr. Frommanns, 1898.

Pence, G., "virtue theory," *A Companion to Ethics*, Peter Singer (ed.), Blackwell, 1993.

Petras, O., *Der Begriff des Bösen in Kants Kritizismus und seine Bedeutung für die Theologie*, Dissertation, Breslau, 1913.

Picht, G., *Kants Religionsphilosophie*, Stuttgart: Klett-Cotta, 1985.

Pieper, A., "Ethik als Verhältnis von Moralphilosophie und Anthropologie. Kants Entwurf einer Transzendentalpragmatik und ihre Transformation durch Apel," *Kant-Studien* 69, 1978.

—, *Einführung in die Ethik*, Tübingen: Francke, 1991.

—, *Ethik und Moral: eine Einführung in die praktische Philosophie,* München: Beck, 1985.

Pinchin, C., *Issues in Philosophy*, Macmilian Education Ltd., 1990.

Potter, N., "Kant on Ends that are at the Same Time Duties," Chadwick, R. F./ Cazeauk, C. ed., *Immanuel Kant : Critical Assessments*, Vol. III, London/New York: Routledge. 1992.

Prauss, G., "Kants Problem der Einheit theoretischer und praktischer Vernunft," *Kant-Studien* 72, 1981.

—(hg.), *Handlungstheorie und Transzendentalphilosophie*, Frankfurt am Main: Vittorio Klostermann, 1986.

—(hg.), *Kant. Zur Deutung seiner Theorie von Erkennen und Handeln*, Köln: Kiepenheuer & Witsch, 1973.

—, *Kant über Freiheit als Autonomie*, Frankfurt am Main: Vittorio Klostermann, 1983.

Prinz, Jesse J., *The Emotional Construction of Moral*, Oxford University Press,

2007.

—, 'Is Empathy Necessary for Morality?', in Coplan A. and Goldie P. ed., *Empathy: Philosophical and Psychological Perspectives*, Oxford University Press, 2011.

Radcliffe, Elizabeth S., 'Kantian Tunes on a Humean Instrument: Why Hume is not Really a Skeptic About Practical Reasoning', *Canadian Journal of Philosophy*, Vol. 27, 1997.

Rai, M. B., "The A Priori and the Analytic," Berichte und Diskussionen, *Kant-Studien* 74 (1983)

Rawls, J., A *Theory of Justice*, Cambridge: Harvard University Press, 1971.

—, "Kantian Constructivism in Moral Theory," in *The Journal of Philosophy* 77, No. 9, Sept, 1980.

—, "Themes in Kant's Moral Philosophy," in Chadwick, R. F./Cazeauk, C. ed., *Immanuel Kant : Critical Assessments*, Vol. III, London/New York: Routledge, 1992.

—, *Political Liberalism*, New York: Columbia University Press, 1993.

—, *A Theory of Justice*, Revised Edition, Cambridge: Harvard University Press, 1999.

—, *Political Liberalism*, New York: Columbia University Press, 1996(1993[1]).

Reardon, B. M. G., *Kant as Philosophical Theologian*, Macmillan Press, 1988.

Reath, A., "Two Conceptions of the Highest Good in Kant," Chadwick, R. F./ Cazeauk, C. ed., *Immanuel Kant : Critical Assessments,* Vol. III, London/New York: Routledge. 1992.

Reiner, H., *Die philosophische Ethik*, Heidelberg: Quelle & Meyer, 1964.

Reinhard, W., *Über das Verhältnis von Sittlichkeit und Religion bei Kant, unter besonderer Berücksichtigung des Opus postumum und der Vorlesung über Ethik.* Dissertation, Bern, 1927.

Reiss, H. ed. and Nisbet, H. B. trans., *Kant's Political Writings*, Cambridge University Press, 1970.

Ritzel, W., *Immanuel Kant : Eine Biographie*, Berlin, New York: Walter de Gruyter, 1985.

Ross, W. D., *Kant's Ethical Theory : a commentary on the Grundlegung zur Metaphysik der Sitten*, Oxford: At the Clarendon Press, 1954.

Ross, W. D., *The Right and the Good,* Oxford University Press, 1930.

Roth, A.,『후설의 윤리연구』, 이길우 역, 서울: 도서출판 세화, 1991.

Rousseau, J. J., *A Discourse on the Moral Effects of the Arts and Sciences, in The Social Contract and Discourses*, translated with an Introduction by G. D. H. Cole, New York: E. P. Dutton and Company, Inc./London: J. M. Dent and Sons, Limited, 1950.

Sala, G. B., "Bausteine zur Entstehungsgeschichte der Kritik der reinen Vernunft," *Kant-Studien* 78, 1987.

Sandel, M., *Liberalism and the Limits of Justice*, Cambridge, 1982

Saner, H., *Kant's Political Thought,* University of Chicago Press, 1973.

Scarre, G., *Utilitarianism*, Routledge, 1996.

Scheler, M., *Der Formalismus in der Ethik und die materiale Wertethik*, Halle, 1916.

Schilpp, P. A., *Kant's Pre-Critical Ethics*, Northwestern University Press, 1938.

Schmitz, H., *Was wollte Kant ?*, Bonn: Bouvier Verlag, 1989.

Schneewind, J., "The Misfortunes of Virtue," *Ethics* 101(1990).

Schnelle, H., "Empirische und transzendentale Sprachgemeinschaften," in K.-O. Apel (Hg.), *Sprachpragmatik und Philosophie*, Frankfurt am Main: Suhrkamp, 1976.

Schrey, H.-H., *Einführung in die Ethik*, Darmstadt: Wissenschaftliche Buchgesellschaft, 1977.

Schröer, C., *Naturbegriff und Moralbegründung : Die Grundlegung der Ethik bei Kristian Wolff und deren Kritik durch Immanuel Kant*, Stuttgart/Berlin/Köln/Mainz: Kohlhammer, 1988.

Schultz, W., *Kant als Philosoph des Protestantismus*, Hamburg-Bergstedt, 1960,

Schweitzer, A., *Die Religionsphilosophie Kant's von Kritik der reinen Vernunft bis zur Religion innerhalb der Grenzen der blossen Vernunft*, Leipzig/Tübingen: Verlag von J. C. B. Mohr, 1899.

Scruton, R., *Kant*, Oxford University Press, 1982.

Sen, A. and Williams, B. (ed.), *Utilitarianism and beyond*, Cambridge University Press, 1982.

Sidgwick, H., *The Methods of Ethics*, 7th ed., University of Chicago Press, 1907.

Silber, J. R., "Der Schematismus der praktischen Vernunft," in *Kongressbericht, II. Internationaler Kantkongreß 1965*, Kölen: Kölner Universitäts-Verlag, 1966.

—, "Immanenz und Transzendenz des höchsten Gutes bei Kant," in *Zeitschrift für philosophische Forschung* 18, 1964.

—, "Kant's Conception of the highest Good," in *Philosopical Review*, LXVIII, 1959.

—, "The Copernican Revolution in Ethics: The Good Re-examined," Chadwick, R.

F./Cazeauk, C. ed., *Immanuel Kant : Critical Assessments,* Vol. III, London/
New York: Routledge. 1992.

Simmel, G., *Kant*, Leipzig, 1905.

Simpson, E., "The Subjects of Justice," *Ethics* 90, No. 4, 1980.

Singer, P., "Sidgwick and Reflective Equilibrium," *The Monist* 57, 1974.

Slote, M., *From Morality to Virtue*, Oxford University Press, 1992.

Solomon, Robert C. (ed.), *Thinking about Feeling : Contemporary Philosophers
On Emotions*, Oxford University Press, 2004.

Solomon, W. D., "Ethics: Normative Ethical Theories," *Encyolopedia of
Bioethics*, Vol. 2(1995).

Spaeman, R., *Basic Moral Concepts*, T. J. Amstrong trans., London and New
York: Routledge, 1989.

Sprute, J., "Der Begriff des Moral Sense bei Shaftesbury und Hutcheson," *Kant-
Studien* 71, 1980.

Stäblein, R. (Hg.), *Glück und Gerechtigkeit. Moral am Ende des 20. Jahrhunderts*,
Frankfurt am Main und Leibzig: Insel Verlag, 1999.

Steigleder, K., *Kants Moralphilosophie. Die Selbstbezüglichkeit reiner praktischer
Vernunft*. Stuttgart/Weimer: J.B. Metzler, 2002.

Steinmann, H. & Scherer, A. G. (Hg.), *Zwischen Universalismus und Relativismus.
Philosophische Grundlagenprobleme des interkulturellen Managements*,
Frankfurt am Main: Suhrkamp, 1998.

Steinmann, H. & Scherer, A. G., "Interkulturelles Management zwischen
Universalismus und Relativismus," in Steinmann, H. & Scherer, A. G. (Hg.).

Stratton-Lake, P., "Formulating Categorical Imperatives," *Kant-Studien* 84, 1993.

Strawson, P. F., *The Bounds of Sense*. An Essay on Kant's *Critique of Pure Reason*, London: Methuen & Co. Ltd., 1966.

Studienbegleitbriefe zum Funkkolleg Praktische Philosophie/ Ethik, hrsg. vom Deutschen Institut für Fernstudien an der Universität Tübingen, Beltz Verlag, Weinheim und Basel 1980/81, No. 2.

Sullivan, R. J., "The Kantian Model of Moral-Practical Reason," in *The Monist* 66, No. 1, 1983.

—, *An Introduction to Kant's Ethics*, Cambridge University Press, 1994.

—, *Immanuel Kant's Moral Theory,* Cambridge University Press, 1989.

Sumner, L. W., *The Moral Foundation of Rights*, Oxford: Clarendon Press, 1987.

Velkley, R. L., *Freedom and the End of Reason: On the Moral Foundation of Kant's Critical Philosophy*, University of Chicago Press, 1989.

Walker, R. C. S., "The Rational Imperative: Kant against Hume", Chadwick, R. F./ Cazeauk, C. ed., *Immanuel Kant : Critical Assessments,* Vol. III, London/New York: Routledge, 1992.

—, *Kant*, London: Routledge & Kegan Paul, 1978.

Ward, K., "Kant's Teleological Ethics," Chadwick, R. F./ Cazeauk, C. ed., *Immanuel Kant : Critical Assessments,* Vol. III, London/New York: Routledge. 1992,

Webb, C. C. J., *Kant's Philosophy of Religion*, Oxford: Claren Press, 1926.

Williams, B., "ethics," in *Philosophy. A Guide through the Subject*, ed. by A. C. Grayling, Oxford University Press, 1995.

Williams, H., *Kant's Political Philosophy,* Oxford: Basil Blackwell, 1983.

Wimmer, R., "Die Doppelfunktion des Kategorischen Imperativs in Kants Ethik,"

Kant-Studien 73, 1982.

Wood, A. *Kant's Rational Theology*, Cornell University Press, 1978.

―, *Kant's Moral Religion*, Cornell University Press, 1970.

―, *Kant's Ethical Thought,* Cambridge University Press, 1999.

Yovel, Y., *Kant and the Philosophy of History*, Princeton University Press, 1980.

Zeldin, M.-B., "The Summum Bonum, the Moral Law, and the Existence of God," in *Kant-Studien* 62, 1971.

칸트의 윤리학

초판 1쇄 발행일 2019년 6월 15일

지은이 맹주만
펴낸이 박영희
편집 박은지
디자인 원채현
마케팅 김유미
인쇄·제본 태광 인쇄
펴낸곳 도서출판 어문학사
　　　서울특별시 도봉구 해등로 357 나너울카운티 1층
　　　대표전화: 02-998-0094 / 편집부1: 02-998-2267, 편집부2: 02-998-2269
　　　홈페이지: www.amhbook.com
　　　트위터: @with_amhbook
　　　페이스북: https://www.facebook.com/amhbook
　　　블로그: 네이버 http://blog.naver.com/amhbook
　　　　　다음 http://blog.daum.net/amhbook
　　　e-mail: am@amhbook.com
　　　등록: 2004년 7월 26일 제2009-2호

ISBN 978-89-6184-926-5 93190

정가 24,000원

이 도서의 국립중앙도서관 출판예정도서목록(CIP)은 서지정보유통지원시스템 홈페이지(http://seoji.nl.go.kr)
와 국가자료공동목록시스템(http://www.nl.go.kr/kolisnet)에서 이용하실 수 있습니다.
(CIP제어번호: CIP2019021823)

이 저서는 2015년 정부(교육부)의 재원으로 한국연구재단의 지원을 받아 수행된 연구임
(NRF - 2015S1A6A4A01011947)